编委会名单

主　　　编：林　琳　　　陈春声　　　林如鹏

副　主　编：朱　江　　　陈奕平

编委会成员：林　琳　　　陈春声　　　林如鹏　　　朱　江

　　　　　　陈奕平　　　梁辉荣　　　潮龙起　　　文　峰

　　　　　　温秋华　　　赵子乐

Overseas Chinese and Guangdong's Development

华侨华人与广东发展

广东省侨务理论研究论文集 (2012—2013)

国务院侨办侨务理论研究广东基地
广东侨务理论研究中心　编

暨南大学出版社
JINAN UNIVERSITY PRESS

中国·广州

图书在版编目（CIP）数据

华侨华人与广东发展：广东省侨务理论研究论文集（2012—2013）／国务院侨办侨务理论研究广东基地，广东侨务理论研究中心编．—广州：暨南大学出版社，2014.12
ISBN 978 - 7 - 5668 - 1311 - 4

Ⅰ.①华…　Ⅱ.①国…　②广…　Ⅲ.①侨民工作—广东省—文集　Ⅳ.①D634 - 53

中国版本图书馆 CIP 数据核字(2014)第 311147 号

出版发行：暨南大学出版社

地　　址：中国广州暨南大学
电　　话：总编室（8620）85221601
　　　　　营销部（8620）85225284　85228291　85228292（邮购）
传　　真：（8620）85221583（办公室）　85223774（营销部）
邮　　编：510630
网　　址：http：//www. jnupress. com　http：//press. jnu. edu. cn

排　　版：广州市天河星辰文化发展部照排中心
印　　刷：佛山市浩文彩色印刷有限公司

开　　本：787mm ×1092mm　1/16
印　　张：19.75
字　　数：493 千
版　　次：2014 年 12 月第 1 版
印　　次：2014 年 12 月第 1 次

定　　价：49.80 元

（暨大版图书如有印装质量问题，请与出版社总编室联系调换）

前　言

　　广东是侨务大省，3 000 多万粤籍侨胞遍布世界 160 多个国家和地区。长期以来，华侨华人以辛勤劳动和智力创造在异国他乡谋生存、求发展，与当地人民和谐共处，为所在国家和地区的经济发展与社会进步做出了不可磨灭的贡献。与此同时，他们心系祖（籍）国和家乡，在各个历史阶段，为中华民族独立、解放和新中国的建立，为改革开放、现代化建设和民族振兴，做出了重要贡献。

　　新时期，海外华侨华人社会发生了显著变化。新华侨华人和华裔新生代人数剧增，融入所在国趋势明显，华侨华人与中国、与广东的联系更加广泛，对祖（籍）国和所在国发展的影响、作用不断提升，侨务工作面临着大好机遇和挑战。

　　为适应新时期加强侨务工作的需要，更科学合理地指导侨务工作实践，更好地服务于我国和广东深化改革、扩大开放、加快现代化建设的需要，在国务院侨办的大力支持下，2011 年 8 月，广东省侨办与中山大学、暨南大学联合成立了"国务院侨办侨务理论研究广东基地、广东侨务理论研究中心"，为在广东深入开展侨务理论研究搭建了平台。

　　2012 年，根据《国务院侨办侨务理论研究广东基地、广东侨务理论研究中心课题管理办法》，国务院侨办侨务理论研究广东基地、广东侨务理论研究中心向社会公开发布《国务院侨办侨务理论研究广东基地、广东侨务理论研究中心 2012—2013 年度课题招标公告》，向社会公开招标 11 个侨务理论研究课题。这 11 个侨务理论研究课题都是我省近年来侨务工作碰到的需要理论指导的问题，对促进我省侨务工作可持续发展都有很强的现实意义。课题发布后，有关部门、侨务工作者及高校专家学者热切关注，共收到 9 个课题的《课题任务申报书》28 份，国务院侨办侨务理论研究广东基地、广东侨务理论研究中心组织有关专家学者对报送课题进行集中评审，共评选出 18 个中标课题（本书收录了 16 个课题成果）。

　　经过三年的努力，国务院侨办侨务理论研究广东基地、广东侨务理论研究中心依托广东专家学者在理论研究方面的人才资源，积极开展华侨华人相关课题研究，就海外华侨华人现状、侨务引智、侨资企业转型升级、华侨华人与广东企业"走出去"战略、海外华人跨国网络和公共外交、华侨文化建设等诸多问题进行深入探讨，提出了有关工作思路和政策建议。通过这些文章，可以看到针对华侨华人的新情况、面临的新问题所进行的分析思考及研究探索，也从不同侧面反映华侨华人新的奋斗，他们所发挥的桥梁、纽带作用，在祖（籍）国及广东经济社会的建设发展中的重要影响。这是侨务部门与社科研究机构、大学研究人员联系实际开展侨务理论研究的初步成果。

我们对这些研究成果进行汇编，并以论文形式公开发表，希望为更多关注华侨华人的各方面人士，包括侨务工作者提供参考和借鉴，同时也为广大读者提供一个了解和研究华侨华人社会的新视角。

目 录

第六编　华侨文化建设

第一编　海外华侨华人现状

粤籍新华侨华人现状及工作对策研究

一、引　言

改革开放以来，随着中国经济的快速发展与国际地位的日益提升，中国与世界的交往不断密切。中国在经济合作、文化交流、科技协作、留学教育、劳务输出等方面的步伐不断加大，中国大陆移居海外的各类新移民人数逐步增多。与此同时，改革开放以来，华侨华人对中国经济的崛起做出了巨大贡献。在某种意义上，中国的发展与海外华侨华人的发展互为共赢。近年来，随着海外华侨华人人口结构的变化，老华侨华人逐步退居二线，影响力下降，新华侨华人快速成长，实力不断增强，他们与中国的经济、文化、科技、政治等方面的关系越来越密切，并呈现出日益重要的作用。新华侨华人是整个海外华族的重要组成部分，是海外华侨华人的新鲜血液和新生力量。他们的生存与发展现状决定着整个海外华族的前景。广东是中国第一侨务大省，海外侨胞人数众多。近年来，随着粤籍新华侨华人人数的增加及海外影响的扩大，他们在促进祖国统一、拓展公共外交、传承中华文化、推动实施广东企业"走出去"战略和加快侨乡经济社会建设等方面的作用越来越明显。广东省委省政府的领导也在不同场合多次特别强调粤籍华侨华人在建设幸福广东、推动广东产业升级、实施广东企业"走出去"战略中可以发挥特殊作用，要进一步重视做好华侨华人尤其是新华侨华人的工作。因此，如何进一步加强与他们的联系和互动，团结、争取和充分发挥粤籍新华侨华人在广东发展中的作用是新世纪广东侨务工作的重点内容。

作为第一侨务大省，广东的侨务工作一直走在全国同行前列。加强对粤籍新华侨华人的研究，无论是对于国家层面还是对于其他兄弟省市开展相关工作都具有一定的借鉴性意义。鉴于此，加强以上关于粤籍新华侨华人诸问题的研究，具有较强的必要性和战略紧迫性，这也是本选题的现实意义和价值之所在。

课题组在承担任务后，认真查阅了大量相关文献，并多次赴侨乡调研。先后到广州市侨办、花都区侨外办、恩平市侨办等地方侨办开展调研。同时通过电话采访了江门市侨办、潮州市侨办、深圳市侨办、中山市侨办、珠海市侨办、清远市侨办、惠州市侨办、梅州市侨办、茂名市侨办、东莞市侨办、河源市侨办、佛山市侨办、南海区侨办等相关负责人，获得了相关信息。研究的难点在于，此课题研究内容极其复杂，难度太大，课题设计过于理想化，相关资料数据较少，并且比较老旧，缺乏最新数据的精确统计。相对于北京、上海等新移民较多的地区而言，广东新华侨华人基础研究工作比较滞后。

二、粤籍新华侨华人：概念、数量、分布与趋势

（一）新华侨华人概念界定及影响因素

20 世纪 90 年代中后期以来，新华侨华人或新移民问题成为侨史研究的重点和热点之一，取得了不少成果。新华侨华人也叫做新移民，在法律上没有明确界定，但按国际通用概念来看，新移民的范围应该比新华侨华人更广，不仅包括我们侨务部门界定的华侨华人，还包括留学生、非法移民及公派劳工等迁移人员。学界对新华侨华人的范围有多种界定。第一种意见认为，所谓新华侨华人指的是改革开放以来，中国大陆公民移居国外并取得永久居住权或加入当地国籍的华侨或华人。① 第二种意见主张华人新移民是从 20 世纪 50 年代开始移居的，华人新移民来自中国大陆、台湾、香港、澳门和其他东南亚国家。② 第三种意见，有学者觉得新老移民的区分，不仅要站在中国的角度看问题，还应看到移民输入国的国情。例如综合考虑美国和加拿大的情况，以 20 世纪 70 年代作为划分新华侨华人的时间标志比较合适。③ 笔者认为，从新中国成立至改革开放以前，从中国大陆移出的公民很少，只有 21 万人。④ 目前的新华侨华人主要是改革开放以后出去的，与第一种意见数据相差不大，所以笔者倾向于认同第一种意见。与大多数国际移民一样，新华侨华人移居国外的方式主要包括家庭团聚移民、留学移民、技术移民、投资移民、劳务移民、政治移民六种。另外，我们也不排除有一部分人为获取经济利益和改善生活质量而采取非正常途径进入他国，成为正规移民。但如果抛开法律因素，他们大部分应归类于劳务移民。

近几十年来，在新的交通和通信技术为先导的全球化浪潮下，随着"二战"以来华人居住国移民政策的调整，1978 年中国实行对外开放战略，以及后冷战时期世界局势从对抗走向缓和，中国大陆移居国外的人数不断增长。他们一方面积极融入居住国社会，另一方面又维持与中国多层次、多领域的关系。传统的华人移民形态或是"落叶归根"，或是"落地生根"，而作为新华侨华人，他们当中有不少属于跨国华侨华人，能讲两种或更多的语言，在两个或更多的国家拥有社会网络和事业，持续性的与经常性的跨界交往成为他们谋生的重要手段和群体特征。

当代新华侨华人的跨国性质与当代中国战略发展目标具有一定的契合性。一方面，新华侨华人具有较高的文化素质，容易适应和较快融入居住国的社会环境，享有较高的社会地位，积极参与居住国的政治文化生活；另一方面，他们仍然维系与中国的各种联系。两者之间不是矛盾冲突的，而是相互促进和有机统一的。新华侨华人中不少人利用其在中国掌握的族群技艺（如中餐厨艺、中药医艺、中国语言等）或其他各种资源在

---

① 持这一观点的学者有赵红英、张秀明、赵和曼等人，见赵红英：《近一二十年来中国大陆新移民若干问题的思考》，《华侨华人历史研究》2000 年第 4 期；张秀明：《国际移民体系中的中国大陆移民——也谈新移民问题》，《华侨华人历史研究》2001 年第 1 期；赵和曼：《美国新华侨华人》，《八桂侨刊》2003 年第 1 期。

② 曾少聪：《美国华人新移民与华人社会》，《世界民族》2005 年第 6 期。

③ 李其荣：《新华侨华人的职业结构及其影响因素——美国与加拿大的比较》，《东南亚研究》2008 年第 2 期。

④ 赵金：《北美之行话侨情》，《华声日报》1998 年第 9 期。

海外立足并加以发展，这有利于他们融入当地社会，获取和掌握居住国的经济、文化、政治等资源和网络，这反过来也有利于他们与中国开展经贸、科技和文化交流和合作，使其事业得以不断壮大。他们利用中外之间不同而互补的经济机会同时介入中国和居住国的跨国性质，一方面对于我国吸收和利用其资金、技术、观念、信息等各种要素进行国家的现代化建设大有裨益；另一方面，中国的促进中外经贸交流和合作、维护世界和平与发展、构建和谐世界、提升国家地位等对外战略目标，也可借助新华侨华人在居住国的力量得以实施。

当代新华侨华人不断增强的跨国性特征主要受到以下几个因素的影响：第一，不断进步的交通和通信技术为新华侨华人的跨国流动和联系创造了必要的条件。这大大降低了远距离联系和交通的费用，使新华侨华人在中国大陆和移居地之间有可能进行持续和相当快速的信息互动，从而为新华侨华人跨国空间网络的建立和跨国行动提供了技术基础。这些现代通信和交通技术包括传真机、喷气式飞机、电话、电子邮件、互联网等。特别是媒介技术的发展，使得新华侨华人较之早期华人移民有更多的渠道保持与中国的情感和文化联系，增强新华侨华人对中国目前的发展势头与现行政治方针政策的理解与认同。第二，新华侨华人不断增长的经济科技实力和中国国际地位的不断提升，也是影响新华侨华人跨国性特征的重要因素。尽管目前我国粤、闽、浙出国的新华侨华人，其人力资本和经济资本整体偏低，但随着我国经济的平稳快速发展，中产阶级的不断壮大，以及大学教育的逐渐普及，在全球化进程不断加快的趋势下，新华侨华人中的投资移民、技术移民和留学移民等的数量快速增长。他们在中国综合国力和国际地位不断提升的情况下，依靠迅速发展的通信技术、互联网络的凝聚与扩散效应，以中国的迅速崛起为依托，寻求各种机会，加强与中国的合作。并且在这种以经济、科技交流和合作为主要方式的过程中，他们仍将保持中国的民族文化认同。第三，在以海外华侨华人为中心的跨国社会空间中，中国政府的侨务工作也影响到海外华人的跨国想象和认同。如近三十年来，中国政府及各级侨务部门非常积极地适应近年来全球性移民、流动和跨国主义的发展趋势，通过制定灵活的公民权政策等方式，利用现代电子媒体技术，参与人口、观念和图像流动的全球化进程，增强了海外华人对中华民族的认同。第四，就新华侨华人居住国环境而言，特别是大部分新华侨华人所在的欧美发达国家而言，随着多元主义的兴起、后现代主义的出现，一方面，华人新移民的族裔政治和经济利益及文化特性逐步得到主流社会的认可，同时其身份和文化认同的多重性也获得谅解和接受。因此，他们往往有比过去更多的机会保持他们的文化特征以及与他们出生国的联系；另一方面，随着各国移民机制的完善，移民科技文化素质的大大提高，以及迁徙前所受西方文化的影响，大多数新华侨华人融入主流社会不像过去那么困难。①

（二）粤籍新华侨华人人口数量估算

关于粤籍新华侨华人的数量统计是一个极其复杂而又困难的问题，课题组查阅了大量关于华侨华人人口统计的文献，也咨询了多个地方侨务部门和出入境部门人员，皆无法得出准确的数据。而且在查阅文献中发现大量数据与实际调研存在较大偏差，故至今关于华

---

① 潮龙起：《粤、闽、浙三省新移民比较研究》，2006 年广东省哲学社会科学"十一五"规划项目成果。

侨华人的数量都难有精确统计。即使是政府与学界之间、不同统计渠道之间得出的数据也存在较大差异。例如，关于华侨华人总数的统计，2008 年厦门大学庄国土教授研究得出数据为 4 543 万，其中新移民约为 1 030 万。2013 年台湾侨委会统计数据约为 4 200 万，2013年国务院侨办联合外交部，汇合 161 个国家的 228 个驻外使领馆以及各省市侨办数据得出海外侨胞人数为 6 214 万，其中新移民 932 万。① 值得提及的是，以上数据也同样多为推算所得，并非通过人口普查所得。故本文数据也主要是依据历史数据和调研咨询进行推导得出，可能与实际存在一定出入，但尽量缩小与实际的差距。

在推算广东新移民的数量时，本文采取了三种办法。一是逻辑推算法，即根据历史统计基数，按照全国增长比例和广东增长情况推演所得；二是相加推算法，即根据调研组咨询各地方侨务部门数据相加所得；三是相减推算法，即根据全国总数，减去其他各省统计数据所得。

首先，运用逻辑推算法分析，据 2000 年文献记载："广东省是全国最大的侨乡，祖籍在广东的华侨华人遍布全球 100 多个国家和地区，约有 2 000 万人，占海外华侨华人的 70%。据统计，到 1998 年，旅居海外的新华侨华人中，广东省有 37 万人，约占新华侨华人的 18.5%。"② 2003 年江门市侨情调查资料更高达 48 万人。③ 2011 年，厦门大学庄国土教授完成国务院侨办重点项目《华侨华人分布状况和发展趋势》，推算出世界华侨华人总数约 4 543 万，其中新移民约为 1 030 万。④ 之后，中国政府侨务部门也透露，中国改革开放后从中国大陆以及香港、澳门、台湾等地区移居国外的新华侨华人接近1 000 万人，其中北美与西欧是主要分布地区，囊括新华侨华人总数的 50% 以上。⑤ 广东更是在 21 世纪初就将海外华侨华人人数的估算调整为 3 000 万左右。2005 年原广东省委书记张德江指出，广东是侨务大省，有 3 000 多万广东籍海外华侨华人，有 2 000多万归侨侨眷。⑥ 另据文献记载，改革开放以后，新华侨华人数量年均增长率约 10%，至 1998 年达到 180 万人。进入新千年后，新华侨华人的年增长率有所降低，但绝对数量增长较快。据国际移民组织于 2000 年 11 月发表的《2000 年世界移民报告》称，当时中国每年约有 40 万人移民国外。根据国际移民组织和欧盟公布的数据，可以计算出从 1999 年至 2004 年的 5 年里，新华侨华人的平均年增长率为 2.93%。若按此年均2.93% 的增长率推算，在 2000 年到 2008 年的 9 年间，新华侨华人总共增长了 417 万人，加上 1978 年至 1999 年的 220 余万人，改革开放 30 年，中国走向世界各地的新华侨华人总数超过 600 万，其中广东省 100 余万。⑦ 也就是说，广东的 100 余万新移民也是占 600 万新移民总数的 18% 左右，与 2000 年的文献数据比较接近。由此推导，目前，广东新华侨华人也是占全国新华侨华人总数的 18% ~ 20%。故以目前全国总数 1 000 万

① 国务院侨办 2013 年统计数据。

② 王业兴：《新华侨华人的特点及其海外统战工作中的政策原则探讨》，《广东省社会主义学院学报》2000 年创刊号。

③ 方灿宽：《五邑侨乡新移民潮探秘》，《八桂侨刊》2005 年第 1 期。

④ 庄国土：《华侨华人分布状况和发展趋势》，国务院侨办 2010 年课题成果。

⑤ 《海外新华侨华人近 1000 万，华社构成渐变带来三重影响》，http://www.chinanews.com/hr/2012/01 - 14/3604997.shtml，2012 年 1 月 14 日。

⑥ 《凝聚三千万粤籍华侨华人力量》，《广州日报》，2005 年 4 月 23 日。

⑦ 《全世界华侨华人人口中最多的祖籍地是中国广东省》，http://do1do2.com.cn/chinasmost/archives/9409。

推算，广东新移民总数为 180 万～220 万。

其次，运用相加推算法分析。课题组向各个地方侨办咨询新移民数量结果如下：江门 50 万左右，南海区 30 万左右，深圳 20 万左右，潮州 10 万左右，花都区 10 万左右，中山 20 万左右，珠海 5 万左右，茂名 5 万，清远 11 万，加上广州、东莞等其他城市，广东新移民应该在 200 万左右。以此数据反推，也与 2013 年国务院侨办统计数据和 2008 年庄国土教授估算的总数 1 000 万的 20% 左右相符。

再次，运用相减推算法分析。目前，根据相关机构公布、媒体报道、文献资料以及一手调查所获得的数据来看，全国新移民总数为 930 万～1 030 万，其中各省市移出人数情况为：福建省 200 余万，浙江省 130 余万，上海市 50 余万，北京市约 30 万，天津市 30 万，山东省和安徽省 30 万，东三省 50 万，广西壮族自治区和海南省约 100 万，缅北 100 万（主要为云南、四川籍）。[①] 此外，除广东外其他地区从几千到十几万不等，合计约 50 万。当然，部分数据可能有交叉。这样，全国总数减去这些数据，得出 180 万～250 万。

综上，随着改革开放的全面发展，中国新移民祖籍地日趋多元化，打破了过去主要以沿海地区省份为主要移出地的传统，内陆省份新移民也呈现出不断增多的发展趋势。粤籍新华侨华人人数从 20 世纪 90 年代至 2008 年左右一直大约占中国新华侨华人总数的 20%，如果按 1 000 万总数计算的话，广东新华侨华人数量约为 200 万。但本课题组认为庄国土教授的 1 030 万应该是比较保守的数据，例如，北京、上海两城市就将他们的新移民数量调整至 100 万左右。福建学者也认为福建新移民超过 200 万。而且，近几年全国各地移民人数又有所增长。所以，推算认为目前广东新华侨华人数量为 200 万～250 万比较合理。

（三）粤籍新华侨华人地域大概分布

地方移民传统不仅在一定程度上决定着新移民的主要来源地及其规模，也主导着新移民的流向。总体说来，中国大陆新移民多流向经济比较发达、谋生条件较好、接受外来移民政策比较宽松的国家和地区，如北美、西欧和大洋洲等经济和科学技术发达的国家和地区。不过，不同省份新移民的具体流向又存在一定差异，这在很大程度上与各省的移民传统流向有关。广东新移民多迁往北美，其中又以五邑地区海外新移民表现最为突出。如开平，从改革开放至 2005 年底，累计出境新移民 58 790 人，其中移居美国 29 678 人，加拿大 20 322 人，两国共 50 000 人，占了 85%，其他国家和地区 8 790 人，仅占 15%。这种相对集中的流向，使美洲（尤其美加）再次成为五邑人移民的热点和五邑籍海外华侨华人的主要聚居地。五邑是"美国（洲）华侨之乡"的美誉又一次得到了"印证"。据说，在美国纽约、旧金山和加拿大温哥华、多伦多等地，只要会讲台山话和开平话，不愁没有人请做工，不愁没有人请吃饭。[②] 进入 20 世纪 90 年代以后，新的移民潮仍持续不断。就代表往美国移民的输出地台山来看，70 年代末改革开放以来至 90 年代中期，新移民总数达到了 11 万（不包括往港澳的人），年平均有 5 000～6 000 人移居到外国。[③] 这种相对集中的流向，使美加作为五邑籍海外华侨主要聚居地的地位得到巩固。广州移居海外者的分布

---

① 相关数据推算自庄国土：《华侨华人分布状况和发展趋势》，国务院侨办 2010 年课题成果；中国新闻社：2007 年、2008 年《世界华商发展报告》等。

② 方灿宽：《五邑侨乡新移民潮探秘》，《八桂侨刊》2005 年第 1 期。

③ 方灿宽：《五邑侨乡新移民潮探秘》，《八桂侨刊》2005 年第 1 期。

也以北美为最多，但没有五邑新移民那样高度集中。1980—1999 年，广州有 6 万余人移民美洲和大洋洲，其中移民美国的为 3.8 万人，约占 63%。[1] 另据 2000 年文献统计，广州新移民当中，美国占 36%，加拿大占 20%，澳大利亚占 8.3%，新西兰占 4.4%。[2] 潮汕地区和梅州地区国际新移民的流向已大不同于近代，美、加、澳、新等西方发达国家成了新的热点地区。由于近代五邑移民流向北美有一定规模，已形成较为广泛的"血缘"和"地缘"关系网，为改革开放后当地人赴北美提供了便利条件，而移民目的国美国和加拿大都是世界上吸纳移民的主要国家。

此外，近年来由于传统移民国家移民问题突出，移民政策日趋收紧，对于一些低技术的劳工移民限制打击，部分新移民流向又有新的变化，转而去一些发展中的地区和国家寻找机会。例如南美、非洲部分国家成为中国新移民的热点地区。广州花都就有十余万新移民在巴拿马，恩平有十多万新移民在委内瑞拉。

另外，东南亚地区也是中国新移民的重要去向地。例如，20 世纪八九十年代很多广东潮州人移民泰国。目前东南亚新移民总数已超过 400 万。[3] 随着近年来中国与东盟关系的升温，广东作为东南亚华侨华人的传统来源地，毫无疑问，也有大量新移民利用各种渠道迁移过去。

总体而言，目前粤籍新华侨华人比较多的国家有美国、加拿大、澳大利亚、新西兰、英国、法国、荷兰、德国、泰国、新加坡、菲律宾、委内瑞拉、巴拿马等。移民的原因多数与家庭团聚及传统移民链有关，也有是通过留学、经商、投资等渠道移民的。

（四）粤籍新华侨华人移民发展趋势

广东新移民大量出国的动因主要有：追求更好的生活质量和更高的社会地位；为了寻求好的就业机会和发挥自身的才华；为了下一代和教育深造。近年来，随着中国经济的发展，国际地位的提高以及国外生存与发展环境的变化，广东新移民的发展特点及趋势也出现了一些新的变化。

首先，新移民目的地的选择趋向多元化。改革开放初期，粤籍新移民目的地主要是美洲、欧洲等发达地区和国家。但近年来，随着西方发达国家移民政策的收紧以及移民生存竞争压力的增大，很多新移民开始转向拉丁美洲、非洲、亚洲等一些发展中国家寻找机会，如委内瑞拉的恩平新移民、巴拿马的花都新移民、牙买加的东莞新移民等。

其次，相对于老移民而言，新移民的素质有所提高。粤籍新移民中有一部分是出去留学接受教育和专业技术移民的，具有年轻化、活力化的趋势，在一些产业领域掌握了前沿专业知识和技能，在国外迅速提高适应能力和工作技能，通过艰苦奋斗的打拼可以在一定时间内进入当地的主流社会并适应居住国环境，更好地发展自己。以前的移民主要是农民居多，现在除了农民之外，学生、公务员、司机、厨师、教师、经商人士、医生等身份的人逐渐增加，呈现多样化的趋势。

再次，新移民呈现迁移的双向流动和换代迁移的现象。在人口迁移过程中，一部分在

---

① 广州市地方志编纂委员会编：《广州市志·华侨志》，广州：广州出版社 1996 年版，第 17 页。

② 王业兴：《新华侨华人的特点及其海外统战工作中的政策原则探讨》，《广东省社会主义学院学报》2000 年创刊号。

③ 庄国土：《华侨华人分布状况和发展趋势》，国务院侨办 2010 年课题成果。

国外打工的年长者因年龄增大无法继续承受艰苦繁重的体力劳动，采取另一种方式，待在国内，成为回流现象的主体。另外值得注意的是在整个迁移过程中的换代迁移现象。以台山市为例，许多父母从国外回来就不再出国，而是让子女接替他们继续出国打工赚钱，他们每年办个手续待在国内，既享受国外的高福利，又可以让自己的孩子出国赚钱或寻找更好的发展机会。这样一来，老的回来少的又出去，使整个移民过程呈现出一种延续性特征，第二代新移民替代了新一代新移民回来后的空缺，从而使新移民的数量继续保持不断上升之势。[①]

此外，新移民的迁移行为更加理性，将影响到新华侨华人的结构变化。当前中国经济迅猛发展，国内的许多产业也发展得不错，尤其是珠三角地区，经济发展处于领先地位，提供了更多的就业机会。同时，随着国内医疗、福利和社会保障体系逐渐完善，人们的收入和生活水平与国外的差距日趋缩小。即使很多已在国外的新移民近年来也深感国外竞争激烈，在外就业没有太大意义。例如，笔者在恩平调研时就听到从委内瑞拉回来的新移民说："现在委内瑞拉工作和在珠三角地区工作收入差不多，只不过在委内瑞拉购买力强一点，但委国社会环境不好，华人经常受到侵犯，不如家里安逸。是否回去委国很是纠结。"

三、粤籍新华侨华人：经济行业与政治参与

（一）粤籍新华侨华人的经济行业分布

粤籍新移民层次参差不齐，既有留学的高技术移民，也有家庭团聚、劳务输出甚至非法移民的低技术移民。因此，在职业构成上较为分散，涉及的经济领域十分广泛，既有低端的餐饮业、制衣业等劳动密集型雇工，又有跨国公司的经理、高等院校的教授等，而且白领阶层的比例更高。在经济发达的珠江三角洲，随着居民生活水平的日益提高，对子女教育的日益重视，很多家长愿意投资，将子女送到国外留学。如广州地区有不少青少年通过国外亲友资助、担保，赴美国、加拿大、英国、日本、澳大利亚、新西兰等国自费留学。据广州市公安局统计的出国自费留学资料记载：1986 年有 950 人，1987 年有 5 291 人，1988 年有 4 651 人，1989 年有 6 386 人。1986 年至 1992 年，共 22 616 人。这些留学生学成后，大都留居当地或移居第三国，成为新移民。[②] 这些来自城市的新移民文化层次较高，许多人有较高学历，拥有中、高等职称，出国前在大专院校、科研机构等单位工作。他们大多是教师、医生、科研人员和相关部门的管理人员等。而另一方面，在花都、恩平等地依旧有很多通过不正当渠道出去的农民。以下以广东新移民较多的美国、加拿大、英国、委内瑞拉等国为例，简要概述广东新移民的职业分布情况。

美国：早期华人主要从事中餐、洗衣、制衣、杂货与中式食品超市等传统行业。1920

---

① 巴列：《广东五邑侨乡海外新移民之研究》，暨南大学硕士学位论文，2010 年。

② 龚伯洪：《广州华侨华人史》，广州：广东高等教育出版社 2003 年版，第 320～321 页；〔美〕麦礼谦：《1979 年以来从中国大陆去美国的移民》，《华侨与华人》1997 年第 2 期；广州市地方志办公室编：《广州市志·华侨志》，广州：广州出版社 1996 年版，第 18 页。

年华人就业者共有 45 614 人,其中 60% 从事洗衣和餐馆工作,仅有 17.4% 是专业技术人员。1903 年在芝加哥开洗衣店的华人有 209 人,1928 年达到 704 人。在纽约市,1940 年 38% 的华人从事洗衣业。到 1940 年 90% 的华人就业者从事服务业,而白人仅有 7%。① 近 30 年来,大量中国华人新移民涌入,华人社会人口激增。在新移民中中国香港、台湾地区多技术移民、商业移民和留学移民,中国大陆多留学移民和技术移民等,近年来,投资移民有所增加,总体受教育程度明显提高。华人所从事的职业日趋多元化,已从餐饮、制衣等传统产业进入超市、房地产、保险、金融、国际贸易、运输、物流、通信、电脑、软件等行业,律师、会计师、医生、教师等专业人士也大量涌现。许多华裔打工移民,还属于美国社会收入底层,是高风险、多难题的群体,生活境遇拮据,甚至相当悲惨。美国著名移民学者邝治中研究认为,美国华侨、华人基本由两个截然不同的群体组成。30% 以上的华人属于专业技术人员(美国技术人员比例占总人口不足 17%),他们一部分出生在美国,一部分是新移民,他们有较高的收入和学历,且不住在华人集中的唐人街。另一部分是从事体力劳动和服务性行业的华侨、华人,这也占华社总人口的 30%,其中相当部分是新移民,他们工资微薄,多居住在唐人街。②

加拿大:早年移居加拿大的中国移民多是劳工,文化程度不高,大多从事餐饮、杂货食品店、洗衣缝衣厂等行业。近十几年来,加拿大华人在教育水平和职业结构方面发生了很大的变化。加拿大联邦统计局报告显示,1991 年至 2001 年移居加拿大的新移民中,2.3 万人有博士学位,其中 78% 的人系理工科博士,25.2% 的人来自中国大陆,加拿大有四分之一博士学位获得者来自中国大陆,中国已经成为加拿大高学历移民的最主要来源之一。③ 自 1998 年以来,中国大陆一直是加拿大最大的移民来源地,每年均有三四万人,占该国接收移民总数的 20% 左右。与以往较富裕的港台移民不同,中国大陆移民除了少量一些是带钱而来的商业移民外,绝大部分是高教育水平的技术移民。这部分人进入加拿大后,很多从事医药、法律、证券、会计等领域的专业工作或拥有和经营专业公司,也有不少人经营超市、餐饮、食品制造、街头便利店、咖啡店等行业或充当非熟练工人。纵观目前加拿大华人经营的行业,主要有七大类别:①饮食业:这是华人经济中的传统行业。近二十年来,随着加拿大观光旅游业的发展,中餐馆越开越多。据媒体报道,众多新移民的加入,使得加拿大中餐业"百花齐放"。多伦多有 800 多间中餐馆,而在温哥华有超过 1 100 家。加拿大中餐业比较有规模的是文华连锁餐厅。截至 2006 年底,该餐厅已在安大略省拥有 17 家连锁店,年营业额超过 6 000 万加元。④ ②贸易与杂货业:包括日杂百货店、精品店、时装店、古玩店、药房、书局、贸易行、超级市场等。1995 年,加拿大从事经营贸易及零售业的华商有 2 500 多家,资本总额约 2.5 亿加元。近年华人超市发展很快,温哥华、多伦多、渥太华等地的华人超市林立,竞争激烈。③房地产业:近十几年已成为投资额最大的行业。因为新移民大增,对居住、商业楼宇的需求剧增,带动了加拿大房地产业的蓬勃发展。华人投资房地产,主要集中在温哥华和多

① 戴超武:《美国移民政策与亚洲移民(1849—1996)》,北京:中国社会科学出版社 1999 年版,第 49 页。

② 庄国土:《华侨华人分布状况和发展趋势》,国务院侨办 2010 年课题成果。

③ 《加拿大移民博士四分之一来自中国大陆》,《侨务工作研究》2007 年第 3 期,第 49 页。

④ 《2007 年世界华商发展报告(全文)》,中国新闻网,http://www.chinanews.com.cn/hr/kong/news/2008/01 – 16/1135297.shtml,2008 年 1 月 16 日。

伦多大都市地区。早在 1990 年，香港移民在加拿大的物业投资额就达 24 亿加元之多。据说 77% 的华裔居民拥有物业。④各类服务业：华人经营的旅馆、公寓出租、电影院等散布各大都市及华埠，其次是旅行社、美容院、自动洗衣店、医疗中心、录影带出租店、汽车驾驶补习学校、车辆保养维修店等，还有华人经营的银行及保险经纪行等。⑤石油化工业：除个别华人大财团外，华人经营的小型化学品制造工厂较多，主要生产化妆品、护肤品、清洁剂、洗发精、发霜等。在亚尔伯特省，由于石油资源丰富，许多华人专业人士在石油类大公司任职，而涉足此行业的中小型相关企业也较多。⑥食品加工业：由于华人人口急剧增加及餐饮业的兴旺，食品加工工业一直稳步发展。其中有不少实力雄厚的大型调味品公司及罐头加工厂。⑦文化传媒业：这是新兴的行业。在 1990 年时，加拿大只有 10 家当地印行的华文报刊（日报和周报）。到 2003 年，全加的华文报刊已达 50 家，由此带动了华人印刷业的发展。近十年来，拥有中国港台背景的大型报刊集团发展迅速，加上中国香港大财团所进军的广播电视传媒业，加拿大文化传媒业出现了多元化、产业化发展的大型华人传媒集团。①

英国：华侨华人传统行业主要是餐饮业。近年来，中医行业成为华人经济的一个新亮点。全英共有中医诊所和中药店 3 000 家，遍布英伦三岛各大小城镇，仅伦敦地区就达 400 多家。全英有华人中医约 6 000 人，加上相关从业人员共 2 万人，在华人社会约占 10%，就业人数仅次于餐饮业，90% 以上来自中国大陆；中医从业人士平均正常年收入 5 万英镑，行业人员人均年总收入约 13 万英镑，这在华人经济产业中占很大比重。② 另外，华人也逐步进入财会、金融、旅游服务业等中高端行业。其中仅伦敦一地的注册会计师就超过 1 000 人，在此行业中是仅次于白人的第二大族裔。③ 目前在伦敦金融城工作的华人大约有 2 000 人。2008 年 7 月 12 日，英国首个华人金融协会正式成立。④ 旅英华人学者成就斐然。目前有 100 多位来自中国的学者被英国大学聘请为教授，其中一位教授被聘为皇家学会院士，一位被聘为皇家工程院院士，还有不少教授被聘请为英国大学的副校长、系主任、科研中心主任等。在英国大学的非英籍教学人员中，中国教师的数量居第四位。⑤

不过近两年，英国经济不景气，华人受冲击较大。一些从事低技术门槛行业的公司如餐饮、零售、中医等纷纷倒闭或缩小公司规模，也有许多华人选择回中国发展。其中，中医行业约 40% 的店铺倒闭，中餐馆转手也是经常发生。

委内瑞拉：老一辈华侨华人主要以开洗衣馆、咖啡馆为主，新华侨华人在委内瑞拉主要开设超市、汽车旅店、车辆销售店、百货店、电脑配件店、汽车配件厂、印刷厂、纸箱厂、饭盒厂、胶带厂、进出口公司、建筑公司、房地产公司、旅游公司、摩托车组装厂，

① 屈桂琴：《华人为加拿大经济注入新活力》，吕伟雄主编：《海外华人社会新观察》，广州：岭南美术出版社2004 年版，第 39～45 页，转引自庄国土：《华侨华人分布状况和发展趋势》，国务院侨办 2010 年课题成果。

② 《透析英国华人经济新支柱——英国中医药业发展状况调查》，http://qwgzyj.gqb.gov.cn/hwzh/125/294.shtml。

③ 佚名：《英国华人十年翻倍聚居金融区大学城》，英国《华闻周刊》（电子版），2012 年 12 月 28 日。

④ 《英国首个华人金融协会成立》，《人民日报海外版》，http://paper.people.cn/rmrbhwb/html/2008-07/15/content_59115.htm，2008 年 7 月 15 日。

⑤ 《中国大使：一百多中国教授在英国让人"刮目相看"》，中国侨网，http://www.hsm.com.cn/hqhr/hrdt/200802/16/106494.shtml，2008 年 2 月 16 日。

以及其他加工厂。[①] 据不完全统计，目前全国华侨华人开设的各类大小商店超过 5 000 家，[②] 15 万多华人中有三分之二的人靠此谋生，[③] 不少人事业有成。华侨华人的社会地位也日渐提高，有人担任国会议员和政府部门的高级主管，还有不少人成为律师、医师、建筑师、工程师等专业人士。[④]

（二）粤籍新华侨华人的政治参与

总体而言，目前海外华人参政多为老侨或华裔新生代力量。新华侨华人政治参与程度都比较低。这与新华侨华人受主、客观条件限制有密切关系。首先，从年龄结构和时间安排来看，从改革开放到现在为止也才三十多年，早期出国的主流是留学人员，留学人员包括公费留学、公派自费、自费留学等形式。他们的去向主要是西方发达国家，特别是美国，去美国留学的人员占留学人口总数的 60% 以上。[⑤] 在发达国家的中国留学生大都得花五至十年时间来完成修满常规学业分这一过程，接下来就是面临就业的严峻形势，找一份既有利于事业的发展，又在经济上比较满意的职业是他们在国外立足的第一目标。政治目标对他们来说时间上不允许，也即学业的完成已占满了他们的日程安排，他们没有太多的时间和精力去从事政治工作，并且生存环境也不允许。其次，从传统教育与身份的脱节来分析，在中国的传统教育中，读书人同政治是紧密相连的。但由于新华侨华人自己人地生疏，首先为了完成学业而艰苦学习，努力于"西学"与生计之间，而西方的传统是我们"五四"运动就引进的"民主"、"科学"，对经济、技术、文化是厚重有加的，反而对政治并没有东方文化那么富含"官位"色彩。所以并不是中国的留学生不具备政治参与的心理素质，而是现实对中国传统作了否定。再次，从自身的身份确立来看，中国的留学生在学业有成之后的首要任务是寻找一份满意的工作，改变自己的身份，从一个留学人员变为在该国拥有长期居留的合法身份或加入该国国籍，成为新移民。如果没有加入该国国籍，是没有选举权和被选举权的。而且很多国家的法律还规定加入该国国籍后，要达到一定年限才有被选举权。所以身份的限制使得新华侨华人在政治上的崛起需要时间的积累和身份的质变。最后，在个人背景上，他们绝大多数没有什么国内和国际背景，距离居住国的政治圈子以及主流社会都比较远，在政治上没有强烈的介入心理，反而对中国社会的政治关注度远远高于任何地区。[⑥] 但新华侨华人在参政上占有一定优势：一是新华侨华人具有较高的受教育程度，很多是留学人员。同时，新华侨华人有较好的中华文化基础，大多有着较高的中华文化素质，这种优势也逐渐有利于他们在居住国的生存和发展。因为随着中国经济文化的发展，世界各国越来越想了解中国，同中国进行经济、文化方面的交流，所以新华侨华人拥有的中华文化就是

---

① 世界侨情报告编委会编：《世界侨情报告（2011—2012）》，广州：暨南大学出版社 2012 年版，第 226 页。

② 《安全状况堪忧 委内瑞拉华人风光背后有脆弱一面》，中国新闻网，http://www.chinanews.com.cn/news/2006/2006-05-16/8/730269.shtml，2006 年 5 月 16 日。

③ 《2007 年世界华商发展报告（全文）》，中国新闻网，http://www.chinanews.com.cn/hr/kong/news/2008/01-16/1135297.shtml，2008 年 1 月 16 日。

④ 台湾侨务委员会编：《华侨经济年鉴（美洲篇）》，2002 年版，第 194 页。

⑤ 刘权：《美国华人专业人才现状及其分析》，国务院侨办 2002—2003 年项目"美国华侨华人专业人士的现状及我国吸引海外华人人才战略"的成果。

⑥ 《新华侨华人政治冷漠原因小析》，http://www.hnsql.org/zhit/Theory/OverseasStudy/896.html。

他们生存和发展的资本。另外，新华侨华人较易融入主流社会。因为他们有融入主流社会的强烈要求，注重把自身的发展同融入主流社会结合起来，实现自己的社会价值和出国目标。

因此，我们可以得出，粤籍新华侨华人的参政程度也不高，并且他们当中还有很多是文化层次相对比较低的农民，其出国的首要目的就是生存，找到合适的就业机会，根本无暇涉及政治。新华侨华人在政治上成熟和强大，需要等新华侨华人自己真正发展和壮大起来，具备了各种优异的条件和待时机成熟起来后，才会有自己的一席之地。同时，新华侨华人同老华侨华人的关系处理很重要。只有二者紧密结合，取优舍劣，优势互补，才能为华侨华人的政治事业做出事半功倍的贡献，其政治地位和政治参与才会逐步提高。

四、新华侨华人群体特征及侨务工作实践

（一）新华侨华人群体特征

新华侨华人具有如下群体特征：①参与意识、发展意识、自我价值实现意识较强。新华侨华人与老华侨华人无论在学历上还是在职业上，都有较大的变化，尤其是近30年出国的留学生及专业技术人员，他们中大多数人拥有高学历，有些人还具备一定的社会和工作实践经验，以自强不息的精神，凭着自己的学识与实力，寻找机会，挺进侨居地主流社会。新华侨华人思维模式具有国际性和全球性，按市场规律办事，既重"名"也讲"利"，更注重环境与回报，哪里更适合他们发展，他们就去哪里。一些人成功地进入了世界著名的高等学府和科研机构，或者跨国公司和大型企业集团的管理阶层。"他们处于当今世界科学技术的前沿，敢于向新领域挑战，逐步地体现了自身的社会价值，营造了良好的发展空间。"②从事领域更广，经济实力不断增强。新华侨华人经过30多年的艰苦创业和努力拼搏，已积累了较为丰富的生活、工作经验与物质财富。他们有的是知名学者，有的是中高层管理人员；或创办公司、企业，或开设中餐馆、服装厂，生存和发展空间不断扩大，经济实力也逐渐增强。新华侨华人中有不少专业人士在数学、化学、生物基因工程、医药、金融、电子科技、计算机等领域取得了一定的科研成果。部分华侨华人企业的经济结构也打破了过去传统的模式，发展成为多种产业并进的新格局。③乡土情结更浓，具有浓烈的民族意识和炽热的爱国情怀。新华侨华人的发展意识和国际流动性较强，他们中有不少人从小就在国内长大，接受过中华文化观念的培养熏陶，在他们的意识中已经植下了中华文化的根基。不少新华侨华人的父母、兄弟姐妹、同学、朋友都生活在国内，他们同家乡有着割不断的联系，在谋划事业发展时，考虑回国或回家乡发展的因素，还是占据了较大的权重。同时，新华侨华人和老华侨华人一样，对自己的祖国或祖籍国有一种难舍难分、割不断的情结，每当出现有损中华民族利益，有碍中国统一与主权、领土完整的事情发生，他们中绝大部分人总是以鲜明的态度和正义的立场，维护着祖国或祖籍国的尊严。①

---

① 王业兴：《新华侨华人的特点及其海外统战工作中的政策原则探讨》，《广东省社会主义学院学报》2000年创刊号。

全国政协副主席、国务院侨办原主任李海峰也曾经评价道，新华侨华人与老一代华侨华人在思维方法、价值观念、行为方式等方面都存在明显差异，有着自身的特点：一是具有良好的教育背景和知识层次，职业构成更为多元化；二是与祖（籍）国的联系更为密切；三是融入当地主流社会的意识更为积极。海外新华侨华人群体的兴起，部分改变了一些国家，特别是西方国家对中国、中国人的刻板印象，有助于扩大世界范围内对"真实中国"的认知与认同。此外，公平与正义已成为共同关心的话题，对此的诉求有时候甚至超越民族、国家范畴。老一代海外华侨华人更多关注生存、发展问题，在很长一段时间内，受到居住国的不公正对待、针对性政策，多选择默默忍受。近年来，随着维权意识的高涨，新华侨华人以发展为目的诉求增多，海外华侨华人对公正环境的追求越来越强烈。就海外华社而言，随着新华侨华人数量的增长，其融入当地主流社会的意识更为积极，传统的华社概念将日趋淡化。华社形态从集聚到分散可能成为一种趋势，类似唐人街这样的传统华社，其经济意义、社会意义将逐渐削弱，精神象征、文化象征将逐渐凸现，而这也是一种积极的改变。①

（二）开展新华侨华人工作的要求

海外华侨华人是推动世界发展及经济全球化的一支力量，新华侨华人的崛起势必对居住国原有华人政策乃至移民政策带来冲击。而这些国家能否及时调整思路，给予新华侨华人群体足够重视，不仅关系到这类人群去留选择带来的示范效应，也关联到这些国家利用海外华侨华人桥梁与崛起中国的关系处理。因此，做好新世纪新华侨华人统战工作应该围绕以下目标进行：①发挥华侨华人智力资源丰富、专业技术人才辈出的优势，引进技术、人才，增加各个领域行业的知识含量，促进高新技术的发展；②发挥华侨华人商业网络遍布世界各地的优势，拓展国际市场；③管理优良的优势，加强交流，取长补短；④发挥华侨华人资金的优势，鼓励回国投资，加强经济合作，互利互惠；⑤发挥华侨华人的"国际公关"优势，推进中国与世界各国、各地区的交往与合作。开展新华侨华人工作的原则是：增进与他们的情谊，建立友好合作关系，加强各方面的交流，为扩大居住国与中国的友好交往发挥积极作用。②

（三）广东新华侨华人工作实践成就与进一步发展空间

早在21世纪初期，广东就把新华侨华人列为侨务工作的重要对象。当前，广东新华侨华人工作已经取得重要成效，主要表现在：①围绕加快转变经济发展方式"头号工程"，扎实推进侨务引智引资促贸工作。新华侨华人是海外人才的重要宝库。广东省处于经济改革前沿地带，引"智"工作也走在全国前列。随着越来越多的新华侨华人回国创业，广东省侨办及时调整工作思路，新华侨华人群体已经成为其重点服务对象之一。首先，深入实施"海外人才为粤服务计划"，招才引智工作已经取得新进展。着力加强对美国华人生物医药科技协会、中国旅美科技协会等重点专业社团及重点专业人士

① 《海外新华侨华人近千万，华社构成渐变带来三重影响》，中国新闻网，http://www.chinanews.com/hr/2012/01-14/3604997.shtml，2012年1月14日。

② 王业兴：《新华侨华人的特点及其海外统战工作中的政策原则探讨》，《广东省社会主义学院学报》2000年创刊号。

的联系和服务，协助推动他们来粤交流、在粤发展、申报中央组织部"千人计划"等，受到他们的好评。推动华美半导体协会设立了广州联络处。依托"留交会"、"高交会"和"国侨办引智引资重点联系单位"等平台，组织推动了一批华侨华人专业社团和人士来粤交流，有力地涵养了一大批海外华人高端人才，促进了他们对广东的了解、联系和交流合作，同时也提升了侨务工作在创新型广东建设上的积极作用。此外，着力推动侨资企业转型升级，为侨企服务工作取得新进展。②着力加强新华侨华人资源涵养，进一步拓展海外联谊工作。加强培训和引导，着力培育"三新"骨干力量。广东省侨办通过主办多期广东省海外侨团中青年领袖研习班等活动培训了多名侨社青年骨干，各地侨务部门纷纷举办青年论坛、青年大会等多种活动，推动乡亲社团建设青委会，多形式加强了涵养侨务资源工作。亚运会、世博会等重大活动期间，精心组织海外侨胞参与，进一步扩大联谊、凝聚侨心。同时，支持新华侨华人参加国际性华侨华人联谊恳亲活动，扩大海外联谊面。③深入开展弘扬中华文化活动，传播岭南文化。精心举办"南粤文化行"系列活动，多形式组织推动海外侨胞来粤开展岭南文化学习、交流，进一步增进新华侨华人对家乡的感情。④重视实施品牌战略，侨务品牌建设更有成效。侨务工作更有抓手更有舞台，出现了品牌建设力度大、效果好的喜人局面。各级侨办举办了一系列活动，诸如"海外杰出华人广东行"、"南方·华人慈善盛典"、"海外中山人"、"世界中山恳亲大会"、"江门华人嘉年华"等侨务工作品牌响亮有力，得到社会各界的广泛好评，提升了侨务工作影响力。①

尽管近年来广东各级政府高度重视，加大了对新华侨华人的工作力度，并取得了较大成绩，但仍然存在进一步努力的空间，主要表现在：①新华侨华人工作战略规划性还存在不足。尤其是一些地方侨办，新华侨华人的工作思路、工作目标和工作重点不够明确，缺乏中长期发展战略，工作实施规划滞后，各涉侨部门相互之间缺乏沟通，未能形成工作合力。②新华侨华人资源涵养工作不够。调研发现，在新华侨华人的联络方面，由于多数新移民疏于与华人社会的交往，沟通交流较少。另外，多数新华侨华人处于事业打拼阶段，对国内的关注度较低。新时期对做好新华侨华人工作的战略意义的认识还有待提高。③新华侨华人基础工作、信息数据库建设措施着力不够。相关部门各自掌握了一部分新华侨华人资料，但缺乏统一且相对完整的新华侨华人信息，现有的资料不全面，加之新华侨华人在国外变动较频繁，住址、工作单位、从事行业等都发生了很大变化却未能有效跟踪，有时双方无法建立有效的联系。这样，挖掘新的工作对象和培育新的侨务资源成为空话。④海外侨务开拓力度不大。对海外侨情，特别是对新华侨华人和新生代的侨情掌握少，对新华侨华人资源相对集中的美、欧、澳、新等地区和国家重要的人脉线索缺乏有效的联络和跟踪。⑤新华侨华人群体的整体作用发挥不够。首先是发挥作用的领域有待拓宽。新华侨华人作用的发挥主要体现在经济领域，在文化、教育和卫生等社会事业领域虽有交流和合作，但规模不够大，还没有实现常态化。其次是创业成效不够显著。新华侨华人回乡创办的企业大多处于起步阶段，企业发展面临着资金匮乏、销售网络不畅、信息渠道闭塞、管理经营经验不足等种种困难。对企业的后续扶持

---

① 《广东侨办主任总结全省侨务工作：六特点成效显著》，http://www.gqb.gov.cn/news/2011/0120/21838.shtml，2011年1月20日。

跟踪不够，企业发展速度不快。再次是人才得而复失的状况堪忧。有些新华侨华人的高科技项目较难寻觅到与之形成上下产业链关系的合作伙伴，加上对已回粤创业或有意向回粤的新华侨华人了解不深不细，特别是对他们拥有的知识产权、项目的发展前景缺乏了解，导致人才有流失的可能。⑥新华侨华人工作机制建设不足，社区侨务工作网络尚未形成。拓展新华侨华人、重点人士及社团、新归侨及海外回国创业等人员的联络服务工作是重要内容，但缺少在开展活动的基础上能把粤籍海内外优秀人士凝聚起来发挥作用的平台。⑦侨务工作力量薄弱。人手少、经费少、要求高、服务面广是很多地方侨务部门面临的主要矛盾。侨务工作不仅仅是侨务部门的事，随着侨务工作的对象不断扩大，培育和发展一支包括新华侨华人及其眷属、海外重点人士及社团、海外回国创业人员等在内的侨务资源队伍显得尤为重要。

五、对进一步开展粤籍新华侨华人工作的对策和建议

改革开放以来，中国大陆移民在华人国际移民潮中的比例越来越大，新移民与中国的经济、文化、科技关系越来越密切，移民活动与海外华族的存在与发展密切相关。因此，正确认识和对待华人新移民现象，是我国政府制定稳定、有效的海外华人政策的重要组成部分，也对我国当前的出入境管理工作和侨务工作提出了新要求。鉴于中国是人口大国，有大批的专业人才和劳工，而西方发达国家也需要一些外国劳工补充国内劳动力的不足，以及新移民对中国、华人定居国和侨乡在经贸、外交等方面的影响与作用，因此我国有必要制定有效的移民政策，加强与其他国家的合作，增加市场急需人才的流动，实现供需双赢。对各级侨务部门来说，针对新华侨华人的特点，因地制宜，制定一套可行的、符合新华侨华人特点的侨务政策和措施，一方面可以支持和促进新华侨华人在移居地的生存、发展和融合；另一方面，可以通过传播中华文化、推动寻根之旅等各种形式的活动，增强新华侨华人的中华意识，发挥新华侨华人在我国经济、政治等方面的作用，提升中国的海外影响力。与此同时，新华侨华人作为沟通中外合作的桥梁和海外优秀专业人才的储备库，将有力地推进我国的改革开放和创新型国家建设进程。我国综合国力的增强、引侨资侨智政策措施的连续出台，以及广东省投资环境的不断改善，为新华侨华人回国回乡发展提供了主客观可能。政府要从战略高度上关注、关怀、开发、利用新华侨华人资源，发挥好新华侨华人作用。

第一，以"老"引"新"，以"老"带"新"，重视侨务资源涵养。当前，海外华侨华人正处在"新老交替"时期，新华侨华人愈来愈成为重要群体和中坚力量。侨务部门要进一步强化战略意识，更新观念，建议社团设立青年委员会，培养接班人。要重视的是，要使侨务资源优势转化为人才优势和竞争优势，就必须处理好利用与涵养的关系，重视新华侨华人资源的培育涵养，蓄积并保持发展后劲，为我省经济社会的发展提供持久有力的支撑。一是制订侨务工作整体规划，建立侨情（新华侨华人）资料库，加强对留学生的关注。侨情资料是涵养新华侨华人资源和发挥作用的基础。建议政府根据职能，明确相关部门责任，加快对相关资料的收集、整理、建档。通过社区、乡镇、海外社团、网络等多种途径不断收集新华侨华人资料，对每年入库信息的数量和质量提出目标要求，并不断进行动态更新。在此基础上建立新华侨华人社团组织库、新华侨华人专业人士类型分布库及新

华侨华人企业家资料库，力求将资料变成资源，将资源转化为生产力。侨务部门把定期与留学生家属保持联系作为了解学生在国外情况的基础工作做深做细做实，关心他们在国外的健康成长。另外，特别提出，对于回国读书的"洋留学"、"洋留守"儿童要予以重视，因为他们不仅是未来的侨务资源，而且他们今天的问题也直接关系到他们父辈甚至祖辈对中国的认同感，也就是关系到现在的侨务资源的培育和利用。

第二，立足长远，注重实效，构筑多元工作平台。侨务资源在海外的分散性特点和侨务工作的社会性特点决定了侨务工作必须注重创立有效的工作平台。可考虑建设以下平台：一是海外联络平台。树立"大侨务"观念，冲破地域的束缚，扩大与海外新华侨华人和社团的联系。建议在新华侨华人中选择一批愿意为家乡发展做贡献的重点人士，作为海外引才信息员，利用他们在国外的有利条件增辟海外工作联络点，使之成为我省对外开放和经贸合作的中介网络和信息渠道。二是活动交流平台。在利用好各类新华侨华人联谊会、海外交流协会、华商会等现有平台的基础上，要拓宽这些民间组织工作的广度和深度，扩大其影响；宣传粤籍华侨华人创业的足迹、发展历程及爱国爱乡善举，丰富侨乡文化内涵，同时为归侨侨眷、海归人才定期举办活动提供便利场所。三是对外宣传平台。要加强海外宣传工作，建议重点选择影响大、势力强的海外华文媒体，与之合作，构建以报刊、电视和网络媒体为支撑的外宣平台，并将外宣平台与同学网链接。四是文化传承平台。要发挥广东教育和文化资源优势，扩大与海外的交流合作，充分发挥华文教育基地和海外华裔青少年中华文化传承基地的作用；联合相关院校开设海外新华侨华人子女夏令营活动，多渠道、多形式宣传中华文化和岭南文化，增强新华侨华人及二、三代对祖国和家乡的认同感。① 当前，有些重点侨乡创立的如"江门青年世界大会"、"海外华侨华人青年才俊聚东莞"、"珠海新同乡会"、"南海留学生联盟"等平台取得了不错的效果。在此特别指出，国内侨务部门在开展新华侨华人工作时要注重实效，不能搞太多意识形态、思想觉悟的活动，而应该多推出一些有吸引力的项目。

第三，积极支持新华侨华人在海外的长期生存与发展。海外华人如同出嫁在外的女儿，爱"娘家"之心十分可贵，但"婆家"是她们现在的家，它给了她们安生的天地，给了她们发展的热土，"知恩图报是我们中华民族的传统美德，热爱居住国、融入居住国也是我们中国政府一直所提倡的"②。首先，切实关心新华侨华人在海外的发展。其次，切实加强与新华侨华人和华裔新生代的联系。在和新华侨华人的联系中，充分体现一个"情"字。联系方式可以有以下几种：一是通过和新移民在国内的亲友利用通信、电话及其"走出去"到海外探亲访友这些有利渠道，了解新移民的情况。二是侨务工作者到海外侨界或将新移民或新生代"请进来"，广泛接触新移民，直接了解新移民的情况、心态和感受。三是建立大侨务联盟，通过新移民的联系，加强和华侨华人社团领袖和融入主流社会的华侨华人的联系。③ 再次是做好新华侨华人及其眷属服务工作。随着海外新华侨华人数量的迅速增长，国内眷属及其子女都在国外的"空巢家庭"增多，有些新华侨华人在国外还处在求学、创业阶段，关心他们在国内眷属的生活状况，及时了解眷属的困难，维护

① 部分观点参考江苏省扬州市政协专题调研组：《新形势下发挥新华侨华人作用的思考和建议》，http://wenku.baidu.com/view/a009761a650e52ea5518984b.html。
② 陈传仁：《海外华人的力量：移民的历史和现状》，北京：世界知识出版社2007年版，第360页。
③ 程远显：《研究新侨情开拓新华侨华人工作》，《侨务工作研究》2003第5期，第10页。

好他们的合法权利，切实帮助解决他们的后顾之忧，是侨务部门及全社会服务新华侨华人的一项"侨心工程"。最后是帮助新华侨华人拓展海外人脉关系。侨务部门可以发挥联系广泛的优势，帮助在关键时候能"找得着、用得上、靠得住"的重点人士拓展华人社交圈，可以介绍有共同专业和家乡背景的新华侨华人相互认识，或介绍参加相关的华人技术社团、同乡社团，发展他们的关系，时机成熟时，再发展一些海外联络骨干，建立新华侨华人海外联络点和群团组织，以利于提高海外联络工作的水平和成效。

第四，进一步贯彻落实好相关的侨务政策，提高我省海外新华侨华人对家乡建设的参与度。继续贯彻好"了解侨情、凝聚侨心、维护侨益、发挥侨力"的方针，努力在全社会营造尊侨、爱侨、护侨的良好氛围，团结海外新华侨华人致力于家乡经济社会建设，不断加大依法护侨力度，认真贯彻执行涉侨法律法规，做好涉侨信访工作，继续认真解决历史遗留问题，努力为新华侨华人解难事、办实事、办好事；认真做好海外新华侨华人捐赠资金和物品的指导、管理和监督工作，为海外新华侨华人捐赠公益事业提供各种便利和服务，加强对资金使用情况的监督检查，及时对在捐赠兴办公益事业中做出贡献的新华侨华人给予表彰，积极向上级部门反映，建议免收新华侨华人捐款的各种税费，进一步激发他们关心家乡、造福桑梓的热情；积极协助做好一些华侨华人故居、祖墓、宗祠等的保护工作，努力留存新华侨华人回乡寻根认祖的标记；要依法护侨，关心侨资企业的生存和发展，认真做好为侨资企业排忧解难等服务工作，健全侨资企业、留学人员与政府有关部门的恳谈会制度，通过侨商会等政企沟通的有效平台，加强与他们的交流，切实帮助外资、侨资企业解决生产经营中的困难和问题，增强粤籍新华侨华人投资的信心，使他们能继续关心和支持家乡经济的发展。[①]

第五，采取多种措施拓宽交流渠道，增强粤籍海外新华侨华人对祖国和家乡的认同感和自豪感。通过各种经贸、文教、体育、艺术等交流活动和重大节庆活动，加强与新华侨华人的联络交往，选派一些具有浓郁广东乡土气息的艺术团体，赴国外为粤籍新华侨华人进行演出，宣传中国传统文化和家乡的风土人情，多采取入户拜访的办法，以串门、拉家常等形式，侧重关心和了解新华侨华人各方面情况，争取直接与新华侨华人交流的机会，有意识地举荐一些有一定活动能力的新华侨华人和留学生参与当地华侨华人社团组织，以同龄人做同龄人工作的方式，加强与新华侨华人之间的联系；进一步做好老一辈华侨华人及其国内亲属的工作，发挥其传帮带的作用，特别是要进一步办好寻根之旅等各种活动，精心组织海外新华侨华人参加活动，扩大邀请范围，逐步增加人数，让他们了解祖国和家乡的发展变化，感受家乡的风土人情，积极为国内旅行社与海外社团间牵线搭桥，大力促成海外社团组织新华侨华人返乡观光考察团或旅游团，加大宣传力度，精心制作和利用各类画册、书籍、音像作品、乡讯刊物等宣传品，扩大宣传；充分利用国际互联网，建设、管理好面向华侨华人的专门网站，及时反映我国及广东经济社会的发展变化，重点宣传粤籍新华侨华人的风采，收集侨情信息及对家乡建设发展的意见建议，开展网上为侨服务工作。[②] 此外，要不断加强华文教育。通过华文教育，提高新华侨华人的中华文化素养，保持他们的中华民族特性，维系和加深他们与祖（籍）

---

① 部分观点参考巴列：《广东五邑侨乡海外新移民之研究》，暨南大学硕士学位论文，2010年。

② 巴列：《广东五邑侨乡海外新移民之研究》，暨南大学硕士学位论文，2010年。

国的血脉联系。①

第六，创建平台，拓展渠道，充分发挥新华侨华人的"智库"作用。积极吸纳新华侨华人回国参政议政，加入国内海外政协委员、青联委员、顾问等队伍，为我省经济社会发展建言献策。建议利用新华侨联谊会、海归创业人士联谊会等常设平台，建立海外人才智库评议机制，充分发挥他们的聪明才智，畅通信息交流渠道，为广东经济建设、社会管理、文化发展中的问题建言献策。同时，利用他们的专业技术对引进的或即将引进的项目进行鉴定、评估，弥补我省相关部门工作人员和技术人员的不足。同时，积极促进侨智与民营企业嫁接，提升竞争力。此外，要努力扩大与新华侨华人资源合作的领域。主动加强联系和沟通，探讨联合办学、科研和培训等合作方式，并主动邀请他们短期回国讲学，开展文化、技术交流，引进世界先进的技术和管理理念，提升我省教育、科研服务地方经济社会建设的层次和水平。②

课题负责人：文峰，暨南大学华侨华人研究院副研究员
课题组其他成员：罗亚泓、金靓

---

① 李其荣：《关注华人新移民　培育侨力新资源——美加新华侨华人比较研究的启示》，《八桂侨刊》2008 年第 4 期。

② 江苏省扬州市政协专题调研组：《新形势下发挥新华侨华人作用的思考和建议》，http：//wenku. baidu. com/view/a009761a650e52ea5518984b. html。

粤籍华人民间信仰及教派、组织

在海外华人社会，那些以传统民间宗教信仰为纽带形成的宗教社团，在中下层华人社会中的号召力和凝聚力非常强大。

本报告重点分析了青莲教、先天道和德教等民间教派在海外华人社会中的传播、发展及影响，以及广府、客家、潮州等不同粤籍华人方言群的民间信仰及其组织，包括仙四师爷信仰、林姑娘信仰、刘善邦信仰。

一、粤籍华人民间教派组织

（一）青莲教和先天道

所谓的青莲教，是奉行三皈五戒，吃长斋，修炼九节玄功，传教者以《礼本》开示信众的宗教。青莲教是官方档案上的称呼，港台及海外信仰者称呼该教为"先天道"。[①]

从历史上看，先天道与青莲教关系密切，或者同为一体，只是名称有异；或者先天道就属于青莲教的一支。

清朝道光二十四年（1844），青莲教教案发生，该教遭到清政府严厉镇压。恰在此时，南洋地区因为西方殖民者的到来急需开发当地的劳动力，尤其是统治马来亚的英国殖民政府为了吸引华侨移民南下，就不限制他们的宗教信仰自由。在此背景下，青莲教传入南洋。

1860年后，先天道的斋教堂有车派开始传入西马，该派在各地创建斋堂，宣传、弘扬本教派信仰；一些"不落家"或终身不嫁的广府籍华人女性则建立"姐妹斋堂"，以作为寄托信仰的场所。在一些斋堂中，除主祀观音外，还配祀许多道教女神，如吕仙姐、北极仙姐、地母娘娘、华岳三娘、七仙女、桃花仙姑、冯仙姑、龙母和龙女等。[②] 在槟城，约有二三十间先天教斋堂，其中有福建人、广府人、客家人的，也有潮州人的，还有不分籍贯的。槟城先天教斋堂原有男斋堂，后只剩女斋堂。当地较早的斋堂是由建德会头领邱天德的夫人创建的"善化堂"，以及"大生佛堂"（男斋堂，属客家人）、"大圆佛堂"（属广府人）等。

槟榔屿曾经是青莲教在遇到"官考"时期赴海外开荒的重要据点。在槟城极乐乡，大

---

① 王见川：《青莲教道脉源流新论——兼谈九祖"黄德辉"》，《清史研究》2010年第1期。

② 朱金涛：《吉隆坡华人寺庙的研究》，马来亚大学硕士学位论文，1968年，转引自林水檺、骆静山合编：《马来西亚华人史》，八打灵：马来西亚留台校友联合总会1984年版，第433页。

生佛堂建立于光绪元年（1875）或更早的时间，因为其门额志明的年份是光绪元年①。相距不远的大圆佛堂建立于光绪九年（1883），比大生佛堂的规模要大些。在1883年所立的"建造大圆佛堂碑"中可以看到，在500多名捐助者中出现很多女性的名字；在光绪二十九年（1903）所立"重建大圆佛堂碑"的660多名捐助者中，很大一部分为女性。② 大生佛堂和大圆佛堂都是女性斋堂。

在吉隆坡，位于安邦路的登彼岸又名观音佛堂，大约在1884年建立。该佛堂中曾有一鼎光绪十五年（1889）的大理石香炉，上面刻有"谭公仙圣"字样，表明该佛堂曾供奉属于客家人信仰的神祇谭公③。目前，由于青莲教衰落，该佛堂已转属源自台湾的马来西亚法界佛教总会道场，正门上亦有"法界观音圣寺"匾。

1934—1938年，大约有20万华人妇女移民马来亚。她们后来陆续建立了很多姐妹斋堂，既能互助，又能寄托共同的信仰。20世纪50年代，她们已经在新马两地拥有了上百间斋堂，成为拥有最多斋堂的先天道门。④ 到20世纪80年代初期，槟城约有30间男女先天教斋堂，吉隆坡也有40多间姐妹斋堂。⑤

在印度尼西亚，万隆南善堂大约在20世纪30年代早期由客籍华侨妇女 Lay Nyun Moy 建立，实际上是一座斋姑创办的斋堂。⑥ 女性斋堂也是专属坤道修行的佛堂，它们专门收养失亲孤女，这样既能发挥慈善功能，又有利于培养接班人。

1937年，一名客籍女性温二十九姑将地母娘娘的香火从中国请来安奉在槟城南岛佛堂。⑦ 这应该是归根道在南洋传播的开始。温氏于1946年去世后，南岛佛堂由其首徒吴月开（女）接办。1948年，由于吴氏能力所限，南岛佛堂交由好了道人蔡飞接管。

蔡飞，1892年出生在广东梅县，幼年随父母来到马来亚。8岁回中国。1919年，蔡氏在汕头投身同善社，此后在各地办道，开化道场数十处。1928年升任"保恩"，同年自费来南洋，在新加坡、槟城、仰光等地办道。他在新加坡创立"南洋圣教总会"，实际为同善社的道场。1943年，蔡飞改投归根道。1947年，升任归根道"四八"职衔，奉祖命重返南洋传播归根道。他在数年内开办了福星佛堂（1947年，新加坡）、福山佛堂（1947年，霹雳州马当）、福江佛堂（1947年，霹雳州江沙）、福妙佛堂（1948年，新加坡）、福岩佛堂（1948年，霹雳州务边）、福荣佛堂（1949年，霹雳州江沙）、福金佛堂（1949年，霹雳州金宝）、福龙佛堂（1950年，吉隆坡）、福边佛堂（1954年，霹雳州务边）、

---

① 陈铁凡、[德]傅吾康合编：《马来西亚华文铭刻萃编》（第二卷），吉隆坡：马来亚大学出版部1985年版，第591页。

② 陈铁凡、[德]傅吾康合编：《马来西亚华文铭刻萃编》（第二卷），吉隆坡：马来亚大学出版部1985年版，第612~622页。

③ 陈铁凡、[德]傅吾康合编：《马来西亚华文铭刻萃编》（第一卷），吉隆坡：马来亚大学出版部1985年版，第66页。

④ 王琛发：《重新发现青莲教最早在南洋的流传》，提交于2009年8月16—19日在山东大学举办的"第二届中国秘密社会史国际研讨会"。

⑤ 骆静山：《大马半岛华人宗教今昔》，载林水檺、骆静山编：《马来西亚华人史》，八打灵：马来西亚留台校友联合总会1984年版，第433页。

⑥ [德]傅吾康主编，苏尔梦、萧国健合编：《印度尼西亚华文铭刻汇编》（第二卷上册），新加坡：新加坡南洋学会，巴黎：法国远东学院、巴黎群岛学会1997年版，第147页。

⑦ 苏庆华：《槟城的先天道支派——归根道初探》，《马新华人研究——苏庆华论文集》（第三卷），吉隆坡：联营出版（马）有限公司2010年版，第18页。

佛安佛堂（1955 年，霹雳州太平）等多家佛堂。[①]

青莲教一度在海外华人社会中较为盛行，在"二战"后逐渐走向衰落。

（二）德教

从 1939 年创立至今，经过 70 多年的流传和发展，德教在马来西亚、泰国和新加坡已经形成了相当的规模，在印度尼西亚、老挝、澳大利亚甚至北美地区的美加两国也有传播。德教会在马新泰三国社会特别是当地华人社会中，产生了较大的影响。

2004 年的统计数字显示，马来西亚有 142 个德教会阁，泰国有 74 个，新加坡有 11 个，中国内地有 16 个，美国有 3 个，中国香港、澳大利亚、中国台湾、老挝、日本各自有 1 个。[②] 截至 2012 年，马来西亚德教会阁已超过 170 家，而加入泰国德教慈善总会的有 80 多家，印度尼西亚 6 家，老挝则增至 5 家，澳大利亚 4 家，文莱 2 家，中国澳门 2 家，新西兰 1 家，加拿大 1 家。

德教会的确切历史可追溯至 1939 年的潮汕地区。当时正值抗战全面爆发，炮火弥漫全国，人民流离失所。广东省潮阳县和平英西港人杨瑞德在家乡创立鸾坛，设香案，祷告上苍，祈求和平安宁，并以家藏柳枝为媒，祷请仙佛降临训谕。数月后，得杨筠松及柳春芳两位师尊[③]之谕示，意在要其立善积德。杨氏于是在其家中设立紫香阁，借以宣扬道德，并赠药、治疗病人、施舍帐篷、抚恤死难者。[④]

潮安人李怀德于 1944 年到访过紫清阁后，在潮安的龙溪区创立紫阳阁。正是在创立该阁的乩文中，"德教"一词首次出现。[⑤]

德教会是德教普化民间的组织形式，它是一个综合宗教活动与社会慈善福利事业为一体的民间社团，常冠以"阁"、"社"、"堂"、"宫"、"观"、"轩"等多种名称，其中以"阁"命名最常见。

扶乩是德教非常重要的宗教活动，是德教得以创立与发展的最重要途径。在德教历史上，扶乩起着决定性的作用。无论是德教会阁的创立，还是《德教心典》的颁示，乃至德教会阁的一切重要会务，都要禀告师尊，然后由其乩示指导，再遵奉师命而行。扶乩是德友与德德社诸佛仙尊交感相通的重要途径，德教的诸多乩文，更成为德教会的珍贵文献和精神源泉。

"二战"结束后，德教开始向南洋传播。

1. 新加坡的德教会

1952 年秋，李怀德因商业赴泰国和中国香港，会晤两地的德友，并且考察两地德教发

---

① 苏庆华：《槟城的先天道支派——归根道初探》，《马新华人研究——苏庆华论文集》（第三卷），吉隆坡：联营出版（马）有限公司 2010 年版，第 10 ~ 12 页。

② Bernard Formoso，*DE JIAO*：*A Religious Movement in Contemporary China and Overseas*：*Purple Qi from the East*，Singapore：National University of Singapore，2010，p. 1.

③ 师尊是德教会的崇拜对象，范围非常广泛，涉及道教、佛教、基督教、伊斯兰教、儒家的信仰偶像，关羽、孙思邈等历史人物以及济公（李修缘）、张果老等这样的传说中的人物，在德教中扮演着极其重要的角色。可参见郑良树：《德教的教义和师尊》，载《马来西亚·新加坡华人文化史论丛（卷一）》，"新加坡南洋学会丛书"第 24 种，新加坡：中国南洋学会 1982 年版。

④ 《德教的草创与南播》，载《新加坡全国社团大观 1982—1983》，新加坡：文献出版公司 1984 年版，第 196 页。

⑤ 陈景熙：《草创时期德教的构建与演变》，《汕头大学学报》（人文社会科学版）2007 年第 6 期，第 60 ~ 69 页。

展的情况。随后香港德教会①寄来柳春芳师尊的创阁指示：创办紫新阁于星洲，并带来乩文"紫气东来怀善本，新猷南进立德业"②。1952 年农历十月十五日，紫新阁在新加坡里峇峇利路 269 号 2 楼一间狭窄的小屋子里成立。到 1957 年 12 月 6 日（当年农历十月），鉴于当时的马来亚已有多家德教会阁建立，南洋德教总会在新加坡紫新阁举行成立仪式。此后，德教会内部紫系各会阁独立传教的历史终于被打破，大大加强了它们彼此之间的联合，进而促进了德教在东南亚地区华人社会中更快传播。

目前，新加坡已有 10 家左右的德教会阁。除了紫经阁和紫新阁，它们还包括：星洲德教会济云阁、星洲德教会济芳阁、星洲灵隐寺、新加坡德教太和观③、新加坡德教会紫玄阁、星洲德教会紫霞阁、新加坡德教会紫盈阁等。

新加坡德教太和观于 1978 年注册成立。目前，新加坡太和观本观共聘请 700 多位员工，包括来自 14 个国家的不同宗教信仰人士，每年开销约 4 000 万元新币。德教太和观是目前新加坡一个享有盛誉的慈善组织。

2. 马来西亚的德教会

德教组织在马来西亚的创建历史也较早，而且早期是在南总的推动下成立的。目前，马来西亚的德教会组织在海外各国中数量最为庞大。马来西亚德教会组织可以划分为紫系、济系、振系、赞化系、明系善社、济系善社、宋系和其他派系。

马来西亚德教会组织从事的社会活动主要集中在福利慈善、文化教育等领域；至于其宗教活动，主要就是扶乩，此外也举办新年补运法会、中元普度法会等。不过，由于受到 1967 年丁未年停乩事件的影响，目前仍有部分德教组织坚持不扶乩，如大山脚赞化阁、太平紫平阁、安顺紫蓬阁等。

3. 泰国的德教会

1947 年，泰国华侨林修悟参鸾汕头紫雄阁，并奉白云道长圣谕，携带德教香火至泰国曼谷，创立紫辰阁。由于当时泰国政府的法令限制，紫辰阁不能公开扶鸾，只能秘密游鸾。紫辰阁之后，陈德泰又创立了紫玄阁。后来，紫玄与紫辰两阁又联合组成了玄辰总阁（玄辰善堂）。

紫真阁是目前泰国德教会中影响最大的一家会阁。早在 1952 年，德生萧锦锡与曼谷白桥景福寺主持宝恩大师为方外之交，萧氏征得大师同意，暂借景福寺以礼佛为名而开鸾。当年，经白云道长乩文谕示，在景福寺创建紫真阁。首任阁长林志熙。1953 年，泰皇陛下御驾临幸紫真阁礼佛参师，德教会在泰国得到了合法认可。宝恩大师圆寂后，紫真阁乩鸾暂停。1974 年 6 月复鸾。1979 年，注册获得政府正式批准。2001 年 8 月 10—13 日，曼谷紫真阁主办第五届环球德教大会鸾，同年庆祝 50 周年阁庆。2012 年时，紫真阁理事长李基智，阁长方强民。

合艾德教会紫南阁是泰国另一家颇有影响力的德教会阁。它创立于 1971 年 5 月 9 日，传香阁为马来西亚吉打济阳阁、玻璃市州紫阳阁。发起人包括陈勋登等多人。紫南阁每年

---

① 这里的"香港德教会"即紫苑阁，1948 年 5 月 7 日改组为香港德教会。
② 李怀德：《德教南来展扬概况》，《南洋德教总会特刊》，新加坡：南洋德教总会 1959 年版，第 83 页。
③ 太和观始创于广东潮安西湖，至今已有几百年历史。原观在明朝时期就已建立，几百年来，其两位主坛恩师玉清内相孚佑帝君（即八仙中的吕纯阳祖师或吕洞宾）即医圣华佗祖师以降乩方式为人开方治病。

举办盂兰胜会、普度阴阳，并开展济困恤贫活动。1983 年设立义务医疗室。紫南阁目前有扶乩，但无施医赠药。近几年创办了树强学校，目前有幼儿园和小学，准备办初中，力求以华文教学为主，学生中泰族占 70%，华族占 30%。首任阁长陈勋登（1970—1975，连任三届），第 13～20 任阁长是陈成然（1994—2011），2012 年任阁长的是陈清海。2012 年时，紫南阁有会员 800 多人，会员中说各种方言的华人都有，甚至包括辽宁人，不过，应该是潮州人占多数。

泰国其他重要的德教团体还有曼谷紫微阁（玄辰善堂）、喃邦善堂紫南阁、春府紫峰阁（紫峰佛学社）、泰国曼谷紫微阁（世觉善堂）等。

4. 其他各国的德教会

除了新马泰三国，德教会在海外其他不少国家也有分布，尤其是在与上述三国相邻的国家。

老挝有数家德教会，它们主要是在泰国德教会特别是曼谷紫真阁的推动下成立发展的。2003 年 7 月，马来西亚吉打济阳阁联合泰国曼谷紫真阁主持永珍善堂紫珍阁创阁安炉仪式。老挝其他几家德教会包括素旺慈善机构德教紫素阁、百细慈善机构德教紫瑶阁、他曲德教会紫儒阁、瑯坡拉邦德教会紫鸾阁。

在马来西亚德教会尤其是亚庇紫和阁与济和善社的推动下，印度尼西亚也建立了数家德教会。简要情况如下：

（1）泗水紫泗阁，创阁时间为 2006 年 7 月 19 日（农历丙戌年六月廿四日）。紫泗阁一度陷入停顿，2009 年 8 月 14 日（农历己丑年六月廿四日）重建，并改名为济缘善社，传香阁为亚庇济和善社和广东潮阳紫香阁。目前社长许国照（客家人），副社长薛常锦（福建福清人，新移民）。

（2）棉兰紫棉阁，创立于 2006 年，传香阁为泗水紫泗阁。原阁长陈明宗（福建南安人，当地华人富商），现任阁长陈锦兴。

（3）三宝垄紫龙阁，创阁时间为 2006 年 7 月 21 日（农历丙戌年六月廿六日），传香阁为亚庇紫和阁。

（4）雅加达紫弘阁，创立于 2006 年 7 月 23 日（农历丙戌年六月廿八日），传香阁为亚庇紫和阁。

（5）仙达济圣善社，大约于 2008 年创阁，传香阁为亚庇济和善社和棉兰紫棉阁。

（6）坤甸济心善社，于 2009 年 9 月 26 日（农历己丑年八月初八）创阁，传香阁为成邦江紫川阁、亚庇济和善社。

在缅甸，德教会有一家，即缅甸德教会紫缅阁，也是在泰国德教会推动下成立的。

文莱德教会济道阁大约于 2005 年创阁。2011 年 9 月 15 日，是济道阁五周年阁庆。参加者约 200 多人，来自马来西亚、新加坡、泰国、中国、印度尼西亚、澳大利亚、中国澳门等国家及地区，参与阁所 40 余家。

在澳大利亚，堪培拉德教会紫洋阁于 1997 年 11 月 30 日安炉。由马来西亚吉打济阳阁负责安排安炉仪式。2004 年 4 月 21 日（农历甲申年三月初三），由马来西亚吉打济阳阁联合泰国曼谷紫真阁为珀斯德教会紫柏阁举行新阁安炉大典，并进行扶鸾活动，正乩掌为吉打济阳阁的林成敦，副乩掌为曼谷紫真阁的方强民。雪梨（悉尼）德教会紫乘阁，2002 年 4 月举行复阁重光安炉活动。澳洲德教会紫成阁于 2002 年 4 月安炉。澳大利亚的德教会与泰国的德教会联系更为密切。

新西兰有德教会济仁阁。

日本的德教会历史很早。紫瀛阁创立于 1968 年。阁址在神户，一度停顿。2004 年在名古屋重建。2004 年 6 月 9 日（农历甲申年四月廿二日），名古屋德教会紫瀛阁举办立阁安炉大典，并举行扶鸾活动，正乩掌为马来西亚吉打济阳阁的林成敦，副乩掌为刘锡标。

在美国，德教会紫根阁大约在 20 世纪 80 年代前已经创建，但不活跃，甚至后来可能停顿。紫根阁是由一名华裔商人在访问中国香港后，受到乩文谕示而创阁的。阁址在旧金山（三藩市）。南加州潮州会馆（洛杉矶紫杉阁）于 2009 年 12 月 26 日举行新阁开幕仪式以及济公开光节日庆典。

加拿大有温哥华德教会紫屏阁。

二、粤籍华人民间信仰及其相关组织

海外华人的民间信仰很复杂。不过，他们信奉的神祇可以大体上分为两类：传自中国，深受中国影响的神祇；受居住地影响，在居住地创造和发展的神祇。而传自中国的神祇，又可分为两类，一类为全中国普遍信仰的神祇，另一类为只属于闽粤琼等省的地方性神祇。以民间信仰为纽带，华人建立了更多宗教组织。

（一）金花娘娘

金花娘娘也称"金花夫人"，金花夫人信仰大约产生于宋元时代，主要流行于珠江三角洲一带。明清时期，地方士大夫阶层不断对金花夫人故事添加有利于其发展的元素，使其在文化、政治两方面力争归附于正统政治体系。特别是清朝中叶时，随着珠三角地区礼仪变革的完成，地方士人开始重新建构金花夫人故事，给其增添更多符合儒家正统的元素，从而使金花夫人信仰得到充分发展。[①]

金花夫人主司送子护产，掌管生育。旧时，广东很多地方都建有"金花庙"。位于广州河南（今海珠区）的金花庙是所有金花庙中最大的，规模宏伟，过去曾供有 80 余尊神像以及 20 位奶娘。20 位奶娘皆与生育有关，并各司其职。

2013 年春节期间，笔者曾前往海珠区和荔湾区，寻访以上两座金花庙，可惜都见不到庙，而只看到反映金花夫人信仰盛况的地名，大有"此地空余金花名"的感慨。还好，后来笔者在黄埔区长洲岛上的白鹤岗找到了一座历史也颇为悠久的金花庙，其正门横额上署有"光绪二年"几个字。主神金华夫人，两侧各配祀 6 位奶娘共 12 位。

早期的广府籍华侨将金花夫人信仰带到了国外。

在马来西亚，广东人建立的庙宇中经常供奉着金花夫人。如吉隆坡仙四师爷庙、吉隆坡广肇会馆关帝庙、森美兰芙蓉列圣宫、霹雳太平何仙姑庙、霹雳金宝的金宝古庙（光绪三十年即 1904 年或更早前创建，原名可能为水月宫[②]）、彭亨州文冬广福庙（仙四师爷

---

① 黄建华：《明清广东金花夫人信仰研究》，暨南大学硕士学位论文，2010 年，第 58 页。

② 陈铁凡、［德］傅吾康合编：《马来西亚华文铭刻萃编》（第三卷），吉隆坡：马来亚大学出版部 1985 年版，第 991 页。

庙，光绪三十二年即1906年建立）等。

在缅甸，仰光广东观音古庙除奉祀观音外，还供奉金花夫人等神明。

（二）阮梁圣佛

四会人信仰阮梁圣佛。阮梁圣佛信仰中包括三位主要神祇：阮公圣佛、梁公圣佛、文氏贞仙。

阮公圣佛，原名阮子郁，四会陶塘铺周村人，生于北宋神宗元丰二年（1079）正月初九，自小就很有佛缘，能理解梵文经典佛籍。幼时父亲早逝，母亲被迫改嫁，因此往依于橄榄村的姐夫家，并为人牧牛。闲时或到村头的众缘寺①拜佛参学，或到扶卢山六祖寺②听法师讲解六祖坛经，将平时化缘所得施赠予老弱贫病之人。传说北宋徽宗崇宁元年（1102）八月初三，此日为禅宗六祖圆寂坐化成佛之日。阮氏在梦中得到六祖慧能现身为其说法，并收其为徒。六祖说法时，阮氏应声作偈："平生修得成名镜，不受人间半点尘。"受到六祖点化的同年中秋节，阮公24岁，坐化于荔枝树顶，"群牛环跪荔枝树下"。乡民将其金身奉祀于众缘寺中，该寺于明朝崇祯年间（1628—1644）改为宝林寺③，成为阮梁公圣佛信仰的祖庙。四会县令将阮公神迹上报朝廷，被敕封为"阮公圣佛"。在阮氏出生地陶塘，另建莲花寺奉祀阮公。据载，北宋钦宗靖康二年（1127），都城临安发生大火，阮公因显圣洒红砂雨救灾有功，被敕封为"护国庇民大师菩萨"。元顺帝至正八年（1348），阮氏再因护军大功而被敕封为"至圣显应大师菩萨"。明朝神宗万历二十一年（1593），皇帝朱翊钧患上眼疾，阮公再次显灵为一名僧人，"以水洗之"，治愈皇帝疾病。万历皇帝因而敕封其为"慈应大师菩萨"。清朝咸丰、同治年间，因曾显灵协助官军打败太平军，被朝廷封为"保康"、"昭灵"大师菩萨。④

梁公圣佛，原名梁慈能，四会马山都人，生于北宋哲宗元符元年（1098）五月二十六日，5岁时父亲去世，8岁时母亲去世，梁慈能只好投靠莫巷村姊夫家。梁氏羡慕阮公修道成佛，曾前往参谒。梁慈能夜梦阮氏"说偈授以功课"，此后"祝发为僧修持不辍"，所获布施也慷慨施予贫老者。北宋政和六年（1116）九月初三，梁氏于19岁时"身穿黄袍，手持素珠"坐化于高平山。梁氏成佛后，乡民将其肉身塑为金身，在其坐化地建成宝胜寺⑤供奉，并在其出生地建造永安寺。宝胜古寺为供奉梁公圣佛的祖庙。南宋理宗嘉熙二年（1238），皇帝患病，梁氏显身调护，被敕封为"正大应救化师菩萨"；明代，敕封为"高平得道化师菩萨"；清代咸丰年间，因"护官军获胜"而被加封"灵佑"和"普

---

① 众缘寺始建于北宋神宗熙宁四年（1071）。参见（清）陈志喆等修，吴大猷纂：《四会县志》，编七《人物志·仙佛》，"中国方志丛书"第58号，台北：成文出版社1967年版，第492页。

② 禅宗六祖慧能遵循五祖弘忍的偈语"逢怀则止，遇会则藏"，南下到四会后在当地葫芦山一带潜修，从唐朝高宗龙朔元年（661）起，时间长达15年，"避难猎人队中。凡经一十五载，时与猎人随宜说法"。后来，当地人为纪念六祖，将其曾潜修的葫芦山改名扶卢山（六祖本姓卢），并在山上修建六祖庵，俗称六祖寺。引文参见丁福保笺注，一苇整理：《六祖坛经笺注》，济南：齐鲁书社2012年版，第70~75页。

③ 《寺院概况》，http://www.shbls.org/plus/list.php? tid=1。

④ 参见（清）陈志喆等修，吴大猷纂：《四会县志》，编七《人物志·仙佛》，"中国方志丛书"第58号，台北：成文出版社1967年版，第463页。

⑤ 宝胜寺的前身为梁慈能的化师台（道场），始建于北宋徽宗崇宁年间（1102—1106），元朝世祖至元二十六年（1289）就台建寺，取名宝胜寺。清代重建，改名宝胜古寺。

佑"大师菩萨。① 梁公圣佛民间又称之为佛爷太或阿太。

文氏贞仙，本姓文，四会贞山都人，自小许嫁鲍生。唐德宗贞元三年（787）丈夫鲍氏上山砍柴时不幸死于虎口，文氏服丧三年，并尽心尽力伺候家翁及婆婆，"事公姑甚谨"，但遭父母强迫改嫁，遂逃到贞山修道，"居于绝巘，艺蔗芋蕉竹自给。亲党求之，莫知所在"。唐德宗贞元十七年（801）农历九月初九，飞升成仙。村民在其飞升处妙墟宫旧址刻肖像奉祀，名为"贞烈仙祠"。②

位于四会贞山橄榄村的宝林寺，原有主建筑于清朝咸丰十一年（1861）重修，主殿为祖师殿，供奉阮公圣佛，旁边神龛供奉观音。目前，该寺增建了地藏王菩萨殿（又名净土坛）、万佛殿、观音殿、太岁殿等。宝林古寺关于阮公圣佛的两种签据说非常灵验。一种事关人生运程，只要在阮公圣佛前虔诚许愿，所抽之签必能昭示祈求者进退。另一种是求药治病签，所抽之签或者明示疗身药方，或者指示疗心"药方"，或者示以其他疗治之法。阮公圣佛灵签远近闻名，拜求者络绎不绝，千年相继。③

马来西亚的阮梁公圣佛庙的分布主要在四会、广宁籍华人集中的地区，共约 12 间④，由于南来后的四会人主要分布于吉隆坡及其周围霹雳州、槟城等地，因此，他们建立的阮梁圣佛庙也主要分布在这些地区。在吉隆坡地区，有四间奉祀阮梁圣佛的"兄弟庙"，分别位于甲洞、千百家新村、沙叻秀新村及白沙罗新村。有人认为，具有 120 多年历史的沙叻秀公主花园阮梁公圣佛庙是吉隆坡各"兄弟庙"的源头。⑤ 历史更为悠久的甲洞富城花园阮梁圣佛庙中供奉的二佛一仙（阮公圣佛、梁公圣佛、文氏贞仙）是 1869 年时由四会县华侨带来吉隆坡孟沙建庙供奉的。百年之后的 1969 年，该庙搬迁到增江北区淡巴汉重建，2009 年 8 月，再搬迁到甲洞富城花园⑥。庙中除了供奉二佛一仙外，还悬挂有据说为阮公受封时皇帝赐予的"加封牌"，加封牌也有百年历史，而现在庙中所供奉者为复制品。

建立历史很悠久的沙叻秀公主花园阮梁圣佛庙，它的原址并不在沙叻秀。早在清朝光绪十四年（1888）来到吉隆坡文良港的四会人，他们将阮梁二佛及文氏贞仙从四会的宝林古寺阮公庙请来，盖起了庙宇来奉祀他们。1964 年，文良港阮梁公庙在当地锡矿公司的压力下，被迫迁至淡马鲁路；1969 年再度被逼迁至现在的蒂蒂旺沙公园处；1983 年第三次搬迁时，才在沙叻秀邵氏园的政府地正式落脚。2000 年，阮梁公庙再次搬迁，在沙叻秀新村比邻的公主花园建起了富丽堂皇的北方宫殿式庙宇。当年，沙叻秀公主花园阮梁圣佛庙举行了隆重的新庙落成庆典，并举办庆祝建庙 113 周年活动。

马来西亚四会籍华人将阮公圣佛、梁公圣佛和文氏贞仙"二佛一仙"一起奉祀，这一点不同于原籍四会的崇拜景象。在四会，无论是宝林寺还是宝胜寺，抑或其他的相关寺庙，都是单独供奉阮公圣佛、梁公圣佛或文氏贞仙。四会人在他乡的"变通"做法可能是

① 参见（清）陈志喆等修，吴大猷纂：《四会县志》，编七《人物志·仙佛》，"中国方志丛书"第 58 号，台北：成文出版社 1967 年版，第 464 页。

② 参见（清）陈志喆等修，吴大猷纂：《四会县志》，编七《人物志·列女》，"中国方志丛书"第 58 号，台北：成文出版社 1967 年版，第 391 页。

③ 释纯洁主编：《阮公佛》，内部资料，出版时间不详，第 85 页。

④ 《四会市侨联接待马来西亚客人》，四会市宝林古寺网站，http://www.shbls.org/a/xinwendongtai/2012/1106/125.html。

⑤ 《阮梁公圣佛庙溯源》，http://ssyuenleong.blogspot.com/2009/07/blog-post.html。

⑥ 参见马来西亚《光明日报》（副刊），2010 年 6 月 5 日。

强烈的方言群意识在民间信仰领域的现实反映。

（三）冼太夫人

冼太夫人又被称为"冼圣母"、"谯国夫人"等。冼太夫人原是南朝时高凉（今广东省阳江市西）的越族人，早年协助丈夫高凉太守冯宝治理当地。丈夫死后，代掌岭南诸事，治理岭南，保证归服中原王朝的统治。自陈代到隋文帝之际，冼太夫人一直是稳定珠江流域政治局面的重要人物。冼太夫人死后，人们将其神化，作为能够保境安民、消灾解难、有求必应的神，尊称为"天南圣母"，俗称"冼太亚婆"。

冼太夫人信仰盛行于广东西南部以及海南地区，当地汉族、黎族都敬拜冼太夫人。冼太夫人信仰真正成为粤西和海南等地民间信仰文化的主要组成部分，实际上是明清以来的事情，现存有案可稽的冼太夫人庙宇，绝大多数建于明清时期。冼太夫人信仰的繁荣，与当时粤西、海南地区的经济开发和商贸发展有着密切的关系。①

在马来西亚，吉隆坡附近的增江建有一座较为高大雄伟的"冼太庙"，由祖籍高州、信宜的华人在1960年发起筹募捐资建立。增江冼太庙筹建时，当地华人专门到高州冼太庙请来割香，十数日后才将冼太夫人恭迎到马来西亚（该庙除供奉主神冼太夫人外，还供奉观音、刘三岩等）。在雪兰莪适耕庄，当地也有不少高州人，因此，适耕庄关帝庙中也供奉冼太夫人。

（四）何仙姑

增城籍的华人虔诚信仰八仙中的女神何仙姑，也是海外华人民间信仰中的一大特色。在怡保近郊有一家何仙姑庙。在太平，也有一家很有名气的何仙姑庙，庙中梁柱上有光绪十一年（1885）的对联，表明该庙有近130年历史。该庙附属于旁边的北霹雳广东会馆，太平增龙会馆也在不远处。该庙曾分别在宣统元年（1909）和1958年重修。第一次重修时，附近的南海、三水、顺德、东安（今云浮）、增城、龙门、清远、琼州（今海南）、从化、香山（今中山）等多地华侨均有捐助。②

（五）龙母

源自西江流域的粤西籍华侨信仰龙母。龙母本姓温，祖籍广西藤县。据记载，生于战国楚顷襄王辛卯年（公元前290），卒于秦始皇三十七年（公元前210）。百越氏族集团杰出的女首领。温氏治理部族有方，百姓安居乐业。逝后，百姓立庙祭祀。龙母信仰主要盛行于西江流域，祖庙位于广东省德庆县悦城镇境内西江河畔。

大约在光绪二十三年（1897）建立的森美兰芙蓉列圣宫中除供奉观音、天后、金花夫人、何大仙姑、水尾圣娘、花粉夫人等诸女神神位外，也供奉龙母娘娘神位。彭亨州文冬广福庙（仙四师爷庙）中除主神仙师爷、四师爷外，还供奉观音、天后、龙母娘娘等神位。

---

① 刘泳斯：《岭南冼太夫人信仰：精英文化与草根文化的融合》，《中国民族报》，2011年8月16日。
② 陈铁凡、［德］傅吾康合编：《马来西亚华文铭刻萃编》（第三卷），吉隆坡：马来亚大学出版部1985年版，第1040～1048页。

早期，一些"不落家"或终身不嫁的广府籍华人女性建立"姐妹斋堂"，以作为寄托信仰、相互联谊、关怀救助的场所。在一些斋堂中，除主祀观音外，还配祀许多道教女神，其中包括七仙女、龙母和龙女等。①

（六）三山国王

三山国王是当今粤东客家人中影响最大的神祇之一，因此，来自粤东的华侨华人普遍信仰三山国王。

不过，据相关专家研究，最早信仰三山国王的并非汉族，也并非客家人，而是属于百越系统的粤东土著居民。因此，最早创造三山国王这一神灵的是原来的粤东土著居民。后来由于汉族移民的大量迁入，粤东土著居民或被迫外迁，或被汉族同化，数量逐渐减少，而汉族移民却日益增多，最终出现了反客为主的情况，同时也造成了粤东福佬人和客家人是三山国王主要信奉者的现象。因此，应该说三山国王是包括畲族、福佬人、客家人在内的粤东民众共同的守护神，就中国台湾和东南亚地区而言，三山国王则是粤东福佬人和客家移民的共同守护神。②

三山一般是指位于今天揭西县河婆镇北面的独山和西南面的明山、巾山。三山国王的传说有两种不同说法，其中流传最广的一种是：隋文帝时，三位勇士曾救帝驾，因功被封，但三人挂印留书隐退。后来，有三位神仙显身于巾山石穴，自称兄弟，授命于天，镇守三山，并托灵于玉峰石界，庙食于彼处。到了北宋时期，三位山神屡次显灵助宋军平乱，宋太宗就分别赐封三位山神为清化威德报国王（大国王，巾山国王）、助政明肃宁国王（二国王，明山国王）、惠威弘应丰国王（三国王，独山国王），合祀为"三山国王"，神职为代天巡狩、监察天尊。

三山国王信仰主要分布于整个韩江流域及韩江三角洲以西的沿海丘陵地区。旧时的潮州地区，几乎村村都供奉三山国王。广东揭西县河婆镇的三山国王祖庙霖田祖庙，建于隋代，历史最悠久。河婆旧称霖田都，故该庙多被称为霖田祖庙。

三山国王信仰文化随着粤东移民传播到海外，在西马地区早期的客家移民，就建立了三山国王庙。具体来说，在吉隆坡、雪兰莪州、霹雳州、柔佛州等地，有很多三山国王庙。比如，在雪兰莪蕉赖，就有一家三山国王庙，又名霖田祖庙，庙中有一块志明清光绪癸巳十九年（1893）的门额和云板③。约于光绪九年（1883）建立的太平粤东古庙，也是一座三山国王庙。增江霖田祖庙也供奉三山国王，该庙于1972年建成。

在柔佛士乃，当地的三山国王庙创建于民国卅五年（1946）正月，近年扩建。正殿中供奉三尊主神：中为三王爷，左为二王爷，右为大王爷；正殿左侧还供奉三尊奶奶像。每年农历二月廿五日、六月初六、八月十五日分别为大王爷、三王爷及二王爷诞辰，该庙均举行庆祝活动。从1997年开始，每三年即安排一次诸神出游。④

① 朱金涛：《吉隆坡华人寺庙的研究》，马来亚大学硕士学位论文，1968年，转引自林水檺、骆静山合编：《马来西亚华人史》，八打灵：马来西亚留台校友联总会1984年版，第433页。

② 谢重光：《三山国王信仰考略》，《世界宗教研究》1996年第2期。

③ 陈铁凡、［德］傅吾康合编：《马来西亚华文铭刻萃编》（第一卷），吉隆坡：马来亚大学出版部1985年版，第72页。

④ 李天锡：《华侨华人民间信仰研究》，北京：中国文联出版社2004年版，第239页。

在东马，也有三山国王庙的存在。2011年8月下旬，笔者在石隆门考察时，在圣淘沙镇就见到了一座三山亭（三山国王庙），庙中有光绪丙申年（1896）的楹联："德著中华万古精忠垂不朽，功施外国千秋士庶仰深恩。"① 石隆门黄老仙师庙正中供奉黄老仙师神像，右边供奉宋太祖赵匡胤神位及三山国王神像。新尧湾义文宫主祀福德正神，陪祀三山国王与天后圣母。在英吉利里考察时，在十五分公司庙中，笔者也看到三山国王的神位。1941年建立的沙捞越儒慕间安会亭大伯公庙，供奉大伯公、观音娘娘与三山国王。沙捞越古晋七英里也有一座三山国王庙，后于1988年择地另建。在邻近沙捞越的印度尼西亚三发，有谢法官与众神庙，该庙历史颇为久远，可惜创建年代不详，崇奉天上圣母、三山国王等神明。庙内存有志明清朝道光十一年（1831）的云板，1846年的香炉上刻有"三山国王"的文字。②

在泰国，华人在曼谷建立三山国王庙。由于庙务繁忙，遂组成三山国王庙董事会，由郑味诊任首届董事长。积极举办地区性各种福利工作，并成立三山国乐社。1972年第三届董事会期间，决定发扬三山国王的忠义博爱精神，扩大开展社会慈善工作的范围，成立泰国三山慈善院筹备委员会，以救灾恤难福利大众，开办学校培育英才，筹备山庄养生葬死，促进中泰友好，但不涉及政治为宗旨。20世纪90年代初，河婆镇三山国王霖田祖庙在修复过程中，"远自泰国、新加坡、文莱、印度尼西亚、中国香港、中国澳门等地的归侨游客络绎不绝，特别是来自马来西亚的华侨和中国台湾同胞为数最多。他们一批批地前来寻根问祖，参拜神圣，迎接香火，诚意感人"③。

（七）黄老仙师

奉祀黄老仙师的慈忠会庙群，也称为慈教，其创始人为廖声俊（1901—1973），揭阳县客家人。

1937年扶乩时得黄老仙师垂示，廖声俊开始修身弘道。1957年后，再弘扬仙道④。廖声俊最初传教，是在马来亚森美兰州的马口镇。1958年，慈教的两名信徒朱顺和李有谱记录下黄老仙师降坛的神示，总结出14页的《黄老仙师道理书》，至此形成了其教义基础。该书所教导的十大道理"慈、忠、信、义、礼、伦、节、孝、廉、德"，主要以传统的儒家思想为核心。然而，慈字庙群公开宣称它们是三教合一的教派群体，因此，慈字庙中都供奉黄老仙师、孔子、齐天大圣，孔子代表儒教，齐天大圣则成为佛教的代表。饶有趣味的是，既然以更为人喜闻乐见的孙大圣为佛教代表，从一个侧面可见慈字庙群的世俗性，或者浅白乃至"低下"的宗教性。

1957年，廖声俊在马六甲建立了第一间黄老仙师慈忠庙，包括马六甲慈忠庙在内，廖

---

① 陈铁凡、［德］傅吾康合编：《马来西亚华文铭刻萃编》（第三卷），吉隆坡：马来亚大学出版部1985年版，第1365页。

② 沈立新主编：《华侨华人百科全书社区民俗卷》，北京：中国华侨出版社2000年版，第335页。

③ 贝闻喜：《潮州三山神的由来及其对马来西亚、台湾等地的影响》，《韩山师专学报》1993年第1期，第18～19、21页。

④ 特刊编辑小组：《吉隆坡黄老仙师慈忠庙金禧纪念特刊》，吉隆坡：黄老仙师慈忠庙2010年版，第42页。

氏先后推动创建的黄老仙师庙共有七间。① 20世纪60年代到20世纪70年代，黄老仙师慈庙群的建立进入了全盛期，慈教首先在客籍华人中传播，后来又延至非客家方言群。到1990年，根据非正式的统计，在马来亚半岛，包括半岛南部的新加坡，共有38个供奉黄老仙师的"慈教组织"，迎接过超过14万人的信徒。② 2001年，黄老仙师慈字一家总会成立。到2006年，马来西亚有40多间黄老仙师庙，新加坡有7间。

黄老仙师慈教和其他原本流传的客家教派一样，也是通过入教仪式以神明的名义认可弟子练法的权利、授予练法的诀窍，作为分别教派弟子以及非教派弟子的界线。③ 其入教仪式称为"过法堂"。

新加坡慈义堂将军庙成立于1960年，慈忠庙成立于1964年，慈念堂成立于1967年，慈云山宫协会成立于1973年。

新加坡慈教庙共有八间，最早的一间是由一位在马来西亚参加过法堂的仙师弟子于20世纪50年代引来香火，并于1960年正式成立的"慈忠庙"；其香火1953年又分灵出了"慈义堂"（今为"慈义堂将军庙"联合宫）。1966年，"黄老祖师慈忠会"直接分灵自马来西亚。"慈忠坛"成立于1961年。新加坡慈云山宫协会正式成立于1973年。④

（八）钟万公神

钟万公神源自惠州。钟万原籍惠州紫金，少时到闽山学法，数十年潜心研究，精通法术。曾于乡井设馆授徒，教人从善，悬壶济世。后因国内战乱，逃难南渡马来亚。初时执业于客籍华工矿场。工余时候，兼做赤脚医生，所有病者求医，一律免费，又因医术高明，颇得侨众爱戴。钟万逝世时，享年近百岁，同门在吉隆坡建庙供奉他。

吉隆坡钟万仙师庙创立于1879年，至今已有130多年历史。目前在西马地区仅有吉隆坡的一间钟万仙师庙，供奉主神是钟万，另外配祀吕山仙师，估计也是源于惠州一带的神祇。而且，有趣的是，庙中于1928年建立的"重修捐缘碑"上镌刻的善信多为钟姓华人。⑤

---

① 需要说明的是，东马沙捞越的石隆门和伦乐这两个早期以客籍华人为主的地方都有超过百年的黄老仙师庙，前者可能由印尼坤甸华工转迁至石隆门时创建，光绪甲午年（1894）重建；后者创建于1889年。它们与1957年之后才陆续建立的黄老仙师慈教庙没有直接"瓜葛"。马六甲广福庙和胜宫，主殿右侧供奉黄老仙师，与慈教庙中的黄老仙师的主神地位也有明显差别。

② ［日］佐佐木宏干：《凭灵和道理——马来西亚黄老仙师慈教再论》，载［日］杉木良男编：《传统宗教与知识》，名古屋：南山大学人类学研究所1991年版，第251～256页。转引自王琛发：《黄老仙师慈教的兴起与演变——观察在马来亚紧急动态时期创教的一个客家教派》，提交于2009年7月29日由嘉应学院主办的国际人类学与民族学联合会（IUAES）第16届世界大会"解读客家历史与文化：文化人类学的视野"专题会议论文。

③ 王琛发：《黄老仙师慈教的兴起与演变——观察在马来亚紧急动态时期创教的一个客家教派》提交于2009年7月29日由嘉应学院主办的国际人类学与民族学联合会（IUAES）第16届世界大会"解读客家历史与文化：文化人类学的视野"专题会议论文。

④ 徐李颖：《新加坡的道教与民间教派、"信仰群"——以黄老仙师信仰为例》，《宗教学研究》2011年第4期，第35～43页。

⑤ 陈铁凡、［德］傅吾康合编：《马来西亚华文铭刻萃编》（第一卷），吉隆坡：马来亚大学出版部1985年版，第64～65页。

（九）谭公

谭公，原名谭峭，是元朝时的广东归善（今惠阳区）人。生前是道士、道教学者，在道家中称为紫霄真人。12 岁时就得道，在惠东地区经常帮助渔民和船家预测天气及治疗疾病。他著有《化书》6 卷，共 117 篇。他的思想源出于老、庄。死后村民设庙加以供奉，谭公成为广东惠州一带著名的地方神。谭公信仰随惠州客家移民远播海外。

在马来西亚，早期的客籍矿工即建立谭公庙。在吉隆坡安邦，吉隆坡附近的甲洞、沙叻秀、沙登，以及霹雳的怡保、沙巴的山打根等地，都能看到谭公庙。在蕉赖的谭公庙（谭公仙圣庙），以及在沙登街边的一座谭公庙，都有一百多年历史。在森美兰芙蓉惠州会馆附近，也有一座历史久远的谭公仙圣庙，大约在光绪年间创建。庙中有光绪十七年（1891）的聚宝炉，以及分别刻有"谭公仙圣"、"敕封襄济"、"肃静回避"等的几块仪仗牌①。大约在光绪九年（1883）建立的太平岭南古庙中，也供奉谭公仙圣。此外，在惠州籍客家人建立的寺庙如仙四师爷庙中，也供奉谭公爷。如马六甲广福庙和胜宫，主殿左侧供奉谭公仙圣。在森美兰瓜拉比劳三圣宫，也供奉谭公、关帝及仙师爷，该宫在 1900—1901 年间创建②。而在彭亨州劳勿的观音堂，也供奉有宣统三年（1911）刻制的"谭公仙圣"匾额，该堂于 1910 年开始创建。③ 沙巴州山打根谭公祖庙大约在光绪二十年（1894）或更早的时间建立，该庙创办有当地著名的启华小学。

（十）宋大峰祖师

宋大峰祖师是流行于潮州人中间的一种重要民间信仰。宋大峰原是北宋时的一名僧人。他自福建来到潮阳县和平里，见当地乡民深受江水阻隔之苦，乃发愿建桥以度众生。后经多年努力化缘募捐，终于修成桥梁，但宋氏当时卒逝。乡民为感念其恩德，建庙祀之，并在庙内供奉其像。潮州人信奉宋大峰祖师，始于南宋时期，盛于清末民初。清末，宋大峰崇拜随潮籍华侨传入东南亚地区，尤其是泰马新三国。由于宋大峰祖师信仰的主要活动在于慈善公益事业，因此，潮籍华人建立很多的善堂，从事社会慈善公益。泰国曼谷的华侨报德善堂就因兴旺成功的慈善公益活动而著称。在马来西亚，信奉宋大峰祖师的潮籍华人也建立很多善堂，其中著名者如吉隆坡旧巴生路的南洋同奉善堂、修德善堂（祖堂在广东潮安大吴村，马来西亚有 4 间，新加坡有 3 间）等。至于南洋同奉善堂槟城分堂，它是新加坡南洋同奉善堂的分堂，于 1967 年创建。因为都源于潮州，在人事方面，善堂和德教会之间关系比较密切。比如柔佛笨珍的紫珍阁，其理事会成员很多也是修德善堂笨珍分堂理事会的成员。

修德善堂祖堂在广东潮安浮洋镇大吴村，清光绪二十八年（1902）创立，原属潮阳庵埠镇太和堂分社。民国后期，堂务兴盛，有 600 余名社友。

---

① 陈铁凡、［德］傅吾康合编：《马来西亚华文铭刻萃编》（第二卷），吉隆坡：马来亚大学出版部 1985 年版，第 447~448 页。

② 陈铁凡、［德］傅吾康合编：《马来西亚华文铭刻萃编》（第二卷），吉隆坡：马来亚大学出版部 1985 年版，第 466 页。

③ 陈铁凡、［德］傅吾康合编：《马来西亚华文铭刻萃编》（第二卷），吉隆坡：马来亚大学出版部 1985 年版，第 511~512 页。

马来西亚有 4 间分堂，新加坡有 3 间分堂。新加坡修德善堂养心社初创于 1916 年 4 月，创建人有陈四顺、吴立声、杨永潮、陈荣安。位于新加坡大芭窑的修德善堂建立于日治时代的 1942 年，初时名为"修德善堂合春园分堂"，创建人有陈树岐等。在马来西亚，马六甲分堂于 1956 年正式成立，筹建人有温虎干、邱石生、吴芳鹤、黄瑞祥等。蔴坡分堂于 1962 年 5 月 9 日获得批准成立，发起人有温和平、蔡炯松、温钧汉、温咸集、陈梁士等十多位，首届主席为蔡炯松。笨珍分堂于 1964 年成立，1967 年获准注册，倡建人有洪肇闪、丁子科、蔡木火等。槟州威北平安村分堂于 1990 年开始筹建，正式成立于 1997 年 10 月，发起人有黄再坤、马镇森、黄进财、陈俊平。①

善堂虽然对外以积极的慈善公益著称，但其内部也有一定的宗教活动与仪式，比如常见的扶乩以及建供法会等。其建供法会主要包括诵经与礼忏，具体仪轨与顺序是：发奏关文、演净启请科仪、讽礼十王宝忏、大成金刚妙典、天厨妙供科仪、关赞地藏福灯、安坦科仪、慈悲千佛鸿号、供奉十献七珍、妙法莲花普门、慈悲三昧水忏、瑜伽焰口真诠。②

（十一）宋禅

宋禅，据广东省惠来县志和惠城东栅永福寺碑刻记载：宋超月乙镜真人祖师俗姓宋，字超月，法号乙镜，世称宋禅祖师，曰宋真人。惠来县靖海人氏，生于明朝隆庆二年（1568）四月初七，卒于清朝康熙四十年（1701）十一月廿九日。世寿积闰 134 岁，是潮汕第一高僧，也是禅门道宗一代宗师。

宋超月自幼聪慧，禀性慈善，乐善行仁。曾修道 30 余载，参玄入妙，学道礼佛，施药救民，扶难帮困，德济世利。后忽于梦中得恩师李道明点化开示，参净定禅，成就正法。明末崇祯六年（1633），68 岁的宋超月于普宁草庵（清风寺）削发为僧。不久因遭逢战乱，乃步行云游天下。康熙六年（1667）返回惠来途中经停韶关曹溪，卓锡南华寺，礼参六祖金相，并讲经弘法。康熙九年（1670）回抵惠城。

康熙十一年（1672），宋超月等人在惠来县东栅筹建成功永福寺，宋氏并卓锡寺中。康熙廿二年（1683），惠来大旱，灾情严酷。宋超月出尽寺中余积以施济，救苦利生，赠医治疾，并不顾年迈，远近呼吁，募化钱粮。

宋超月返归道山后，信众在永福寺东侧建宋禅祖师庙，供奉其真身。清朝光绪廿五年（1899），宋禅祖师庙扩建，规模宏伟壮观。

宋禅信仰逐渐外传。中国香港、马来西亚槟城等地先后创建宋禅祖师庙，成立善社。后传至越南各省，建立"明月居士林"，供奉宋真人。美国洛杉矶、加拿大多伦多和澳大利亚悉尼等地也相继建立宋禅祖师庙。

善信也以宋超月恩师李道明仙师之"明"以及宋超月祖师之"月"而创立"明月居士丛林"，它们包括惠来龙藏洞明月善居；潮阳大布乡明月善社；马来西亚明月善社、明修善社、明德善社、明安善社、明福善社和振恩阁；新加坡、泰国明月山庄；美国北加州

---

① 参见《新加坡修德善堂养心社庆祝宋大峰祖师圣诞暨成立 95 周年纪念刊》，新加坡：新加坡修德善堂养心社 2010 年版。

② 《新加坡修德善堂养心社庆祝宋大峰祖师圣诞暨成立 95 周年纪念刊》，新加坡：新加坡修德善堂养心社 2010 年版，第 125～127 页。

明月居士林、洛杉矶明月居士林、华盛顿州西雅图明月居士林、亚省爱城明月居士林；加拿大中华明月居士林；澳大利亚中华明月居士林、墨尔本分林；越南明月居士总林和五大分林；香港九龙德恩善堂等。[①]

根据在马来西亚的考察结果，位于槟州巴眼色海的明月善社于 1947 年遵照如来佛祖乩文谕示而建立。明月善社师尊殿供奉宋禅（中）、其高徒（御医）方氏（左）、吕祖（右），二楼供奉宋大峰。目前明月善社每周日中午 1 点扶鸾，善信可问事，初一、十五开展布施。不过，明月善社目前并无开展施医赠药的活动。

明修善社位于吉打州双溪大年，创立于 1960 年。善社设有福利组，并设有洗肾中心，可以进行婚姻注册。

霹雳州安顺的明安善社会阁比较大，该善社有扶乩活动，为单乩，并且是武乩。

吉打州双溪拉兰的明立善阁一楼师尊殿上方供奉宋大峰塑像，二楼为玉皇大帝殿，附有八仙塑像。明立善阁开展施医赠药、扶贫济困活动。每星期四有乩文讲解班。

明福善社大约于 1984 年建社，主坛师尊为宋大峰。

上述善社主要基于宋禅及宋大峰信仰而创建，并重视慈善公益活动。在德教会的社会影响日益扩大后，因为德教会原本也主要是属于潮州籍华人的宗教组织，上述善社也最终加入德教会中，成为德教会中的明系一派。

此外，德教会中的振系会阁也普遍崇拜宋禅。霹雳州班台德教会振台阁创立于 1979 年 10 月 18 日，其主坛师尊为宋禅。振台阁阁址地盘很大，占地两英亩半。阁所中一楼为礼堂，供出租，二楼为师尊殿，从左至右依次供奉李道明、济公、玉皇大天尊、宋禅、福德正神。振台阁有扶乩活动，为武乩，以前有文乩。曾到惠来宋禅祖师庙以及武当山玄天上帝庙等地扶乩。振台阁的主要活动包括：开展赠医施药、福利救灾，捐助公益基金；出版善书；开设教育基金会；开办图书馆等。1988 年时，振台阁会员中男性 621 名，女性 107 名，共 728 名。2012 年时，会员约 400 人。

霹雳州金马仑振胜阁大约在 1990 年创建，主坛师尊也是宋禅。振胜阁积极开展捐助当地华人中小学和慈善机构的活动，每周二晚上施医赠药。2006 年建成新阁，阁所为三层楼，师尊殿在三楼，供奉宋大峰（左）、宋禅（中）、天后（右）。振胜阁每周一、三、五晚上九点有扶鸾活动，一个乩掌，为武乩。下乩的多是汉钟离、李道明。2012 年时，阁长为许振作，总务许开兴，他们都是揭阳普宁（北山）人。会员约 400 人，其中潮州人、广府人、福建人、海南人等各方言人群都有。

柔佛州士古来振禅阁从霹雳州传来，起初为一座小庙，2005 年建成振禅阁，发起人邱振利。振禅阁的拜师仪式中包括诵读关于宋禅的经文。该阁目前有阁员 83 位。要成为阁员，须得到师尊批准。正乩掌为一中年女性。

（十二）仙法师公

仙法师公护佑渔民安全，并能保佑国泰民安、风调雨顺，是潮州人普遍信仰的神祇，尤其是靠近海边的潮籍华人，虔诚信仰仙法师公。在马来西亚，潮籍华人建立了许多仙法师公庙，并于 2001 年 6 月获准成立了总会——马来西亚仙法师公古庙总会。总会目前有

[①] 《惠来宋禅祖师》，http：//bbs.culture.163.com/bbs/gufeng/38391455.html。

属会约 60 家。20 世纪 60 年代是仙法师公古庙成立的高峰时期，70 年代建立的也不少。这些古庙一般都位于沿海，尤其是一些港口地区。

（十三）仙四师爷

仙四师爷是仙师爷和四师爷的合称。仙师爷指原芙蓉华人甲必丹盛明利（1822—1860）。盛明利原籍广东惠州，是另一华人著名领袖叶亚来的同乡和上司。盛明利原名叶观盛，尊称为盛公，字明利。1850 年来到马来亚。1860 年 8 月，为了争夺锡矿的开采权，芙蓉两名土著酋长之间爆发战争，当地华人也被卷入进去。时任芙蓉华人甲必丹的盛明利死于战事，部属为纪念他，乃于 1861 年在芙蓉拉沙建立千古庙。四师爷指叶四，他是叶亚来的盟友与挚友，后死于发生在吉隆坡的战事。因他排行老四，故被尊称为"四师爷"。由叶亚来创建于 1864 考的吉隆坡仙四师爷庙是吉隆坡最早的华人庙宇。当年，叶氏从芙蓉请来盛公神位，建立"仙师爷庙"。吉隆坡战乱结束后，叶氏又倡建新庙。1875 年，新庙落成，改称"仙四师爷庙"，并增添盛公、叶四以及往日阵亡的师友将士们的神位。今天，吉隆坡仙四师爷庙主建筑分为正厅、右厅、左厅，正厅居中供奉盛公（在左）、叶四（在右）神位，右厅中供奉华光大帝、谭公爷和叶亚来神位（始于 1938 年）。左厅供奉关帝。另外，庙中右边附祠（义勇祠）供奉保卫吉隆坡的忠勇先烈神位，左边附祠（观音堂）供奉观世音菩萨。

在马来西亚，目前属于仙四师爷信仰的神庙共有十多座。早期马来西亚华人探察开采锡矿的路线，始于马六甲，中经芦骨、芙蓉、士毛月、加影，止于吉隆坡，又经吉隆坡北上至万挠、双文丹、新古毛、龙邦，也有从吉隆坡去文冬，折东至关丹、林明，或南向至巴生、八丁燕带。结合前述华人仙四师爷庙的分布地，可以看出，马来西亚各地华人仙四师爷庙的分布与上述具体的路线之间，存在密切关系。① 也就是说，随着探察开采锡矿地的推进，当年华人矿工也把仙四师爷庙创建于其不断延伸的矿区。华人矿工确实需要创建仙四师爷庙，以寄托信仰，祈求仙四师爷的庇佑。毕竟，仙师爷、四师爷都曾在锡矿区生活过，矿工对他们有着亲近之感，认为仙四师爷应与他们有心灵相通之处。

和其他仙四师爷庙相比，马六甲晋巷广福庙和胜宫中的神祇队伍很"单纯"，甚至"单调"。目前，由于受到其他华人民间信仰的影响或者"渗透"，仙四师爷庙反映出来的民间信仰很庞杂以至"凌乱"。在著名的吉隆坡仙四师爷宫，其中供奉的神祇包括：主殿正前方中间为四师爷（左）、仙师爷（右）；右边供奉文昌关帝，左边靠近仙四师爷为谭公爷，其次为华光大帝，再次为创办人叶亚来神位。正殿中间左边为财帛星君。主殿的右边为观音堂，正前方中间供奉观音菩萨，右边供奉金花夫人，左边供奉花粉夫人。左边为太岁祠，中间供奉太岁爷以及义勇祠神位，并放置写有诸多神仙名称的牌位，右边为白无常一见发财，左边为虎爷。在文冬的广福庙（仙四师爷庙），除供奉仙师爷、四师爷外，还供奉观音、关公、天后、注生娘娘、李广将军、龙母娘娘、八仙、石将军玄坛爷、金花夫人、华光大帝、谭公爷、齐天大圣、佛祖、法主公、土地公、当年太岁、白无常、拿督公等。

---

① 《吉隆坡仙四师爷庙考》，《吉隆坡仙四师爷庙庆祝 125 周年纪念特刊（1864—1989）》，第 72～74 页。

（十四）林姑娘信仰

林姑娘名慈贞，明嘉靖年间（1522—1566）林道乾之妹。林道乾祖籍福建泉州，出生于潮州，海上贸易商人，早年活跃于闽、粤、台及海南岛一带的海上。后因逃避明朝统治者追捕，先后辗转到中国台湾、菲律宾、安南，最后进入北大年（古称"大泥"，也写为"勃泥"，今属泰国）。北大年酋长爱惜林道乾的才干，将其女儿下嫁林氏，并划出一片其所属之地让道乾管辖。于是，林道乾便在该地称王。

在原籍的林道乾之母及其妹林慈贞思念道乾，当她们获知道乾在北大年之后，林慈贞前往寻兄，见面后劝其早日返回老家，成家立业，赡养老母。但遭到兄长拒绝，林慈贞决心以死相劝，便在其兄当时正在负责筹建的回教堂左边一棵大芒树下投缳自尽。据传，此后该教堂每当建至屋顶时便遭雷击而崩塌。

林慈贞去世后，当地华侨感其孝义节烈，相率前往其墓前祷拜，并尊其为"林姑娘圣母"，简称"林姑娘"。后一位华侨建造了一座小庙，用林慈贞自缢身亡那棵芒树的枝干雕刻成一座林姑娘神像，奉祀于庙中，供民众膜拜。因北大年市区迁址，清朝咸丰二年壬子（1852）华侨銮三应等人筹款建庙，名为"灵慈圣宫"，把原庙中的林姑娘木刻神像移供于此，以供民众祷拜①。目前该庙正殿正中奉祀衣着华丽的林姑娘木雕像，两边分别配祀清水祖师和大峰祖师。该庙香火很盛，遇到林姑娘生日（农历七月二十七日）、正月元宵节，当地华人都要抬着林姑娘圣轿举行盛大游行，还有各种表演。庙中有对联云："灵感神方，有君有臣千变化；慈悲佛法，无贫无富一般心。"

（十五）刘善邦信仰

由阵亡英雄演化为神祇的还有刘善邦。刘氏原籍广东陆丰，为1857年石隆门（Bau）华人矿工反抗英国殖民者的领袖，他在战争中不幸阵亡。生前受人爱戴的刘善邦死后被尊称为"沙捞越开山始祖"，与其共同赴难的妹妹刘珍珍、义弟刘大伯和王甲，也备受当地人敬仰。位于沙捞越新尧湾的"义德庙"中，正厅上方中央悬挂"三义堂"匾额，庙中供奉主神为刘善邦，其他神祇包括老祖仙师（左起）、三山伯伯（王甲）、刘大伯公公、刘珍珍姑娘、玄天上帝。

　　课题负责人：石沧金，暨南大学华侨华人研究院副研究员

---

　　① 沈立新主编：《华侨华人百科全书社区民俗卷》，北京：中国华侨出版社2000年版，第211页。

第二编　侨务引智

转型期下的广东省海外"侨智"引进策略的研究

近年来，在中国一系列鼓励海外留学人员回国服务政策的号召下，以及在先期回国人员成功案例的示范下，"海归"人数逐年增加。据中国教育部统计资料显示，2012 年留学回国人员总数为 27.29 万人，比 2011 年增长 46.57%。从 1978 年到 2012 年，各类留学回国人员总数累计达 109.12 万人。随着广东经济的迅速发展，对新移民中具备"可携带技能者"的需求日益增加，故留学人员回归率也有明显的提高。广东省留学回国人员从不到两千人发展到目前已超过 4.5 万人，创立企业 3 500 多家。随着以知识分子为主体的新一代华人的崛起，海外"侨智"得到迅速的成长，而广东实现产业转型升级的需要，使得引进海外"侨智"俨然成为与引进海外"侨资"一样必要而紧迫的任务。

近年来，广东在招才引智问题上进行了一系列探索，实施了"海外人才为粤服务计划"，加强人才队伍、基地和平台建设，并结合广东省发展重点和产业特点推动人才智力交流合作。这些活动推动了粤籍海外人才与家乡的来往，促进了学术交流，也促成了一些项目落户广东。但是广东省在"侨智"引进上还是存在着一些问题，从主观方面来说主要有：有些地方对海外"侨智"引进工作在思想上没有足够的认识，地方上没有建立海外"侨智"信息库或者是信息不够完善，对海外人员的相关政策不完善。从客观上说广东省回国创业人员的事业成功率（存活率）并不高；海外高层次人才对广东创业优惠政策认知程度相当低；部分海外高层次人才对广东的认知度比起其他省市略弱，城市形象相对北京和上海来说缺乏竞争力；海外高层次人才对于回国创业缺乏安全感，政府政策的影响大、可操作空间大。在经济转型期，人才的引进尤为关键，特别是高层次人才的引进对产业升级有重要的作用。

一、广东省海外"侨智"引进现状分析与评价

（一）"侨智"引进初见成效，但任重而道远

1. 人才特区：再现"孔雀东南飞"盛况

"十二五"期间，深圳推行人才"孔雀计划"，为深圳在"十二五"期间不断提升自主创新能力和进一步扩充人才储备提供人力资源保障。"孔雀计划"指为推动高新技术、金融、物流、文化等支柱产业发展，以培育新能源、互联网、生物、新材料等战略性新兴产业为重点，引进一大批具备较高专业素养和丰富海外工作经验、掌握先进科学技术、熟悉国际市场运作的海外高层次创新创业人才，以及一批对深圳产业发展有重大推动、能带来重大经济效益和社会效益的核心团队。

据统计，自"孔雀计划"实施以来，已引进海外高层次人才6批，总共认定海外高层次人才184名，其中A类30人，B类35人，C类119人。

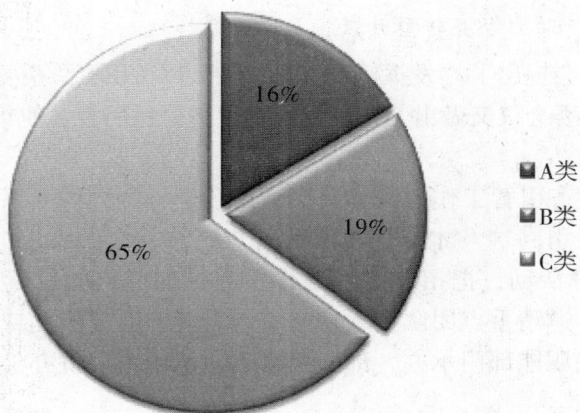

图1 人才层次比例

这些"孔雀人才"年龄结构合理，平均年龄仅38岁，其中30岁以下的占18%，30～40岁的占60%。184名"孔雀人才"中，博士173人，占到94%，其余11人全部为硕士，凸显出高学历的特点。其中31名"孔雀人才"是外籍高级专家，其余153名是留学回国人员，占总人数的83%。

表1 人才结构

年龄			学历	
30岁以下	30～40岁	40岁以上	博士	硕士
18%	60%	22%	94%	6%

在"孔雀计划"中，海外创新团队的引进也是其中的重要内容。深圳首批就引进了5个创新团队，这5个团队研究的领域涉及生物医药、新材料、电子信息和光机电等，均属于能够促进深圳市高科技发展的战略性新兴产业。在2012年度又引进创新团队13个，这些团队研究的领域相比前一年又有拓宽。所引进的海外创新团队都是水平较高，且未来将会对深圳产业发展产生重大推动作用的团队，他们不仅能带来重大经济效益，而且会带来重大的社会效益。

深圳对于海外人才的吸引还得益于深圳的创新氛围浓厚，使得深圳聚集了一大批高端领域的人才，虽然行业不同，但彼此之间的横向联系很紧密，这在很大程度上促进了企业的良性发展。留日博士畅志军作为国家"千人计划"专家、深圳市"孔雀计划"认定人才，对深圳以高新技术产业来汇聚高层次人才这一特色赞许有加。

据统计，在"孔雀计划"实施一年多时，有45名认定的高层次人才是受"孔雀计划"吸引而前来深圳工作创业的，可以看出"孔雀计划"在助力海外高层次人才的引进上功不可没。但是从"孔雀计划"的内容来看，大多是吸引海外人才来深圳工作和创业的，引进国际人才之后，我们不能只是利用，也需要重视对他们的后续培养。再先进的知识，如果没有持续的更新和补充也会很快被淘汰，因此应该给国际人才更多的受训机会，让他们能不断地提高并完善，这样才能够让海外人才和我们的城市一起成长。

2. "智汇广东"，助力经济转型升级

省第十一次党代会提出了"发挥侨乡优势，加大以侨引资、引智力度"的号召，2012年8月召开的省委常委会议又做出"以招商引资促进聚侨引智，使华侨资源成为转型升级的重要动力"的部署。

为提升广东省侨务引智工作力度和层次，聚合全省各级侨务系统和相关职能部门力量开展人才工作，吸引高端人才和创新团队落户广东，广东省侨办于2011年起精心打造"智汇广东"品牌活动，把招才引智工作摆在更加突出的位置，着力引进高层次人才和技术，同时每年邀请重点团队携项目来粤与企业、研究机构或高校对接。对接活动由各地市政府或相关职能部门承办，部分活动还邀请国务院侨办经济科技司、驻外使馆共同主办。

2012年6月30日至7月8日，广东省侨办联合国务院侨办经济科技司共同主办了2012"智汇广东"海外人才为国服务博士团活动，分别邀请新加坡科技代表团、美国华人生物医药科技协会代表团来粤考察、交流。此次活动中，新加坡代表团一行35人，携带了电子信息、生物医药、新材料、投融资行共三十多个项目，进行了为期5天的科技考察活动。2013年6月21日至25日，由国务院侨办经济科技司、广东省侨办共同主办的2013"智汇广东"海外人才为国服务博士团广东行活动在粤举行。在国侨办和中国驻新加坡大使馆支持下，省侨办和广州、佛山市侨办联动举办"智汇广东"海外人才为国服务博士团广东行活动，精心组织新加坡和美国55名华侨华人高层次人才与广东省100多家企业和科研机构开展项目对接交流，促成了10多个合作项目和合作意向，促成佛山市政府与新加坡三大科技协会签署合作协议，广州高新区与新加坡—中国科学技术交流促进协会达成平台合作意向。

广东省在推出"智汇广东"品牌以来，除了取得了较为丰硕的成果之外，已经达成协议的项目对经济的推动作用也将逐渐显现。就目前来看，广东省引智还缺少品牌优势，在未来的引智中广东省应该注重树立侨务工作品牌优势，发挥品牌优势，并以此为中心增强对人才的吸引力和向心力，再配合以完善的引智和人才培养政策，形成良性循环，共同推动经济转型升级。

3. 政策限制性强，降低了海归人员积极性

自招才引智工作开展以来，广东省委、省政府先后颁布了《关于加快吸引、培养高层次人才的意见》、《广东省中长期人才发展规划纲要》等一系列优惠政策，建立了比较完善的吸引、培养高层次人才的政策体系，进一步增强了我省吸引高层次人才的优势。广州、深圳、珠海等地相应出台了一系列引进、培养高层次人才的新政策新措施，实施人才优先发展战略，着力优化创新创业环境，提升人才服务水平，打造吸引高层次人才的新优势，促进人才吸引工作又好又快地发展，人才队伍建设取得了显著成效。

但在以上政策中，一些政策的限制性较大，针对性较强，使得一些"海归"无法从这些政策中获益，这在一定程度上降低和抹杀了他们的积极性。在此次实地走访中我们了解

到政府出台了一系列的优惠政策,但很多都针对特定的行业,而且针对的是高端的海外人才,但是"海归"的主体更多的是一些普通的外归人员,他们在将来的经济建设中也会发挥越来越重要的作用,虽然也有针对他们的一些优惠政策,但是在政策实施过程中的确存在不少问题。

(1)信息不对称。

在广东省内,有很多好的政策由于缺乏好的宣传渠道,使得很多海归并不了解此类政策。比如说广东省"绿卡",本意是为了引进和激励人才落户,给予人才优待,但是自实施起至今,其知晓率过低,实行效果不尽人意。

对于大多数申领居住证的人才来说,最希望解决的就是子女的读书问题。在课题组调研中,了解到美亚保险的预备营业总监袁颖晖虽已经办理了 5 年有效期的居住证,但还是遇到不少难题。按照居住证政策,有效期在 3 年以上者,其子女在幼儿教育、义务教育、普通高中教育阶段可享受的权利与当地居民无异。但是,他的女儿在广州却找不到可接收的学校,"说来好笑,我女儿读小学一年级,去问每个学校都是要交赞助费,少则 4 万元,好的要 10 万元,这是对我们外来专家的不公平。我找到区教育局,工作人员理直气壮地告诉我,他们不知道什么居住证,也没收到相关文件,至于优惠,更是不要提,所以我只好找朋友才让女儿上了学,心里很不是滋味"。

除子女读书外,银行贷款也让他们不满,袁颖晖分析说,"我既然持有居住证,为广州纳税,那么银行的贷款就应该按照本地居民的政策,比如说买房的贷款额度,本地人可贷款 80% 。我出示居住证,银行也是不认账,我就只能按外地人标准贷 70%"。

身为易网通公司总裁,吴植辉是公司的唯一股东,公司刚刚成立时广东尚无居住证制度,他只能挂靠在朋友名下。不过,最遗憾的是,虽然现在有了居住证,而且《居住证管理办法》的第二十一条明文规定:"持证的人员,可以注册工商营业执照,以技术入股或者投资等方式创办企业",但他在委托职员到工商部门办理时,工作人员表示不知道居住证。同时,吴总觉得广东办一个营业执照要走的门路太多,没有足够的资本拿不下,比如创办易网通公司,他就花费了 800 万美元,如果要改变法人,又是一大笔支出。吴植辉坦言:"既然在教育、金融、创业等方面都享受不到优惠,居住证的作用就被大打折扣,因此,我觉得居住证更像是一个荣誉证,表明我是广东人才,而不是真正意义上的'绿卡'。"

除了政府职能部门,在广东的一些知名企业中,对居住证政策的具体要求、申报流程了解的人也是寥寥无几。

(2)优惠政策条件苛刻,申请手续流程烦琐。

虽然政府实施一系列的优惠政策,但是有一些苛刻的限定条件,申请手续流程烦琐,使人难以享受。据课题组调研得知,政府对"海归"买房有一定的政策支持,但是限定很多,目前"海归"协会的会员中还没有人获得此项政策的支持。政府有指定"海归"买车的政策,但仅能买没有进口配件的国产车,而且手续非常繁杂。"海归"协会会员想了解政府对"海归"买车的支持政策,结果了解到还要与海关联系,如此繁杂的手续使得其放弃通过此途径买车。例如有的"海归"协会会员想申请政府的支持,但政府规定了投资额、回国年限、指定的行业,还需有专利等。

在目前的大环境下,华侨华人都存在一些普遍性的问题。对于华人,他们已经加入外国国籍，没有办法办理中国居民身份证，在中国当地生活非常不方便。尽管近几年已经开始实行"绿卡"制度，但获取"绿卡"的条件非常苛刻，与上海相比，广东省居住证的推行从一开始便一蹶不振，远未达到预期效果。据了解，上海的居住证政策吸引了大批人才办理，在上海居住证实施不到两年的时间里，已发放了 28 000 多张居住证，是广州的 1 400余倍，有时一天就有上千人申办。相比之下，近几年广东省一共才发出几百张居住证，并未解决大部分华人的难题。也正是由于这个问题，极大地妨碍了海外人才入粤。除此之外，还存在子女教育费用高、入学难的问题。

袁颖晖在来广州之前，也在上海拿到了居住证，他尖锐地指出，广东省居住证与上海居住证相比差距很大。因为在上海，没有哪个职能部门不知道居住证，凭居住证在教育局、各大银行办起事来都可享受当地人待遇。另外，上海居住证还赋予持证人员选举权和被选举权，这是法律上的尊重。

华侨虽然还保存中国国籍，但是也同样无法取得身份证，虽然近几年有相关文件出台，但是大部分华侨也面临上述居住证问题。同时由于没有身份证，就无法在国内购置房产，也为华侨华人回国经商造成了巨大限制，他们没有办法拥有抵押物，纷纷面临融资困境，回国投资的热情也就这样被逐渐抹杀了。

4. 市场"游戏规则"不明确，需建立完善的制度环境

一座具有人才向心力的城市不应只有优越的硬环境，还应有优越的配套服务，特别是有良好、健全的法律法规，规范的管理制度，服务人员良好的业务素质以及高水准的服务质量。良好健全的法律制度和规范的管理制度能在很大程度上对人才引进给予保障，而良好的服务人员素质和高水准的服务质量又可以提高效率。

近年来，引进的华侨人才多数拥有较高的学历和专业技能，属于高科技领域的佼佼者。他们不仅学历高，而且年轻有为，在美国、日本等市场经济发达国家有过生活体验，有些还具有一定的海外工作经验，非常看重市场"游戏规则"等制度层面的因素。而这一切与他们从事的行业密切相关。现代服务业和高科技产业的附加价值高，不仅对社会文化环境和公共服务水准的要求高，而且对市场竞争环境和"游戏规则"的要求高。没有良好的社会环境、法制保障和政策的支持，就难以吸引到优秀人才；没有好的制度环境和竞争机制，现代服务业和高科技产业也难以获得真正长足的发展。而这正是优化产业结构、提升创新能力的关键所在。虽然我国也在努力完善相关条件和制度，但毕竟与发达国家还存在一定差距，因而也不免有部分留学生选择在国外发展。目前政府主要是通过留学生协会来与海外留学生保持联系。

虽然广东省各个地级政府都有自己的人才引进计划，但是没有特别针对华侨人才的引进制订计划，更没有相应的政策支持，这使得华侨对归国服务产生了担忧，再加上各个地方的经济状况、人文条件不一样，相对落后的地方应该出台更好的政策，以吸引华侨人才，然而这些思路并未付诸实施。华侨人才引进应该从提供政策优惠向营造制度优势的思路转变，中方相关人员同时还应转换理念，改变姿态，提高人员素质，提升工作效率，学会全面综合地看问题、分析问题。对于一些地方办事不规范的，应当进一步完善法律法规，健全规章制度，按国际惯例办事，按法律办事，按合同办事，遵守市场经济的"游戏规则"，保障投资者合法权益。国外归来的人才大多生活于市场经济发育充分、法律法规比较完善的欧美发达国家，他们不怕事先的谈判，却怕事后的变化。有的地区由于地方经

济实力不够强大和环境不够优越，在长期的发展中逐渐落后于其他地区，在吸引人才上也被拉开差距，对此应该更加注重人才的引进，多实施一些优惠政策以加强对人才的吸引力，给予引进的人才更多支持，这样才能有更多的机会去留住人才，让海外人才为当地经济的发展做出贡献，形成一个良好的经济发展模式。

5. 缺乏人才后续培养，急需建立"产学研"立体模式

深圳作为一个年轻城市，在硬件建设上有着得天独厚的优势，但在软环境上会因为缺少历史和文化的积淀略显薄弱。深圳在人才的引进上也还没有建立一种可持续发展的模式，在多数情况下都是只注重引进，但是缺乏对人才的后续培养。在课题组调研中了解到，深圳目前有开设一些创业辅导班，也有帮助产业孵化的一系列政策和资金的支持，但是从长远来说还是需要建立"产学研"的立体模式，形成人才引进和培养的良性循环，这些都需要政策的推动。

运用政策、法规推动"产学研"联合是不少发达国家的成功经验。例如韩国由政府出面组织大企业成立联合实验中心，为学校的教学实验与实习提供基地。香港也专门出台了有关法律条文以促进"产学研"联合。显然运用法律法规形式推动"产学研"联合，有利于将"产学研"联合的思想强制贯彻下去，使之走向规范化和程序化。所以政府必须加快对"产学研"联合工作的立法进度，研究制定一系列行政条例，明确规定政府、企业、科研部门、社会中介机构等在技术创新、技术进步和"产学研"合作方面的职责，依法行政。同时通过科学、透明的招标及组织专家论证等方式确定项目。

从政府角度看，要加强"产学研"联合，进一步促进"产学研"各方合作，政府首先要加强宏观调控，要形成一种主要领导亲自抓、分管领导具体抓、各部门协同配合的工作格局。此外，从领导力量和组织层面上保证发挥好政府在"产学研"合作中的主导推动作用和跨部门的协调作用。"产学研"工作的薄弱环节就在于转化，这一环节涉及多个系统，高层组织的重点就要站在高于各系统的层次上来抓这个中间环节，并对成果转化给予大力扶持。

（二）人才引进渠道和平台方面的现状

1. "会展揽才"新模式

"世界华人论坛"是国务院侨办、中国海外交流协会同相关政府部门于2000年创办的以海外华侨华人为主要对象的高端研讨活动，第六届"世界华人论坛"更是于2010年在广州顺利举办。该论坛每两年举办一届，每届都力求围绕着时局和侨胞关注的热点问题，选择一个突出的主题进行研讨交流。作为一个海外华侨华人工商企业、科技界杰出人士与国内相关部门高层交流合作的重要平台，它不仅起到了沟通信息、促进合作的作用，而且充分发挥了华侨华人的智力优势，为政府建言献策。

除国家层面的高端论坛外，广东省侨办充分借助国侨办在各省举办的"高科会"、"华创会"、"华交会"以及广州"留交会"、深圳"高交会"等大型活动平台，与海外华侨华人中的专业人士建立联系。

"留交会"全称为"中国留学人员广州科技交流会"，自1998年全国首创以来，一直秉承"面向海内外，服务全中国"的办会宗旨，秉持"开放，务实，创新"的工作

方针，向国内各地完全开放，直接为海外高层次人才服务，为国内各地需求单位服务，旨在为广大的国内需求单位和海外留学人员搭建一个相互了解、沟通、交流的平台，让供需双方能够在集约的时空内通过实时交流寻求合作，共谋发展。"留交会"经过12年的努力，规模不断扩大、内容不断丰富、形式不断创新、服务不断完善，成为我国最大的留学人才资源库、最大的海外留学人员项目信息库、最大的留学人才需求市场，成为国内规模最大、开放度最高、在海内外最具影响力的留学人才与科技信息交流平台。12年来，共有20 370人（其中获海外博士学位者超过半数）、12 188个项目参加了"留交会"。遍布世界各地的中国海外高层次人才每年冬天在温暖如春的广州登陆，再从广州走向全国，他们从这里迈出回国创业服务的坚定步伐。在留交会的影响和带动下，全国的留学回国人员从1998年的不足4万人，上升到现在的49万人；广东省10年的海归人数从不到2千人到目前已超过4.5万人，留学人员创立企业3 000多家。广州市作为"留交会"的东道主和主办单位之一，以其完全开放的姿态、优越的投资创业环境吸引了一批又一批留学人员在此落户生根。广州地区留学人员回国人数每年以超过30%的速度递增，2009年新登记留学回国人员已达2 000多人，目前在广州工作的留学人员总数超过2万人（部分自主择业留学人员无法统计），创办的留学人员企业超过1 500家。

除了"留交会"这个人才交流和聚集的平台，广东省2008年开始启动"海外人才为粤服务计划"，每年邀请一批海外的学者专家来粤开展学术和技术交流。第一年省侨办便组织美国华人生物医药科技协会、美国硅谷科技协会等海外华人专业社团以及美国工程院院士邓文忠等一批专家学者到广东开展科技交流。除此之外，广东省侨办举办了"海外杰出华人广东行系列活动"，每年活动都有来自全球五大洲60多个国家和地区的几百名海外顾问和各行各业的杰出人才参与。

深圳还在国内率先探索"会展引才"的揽才新模式。还有不少项目也是如此，"海归"带着项目回国并在深圳的展会上参展并成交。"闪存盘之父"邓国顺就是"高交会"引来的一只"金凤凰"。1999年，在新加坡工作的邓国顺带着具有自主知识产权的闪存盘技术来深圳参加首届"高交会"，在当时"优盘"一亮相就一炮走红，更使他坚定了回国创办深圳朗科科技有限公司的决心。邓国顺于1999年回国创业，成立深圳市朗科科技（Netac）有限公司，与成晓华共同研制出世界第一款闪存盘，取名"优盘"，在全球开创了一个崭新的闪存盘行业。据朗科提供的数据，2003年该公司占据了国内优盘市场50%，销量达150多万个，短短的三年时间内创造了销售额达5亿元的奇迹，邓国顺被IT业界誉为"闪存盘之父"。

2. 举办项目对接会，吸引投资

广东省政府制定了一系列的鼓励、优惠政策支持留学人员创业，并将为广大留学人员搭建更多的创新创业平台。其中项目对接会是众多创业者眼中的"相亲会"，是创业者吸引风投关注，获得创业资金的良好机会。

广东省侨办找准华侨华人专业人才优势与本省地方发展需要的结合点，借助广东的"留交会"、深圳"高交会"等活动平台，邀请海外华侨华人专业人士来粤考察交流，进行项目对接。自2005年起，邀请了海外专业人士近2 000人次来粤开展交流活动，其中包括著名华裔数学家丘成桐和邓文中等20多位海外院士级顶尖科学家，并成功促成了一批高层次、高水平项目落户广东，包括著名华裔数学家丘成桐教授在佛山市建立的三维几何技术中心、美国工程院院士王兆凯落户深圳的微藻养殖提炼生物柴油项目、国际华人科技工商协会主席李大西团队落户广州的高空风能项目等。

广东省侨办和各市级留学人员管理服务中心多次联合举办留学人员项目对接洽谈会，邀请持有高科技项目的留学人员与投资方进行面对面的交流洽谈，并在一些项目上达成合作意向。如广州留学人员服务管理中心举办了"海归创业与风险投融资论坛暨精品项目推介会"，100多位留学人员、企业代表与知名经济学家、投融资专家参加了此次活动，搭建了一座留学人员与投融资专家交流的平台。除此之外，深圳的大中华新海归协会，定期举行"海归"项目推介会，对大量"海归"的初创型项目进行介绍，并邀请很多投资商会参加，实现项目和资金的对接，帮助"海归"创业。

项目对接会帮助留学人员企业解决资金难题，打造留学人员企业私募股权融资平台，同时也帮助留学人员建立更广泛的社会资源网络，并不断拓宽思路，让留学人员的企业能够把步子迈得更大、更稳。

3."出海网才"，创新引进渠道

深圳创新海外人才引进方式，既"请进来"又"走出去"。1992年，深圳在国内首次以政府名义组团赴美国开展海外揽才活动。这样的引才方式吸引不少海外留学人员归国创业，并且实现了由以往的"孤雁南飞"转为"群雁结伴而来"的新发展模式。

在20世纪90年代，9岁的刘若鹏随同父母从西安来到深圳，2002年从深圳中学保送至浙江大学竺可桢学院，大学毕业后获美国杜克大学研究院全额奖学金，在电子与计算机工程系攻读博士学位。2009年，刘若鹏带领其团队通过超材料技术研制出"隐形衣"，可以引导微波"转向"，从而防止物体被发现。这一研究成果在美国《科学》杂志上一经刊登，立刻在全世界引起轰动。而正是当时赴美国进行海外揽才的深圳海外招聘团与其进行深入的沟通交流，积极介绍深圳良好的创业环境与完整的IT产业基础，使得刘若鹏最终决定在深圳创业。2010年7月13日，刘若鹏率领其核心团队在深圳成立光启高等理工研究院，成为广东省首批引进的12个创新科研团队之一。光启研究院是以超材料技术为特色的新兴研究加产业化的机构，即将超材料的科学概念进行规模化应用。该院拥有一支世界级科研团队，成员均有世界顶尖科研经历和教育背景，在短短3年时间里，规模已发展至有科研人员近300人，来自全球40多个国家，其中硕士以上学历150多人，20~30岁的青年约占85%，大多数都拥有海外背景。

类似刘若鹏这样的海归团队还包括盛司潼团队、周慧君团队、齐刚团队等，这些专家大多从事的是新材料、生物、新能源等行业，成为广东省乃至我国重点发展的战略性新兴产业的生力军。在"十二五"这个非常关键的时期，一批批海外顶尖人才的归国，必能促进中国更多地通过科技创新来实现经济发展。

4.缺乏与官方机构的合作

近10年来，海外华人在以欧美发达国家为主的世界各国创建了许多专业社团。这些社团的创办人和会员主体是改革开放以后到海外留学、取得博士学位并已进入所在国的教学科研机构和各类企业任中高级职位的中国留学人员。这些社团已发展成了聚集海外高端科技和专业管理人才的机构，并在增强国内机构与海外的联系和协助拓展国际市场、促进中外经济科技文化交流与合作，为国家经济和科技发展提供海外人力和智力资源等方面发挥着特殊的作用。广东省侨办逐步建立起同海外华侨华人专业社团之间的联系，开展密切合作，从而逐步建立了联系海外华人人才的通道。侨务部门开展引才引智工作，优势在于海外华人有一大批专业人才，而关键则在于能不能同这些专业人才建立有效联系。专业社团是华侨华人人才聚集的社团，是人才之间相互联系的重要平台，也是我们联系海外华人专业人才的重要途径。目前广东省侨办已与海外 100 多个专业社团建立联系，将其中 7 个国家的 25 个社团作为重点联系社团，并与 15 个社团建立了合作关系。

但是广东省侨办"走出去"吸引"侨智"的行动，缺乏与驻外官方机构的合作，如大使馆等，还需广泛建立与海外华侨华人专业社团的联系。应该充分利用海外的驻外使馆等官方机构，就开展侨务工作等进行探讨，做好海外留学人员的资料登记和信息贮存，疏通留学人员信息源，使之起到桥梁纽带作用，并帮助推荐人才，提供人才信息，寻找合作渠道。

（三）资金支持有力度，规划监管需完善

500 万元创业启动资金支持、提供 100～200 平方米工作场所和住房公寓、3 年内免收租金……自国家"千人计划"实施以来，不少省市纷纷出台各种优惠措施，广揽海外创新创业型人才归国服务。其中，广东省制定了"珠三角发展规划"、"广东省十二五规划"、"前海深港现代服务业合作区总体发展规划"等发展政策。根据这些指导性的发展政策，广东省在人才引进的资金统筹方面取得了不小的成就，同时也存在着一些亟待改进的方面。

1. 留学生创业园，强力吸引"侨智"回归

在引进海外人才的大格局之下，为了进一步发展广深地区的高新技术产业，吸引海外留学人员来此创业，深圳市政府决定斥资建立"留学生创业园"。

深圳留学生创业园遵循国际规范，按企业化运作。主要发挥三个功能：孵化器功能，以优惠价格提供科研、实验、办公场地，提供完善的配套设施和良好的管理服务；项目管理功能，协助海外留学生在国内寻找合作伙伴和资金，创办企业，将科研成果产业化；资金管理功能，引进海内外风险投资基金，实现风险投资管理顾问公司的功能，协助园区企业解决融资问题。

创业园还充分利用各种社会资源，与多家机构、协会建立了长期合作关系，开展各种活动，扩大企业的视野。为了给企业提供更专业的服务，创业园还与会计师事务所、知识产权事务所、律师事务所、科技咨询机构等长期合作，以优于市场的价格为企业服务。

园区自设立至今，发展迅速，经济效益逐年增加。慕名而来入园的企业数量，也在快速增长。几年来，更是累计吸引来自美、英、法、加、日等 20 多个国家和地区的留学人员入园。入园企业百分之百是回国留学人员创办的企业，项目的科技含量高，很多都处于世界领先水平。园区相关优质项目不断涌现，大大提升了入园项目的科技含量。

同时，创业园接待了大批国家、省、市的有关领导到创业园考察、调研，以及大量来自海外留学生组织和孵化机构、风险投资机构、全国各省市有关同行和兄弟单位的来访，介绍本地的投资环境，寻求合作机会，交流经验，相互学习。其工作人员也曾多次随同有关部门和领导赶赴海外，向海外留学人员和有关机构推荐创业园。通过这些活动，创业园

扩大了影响力，咨询、入园的留学生成倍增长。创业园的建立，以及其取得的丰硕成果，是值得欣喜的。它在吸引海外人才的行动上，迈出了成功的一步。

由以上介绍可以看出，创业园在稳定运营的同时，还发展并保有自己的特色，主要包括以下三个方面：

（1）机制创新。创业园由深圳市政府与海外留学生组织合作投资兴建，是全国唯一的有海外留学生机构参与建设和管理的留学生创业园，在全国100多个留学生创业园中开创了政府与留学生组织共同营造创业环境之先河。

（2）管理创新。创业园在全国首创"政府引导，留学生管理"的模式，经营班子由公司董事会聘任，中层以上管理人员大部分是回国留学人员，或具有多年在境外工作的经验，学历较高，全部具有博士或硕士学位。普通员工都具有大专以上学历，有良好的服务意识和专业能力。内部管理围绕着服务企业、方便企业来进行，强调服务意识和团队精神。创业园还成立了由特聘的海内外著名专家学者组成的专家咨询委员会参与创业园的决策和管理，在服务与管理的广度和深度上，得到更为全面的品质提升。

（3）入园企业特征明显。入园企业百分之百是回国留学人员创办的企业，项目的科技含量高，很多都处于世界领先水平。入园企业的留学人员普遍学历较高，年龄都处在青壮年阶段，均持有深圳市政府颁发的《留学人员资格证明》，在企业中占50%以上的股份。

2. 专项资金充沛，规划监管亟待加强

广东省相继出台的"珠三角发展规划"、"广东省十二五规划"、"前海深港现代服务业合作区总体发展规划"等一系列促进经济发展的政策，对于人才引进专项资金这一方面，相较于国家总体政策方针虽有所细化完善，但仍存在一些不足，以至于在一定程度上造成政策吸引不了人才，甚至致使人才流失的局面。

（1）专项资金充沛。为使政策的实施更能获得资金支撑，深圳打破常规，率先为留学人员提供创业资金支持，市财政每年安排3 000万元专项资金（其中，科技三项经费每年安排2 000万元，其他安排1 000万元），专门用于海外留学人员来深圳创业的前期费用和启动资金的补贴，保证了相关资金的充沛。几年来，这一补贴额度不断"加码"，"海归"在深圳创业最高可获得的无偿资助已达30万元。这在全国开创了重金资助"海归"创业的先河，吸引了大批"海归"人才在深圳创业建功。

（2）尚待完善的规划与监管制度。现阶段，自筹资金引进智力所占的比例越来越大，全方位、大范围地引智越来越成为各行各业、各单位提升竞争优势的重要工作和自觉行动，呈现出良好的发展态势。但是，激烈的竞争使自筹资金引进的智力不容易实现协调和共享。相比之下，利用国家专项经费引进智力，有利于政府对智力资源的统筹规划和资源共享，有利于把有限的智力资源投入到最迫切、最重要的项目中去。

同时，要想办法通过合理有效地使用引智专项经费，带动社会资金的注入。这就要求将引智专项经费应用到最迫切、最重要和最有示范意义的项目中去，通过引智项目的效益示范，让人们真切感受到投资引智有利可图，从而自发投资和经营引智项目。希望政府能适度加大引智专项经费，通过专项经费的合理使用带动社会资金源源不断地注入。

二、转型时期广东省海外"侨智"的引进策略

（一）革新人才引进政策，积极构建人才高地

1. 继续发挥"硬环境"优势，着力推动"软环境"建设

所谓人才"软环境"，就是指满足人才非物质的、尤其是精神上需求的各种环境条件。人才环境的内涵是多序列多层次的，按环境的范围大小，可分为社会大环境和局部小环境；按环境的属性，可分为自然环境和社会环境；按环境与物质条件的密切程度，可分为硬环境和软环境。其中硬环境关联着人才的基础性需求，而软环境则关联着人才的高端需求，因而在人才环境中处于更重要的地位。对广东省而言，今后制定人才政策时应该从关注物质需要的硬环境逐步向关注非物质方面需要的软环境转变，注意研究出台在这一方面更有竞争力的政策措施以吸引人才。

（1）实现从"待遇"引人到"事业"引人的转变，加快营造公平、公正的人才发展环境。当前各地吸引海外人才的举措多停留在"待遇"层面上，巨额资金支持对海外人才确实有一定吸引力，但这些"待遇"仅仅是给了海外人才一个回来的理由，并不一定能给他们在国内长期工作生活下去的信心和保障，引才过于偏重物质的举措并不是长久之计。

目前，海外人才引进工作中存在"重待遇，轻环境"现象，主要有两方面原因：一是人才环境建设是一项系统性工程，远远超出了单一的人才工作主管部门自身能力范围，需要政府各个职能部门和社会各方面协调一致的努力；二是人才环境建设是一项长期性工程，短期内很难做出可见的、可量化的"成绩"，容易被误认为缺乏"实招"而受到冷落。同时，用人环境建设涉及各方面利益关系，既是人才工作的核心，也是较为突出的难点。

一个公正、公开、公平的竞争环境是科研创新人才所期盼、所需要的。对于竞争，是人才都会去积极面对。从根本上说，人才之所以是人才，就是因为他具有敢为人先、力争上游的劲头。打造竞争环境也许会给人才造成一定压力，但更多会体现为其发展动力，因此广东应该适应这种需要，努力打造公正、公开、公平的人才竞争环境。建立人才公平竞争机制，要破除优秀人才荣誉及终身待遇制，摒弃形式化的考核机制，建立起能进能出、能上能下的人才荣誉称号及待遇制度。

在法律制度上，应建立完善的吸引外国人才的法规体系。完备、规范、可操作性强的移民法律和法规应该对移民工作从理念、制度、机构、职能以及操作程序方面均做出详细的规定，从人员资格的确定条件到审批中的认定标准和程序，从临时性工作管理到移民管理，每一个办理程序、每一张表格和申请时准备的材料都应制订详细清楚的方案，同时这些方案需面向公众公开。这既有利于实现管理部门的规范化、提高管理者水平，又有利于公众办理有关手续，同时也是法律规定中的公众知情权的最好体现。

在人才评价上，要从由政府主导的传统评价机制向以市场、社会为主的评价机制转变。要建立与民间评价机制结合的体现学术民主的人才评价机制，要鼓励发展多元化人才评价体系。要将这些思想具体体现在职称评审和分配制度的深度改革上，建立起能力与学历、资历并重的职称评审机制，建立起业绩贡献与薪酬待遇相配套的人才使用机制，形成鼓励各类人才奋发向上、积极创业、争做贡献的良好氛围。

（2）加快国籍和户籍制度改革，促进海外华人科技人才自由跨国流动。2004年8月，中国开始正式实施"绿卡"制度，既为吸引外籍高层次人才来华投资经商、从事科技文化事业，也为满足一些外籍人士希望在中国永久居留的迫切要求。按照规定，获得中国"绿卡"后，外籍人士在中国居留期限不受限制，出入中国国境无须再办理签证手续，凭护照和"绿卡"即可出入境。但统计显示，截至2011年底，持有中国"绿卡"的外籍人士约4 700多人，年均发放量仅为248张，而去年入境外国人有2 700万人，常住的达60万人。与国外的"绿卡"相比，中国"绿卡"的申请更为困难，这对海外人才来中国发展无形中设置了一道不可逾越的障碍，长此以往，必会对人才的引进造成影响。

因此，要全面松绑人才的跨国流动限制，在双重国籍目前不被接受的情况下，对于愿意以各种方式以智报国的海外华人尖子人才、优秀人才、特殊人才一律发放中国"绿卡"，从而方便其在国内外的自由流动。对于其中持有中国"绿卡"5年以上并在国内停留总时间超过1年的，可以给予其与国内居民完全相同的待遇（着眼于解决实际困难而又能回避双重国籍的问题）。对于已经回国发展的归国科技人才，允许其保留在国外已经获得的"绿卡"或国籍，并给予其与国内居民完全相同的待遇。对于已经回国而且已经拥有中国户籍的归国科技人才，对于其在国内跨区域、跨部门调动应给予法律和制度上的保障，努力通过市场手段实现人尽其用，减少对人才自由流动的人为限制。

（3）完善配套措施，消除人才归国的后顾之忧。加强对留学出国和技术移民科技人才的国内家属的关注力度。政府应支持他们出国探亲、移民、旅游等，并在审批等环节上给予切实支持。地方各级政府要加强对其国内亲属在各方面的关注，并通过家属及时了解海外华人科技人才在国外所遇到的各种问题，通过驻外机构的协调和帮助予以解决。

针对海外华人科技人才的子女，与华人科技人才较集中的国家签署各类学历互认协议，开办与各国完全接轨而又强化中华传统文化教育的国际学校，吸引海外华人科技人才将子女送到中国来学习，并建立完善的配套措施保障他们在中国安全、健康、快乐和充实，免去海外华人科技人才的后顾之忧，增加他们对祖籍国的关注度。

针对已退休的海外华人科技人才或其移居国外的父母，实施"落叶归根"工程，重点在中国华侨华人集中的城市、比较发达的城市、宜居城市和文化底蕴深厚的城市建立国际老年人居住区，高规格地策划居住区的建筑、小区环境、娱乐设施、医疗卫生设施，并加强安全措施，保证他们在国内能够幸福地安度晚年，尽量消除其亲人的后顾之忧。

2. 注重人才后续培养，积极构建人才高地

（1）拓展和丰富人才发展平台，大力发展高新技术产业和现代服务业。发达国家政府部门、中介机构和用人单位在引进外国人才工作中的分工非常明确，同时相互之间也配合得很有效。以澳大利亚为例，移民部独家负责移民审核，垂直管理、职责明晰。同时，移民部经常主动与各行业协会、社会团体、用人单位进行沟通，了解相关业务范围内出现的新问题、新情况，从而为进一步调整、完善相关政策提供依据。澳大利亚的中介机构分为两类，一是政府认定的各类行业协会，在为政府机构提供专业化服务方面发挥重要作用，每年3月份各行业协会负责向移民部提供所需外国专业人才的条件、数量，作为移民部确定年度技术移民优先职业、配额和调整评分标准的主要依据。二是职业介绍机构，也就是猎头公司，除了为技术移民介绍工作之外，也是移民部调查国内人才供求情况，了解对外国人才需求的重要渠道。

借鉴国内已有成功经验，广东省应加大高端服务业紧缺人才的引进和培养力度，建立高端服务人力资源储备库。鼓励跨国公司和国内外培训机构引进先进的人才培训理念和模式。全面推进深港高端服务人才的交流合作，招揽国内外高端服务行业领军人物。制定高端服务人才分类开发计划，引导高等院校、社会培训机构发展不同层次和类型的高端服务教育。健全企业家服务体系，吸引和培养更多具有创新精神和创业意识的企业家。完善以知识资本化为核心的激励机制，积极推进技术入股、管理人员持股、股票期权激励等新型分配方式，建立人才柔性流动机制，力争成为全国重要的高端服务业人才交流中心和集聚中心。按照《关于印发深圳市产业发展与创新人才奖暂行办法的通知》，奖励对深圳市高端服务企业发展做出突出贡献的人员。高端服务企业引进高级人才而产生的有关住房补贴、安家费、科研启动经费等费用，可依法列入成本核算。

（2）推进"产学研"一体化，增加人才吸引力，形成人才培养良性循环。人才环境最重要的吸引力应该是人才的相对聚集，也可以说这是高层次人才最关注的环境因素，是人才环境竞争力的重要体现。人才相对聚集，往往能为人才创业带来诸多益处。比如，人才相对聚集必然形成科研信息的聚集，进而给人才创业、兴业带来难以估量的好处；人才相对聚集对发挥人才的团队作用、实现科研人才集体攻关提供了条件等。北京、上海乃至香港之所以人才吸引力强，一个重要的原因就在于它们有优秀的机构和载体、良好的人才聚集平台及竞争力极强的人才聚集局面。因此，在创造人才相对聚集这一重要环境因素方面，深圳决不能为自己目前基础性的大学和科研院所相对薄弱的现状所困，相反要积极采取措施扩展本地大学、科研院所的数量和规模，提高层次水平，构筑良好的人才聚集基础平台。筹建南方科技大学应该是深圳在这方面采取的一个重大举措。此外还应该着力建设一批新的高水平的科研院所，特别是面向国际、面向学科前沿的科研院所。大型科技企业固然是可以依靠的聚集人才的基地，也是目前深圳的一个优势，但不能完全依赖企业，因为具有极强扩散效应和聚集人才作用的基础科学研究必须依靠大学、科研院所等公共机构来承载。

"产学研"合作创新是吸引人才并加强人才培养的重要环节，通过"产学研"合作可以合理配置"产学研"各方资源，营造良好的科研氛围，为人才的后续发展提供坚实的基础。在一些发达国家，有许多成功案例。从国外的"产学研"合作模式上看，政府促进"产学研"合作有以下几点是值得借鉴的：一是政府设立专门的计划，直接支持"产学研"合作；二是建立促进"产学研"合作的服务机构和研究机构，以及建设科技园、创新中心和孵化器等产业群形态的产业聚集区，为"产学研"合作提供良好的基础设施和政策环境；三是鼓励"产学研"之间自发开展的合作，包括鼓励大学和科研机构的成果转化，以及企业与大学、科研机构进行合作；四是"产学研"合作已经上升到国家或地区战略层面，国家层面的科学研究制度是"产学研"战略联盟发展与创新的核心要素，对有限的科研资金进行合理的配置，减少重复研究、无用研究等科研浪费现象，真正促进有重大社会应用价值研究项目的诞生和发展。

（二）优化人才引进平台，多方位多渠道开展人才引进工作

1. 优化人才政策的海外宣传工作

为扩大人才政策的宣传，广东省应该以多层次多元化的宣传方式来塑造广东省的形

象，吸引海外的高层次人才来粤创业就业。因此，作为引才主体，政府要加强与海外的联系，经常组织企业家到海外进行招聘，与此同时，也要经常组织海外人才的领头人和创新团队回粤探亲和考察。另外，借助媒体统合一些重要的宣传平台，例如充分利用海外华人报纸《世界日报》、《星岛日报》、《侨报》等，以及各种华人网站和其他大众媒体、海外媒体进行广东省人才政策与活动的宣传；建立和完善专门为海外人才服务的网站，尤其针对高新技术园区内的创业建设官方网站，不断更新创业优惠信息、创业与资助政策、优秀创业案例以及人才需求等信息，以网络营销的思维利用网站进行政策推广。

打造在海外的固定宣传平台，建议有关部门积极参加和资助一些海外华侨华人高科技协会和海外著名大学中国学生学者联谊会举办的有影响力的创业与创新大赛。例如，麻省理工学院中国学生学者联谊会曾建议广东省政府赞助其首届创业和创新大赛，此类大赛社会影响大，所需费用却不高，而且能起到很好的宣传广东的效果。除此之外，广东应抓好现有的宣传网络和已有品牌建设，包括利用广东侨网、广州留学人员科技交流会，依托广东新的人才政策，塑造更有影响力的海外人才交流品牌，并做好对广州留学人员科技交流会的后续跟踪服务，将广州留交会打造成海外高层次人才直接接触广东创业、就业资源的重要平台；在抓好现有资源的基础上，广东省市区各级政府要主动出击，到海外进行招商引资的工作。

在组团考察宣传方面，应吸取江苏省和浙江省好的经验，不但要学习江苏省海外高层次人才江苏行等举措，更要学习浙江省有针对性地组织企业，特别是有实力的民营企业到海外进行集中招聘的方法，以扩大对广东的宣传效应。在利用多渠道引进人才方面，应该学习江苏省利用国内外的社会中介，即人力资源公司在目标国家进行人才招募，获取人才数据。

2. 建立完善的网络人才资源库和人才需求库

海外高层次人才的引进工作涉及多部门，包括省组织部门、人事部门、科技厅、省侨办等都负有引进人才的使命，工作多有重合之处，但是所掌握的信息资源又各不相通，需要省委省政府、市委市政府和相关主管部门整合资源、全面协调。广东依靠自身的国际化和侨乡优势，可以建立一个集信息储存、沟通联络、信息发布为一体并与网络相结合的海外人才数据库和联络站，并在此基础上建立专门分类的高层次专业人才信息库，一旦有急需，可以立刻锁定目标开展引进工作。另外，进一步完善人才工作小组会议制度，建议由各地党和政府主要负责人召集开展人才工作会议，由组织部门或者人事部门牵头，科技部门、经济部门、侨务部门等相关单位配合，定期召开会议，以更加强大的组织力量推动海外高层次人才引进和服务工作，掀起全省引进人才、尊重人才和重用人才的社会新风气。网络人才资源库和人才需求库的建设由人才工作小组牵头单位设计，各个相关单位，包括海外人才工作相关部门，有使用人才库和更新人才库的权利和义务。

3. 搭建广东海外人才沟通互动平台

课题组在调研中发现，在经济转型期下，我国与众多海外高层次人才之间缺乏稳定有效的网络互动沟通平台，双方因信息不对称和沟通不顺畅，错失了合作机会，减少了情感联系，增加了误解概率。由此，容易引发"侨智"与省内企业协调合作不便利、惠侨政策无法落实到位、侨界利益得不到保护、新一代海外华侨对祖国逐渐淡漠、侨胞民族感情受损等一系列问题。为此，课题组建议搭建"广东海外侨智沟通互动平台"，以成熟稳定的ICT技术系统为依托，配合相应的体制机制保障，建立起广东省与海外侨智之间双向互动、即时沟通、永不落幕的交流平台。建设"广东海外侨智沟通互动平台"，最主要的价值在于既构建了活的、真实的海外侨胞人才库，掌握了最宝贵的侨智资源，还可以与这些侨智保持密切联系，随时互通有无；与此同时，还可以依托互动沟通优势，与海外侨智开展各种进一步的合作。该平台可以成为一座"桥梁"——连接全球各地侨智和中国（广东）、连接侨企和中国企业（粤商），为广东的经济转型工作发挥基础作用。

4. 完善海外高层次人才引进后的国内工作与后勤服务网络

目前广东省各级政府的人才工作的重点是在加强政策完善的同时，更应该注重政策的落实与宣传。因为海外人才的培养与服务涉及各个部门，而要落实各项政策，广东省各级政府就需要进一步建立跨部门合作，建立跨部门人才工作小组，并把相关部门负责人纳入该人才工作小组，定期召开联席会议，全面调动各种资源为海外高层次人才提供良好的生活和工作软环境。此外，注重加强留学人员创业园管委会的组织建设。创业园管委会处于为回国海外人才服务的第一线，他们服务的质量，直接影响着广东各地创业园的声誉，直接影响着"海归"企业经营的好坏，直接影响着归国人才是否能够享有较为方便的工作、生活环境，责任重大。因此，各级政府需要进一步完善创业园管委会的职责，完善管委会的工作考核机制，建立海外人才管理的服务反馈机制，特别是搭建能够直通各级人才工作小组的建议投诉机制；同时授予管委会更大的权力，以推动管委会的组织建设，使管委会能够更好地服务于归国人才。

（三）加大资金支撑与监管力度，保障"侨智"引进工作有序进行

1. 多方筹措引进人才资金，促进政府财政投入使用方式的转变

在转型时期，海外科技人才回国后，生活、就业和创业中面临的困难很多源自经济问题，如何尽快帮助他们解决这些生活、工作中的实际问题，就有必要借鉴国外经验，整合现有各部门、各地"撒芝麻盐"式的零散资助方式，设立回国留学人才基金，特别是留学生创业（风险）投资基金。

要加大转型时期引进海外人才的资金投入，积极筹集引进人才经费。设立引进海外人才基金，鼓励境内外社会组织和个人以各种形式支持引进人才工作，多渠道筹措引才资金，实现引才投入的多元化。基金主要用于支持经济实力有限而又急需海外人才支持的岗位和部门，实行市场化运作，努力实现保值与增值。

中央政府对重点引才、欠发达地区引才给予经费支持，各级政府要把引进海外人才的经费列入本级财政预算，并随着国民经济的发展逐步增加引进人才的投入，确保引进人才的经费随着财政收入的提高而逐步增加。党政机关和企事业单位要根据需要把引进人才经费列入年度预算。对国家急需的人才，可参照国外的高薪聘请政策，提高工资标准，增加工资福利待遇，用优厚的物质生活条件吸引人才。对暂不能回国者，要创造条件动员、聘请和赞助他们回国作短期合作研究、讲学、咨询、指导、技术入股、合资办企业等，将他们所掌握的最新科技信息、知识与技能及科研成果介绍、转移、"嫁接"到国内，为转型期国家发展所用。

作为处于成长初期的海外人才创办的高新技术型企业,一般存在着企业规模较小、企业存量资产规模偏小的情况,难以从银行获得信贷融资,仅仅依靠政府的初期天使资金投入是无法长时间维持企业运营发展的。从目前海外人才所创办企业的成功案例来看,只有走"尚德"之路,吸引外来资本融资入股,实现股权多元化,使企业迅速产业化,并有可能在资本市场上得到认可,才能使企业真正立于不败之地。其主要措施首先是要有可操作性的企业融资计划,并运用多元化融资手段进行分阶段项目融资,政府可引导企业根据不同发展阶段的需求差异,搭建融资交易平台,方便企业选择适当的融资模式和投资伙伴。其次,政府要对企业各个经营环节进行辅导,有意识地引进风险投资和股权融资方面的专业人才,为企业获得量身定制的融资服务出谋划策。最后是要创造条件,充分引导投资者的投资偏好,创造机会将民间资本向高科技创新企业特别是海外人才创办的企业倾斜,实现地区传统产业所沉淀的资本流向高科技创新企业,从而推动地区产业转型。

2. 各方力量相配合,加强资金的统筹规划和必要监管

在转型时期,对留学人员回国创业风险投资基金的管理,应符合国际规范,按国际惯例运作。应采取有偿服务与无偿服务相结合的原则,接受海外科技人才创办企业的贷款申请。优化投融资体系,多渠道吸纳资金,并在资金筹集、项目评估、投资进入、运作管理等一系列环节上形成良性循环体系,对于稳定和推动留学人员回国创业,将起到一定的保障作用。

(1)坚持政府作用和市场机制相结合。在海外人才的引进中,政府的主导作用和市场机制的配置缺一不可。深圳在发展初期主要依靠特区品牌与优惠政策等条件;而现在则主要依靠经济实力、创业环境与市场体制等资源,特别是在体制创新与制度建设方面,深圳走在了全国前列。无锡的创新创业,政府在其中也发挥了重要的引导和推动作用。

结合广东省的实际情况,政府作用与市场机制相结合的发展模式更符合我省的省情。政府首先要建立完善的政策法规体系,为人才的创业和企业的成长提供政策法规的支持框架以及良好的创业环境;鼓励敢冒风险、富于进取、宽容失败的创业精神;鼓励企业创新,并鼓励加大研发投入等。在政府主导和引导的基础上,积极发挥市场机制的作用,促进人才流动、风险资本的投资以及国际化产品的生产和销售,以便更好地参与国际竞争。

(2)政府和创业者共担风险。飞快发展的无锡为政府和创业者共担风险模式树立了良好典型。无锡创造的"尚德神话"便是一例。在尚德创业之初,严重缺乏资金,无锡政府帮助其融资 800 万美元;2003—2004 年,政府累计拨付给尚德支持资金 3 700 万元。2004年尚德在快速发展中急需募集大量资金,准备在纽约证券交易所上市。这时,当初政府为支持尚德而投入的资金及时退出了尚德,从而为尚德的上市铺平了道路。正是在政府的帮助和支持下,尚德才有了后来的发展。因此,政府和创业者共担风险,是无锡最受海外创业者欢迎的"530"计划的核心理念。政府为每个项目提供的优厚扶持政策不仅为创业者提供了最基础、最必需的创业条件,而且帮助他们规避了可能遇到的创业风险。

但从目前鼓励创业的实际情况来看,尽管很多地方政府提出了"鼓励创业创新,宽容对待失败"的口号,却缺乏相关体制机制上进一步的措施。许多海外留学人才技术水平虽然很高,但缺乏企业管理经验,最终无法形成产业化,导致创业失败。因此可见,政府建立对创业失败者的宽容以及帮助其东山再起的良好机制是非常重要的。

(3)对创业失败提供制度保障。2006 年,深圳通过了《深圳经济特区改革创新促进

条例》（以下简称《条例》），《条例》规定，改革创新未达到预期效果或造成损失的，只要程序符合规定，个人和所在单位没有牟取私利，也不存在与其他单位或个人恶意串通的，可予免责。《条例》将宽容失败者从文化上的呵护提高到制度层面的保障。近年来，为加强创业人员的社会保障，深圳在《关于促进以创业带动就业工作意见》中提出将给予相关创业人员3年的社会保险补贴；对创业失败而处于失业状态的深圳居民还将提供各种就业服务和就业援助。除此以外，深圳还将出台《深圳市创业失败保障办法》，为创业失败人员提供更多的保障，以减少其后顾之忧。深圳从政策和立法的高度为改革创新者塑造了良好的保障环境。可见，以制度保障的方式宽容改革失败者、鼓励尝试、鼓励创新，是创业创新的成功秘诀之一。

课题负责人：陈淑妮，深圳大学管理学院教授

课题组其他成员：王忠、丁夏齐、薛雪、肖凌琳、胡定喜、崔嚣也、谭婷

广东引进和使用高层次海归人才的对策研究

一、广东海外引智新政及引进、使用高层次海归人才取得的新绩效

在执行国家"千人计划"、部委引才计划的基础上，广东省陆续出台一系列引才计划，如 2009 年启动的"广东省引进创新科研团队专项计划"和"广东珠江人才计划"。广东省的"广东省引进创新科研团队专项计划"，如表 1 所述，广东省对引进创新科研团队分三个层次进行资助，最高资助金额高达 1 亿元。[①] 还有地方性的广州开发区海外高层次人才引进和培养的"213 工程"、"广州市创新创业领军人才百人计划"、深圳"孔雀计划"等。有关广东在引进海外高层次创新、创业人才方面的绩效，在此以下列四组数据加以说明。

表 1　广东省引进创新科研团队专项计划

序号	团队水平	研究方向和项目目标	资助金额
1	世界一流	属国际重大科技、重大基础理论、重大应用研究前沿问题	8 000 万 ~ 1 亿
2	国内顶尖、国际先进	属国内重大科技、重大基础理论、重大应用研究前沿问题	3 000 万 ~ 5 000 万
3	国内先进	属国内科技、基础理论、应用研究前沿问题	1 000 万 ~ 2 000 万

资料来源："千人计划"网站"广东省引进创新科研团队专项计划"介绍。

第一组数据，是从 2004 年开始，广东省设立高校人才引进专项资金，每年安排 3 000 万元用于引进海内外高层次人才。目前，已从海内外先后引进学科带头人 300 多名、有发展潜力的学术骨干 2 000 多名。[②]

第二组数据，是从 2008 年以来，全省共引进留学回国人员 2.7 万人，入选中央"千人计划"专家 179 人。引进的留学归国人才中，终身教授或资深研究员 110 余人；具有副高以上职称人员和企业技术主管 8 000 多人，约占 30.7%；具有博士学位的人员 9 000 多

---

① 《广东省引进创新科研团队专项计划》，"千人计划"网，http：//www.1000plan.org/qrjh/channel/218。
② 周志坤：《努力创造人才发展"制度红利"》，《南方日报》，2014 年 7 月 30 日。

人，约占 34.6%；35 岁以下留学回国人员 2.2 万人，约占 84.6%。①

第三组数据是广东已经引进以留学人才为主体的创新团队 180 多个，其中包括从 2010 年开始以团队形式在全球引进高层次人才的"广东省创新创业团队和领军人才"项目，迄今为止共投入 22 亿元，引进了四批次 91 个创新科研团队，汇聚包括诺贝尔奖获得者、发达国家院士在内的海内外高层次人才 700 余名。②

第四组数据是从 2008 年以来，全省共引进外国专家 4 000 人，其中符合"外专千人计划"的有 11 名，每年来粤工作的外国专家达 12 万人次。③

时至今日，以团队形式在全球引进高层次人才的"广东省创新创业团队和领军人才"项目已初见成效。2010 年广东东阳光药业有限公司引进以习宁为带头人的创新药物科研团队。习宁是美国莱斯大学有机化学博士，原世界最大生物制药公司——安进公司高级科学家，现任东阳光集团药业研究院首席科学家。该科研团队核心成员包括戈尔德曼、辛格、吴传斌等 8 人，拥有博士研究生 7 名，外籍成员 4 名，均为药物设计、药物合成和药物临床药理等研究领域的资深专家。这样在东阳光药业研究院便聚集了一大批国内外最优秀的顶尖专家学者，其中国外专家、海归博士等 50 余人分别在研究院不同的部门领导开展药物的研发工作。该公司目前拥有丰富的新药开发经验，开发的 6 种糖尿病及抗肿瘤新药，全部进入临床 1 期或 2 期试验，实现产业化指日可待。④

二、广东省引进、使用高层次海归人才方面出现的新问题

从 2013 年相关的研究报告和评选结果来看，广东在引进海外高层次人才的成绩上可喜，但与其他先进省市相比，曾经缩小的差距又明显增大了。

1. 广东省在一流的高层次人才存量上仍然处于劣势，未形成高层次海归人才聚集效应，在引进高层次海归人才方面原有的某些优势已被其他省市超越

据统计，截至 2013 年底，广东省专业技术人才总量达 456 万人，从事研发的人员达 63 万人，人才规模位居全国第一，为广东省的自主创新能力的提升奠定了人才基础。遗憾的是，广东虽然在人才总量上为全国第一，但在高端人才的数量方面却处于劣势。截至 2013 年底，广东省高层次人才仅有 28.7 万，仅占专业技术人才的 6.3%。⑤ 至于一流人才的指标之一——"两院"院士的数量方面，广东省更是难以启齿。表面上，广东省已有"两院"院士（包括双聘）109 名，占全国"两院"院士总数 1 557 人的 7%。然而，清华大学（"两院"院士 77 名）和北京大学（"两院"院士 76 名）两所大学所拥有的"两院"院士就有 153 人，比广东省全省的院士总数还要多出 44 人。更令人尴尬的是：全职在粤院士仅有 36 名，广东省高校仅有"两院"院士 25 人。也就是说，无论是全职在粤院士，还是广东高校的院士人数，与复旦大学（有院士 37 人）或南京大学（有院士 34 人）等一所大学的院士人数都无法相比，更不用说是清华大学或北京大学了。

---

① 尹安学：《五年引进 2.7 万海归》，《羊城晚报》，2013 年 12 月 19 日。
② 周志坤：《努力创造人才发展"制度红利"》，《南方日报》，2014 年 7 月 30 日。
③ 周志坤：《努力创造人才发展"制度红利"》，《南方日报》，2014 年 7 月 30 日。
④ 孙维锋：《向国际一流抗乙肝及肿瘤类新药进军》，《东莞日报》，2013 年 7 月 3 日。
⑤ 周志坤：《努力创造人才发展"制度红利"》，《南方日报》，2014 年 7 月 30 日。

据《2013 留学人员回国就业报告》显示，57.94% 的留学回国人员期望选择在北京、上海、广州和深圳寻找发展机会。其中，有 41.6% 的海归在北京就业，14.2% 的海归在上海就业，仅有 8.7% 的海归在广东就业。显然，广东与北京、上海属于不同地位的城市，这是值得思考的问题。在时间上，作为海外引智平台的广州"留交会"（首届 1998 年）、深圳"高交会"（首届 1999 年），都早于大连"海创周"（首届 2000 年），武汉"华创会"（首届 2001 年），南京"留交会"（首届 2008 年）、"海外赤子北京行"（首届 2010 年），可见广东海外引智绩效并不理想。以广州"留交会"为例，同样是"留交会"，南京"留交会"每届大会参会人员均有 2 000 多人，每年都能为南京本地留住 1/3 参会人才。反之，据广州"留交会"的主办方，广州市委组织部副部长、广州市人才工作局局长张栋介绍："15 年以来，大概有两万多名海外人才通过留交会回国工作，究竟有多少落在广州，这个数据我还没有掌握，但是可以肯定地说，肯定不多。"而通过效仿广州"留交会"，落地苏州的留交会项目有 300 个，落户南京的留交会项目超过 100 个，落户武汉的留交会项目也超过百个。[1]

放眼全国，包括南京"留交会"、武汉"华创会"、大连"海创周"的海外引智平台，其影响力不亚于甚至超过曾经声名响亮的广州"留交会"、深圳"高交会"等海外引智品牌。以中国国务院侨务办公室、湖北省政府和武汉市政府联合主办的"华创会"为例，"华创会"已成功举办十四届，共签订引进人才和技术项目 2 万多个，引进海外专家 5 万多人次，创办企业 3 000 多家，已逐渐成为中国引智引资的知名品牌和华侨华人回国创业的有效平台。

此外，北京"海聚工程"、上海"曙光计划"和"海外高层次人才集聚工程"、江苏"双创引才计划"、浙江"省级千人计划"等的力度与效益，丝毫都不亚于广东省"引进创新科研团队专项计划"和广东"珠江人才计划"。截至 2013 年底，北京地区共拥有 1 103 名"千人计划"入选者，占全国总数的 27%；北京市已认定 9 批共 514 名海外高层次人才为"海聚工程"入选者。[2] 同时，北京市许多研发机构和企业引进的"千人计划"人才都在 3 人以上，人才聚集效应初步显现。北京留学归国创业人才超过 1.5 万人，累计创办企业超过 6 000 家，成为国内留学归国人员创办企业数量最多的地区。[3]

总体来说，广东省海外高端引才有先天优势，但后劲缺乏，而江苏等省却蓄势待发、后劲十足。无论是 2013 年 6 月由全球化研究中心、武汉工程大学人才发展研究中心发布的《中国区域人才竞争力报告 No.1》，还是 2014 年 3 月由中国留学人才发展基金会主办、中国人才科学研究院承办的《2014 年中国人才集聚报告》，都指向同一个结论：无论是 2011 年中国省域最具人才综合竞争力的排名，或是 2011 年中国省域高端人才总数集聚度方面排名，广东省都位于江苏省之后。截至 2013 年底，江苏有 480 人入选国家"千人计划"，其中创业类 204 人，占全国创业类总数的 29.7%。[4]

① 蒋隽：《广州为何留不住归国人才》，《信息时报》，2013 年 12 月 20 日。
② 孙奇茹：《中关村揽天下英才谋创新》，《北京日报》，2014 年 3 月 22 日。
③ 闫傲霜：《国际英才加速首都科技创新》，《光明日报》，2014 年 6 月 28 日。
④ 王海平：《"千人计划"实施调查：海归们的转型作用》，《21 世纪经济报道》，2014 年 6 月 13 日。

表2 2008—2013年北京市、上海市、江苏省、浙江省、湖北省、
广东省累计入选国家"千人计划"人才数量对照表

	北京市	上海市	江苏省	浙江省	湖北省	广东省
国家"千人计划"人才（名）	1 103	626	480	324	223	179

资料来源：综合新华社及各省市报刊稿件。

由于国内各省市海外高端引智平台以及海外引才计划和"人才特区"优惠政策与优惠条件的同质化，使得广东原有的海外高端引智优势不再，而劣势犹存，广东省在吸引一流海外高层次人才上已不再是首先目标。

2. 广东省的自主创新能力比过去有所提高，但在海外创新团队和领军人才的引进力度方面有待加强

数据显示，2008—2012年，广东省发明专利授权量连续五年位居全国第一位。虽然在2013年广东省发明专利授权量（20 084件）被北京市（20 695件）超越，但是在2013年我国发明专利授权量排名前十位的国内（不含港澳台）企业方面，广东企业成绩依旧斐然：华为技术有限公司（2 251件）第一，中兴通讯股份有限公司（1 448件）第三，海洋王照明科技股份有限公司（460件）第五，比亚迪股份有限公司（340件）第七，华为终端有限公司（288件）第八。[①]此外，截至2013年底，广东省PCT国际专利申请量已连续12年居全国第一。世界知识产权组织2014年3月13日发布报告称，"在企业专利方面，中国的中兴公司和华为公司分别以2 309件和2 094件位列第二和第三"。[②]由于我国PCT国际专利申请量主要集中在以中兴通讯、华为公司为代表的国际化企业，而PCT国际专利申请已成为检验我国自主创新能力的一把标尺，因此，广东省的自主创新能力比过去有所提高是毋庸置疑的。

但由于广东乃至全国PCT国际专利申请过于集中在中兴公司和华为公司两个企业，想要真正全面提升广东乃至全国的自主创新能力，就必须培育出千万个中兴公司和华为公司式的国际化企业。因此问题的实质还是在于是否拥有高端的创新、创业、创造人才。换句话说，广东想要实现自主创新能力的提升，就需要加大引进海外创新团队和领军人才的力度。因为，与广东省经济社会发展水平和需求相比、与建设创新型广东和实施人才强省战略的需求相比，广东的现状存在较大的差距。

虽然广东省的区域创新能力综合排名连续5年位居全国第二，稳居全国第一梯队，但是广东省在自主创新方面的短板与缺陷不容忽视。对比广东省的深圳市与江苏省的苏州市，可以清晰地看见当中的距离。据统计，"深圳市累计引进超过5万名海外留学人员，拥有16个留学生创业园，容纳了2 000多家留学人员创办的企业，其中有30家企业产值过亿"。在深圳市留学生创业园孵化的794家企业中，"毕业"企业的数量是591家。"迅雷、朗科、益心达、光启、华大基因、天骄、茁壮、绎立锐光等都是深圳'海归'企业中

---

① 国家知识产权局：《2013年我国发明专利授权及有关情况新闻发布会》，http：//www.sipo.gov.cn/twzb/2013nwgfmzlphqk/，2014年2月20日。

② 罗桦琳：《华为中兴企业专利申请量居全球前三》，《广州日报》，2014年4月25日。

的骨干。"'海归经济'成为深圳自主创新与产业提升的重要力量和新经济增长点。①目前，在深圳市工作的中央"千人计划"人才达103人。被认定为深圳市海外高层次人才的"孔雀计划"人才222名。此外，深圳累计引进境外专家70万人次，有4名外国专家入选中央"外专千人计划"。

虽然深圳市依旧位列2013年"中国十大创新型城市"榜首，还连续两年（2010、2011）在"福布斯中国大陆创新能力最强的25个城市"中排名第一。然而，从2012年开始，"2012—2013福布斯中国大陆创新能力最强的25个城市"排名第一的宝座，已经连续两年属于苏州；深圳的排名则由原来的两连冠下降为第二位甚至第四位。据报道，苏州市在"姑苏人才计划"、"海鸥计划"等引才政策的"虹吸效应"下，6年投引才经费35.7亿，引进留学回国人员超1.5万人，在苏州创新创业的"千人计划"专家突破300人。仅苏州自主申报入选的"千人计划"专家中，创业类"千人计划"专家就达95人，约占全国的14%、全省的47%。"市、县两级累计引进资助2 110名高层次人才在苏创业，3 200多个创新团队落户。"②

从2013年"千人计划"相关项目的入选名单数量上看，与江苏相比，广东在引才方面的劣势十分明显，差距相当大。从2013年10月28日公示的《第十批"千人计划"创业人才拟推荐人选名单公示》上看，98名拟推荐入选"千人计划"的创业人才中，江苏省入选人数高达30名，其中苏州一市就入选16名，后劲十足；而广东全省入选者只有区区13名，还比不上一个苏州市。从2013年11月26日公示的《第五批"青年千人计划"公示人选名单》来看，广东省入选18名，而江苏省入选38名，其中南京市23名、苏州市13名、无锡市2名。江苏省比广东省"青年千人计划"入选人数多了20名，一个南京市便比广东一个省入选人数还多。

3. 广东省在引进和使用高层次海归人才方面的硬件和软件上，都存在不容忽视的短板

总体来说，广东省海外引智方面存在如下短板：一来缺少知名的大学和科研机构，导致缺少海归高端人才的发展平台；二来缺少高端企业尤其是高端外资企业，导致缺少海归高端人才的就业平台；三来缺少为高新科技创业融资的风险投资企业，导致缺少海归高端人才的创业平台；四来缺少与国际接轨的医疗卫生环境，以及子女教育环境，导致缺少海归高端人才的生活平台；五来高端人才存量不足，导致缺少海归高端人才的聚集平台。

广州市锐博生物科技有限公司董事长、"千人计划"国家特聘专家张必良曾经直言，"住房、子女教育等问题成为阻碍外籍人才归国创业的现实问题。锐博希望从美国邀请一位在生物科技领域颇有建树的华裔专家回广州工作，这位专家对工作项目、公司环境等方面都十分满意，但在了解到广州的房价后，还是打了退堂鼓。'就算我把在美国的别墅卖掉了，回国也买不起一套像样的住房'——她向张必良表达了自己的无奈"。深圳海博德邦生物技术有限公司财务技术经理Marcos Jose Fernandez在《国际人才交流》杂志和深圳外专局召开的座谈会上提出："中国城市应该改善政策环境，不仅要让外籍人才创办的企业在中国方便注册，更重要的是让在中国长期定居的外籍人才能更好地获得房屋居

---

① 刘昊：《"海归经济"成深圳经济新增长点》，《南方日报》，2014年7月22日。
② 钱怡：《千人计划在苏专家超300人》，《苏州日报》，2014年6月4日。

住权。"①

以上两个事例提出的问题直接指向广州市和深圳市生活环境存在的问题。能够被列入"千人计划"和"广东省引进创新科研团队专项计划"的海外高层次人才毕竟是少数，不在人才"计划"内的海外高层次人才面对居高不下的房价，很难接受。用人单位的人才公寓，各单位的使用标准不同，有的是在聘期内免费使用；有的是在聘期内低价收费；有的是在聘期内前三年低价收费、三年后高价收费。对于那些真心回国服务的海外高层次人才，安居乐业只是最低生活环境的要求。何况，广东省在医疗卫生环境，以及子女教育环境、社会公共文明、城市包容性、空气质量、食品安全等方面也都存在短板。

匈牙利科学院院士诺伯特·柯如指出，"是否具有良好的科学研究氛围是留住人才的重要标准"②。截至2013年10月，广东省已有博士后科研流动站137个，博士后科研工作站288个，创新实践基地165个。在站博士后达1 000名，累计已招收培养博士后6 000多名，并已逐步形成了学科门类齐全、区域分布广泛、具有鲜明广东特色的博士后工作体系。③ 这为提升广东省企业核心竞争力提供了人才保障，也为海外创新团队和领军人物的引进提供人才和团队支撑。但是，广东省在高层次人才管理与引导方面的硬件上存在着致命缺陷——学术机构不足导致人才离粤。广东与高层次人才对应的学术机构、研究所、实验室数量不足，部分博士后研究人员完成研究课题须奔波多个城市，直接导致出站后离开广东，选择留在研究条件更为成熟的地区。此外，目前政府对博士后成果产业化尚无优惠政策支持，鉴于用地及资金上的困难，许多好的项目通过博士后项目评估后，仍未启动投产，造成优质项目资源的巨大浪费。这是在2013年广东省"两会"上，省政协委员何唯平提交提案的主要内容，反映了广东高层次人才管理与引导存在的不足。④

此外，广东省在"筑巢引凤"方面，硬件建设仍然不足。以上海市为例，上海市拥有国家重点实验室41家、国家工程技术研究中心17家。截至2013年7月，广东省共建有21家国家重点实验室，比上海市少20家国家重点实验室；截至2013年5月，广东共有22家国家工程技术研究中心，2012年度认定数量位居全国各省市第一（与山东省并列）。再以各地留学生创业园的数量为例，江苏省42个，北京市33个，浙江省20个，上海市9个，河北省、山东省各7个，广东省、湖南省各6个。广东省与湖南省排列第7位。当然，正在发展规划中的广州南沙新区和正在建设中的中新广州知识城，将为广东省吸引海外高层次人才提供更多平台。

值得重视的是，在吸引海外高层次人才问题上，广东省在硬件上没有太明显的优势，在软件上也没有明显的优势。可是，作为海外高层次人才，"重政策优惠更重软环境"。这对广东省来说，无疑是个警讯。据"2013年广东省高层次海归人才问卷调查"（社会版，样本总数：填写问卷1 270份，有效问卷1 059份）与个别高层次海归人才的访问结果，都说明广东省在海外高层次人才吸引力方面存在问题，不仅有硬件上的问题，也有软件上的问题。

---

①　李艺雯：《2013 魅力中国——外籍人才眼中最具吸引力的十大城市评选揭晓》，http://www.chinacity.org.cn/csph/csph/118744.html。

②　马立明：《修补"短板"吸引人才》，《深圳特区报》，2013年11月8日。

③　广东省人力资源和社会保障厅：《广东新增博士后科研工作站85个　新增数量全国第一》，http://www.gdhrss.gov.cn/publicfiles/business/htmlfiles/gdhrss/gzdt/201310/45466.html，2013年10月22日。

④　雷辉：《博士后年经费提高至8万》，《南方日报》，2013年9月10日。

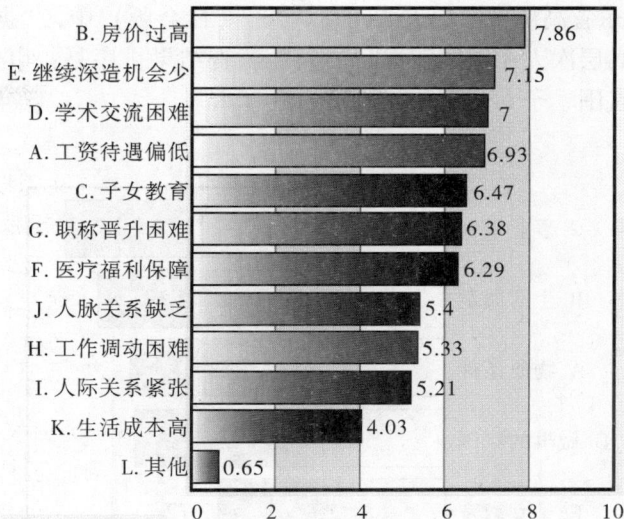

图1 高层次海归人才回国后急需解决的主要问题（社会版）

据"2013年广东省高层次海归人才问卷调查"（社会版），"您认为高层次海归人才回国后急需解决的主要问题是什么"的问卷调查结果排序是：房价过高、继续深造机会少、学术交流困难、工资待遇偏低、子女教育、职称晋升困难、医疗福利保障、人脉关系缺乏、工作调动困难、人际关系紧张以及生活成本高等。

这与"2013年广东省高层次海归人才问卷调查"（个人版，样本总数：填写问卷6份，有效问卷6份）和采访高层次海归人才个体的结论不尽相同，其排序是：子女教育、房价过高、人际关系紧张、人脉关系缺乏、社会生活压力大、工资待遇偏低、研究成果转化困难、学术交流困难、其他、工作调动困难、职称晋升困难和继续深造机会少。这表明子女教育是高层次海归人才回国后急需解决的主要问题，房价问题也是制约许多海外高层次人才回国的主要因素。

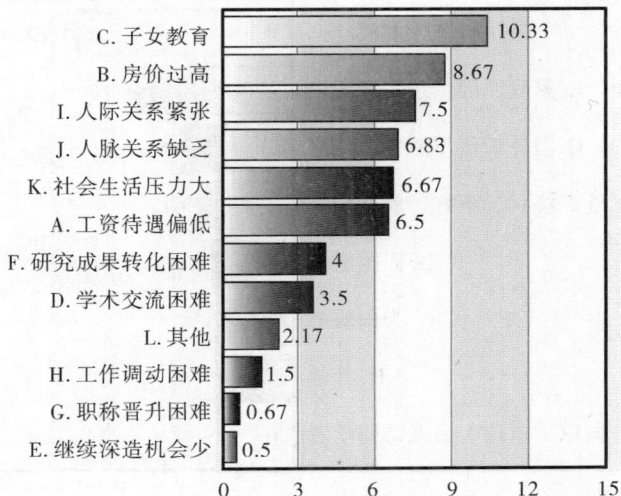

图2 高层次海归人才回国后急需解决的主要问题（个人版）

在"2013 年广东省高层次海归人才问卷调查"（社会版）中，"据您所知哪些主要因素阻碍和影响海外高层次人才回国工作"的问卷调查结果排序是：事业发展、生活质量、物质条件、做事的氛围、子女教育和其他。

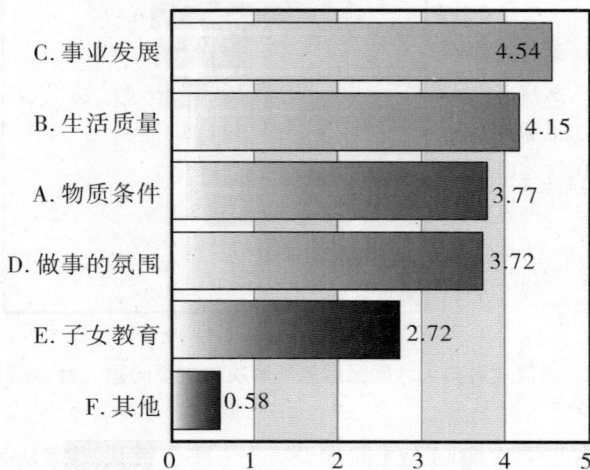

图 3　阻碍和影响海外高层次人才回国工作的主要因素（社会版）

这个结果的排序，与"2013 年广东省高层次海归人才问卷调查"（个人版）及采访高层次海归人才个体回国主要因素的排序高度一致，排在第一位的都是注重个人发展空间。事实上，回国创业的海外高层次人才看中的正是中国对海归创业的扶持，有个人发展空间。由于国外科研各方面机制的日趋完善，在国外高校和科研院所工作的顶尖人才，在个人事业发展方面有可预见发展的空间，相对于"回国服务"方式，他们更愿选择以不同的方式"为国服务"。

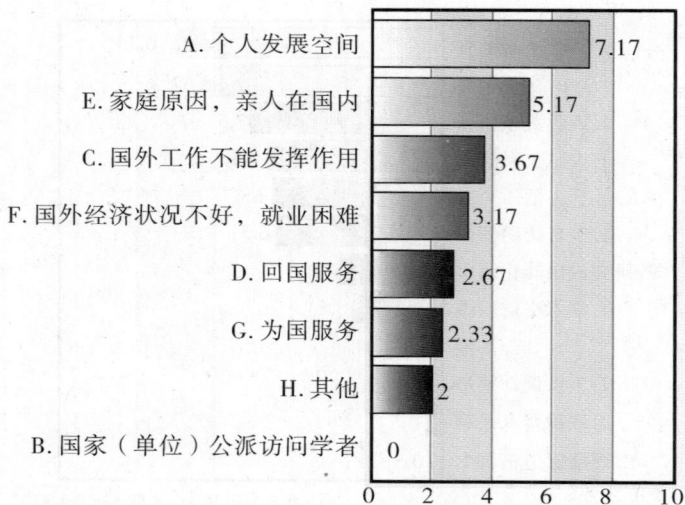

图 4　阻碍和影响海外高层次人才回国工作的主要因素（个人版）

在"2013年广东省高层次海归人才问卷调查"（社会版）中"您认为广东省吸引海外高层次人才的关键因素是什么"的问卷调查结果排序是：经济环境、工作环境、薪酬待遇、法律秩序环境、科研生态系统、健康医疗环境、幸福环境、食宿环境以及公民参与环境。

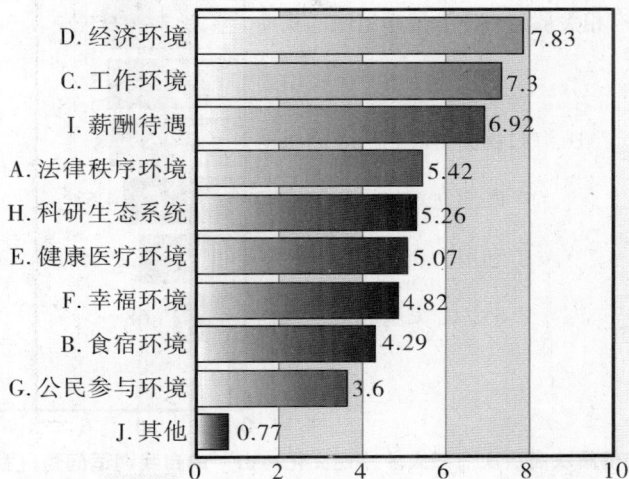

图5　广东省吸引海外高层次人才的关键因素（社会版）

在"2013年广东省高层次海归人才问卷调查"（社会版）中"您认为在高层次海归人才队伍建设中，广东省政府更需要做的工作是什么"的问卷调查结果表明：完善科技成果的评价和奖励制度、完善公平合理的科技立项程序与审批制度、保护知识产权和营造廉洁高效的科技创新服务环境，以及完善公平公正公开的用人制度、促进人才合理流动等"软环境"方面的建设，更让高层次海归人才期待。

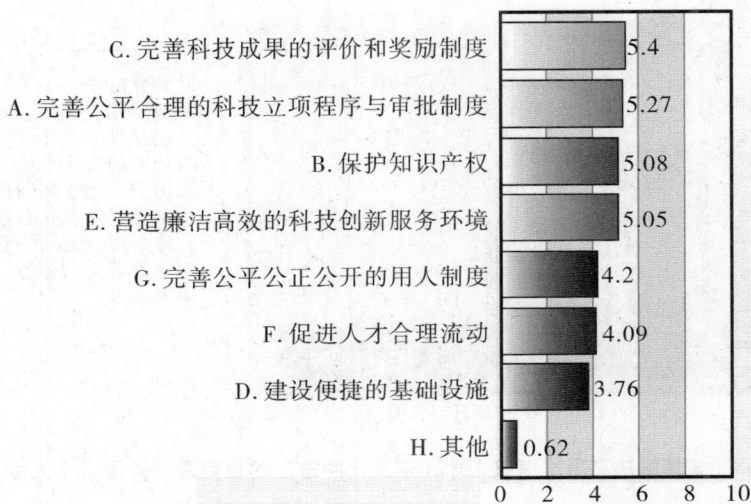

图6　广东省在海外高层次人才队伍建设中要做的主要工作（社会版）

4. 广东省对高层次海归人才"逆向文化休克"现象缺乏深度研究，高层次海归人才幸福感、归属感和社会责任感不足

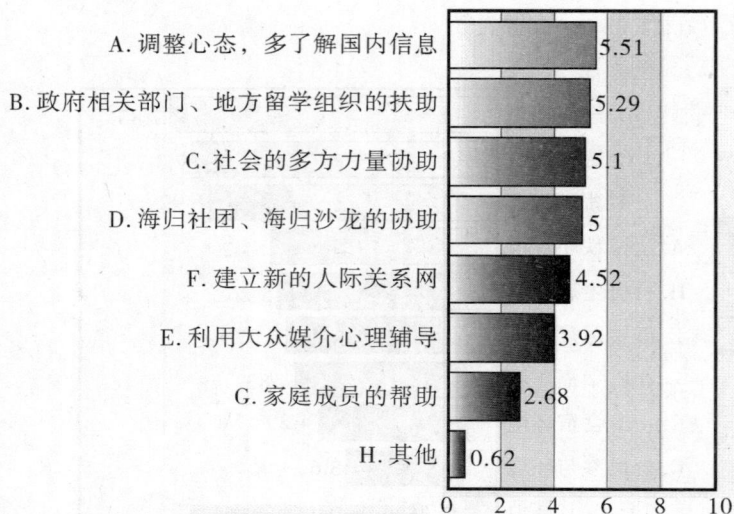

图7　如何解决高层次海归人才"逆文化冲击"的自我调适问题（社会版）

在"2013年广东省高层次海归人才问卷调查"（社会版）中，"您认为应该如何解决高层次海归人才'逆文化冲击'的自我调适问题"问卷调查社会版的排序是：调整心态，多了解国内信息；政府相关部门、地方留学组织的扶助；社会的多方力量协助；海归社团、海归沙龙的协助；建立新的人际关系网；利用大众媒介心理辅导；家庭成员的帮助。这意味着解决高层次海归人才"逆文化冲击"的调适问题，政府与社团组织应该主动参与，这是社会的期待。

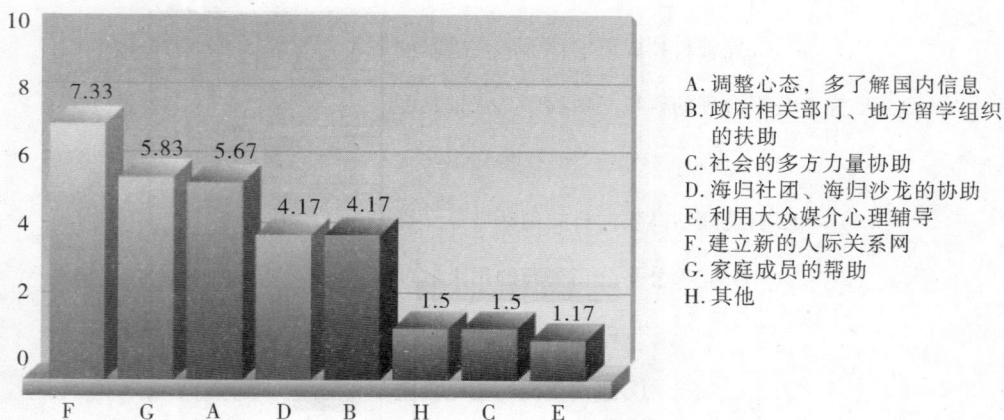

A. 调整心态，多了解国内信息
B. 政府相关部门、地方留学组织的扶助
C. 社会的多方力量协助
D. 海归社团、海归沙龙的协助
E. 利用大众媒介心理辅导
F. 建立新的人际关系网
G. 家庭成员的帮助
H. 其他

图8　如何解决高层次海归人才"逆文化冲击"的自我调适问题（个人版）

在"2013 年广东省高层次海归人才问卷调查"（个人版）中，"您认为应该如何解决海外高层次人才'逆文化冲击'的自我调适问题"的问卷调查结果排列顺序是：建立新的人际关系网；家庭成员的帮助；调整心态，多了解国内信息；政府相关部门、地方留学组织的扶助和海归社团、海归沙龙的协助；其他；社会的多方力量协助；利用大众媒介心理辅导，而"其他"中也包含离开。显然，高层次海归人才并不排斥政府与社团，但主要还是自我调适，重新适应"逆文化冲击"。

根据对高层次海归人才的个别访问，发现其"逆向文化休克"现象还是相当严重。而对于这种现象，高层次海归人才往往以"文化差距"作为解释，对待这种不适应，态度有二：一是说服自己，逐步适应；二是用脚走路——离开。事实上，以华南理工大学为例，引进的 14 名"千人计划"人才，迄今为止，有 11 人到岗，尚有 3 人未到岗。其中，未到岗的"千人计划"人才，有的人就是用脚走路——离开。这同时也说明，海归社团及政府相关部门在帮助高层次海归人才解决"逆向文化休克"问题上，关注不够到位。

在"2013 年广东省高层次海归人才问卷调查"（个人版）中，"您认为广东省在发挥海外高层次人才作用方面存在哪些主要问题"的问卷调查结果排序是：学术行政化；科技评价制度；科研生态系统；"劣币驱逐良币"现象；工作、生活不顺心；"逆文化冲击"；院士评选制度；缺乏国际合作团队支撑；科研数据共享困难；人际关系紧张；反映意见建议渠道不畅通；个人发展空间。这表明广东省高层次海归人才幸福感、归属感和社会责任感不足。

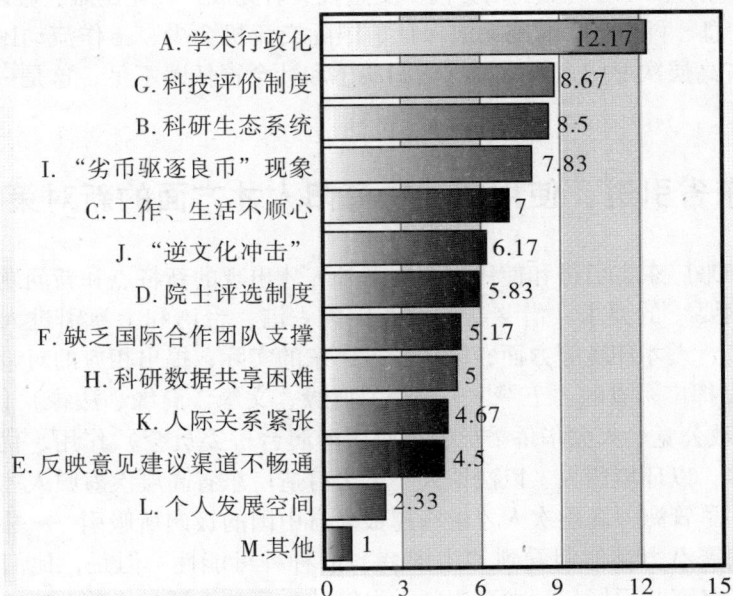

图9　广东省在发挥海外高层次人才作用方面存在的主要问题（个人版）

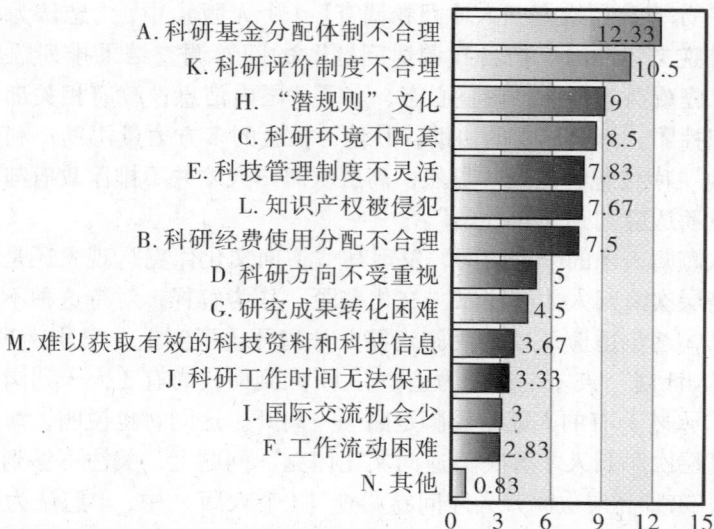

图 10　广东省高层次海归人才在科研工作中遇到的主要困难（个人版）

　　在"2013 年广东省高层次海归人才问卷调查"（个人版）中，"您认为回国后在科研工作中遇到的主要困难有哪些"的问卷调查结果排序是：科研基金分配体制不合理、科研评价制度不合理、"潜规则"文化、科研环境不配套、科技管理制度不灵活、知识产权被侵犯、科研经费使用分配不合理、科研方向不受重视、研究成果转化困难、难以获取有效的科技资料和科技信息、科研工作时间无法保证、国际交流机会少、工作流动困难和其他。这再次表明广东省高层次海归人才幸福感、归属感和社会责任感不足，这是一个值得关注的问题。

三、广东省引进、使用高层次海归人才方面的新对策

　　根据近五年来广东省引进和使用高层次海外人才出现的新特点和新问题，以及《广东省十二五规划纲要》的要求，借鉴新加坡及中国香港、台湾和上海引进人才的做法和经验，在人才政策、人才环境等方面，笔者结合广东的实际，提出相应的对策思考。

　　（1）充分发挥广东省的"五缘"（地缘、血缘、文缘、商缘、法缘）优势与"五侨"（侨办、侨联、致公党、人大华侨委员会、政协港澳台侨委员会）作用，优化管理、细化服务。以人为本，以环境留人、以法留人，全力打造广东省高层次海归人才"蓄水池"。

　　如前所述，尽管海外高层次人才越来越被来自中国的饭碗所吸引——中国经济的活跃度、开放度、发展潜力让他们看到"中国梦"的种种可能性。但是，他们也看到"中国的学术科研环境名声并不好，学术造假、学术腐败、行政干预学术等不端正现象，是导致诸多本土人才出走的原因"。[①]

　　当然，中国顶尖人才大量流失的原因是多方面的，很多人滞留海外是因为国外的科研条件更为优越，更容易做出成果。这就启示国内有关部门在制定相关引才政策时，必须更

---

　　① 侨报评论员：《人才开始东流　中国准备好了吗》，《美国侨报》，2013 年 8 月 27 日。

加突出"以人为本",为人才创新创业培育土壤。受聘于"南京大学校长人才工作顾问"的美国国家工程院院士张翔曾经表示:"当前世界各国对人才竞争相当激烈,尤其是亚洲各国,常会出现一位优秀学者同时被几个国家争抢的情况。目前国内一流大学的硬件已经相当不错,甚至超过了国外高校,这对海外学者吸引力很大,但仅有这些'物质诱惑'还不够,还需要营造一种科研氛围,才能让海归们尽快适应环境,如果能做到这一点,将会吸引大批的海外优秀人才归国。"[①]

正是由于中国顶尖人才的大量流失,已经回流中国的顶尖人才愈显珍贵,只有确保绝大部分已经回流的顶尖人才不再"归海",才能吸引更多的顶尖人才回流。一言以蔽之,要优化管理、细化服务。防止高层次"海归"再度"归海",是一个比引进人才更重要的课题。因此,人才引进后的扶植政策十分重要。

首先,广东省要加大引进高层次海归人才政策的创新力度,在充分发挥广东海外华人众多的"五缘"优势的同时,凭借"五侨"的合力作用,以民间和半官方的形式,如"亲友会"、"同学会"、"同乡会"、"校友会"、"专业协会"和"社团"、"海归沙龙"、"海归社团"、"海归之家"、"新侨之家"、"侨商之家"、"侨办之家"、"侨联之家"等,构建为"新侨"(海外华侨华人新生代、留学归国人员)服务的网络工作平台。其次,要重视加大对海外华侨华人新生代"中国梦"感化的力度,除保持华裔青少年夏令营原有的传统项目外,应该注意强化华裔大学交换生的文化熏陶、国情体验和情感联络工作。全力打造广东省高层次海归人才"蓄水池",并完善其功能。

(2)深化科技金融改革,扩大民间资本金融市场准入门槛,积极推进知识产权质押贷款等新型贷款业务,从根本上解决广东高新科技企业融资难的顽疾;设立科技企业专项基金,扶持和奖励创业期的海归高新科技企业。

据悉,广东本地最有资质和实力的风投企业有:广东省粤科风险投资集团有限公司和广州产业投资基金管理有限公司(简称"广州基金"),以及深圳前海股权交易中心、广州股权交易中心、广东省粤科金融高新区股权交易中心等。其中广东省风险投资集团有限公司成立于2000年9月,是广东省人民政府授权经营的国有风险投资公司,负责管理广东省人民政府12亿风险投资资金,现拥有广东省创业投资公司、广东省科技风险投资有限公司等八家风险投资和实业公司。广州基金成立于2013年3月,是广州市政府为推进产业转型升级、放大财政资金引导效应、激活社会投资、强化区域金融中心地位而专门成立的产业投融资平台。

由于历史和现实的原因,广东民间资本丰厚,但投资渠道狭窄,长期投资的主要范围集中在房地产业、低端制造业、物流业、保险业、酒店业和餐饮娱乐业等产业,其中半数投资在房地产业,对高端制造业的投资严重不足。据统计,2013年广东省金融机构总资产高达17万亿元人民币,但存贷比低于全国平均水平11个百分点。面对广东产业"腾笼换鸟"、转型升级的大好时机,广东政府相关部门应主动出击,向北京、上海的风投和银行学习取经,通过深化广东的科技金融改革,扩大民间资本金融市场准入门槛,积极推进知识产权质押贷款等新型贷款业务,做大、做强广东的风投企业,并设立科技银行,从根本

---

① 齐琦:《美国工程院院士受聘国内大学 称引才需科研氛围》,http://www.chinanews.com/edu/2012/04-08/3803029.shtml。

上改变广东高新科技企业融资难的顽症，为构建大规模的海归高新技术产业集群打下坚实的融资基础。

广东省在引进海外高层次人才的人才工程上"大手笔"投入，看上去"不差钱"。但现实的情况是，广东省政府重点引进的海外高层次人才确实"不差钱"，因为有专项基金保证。但对于更多试图在广东创业的其他高层次海归而言，遇到的却是融资难、融资成本上升和税收重的困局与无奈。而江苏等省市融资便利、税收优惠，导致海归创业地点的天平从广东省向江苏等省市倾斜。

广东省海归高新科技企业融资难有如下表现：第一，政府扶持资金不好拿；第二，政府扶持资金不能按时到位；第三，天使基金和风投量少、条件苛刻。广东省海归高新科技企业融资难的原因：一是社会信用体系不健全，风投或银行不愿承担风险；二是评估机构不愿对无形资产进行评估，知识产权质押贷款等新型贷款业务推进困难；三是融资渠道较窄；四是银行贷款融资成本较高；五是融资需求受行业差异的影响较大；六是担保公司实际担保放大倍数不高。

譬如，成立于 2011 年 5 月 27 日的广州中科院先进所，是由广州市人民政府与中国科学院共建的具有独立法人资格、行政上隶属于广州市人民政府的新型科研机构，是广州市政府创新发展模式的试点单位之一。但是，据广州中科院先进所所长杜如虚透露："落户广州的时候，广州市承诺投入一笔钱，说好 3 年内到位"，"如今过去两年半了，才到账 25%，还有 75% 没到位。"[1] 与此相反，"资金不落实，在江苏是不可能的"。落地江苏创业的"千人计划"专家赵勇从事医疗器械领域研发工作，"创业初期，江苏政府给了 240 万，我自己出 540 万，共 800 万左右的创业资金"。做了几年，产品出来后，企业进入第二阶段，又通过了当地政府的评估，得到 300 万政府无偿扶持资金，"在企业发展的不同阶段，有不同的扶持手段，并为我们跟风投牵线"[2]。

此外，因为中小微型科技企业的启动资金多为 20 万 ~ 40 万元人民币，但这笔钱并非多数"海归"能拿得出，这就需要融资。但是，"广州科技投融资市场存在发育不良，资本与项目难以对接，创业（风险）投资量少且又条件苛刻，银行贷款需要抵押、担保，影响到融资发展强度等等"，这是广州"海归"企业普遍面临的问题。[3]

企业所得税和个税返还比例的多寡对于海归企业的生存和发展而言关系重大。在不违反《中华人民共和国企业所得税法实施条例》和《中华人民共和国个人所得税法修正案》等相关法律的情况下，变通相关政策，已经成为各省市的共识。

江苏省政府于 2011 年出台《江苏省海外高层次人才居住证制度暂行办法实施细则》的通知申明：实行海外高层次人才居住证制度，为申请并获得"居住证"的人才提供就业创业、居留和出入境、专项资金申报、子女入学、个税奖励等 14 项优惠待遇和便利服务。其中，个税奖励按照持证人上年度在当地税务部门所缴工薪收入个人所得税额的 40% 实行奖励，奖励资金可用于购买或租赁汽车、自住住房、办公用房、参加专业领域培训等支出。2013 年 11 月苏州、无锡等各市又以《关于落实〈江苏省海外高层次人才居住证〉个

① 蒋隽：《广州为何留不住归国人才》，《信息时报》，2013 年 12 月 20 日。
② 蒋隽：《广州为何留不住归国人才》，《信息时报》，2013 年 12 月 20 日。
③ 陶达嫔：《"海归"创业，在穗这些年》，《南方日报》，2014 年 8 月 8 日。

人所得税奖励政策的实施细则》为名，进一步规定：2014 年持有"江苏省海外高层次人才居住证"主证的人才可申报个人所得税奖励（2013 年 1 月 1 日—12 月 31 日），单人累计奖励总额最高为 30 万元。

江苏省对海外高层次人才的个税奖励政策具有不可轻视的吸引力。2013 年和 2014 年广东"两会"期间，海归企业代表、省政协委员、广东美涂士建材股份有限公司董事长周伟建都谈到个税奖励的问题。2014 年广东"两会"期间，他提出的第一个提案的主题为"减轻企业沉重的税费负担，提高企业主投资实体产业的积极性"。相关信息显示，江苏比广东更重视知名品牌。获得驰名商标称号的企业，在江苏奖励 100 万元，而广东则只有 30 万元。对于企业在江苏缴交的税收，当地也有返还政策支持。广东企业缴交的 1 亿元税收，去到江苏只需交几千万元，同时还有 100 多万元的税金返还。①

为此，广东省可效仿江苏等省，设立科技企业专项基金，扶持和奖励创业期的海归高新科技企业，并向上提议国务院适时修订补充相关税法，为"人才特区"下放海归高新科技企业所得税和海归高层次人才个税返还比例的审批权限，并督请相关部门惩处税收返还等方面的违规行为，以维护法律的权威。

（3）建立合理的科技资源分配政策和科学的学术科研评价考核制度，使广东省的科研人员有坐"冷板凳"的可能。

科研要出大的成果，就要能够坐"冷板凳"，这是常识也是共识。事实上，绝大多数专业人才不是不愿意坐"冷板凳"，而是现行的学术科研评估考核制度，迫使人们追求急功近利的"短平快"科研项目和科研成果。一年一小考核，三年一大考核，只要坐三年的"冷板凳"，不仅仅是生活水准（绩效工资）的下降，更严重的是职称岗位的下降甚至转岗。此外，由于中国缺乏长期稳定的科学和技术政策，缺乏科学合理的科技资源分配政策，特别是由于两个"短周期"的冲击，使得科研工作者产生"不稳定"疑虑，难以静心坐"冷板凳"。

中国顶尖级人才数量流失率世界第一着实令人尴尬——任何国家如果没有足够的一流人才的支撑，绝不可能成为一流强国。高层次人才一般有三个明显的心理特征："一是有较强的成就意识；二是有较强的主体意识，对工作环境的要求较高；三是有较强的价值意识。这三种意识表现为对事业、感情、待遇的追求。"② 对于中国人来说，"中国在 13 亿人口当中选人才，美国是在全球 70 亿人口当中选人才"。要实现"中国梦"，我们应该做到"平台引才、文化引才、机制引才"与"事业留人、感情留人、适当待遇留人"有机结合，把吸引高层次人才的目光放大到全球，提高中国对高端人才的吸引力。要建立合理的科技资源分配政策和科学的学术科研评价考核制度，使广东省的科研人员有坐"冷板凳"的可能。

（4）加强广东省在海归人才"逆向文化休克"现象方面的学术研究，应将对广东省海归高层次人才进行个人心理疏导与改善社会环境和净化学术科研环境并举。

有研究证明，"海归人才由于出国留学、工作的缘故，已适应异国的行为模式。回国后由于价值观念的冲突、生活习惯的改变、人际关系的疏离等方面，不可避免地与国内的

---

① 陈杨：《广东如何甩"追兵"》，《新快报》，2013 年 1 月 27 日。
② 杜长征：《如何抓住顶尖人才的心》，《中国博士后》2014 年第 1 期。

主流行为模式产生冲突"，出现"水土不服"的现象，即"逆向文化休克"。① 随着大量中国留学生的归国，海归"逆向文化休克"现象开始引起各方面的关注。

海归人才的"逆向文化休克"现象是个普遍现象，现在中国已有 82 万海归，他们心理健康应该引起国家相关部门的高度重视，它是事关国家人才发展战略是否可持续发展的重要所在。因此，有必要加强海归人才的"逆向文化休克"方面的学术研究、心理干预及相关的社会环境、学术科研环境的净化工作。作为海外引才的用人单位应该做好相关的预防准备工作，对海归人才可能出现的"逆向文化休克"现象，在心理层面做到前期提醒、中期疏导、后期治疗：入职前如实告知所聘条件、所聘单位人员的状况；岗前培训，强化心理免疫；入职期间，发挥职能，及时干预疏导不良情绪。作为国家层面要加大社会环境，尤其是国家教育体制、学术制度改革的深度，改变"劣币逐良币"的教育和学术环境、改善科研和社会风气，因为单凭"厚禄"无法真正留住高层次海归的心，高层次海归人才中"海鸥"群体的壮大，也从侧面证明了这一点。

其实，"引进高端人才的目的不只是加强研究实力，更需要他们与国内科技人员共同努力改善科研和人才培养的环境"②。在这一点上，汕头大学海归外籍执行校长顾佩华在教育部、李嘉诚基金会和汕头大学的支持下，就做了很好的示范。面对人们所诟病的中国大学"新四化"——"学术行政化、大学官僚化、校园衙门化、学者奴才化"，顾佩华从 2005 年 10 月加盟汕头大学开始，进行教学、教育模式等的一系列改革，而 2007 年实施的教师年薪制改革，更是汕头大学重建教师评价体系，重塑教师尊严的重要举措。

以广东某高校为例，该校共引进 14 位"千人计划"人才，到岗 11 位，即有 3 人未到岗。据电话访问与电邮得知，该校个别"千人计划"人才不到岗的重要原因就是"文化差异"，感觉只有用人的学院领导是真心实意待人，而学校领导和中层干部只是将自己当做政绩工程的一分子，想获得的只是专利和国外科技核心期刊论文。因此，他们离岗到外省"文化差异"小的外企工作，同时在外省的高校担任兼职教授。可见，广东省要真正解决海归人才"逆向文化休克"问题，先要改变用人单位的人才观，以及对引进海归高端人才的考核标准要按照类别加以区分，不能单纯以论文作为创业、创新型的海归高端人才的考核标准。

国家引进海外人才回国创新创业的同时，也希望他们带来先进的理念和方法，做中国特色教育、科技、人才体制机制的改革者和建设者。对于真正做学问的海归高层次人才来说，他们所看重的、依靠的是自身的实力，而不是关系和人情。海归"最怕处理关系网"所折射的是中国社会各种体制的弊端和缺陷。因此，要真正化解"逆向文化休克"现象，还要从源头抓起：加强广东省在海归人才"逆向文化休克"现象方面的学术研究，应将对广东省海归高层次人才进行个人心理疏导与改善社会环境和净化学术科研环境并举。因此，提倡海归"入乡随俗"是要有前提的，看这个"俗"是良俗还是陋俗。如果是前者，自应"顺而随之"；如果是后者，就该"拒而改之"，不能一概而论。③

（5）广东省要加大引进海外高层次人文社科文化艺术领域、经济金融管理领域人才的

---

① 周一海：《海归回国遭遇的二次"水土不服"》，《华人时刊》2012 年第 7 期。

② 李新玲：《李国杰：引进高端人才不能搞"钓鱼工程"》，《中国青年报》，2012 年 2 月 5 日。

③ 柏木钉：《海归需要入乡随俗吗》，《人民日报》，2014 年 6 月 13 日。

力度，为广东的金融创新、科技创新、文化创新提供人才保证。

国家文化软实力是综合国力竞争的重要因素，也是经济社会发展的重要支撑，更是国家安全的重要保障。然而，改革开放三十多年来，中国经济的崛起世界公认，但国家文化软实力和国际影响力与中国国际地位还不相符，"西强我弱"的国际文化和舆论格局仍未根本扭转。因此，提升国家文化软实力是我国提高国际影响力、塑造良好国际形象、营造和平发展国际环境的必然要求。在全球化的今天，互联网的普及和使用打破了国与国之间的信息壁垒，也打破了时空的阻隔，这对于中国国家形象的塑造与文化软实力的输出来说，无疑是一把双刃剑。从国家文化软实力的角度来看，地方文化产业的兴衰已经不仅仅是经济问题，也是政治问题。

广东省，传统认知中的"文化沙漠"之地，其文化产业占全国文化产业的比重居然超过 1/4，且连续 9 年位居各省、直辖市、自治区首位。"在文化创意、动漫游戏、数字出版、网络音乐、数字娱乐等新兴文化产业领域，广东均领先全国"。广东省文化产业取得的骄人成绩，与广东对于重大文化项目、产业园区、重点企业项目给予资助或奖励固然有着密切的关系。诚然，"广东成为中国文化产业产值最大的区域"的原因不是单一的，而是多种因素合力的结果，即"胜在资本与科技的助力，以及开放包容的社会文化"。[①] 广东的动漫制作具有很强的实力，也制作了不少在国内外具有影响力的作品。广东原创动力开发的动画片《喜羊羊与灰太狼之牛气冲天》，以 500 万元的投入创下了 9 000 万元的票房奇迹，而在当初的开发资金中，就有 400 万来自各级政府的奖励资金。毋庸讳言，由于广东缺乏顶尖的、高素质的人文社科文化艺术人才，直接影响到广东文化作品的品位及品质的提升。

由深圳华强数字动漫有限公司出品的动漫《熊出没》，以及广东原创动力文化传播有限公司出品的"创系列"电视动画片《喜羊羊与灰太狼》，都是"走出去"的优秀国产动漫。然而，这两部动漫作品却都在不同程度上出现暴力失度、语言不文明、含有会被未成年人效仿危险情节等问题，大大削弱了这些作品的文化影响力。正是包括这两部动漫作品在内出现的一系列问题，直接暴露了广东省在文化产业方面的弱点。这就是广东省在文化产业制作方面技术人才培养和储备已有较大进步的前提下，因缺乏具有人文素养的高层次文化创意人才，导致作品出现渲染暴力和粗俗、脏话连篇的品质问题。由此，广东省引进海外高端文化艺术人才显得既重要又必要。

对于广东省而言，不仅缺乏海外高端文化艺术人才，更缺乏海外高端科技金融人才。成立于 2000 年的广东省粤科风险投资集团有限公司，是广东省首家专业投资科技型中小企业的创投公司，也是中国最早创立的省级创投公司之一，然而却未被列入"中国境内十大风险投资公司"名录中，说明广东缺乏风险投资的高端管理人才。此外，广东评估机构缺乏对无形资产进行评估的高端人才，广东银行缺乏具有知识产权质押贷款等新型贷款业务能力的高端人才。一句话，广东省缺乏会运用现代金融手段进行管理的高端科技金融人才。广东引进科技经济金融管理领域的海外高层次人才的必要性在于：一是提高现有省市风投和银行机构的管理水平和服务质量；二是建立更多有资质、具有国际视野的本地风投企业；三是充分利用广东民间资本，增加高新科技企业的融资渠道。

---

① 罗天昊：《广东文化产业何以远超江苏、独步天下》，《南方都市报》，2013 年 11 月 6 日。

综上所述，广东省应该加大加快引进人文社科文化艺术领域和经济金融管理领域的海外高层次人才的力度，具体来说，需要引进"人文社科、文艺创作、文化创意和文化产业经营管理、现代传媒、网络新技术等专业的领军人才以及经济金融管理、风险投资、国际商贸（包括国际商法、经济学、知识产权保护）等专业高端人才"，为广东的金融创新、科技创新和文化创新提供人才保证。

自 2008 年以来，史无前例的"出国留学大潮"与"海归大潮"的"双潮"齐头并进态势仍在持续。伴随着国家"千人计划"的实施，"海鸥"群体日趋壮大，中国已进入"智力回流期"。鉴于广东省在引进海归高层次人才方面的劣势，除上述建议对策外，想要从根本上解决广东省在海外高端人才聚集上的短板，莫如退而求其次，扩大海外高端人才聚集的底层与外围的力量，再反过来支撑聚集塔尖的力量。在继续积极争取引进"千人计划"当中顶尖人才与创新团队项目、创新人才长期项目、创业人才项目、创新人才短期项目人才的同时，加大引进"青年千人计划"人才项目、"外专千人计划"人才项目人才的力度。这也不失为切实可行并有明显实效的良策。

课题负责人：王晓莺，广州大学人文学院副教授

侨务引智促进广东经济转型升级

华侨华人素有"人才库"的美誉。据统计，全球数千万华侨华人中，专业人士约165万名，仅美国就云集近45万名的华侨华人专业人士。其中3万余人被公认为世界一流的科学家、工程师和教授，占全美一流科技人才的1/4以上。他们富有创新意识与活力、深具国际化视野与素质、掌握前沿科学技术和管理经验，又熟悉国内科研状况，是支援中国发展的一股不容忽视的力量。

广东为侨务大省，侨务资源十分丰富。改革开放以来，广东经济社会发展取得的巨大成就，得益于广大海外侨胞的积极参与。目前广东正处在加快转变经济发展方式的关键阶段，需要积极引进人才、技术和外来资金，促进自主创新，推动产业转型升级。海外的数百万华侨华人专业人士，是广东加快转型升级和开拓国际市场必须倚重的重要力量。

目前，广东省以及全国各省市纷纷加大海外引才力度，出台一系列优惠政策。如广东制订实施"海外人才为粤服务计划"，强调广州高新区、珠海高新区作为国侨办引智引资重点联系单位的作用，充分发挥"留交会"、"高交会"等平台的聚才效应，积极配合创新团队和领军人才的引进，同时狠抓侨务引智落地率、成功率。但客观而言，海外人才在出入境、医疗、社保、子女教育、购房、驾照等问题上仍有诸多困难和不便，使他们对回国心存顾虑。海外人才回国创业也困难重重，据国侨办委托清华大学华商研究中心所做的研究表明，中国海归创业目前面临四大难题：创业园存在结构性缺陷，令不少创业园的实际效率低下；海归创业融资难；有关政策"重创新轻创业"；创业资金分配过散的"撒胡椒面模式"。

一、海外华侨华人专业人士概况

（一）海外华侨华人专业人士概述

我国实施对外开放以来，截至2010年已输出了162万的留学生以及更多移民离开的新华侨华人（有研究者估计改革开放后移居海外的新华侨华人已超过600万人①）。截至2009年，获得自然科学领域诺贝尔奖的华裔科学家也已达到8人。在全球高端人才最为集中的美国，大约三分之一具有博士学位的科学家和工程师在外国出生，而这些外国出生者中大约21%来自中国大陆。大批掌握一定技术、财富或取得一定社会地位的华裔专业人士，促进了东西方之间政治、商业、科技、文化等方面的交流合作，对于我国引进外资、外商、外才和本土企业的"走出去"与"国际化"，以及日渐重视的创新型国家建设、经

---

① 中国新闻社2009年初发布的《2008年世界华商发展报告》。

济转型升级，具有特别重要的意义。

华侨华人专业人士数量的迅速增长，主要有两个原因：一是海外老华侨华人与新生代华侨华人受教育程度的日益提高，日渐融入当地主流社会；二是大批来自中国大陆、香港、台湾的留学生以及经济、技术移民，他们大多受过高等教育，基本上是专业人士，他们重构了华侨华人的形象。"三师"（工程师、医师、会计师）、"三家"（科学家、企业家、发明家）逐渐成为海外华侨华人专业人士的职业特征，这与老一代华侨华人的"三刀"（菜刀、剪刀、剃刀）形象形成了鲜明对比。

（二）海外华侨华人专业人士分布现状

从全球范围来看，海外华侨华人专业人士的分布与全球各国经济发展的程度、产业结构的状况息息相关。这是因为，优秀的大学是培养专业人士的摇篮；经济的发展与产业的分布，以及各国科技园、科研教育机构的情况，这些条件决定了专业人士获得专业发展的平台与空间，是专业人士聚集的决定性因素。另外，我国的国际交往、对外投资以及企业的"走出去"也对海外专业人士的发展有一定的影响。

目前，在经济较发达的欧美地区以及日本、澳大利亚等发达国家，海外华侨华人专业人士发展相对较好，且人数多，涉及的领域广，尤其是在金融、计算机、环保卫生、生物医药等高新产业，从业人员众多。而在经济发展相对滞后的地区，海外华侨华人专业人士数量较少，从事行业较单一。在经济落后的非洲地区，因为各方面的原因，海外华侨华人专业人士的数量更少。就留学人员本身分布来说，也是如此。根据教育部公布的数据，截至 2005 年，我国在外留学人员只有 0.5% 在非洲。

表1　我国在外留学人员的地域分布比例

地区	占留学人员总数的比例
美洲	32.1%
欧洲	27.9%
亚洲	25.3%
大洋洲	14.2%
非洲	0.5%

数据来源：教育部留学服务中心。

从海外华侨华人专业人士于所在国分布的具体地区来看，又与所在国的产业、大学、科技园的分布以及所在国政府产业发展战略密切相关。例如在美国从事与 IT 产业技术有关的海外华侨华人专业人士，就大部分集中在美国的高科技中心硅谷。而在美国从事有关生物医药的华侨华人专业人士，则大多集中在以华盛顿为中心的"东区走廊"以及附近的马里兰州。

从海外华侨华人专业人士的发展趋势来看，海外华侨华人专业人士的发展相对于全球产业转移以及经济发展有一定的滞后性，因此，目前印度、巴西、阿联酋等更多新兴经济体中华侨华人专业人士并不多，但这些国家经济发展迅速，日渐成为我国重要的对外经贸国，预计将会是未来海外华侨华人专业人士数量的重要增长区域。

1. 美洲华侨华人专业人士概况

美洲的华侨华人专业人士主要集中在美国和加拿大两个国家。其中，美国是集中了最大多数海外华裔高端人才的国家。截至 2009 年，8 名获得自然科学领域诺贝尔奖的华裔学者，除台湾的李远哲已经放弃美国籍之外，其他全部还都保留有美国籍。另外，美国还有很多活跃于政治、经济、科技、教育领域的著名华裔高端专业人士，例如国家科学院与工程院有超过 100 名的华裔院士，奥巴马政府里有两位华裔内阁成员：刚卸任的美国驻华大使骆家辉和能源部长朱棣文。在企业界，近二十年硅谷创建的高科技企业当中平均每十家就接近有一家有华裔创始人。

大多数海外华裔高端人才之所以集中美国，美国领先世界的经济、教育、科技水平是最重要的原因。美国培养、吸引、聚集了全世界最多的高端顶尖人才，能够为专业人士的发展提供良好的硬软件环境，其接纳留学、移民的战略也是首先为国际人才竞争服务。同时，我国又是其主要的移民输出国，例如 2008 年获得美国绿卡的中国人，占美国批准绿卡总数的 7.3%，位居第二。尽管美国人口普查局 2007 年进行社区调查发现全美大约有354 万华人，但美国本土出生者只有 131 万，大部分都是通过留学、经济、技术渠道来到美国的华侨华人专业人士。

例如，在美华人接受本科及以上高等教育的人口比例超过 51%（全美平均为 27%）。从职业分布来看，52% 的华裔从事管理及其他专业性工作（全美平均为 34.1%）。① 在商业领域，截至 2002 年，300 多万的华人一共创建了大约 28.6 万家华裔企业。② 台湾"侨委会"进行过一次统计，截至 2000 年，在美中国台湾籍侨胞有 52.9 万人，其中第一代移民占 65%。在第一代移民当中，留学移民占 41.3%，经济技术移民占 30%。70% 台胞拥有大专以上学历，34% 的人是硕士或博士，拥有大学及以上学历的旅美台胞，工作基本集中在专业技术岗位或管理岗位。就地区分布来说，美国华侨华人专业人士群体主要集中在美西加州的硅谷地区、美东的大华府地区（弗吉尼亚州、马里兰州）、纽约地区（新泽西州、宾夕法尼亚州）及美南的休斯敦地区。此外，西雅图、洛杉矶、波士顿、芝加哥等地，也是华侨华人专业人士分布较多的地区。

美国华裔专业人士的分布与经济产业的分布、大学与科研机构的分布、政府投资等呈现一致性。例如美国信息科技产业中心硅谷，主要是信息科技产业发达，同时有大量华人在此创业或担任技术管理人员。在硅谷 2005 年度根据营业额评选出的 150 大上市公司中，就有 18 家华裔企业；同时，硅谷高科技公司的技术主管和实验室主任有相当比例是华人。而在大华府地区，华盛顿作为美国首府，其周围包括从波士顿的"基因城"到北卡罗来纳州一线，聚集了美国大量高等院校和科研院所，美国国立卫生研究院（NIH）也在这里投入了大量科研经费，周围有上千家生物医药公司。在美国最高医学研究机构——国立卫生研究院（NIH）的 10 000 余名研究人员中，华裔专业人士占了 10%，有 1 000 多人。附近的马里兰州也是美国生物技术、生命科学的核心地带。所以，以华盛顿为中心的"东区走廊"形成了密集的生物科研产业集群，这里是全球生物医药创新最为活跃、产业化程度最

---

① 美国人口普查局 2008 年公布的《2007 年美国社区调查》。
② 美国国家统计局 2006 年 8 月发布的《企业主状况调查》。

高的区域，同样也是有关生物、医药的华侨华人专业人士的密集区。在纽约及其附近地区，华尔街是全球金融中心。美国金融领域的华人专家大部分集中于此。

与美国类似，加拿大大约四分之一人口是外国移民，华人则是主要移民来源之一。例如仅仅多伦多一个城市，华人就超过 50 万，各类华人社团达四五百个。相当部分的移民都是通过留学、技术移民、投资移民等渠道来到加拿大的。

2. 欧洲华侨华人专业社团

在欧洲 44 个国家，华侨华人总数超过 100 万，人数虽不多，但专业人士比例比较高。因为欧洲国家小、人口少，单独每个国家的华侨华人数量都不多。需要指出的是，相对于其他地区，欧洲华侨华人的经济实力尚不能与北美相比，也不如东南亚一些华人集中的国家，大型的企业集团及财团尚未出现，近几年不可能大规模到我国内地投资。但是，欧洲的华侨华人专业人士大部分是中国出生的新移民或留学生，他们不但拥有专业背景，不少成员也是拥有科技和经济管理方面经验的人才，而且回国发展的热情非常高，非常注重与国内的联系，也期望政府相关部门加强与他们的沟通、联系。

3. 亚洲华侨华人专业社团

目前，亚洲各国特别是东南亚居住的华侨华人，占据了全世界华侨华人总数的大部分，但限于东南亚经济与产业的发展水平，专业社团集聚的高层次专业人才的质量远远不及欧美。同时，由于当地华人基本是海外出生，不像欧美、日本集中大量中国出生的新华侨华人，因此，与我国保持紧密联系的海外华侨华人专业人士并不多。例如马来西亚尽管有几千个华人社团，但在国内有影响力的专业社团屈指可数。

相对来说，日本、韩国的华侨华人专业人士发展情况更类似于欧美。尽管日韩华侨华人总数更少，但大多是改革开放后通过留学、移民而去的新华侨华人，专业人士比例相当高，并且与国内保持着各种密切的联系。例如目前日本每年所接受的外国留学生 6 成以上来自我国，2007 年在日本大约 11 万留学生中有 7.3 万人来自中国。华人在 2009 年已超过朝鲜族（包括朝鲜人和韩国人）成为日本最大的外国人群体，总人数大约为 60.7 万人。

4. 大洋洲华侨华人专业社团

大洋洲的华侨华人专业人士主要集中在澳大利亚、新西兰。目前，澳大利亚有 56 万华侨华人和 13 个正式注册的华侨华人专业协会、学者团体，包括：澳大利亚昆士兰华人科学家与工程师协会、澳大利亚华人生物医学协会、南澳华人专业人士协会、堪培拉中华学社、西澳华人科学家协会、全澳华人专家学者联合会、澳大利亚华人科技协会、澳大利亚华人工程师协会、澳大利亚华人专业人士俱乐部、澳大利亚华人金融专家协会、澳大利亚堪培拉学生学者联谊会、澳大利亚堪培拉中华文化促进会等。

（三）海外华侨华人专业人士资源分析

就地区分布来说，专业人士分布与全球产业分布以及各国经济发展状况息息相关，大部分集中在发达国家以及新兴国家。概括地说，在发达国家的海外华侨华人群体有两大特征：一是相当高比例的人士具有本科及以上学历，并从事专业或管理方面的工作；二是超过一半是移民，来源包括世界各国，当然，我国（包括大陆、台湾、香港）是其最主要的输送国。

美国是聚集海外华裔高端人才最多的国家，也是我国流失的高端人才的第一接纳国。截至 2009 年，已有 8 名华裔获得自然科学领域的诺贝尔奖，获奖时全部是美国籍。美国国家科学院与工程院有超过 60 名的华裔院士，还有大批华裔科学家。在政界，奥巴马政府已有两位华裔内阁成员：原美国驻华大使骆家辉和能源部长朱棣文，另外还有白宫内阁秘书卢沛宁、白宫公共联络主任陈远美、国安部法律总顾问方富宇、联邦众议员吴振伟等众多华裔政府高官。

另据美国"全国科学理事会"统计，美国本土目前有 220 万个外国出生的科学或工程学位获得者，其中 16%约 35.2 万人来自印度，只有 11%约 24.2 万人来自中国。但如果只统计外国出生的科学与工程博士，就有 22%来自中国大陆，4%来自中国台湾，来自印度的只有 14%。① 需要指出的是，美国全国大约 35%的科学与工程博士来自外国出生，这意味着华裔高端人才总数相当惊人。

表 2　美国外国出生的科学与工程博士的来源分布

中国大陆	22%
印度	14%
英国	6%
苏联地区	6%
加拿大	4%
中国台湾地区	4%
德国	4%
韩国	3%
伊朗	3%
日本	2%
其他地区	34%

数据来源：*Science and Engineering Indicators* 2006，National Science Foundation，Division of Science Resources Statistics（July 29，2006）。

在美国高科技产业中心的硅谷，华裔人才扮演了重要角色，80 年代华人参与创立的企业大约占硅谷企业的 9%，90 年代达到 13%。2005 年根据营业额评选出的硅谷 150 家上市公司，其中就有 18 家华裔企业。其中，华裔参与创建的北美著名高科技企业，有杨致远创建的全球最大网络公司雅虎，黄仁勋创建的全球最大显卡芯片厂 NVIDIA，孙大卫和杜纪川创立的全球最大内存模块制造企业金士顿。

这一趋势还在加强，美国是我国优秀留学生出国深造以及滞留发展的首选。2007 年，据美国研究生院理事会报告显示，被美国高校研究生院录取的中国留学生人数也居世界各国留学生之首。同时，大部分优秀毕业生都会选择留在美国工作。据国际经合组织的统

① *Science and Engineering Indicators* 2006，National Science Foundation，Division of Science Resources Statistics（July 29，2006）.

计，从 1990 至 1999 年，大约 47% 外国出生的博士毕业生最终会留在美国。其中科学和工程领域的留学生博士，中国大陆滞留比例为 87%，超过印度的 82%，中国台湾地区的 57%，韩国的 39%。[①]

进入 21 世纪，这一形势并没有得到彻底的改变，据美国《纽约时报》所引述权威数据显示：2002 年在美国获得科学和工程博士学位的外国留学生至 2009 年仍然滞留在美国的比例，所有国家在美的博士留学生中，来自中国大陆的滞留比例最高（92%），远高于第 2 名印度（81%）和第 3 名加拿大（55%），也远高于中国台湾（43%），以及韩国（41%）和日本（33%）。

多年来，我国大批留学人员进入了美国政治、经济、科技、教育各领域。一项针对 1997 年前中国理科与工科留学生在美国就业分布的调查显示，在美留学生不只是进入企业工作，进入美国的高等院校以及政府机构工作的比例也非常高。当然，不只是留学人员，还包括其他通过经济、技术渠道移民美国的新华侨华人，例如 2008 年，一共有 80 271 名中国人获得美国绿卡，占美国批准绿卡总数的 7.3%，在所有国家中居于第二位。

表3　中国出生的具有理科与工科学位（载至 1997 年）留学生在美国就业分布

	人　数				百分比（%）			
	全部	学士	硕士	博士	全部	学士	硕士	博士
总数	103 600	36 300	38 100	29 200	100	100	100	100
4 年制专科学院与大学	17 600	2 100	5 000	10 500	16.9	6	13	36
企业/工业	69 800	26 800	28 200	14 800	67.4	74	74	51
政府机构	8 800	4 100	2 800	1 900	8.5	11	7	6
非营利机构	3 900	1 300	1 400	1 200	3.8	4	4	4
其他教育机构	1 000	400	100	500	1	1	0	2.4
自己开业	2 500	1 600	600	300	2	4	2	1

资料来源：美国国家科学基金会科学资源研究部（NSF/SRS），"对打算留在美国的外籍理科与工科博士获得者的统计调查"，NSF99 – 304（Arlington, VA, 1998）；"1996 年授予的理科与工科博士"，NSF97 – 329（Arlington, VA, 1998）。

由此，海外华侨华人所拥有的资源，无论是技术资源、资金资源还是智力资源都为全球罕见。未来，随着全球经济一体化，我国要加快转变经济增长方式，充分发挥海外华侨华人专业人士的作用，将是我国侨务工作的重要任务。

---

① 经合组织：《高技术人才的国际流动》，经合组织政策概要，2002 年。

二、政府引智政策分析

（一）世界各国侨务引智政策概述

进入 21 世纪，随着全球经济的高速发展和全球人才的快速流动，许多国家对人口的界定不再是局限于有形的边界内的人口，而是扩展到全球视角下的移民和分布在世界各地的侨民。世界各国将侨民看作本国宝贵的财富，侨民政策灵活多样化，延伸到社会、文化、政治、教育和金融等许多领域。具体而言，有以下特征：

1. 促进侨务部门与政府相关部门间的协调与合作，提高为侨民服务的效率

在经济全球化的浪潮下，各国政府意识到海外侨民丰富的人力资源和金融资源，纷纷建立专门的侨民事务部，加强领导，整合相关部门资源，提高为侨民服务的效率。如葡萄牙、黎巴嫩、马里等国将其外交部更名为"外交与侨民部"；墨西哥总统府设立"海外墨西哥人办公室"；菲律宾副总统出任"海外菲律宾人委员会"主席；波兰由外交、教育、文化、财政、内政 5 个部和总理办公室合作组成"侨民与海外少数民族事务委员会"。1997 年韩国建立了名为"海外韩国基金会"的非营利组织，该基金会隶属于韩国对外事务和贸易部，其宗旨是"发挥海外侨民力量，推动韩国成为世界一流强国"。[1] 它的主要任务是帮助海外侨民保持韩国人身份认同，保护他们在移民国的权益和社会地位，从而团结全球韩国人。智利政府成立了一个由 12 个负责不同领域的部门组成的侨民事务委员会，负责了解近 100 万海外智利人的需求，解决他们在海外发展中遇到的困难。葡萄牙、希腊、波兰、塞浦路斯、圣马力诺、土耳其等国议会则成立专门委员会作为涉侨事务咨询机构。

2. 设立各种有利政策，推动侨民人才、资本和技术的回流

越来越多的政府认识到侨民政策的重要性，广大侨民即使不回祖籍国定居也可以促进祖籍国的经济和社会的发展，一些国家通过适当的侨民政策可以将人才流失转换为人才回流，并带动相应的资本和技术的全面回流。为侨民提供方便的医疗和教育服务，同时给予他们其他优惠政策，例如，免除商品进口税，对于侨汇收入免征税，可以和本国公民一样购买资产和获得工作，同时为海外侨民在祖籍国创业提供一站式服务。一些国家通过灵活的居住和签证政策以方便侨民的自由流动，通过减免投资税收，便捷完善的养老保险、医疗保险和社会保险等方式鼓励海外侨民回国创业。例如，2007 年，俄罗斯政府推出了《关于协助居住在国外的俄罗斯同胞自愿返回俄罗斯的措施》，实行一系列的优惠条件，承诺给予那些自愿从他国返回的俄罗斯侨民及其后代最大程度的帮助和支持；向回国的俄侨投资的中小型企业实行优惠的税收政策，甚至给予其 3~5 年的"免税期"。[2]

3. 加强文化纽带建设，增强海外侨民的母国认同感

为了加强海外侨民与本国的文化联系，争取海外侨民对本国的认同，一些海外侨民较

---

① http：//www. join the leaders. com/post/Overseas - Korean - Foundation. aspx.

② Ludmila Shiryaeva：Tax and Immigration Law Changes for Investors, *Association of European Businesses*, 2012.

多的国家纷纷打起"亲情"牌，积极通过各种方式增强侨民与本国的感情，为他们回国服务"提前奠定基础"。其中以侨民大国印度、墨西哥和以色列最为显著。

2003 年，印度将每年 1 月 9 日定为"海外印度人日"，召开全球印度人代表大会，表彰有特殊贡献的海外印度人，并举办学术研讨会、商品交易会、投资促进会和电影节等活动。第 3 届"海外印度人日"活动虽遭遇海啸，但仍有 61 个国家的近 2 000 名印度移民代表参加，印度总统、总理也到会发表重要讲话。从 2007 年起，为满足各地不能亲自前往印度参加节庆盛会的海外印度人的要求，该部又陆续在印度侨民比较集中的地区举办小型的区域性的海外印度人日活动（mini PBD）。目前已举办过小型印度人日活动的有美国、新加坡、荷兰和南非。主办方均与当地印度人社团合作，邀请当地政府首脑参加，在团结海外印度人的同时，力图进一步扩大印度在当地的影响。

1988 年，菲律宾设立"菲侨月"；2000 年，黎巴嫩和波兰分别设立"世界黎巴嫩侨民日"和"波兰侨民日"。

表4   部分国家设立的"侨民月"或"侨民日"

国家	项目名称	时间
菲律宾	菲侨月	每年 12 月
黎巴嫩	世界黎巴嫩侨民日	每年 4 月的第 2 个周末
波兰	波兰侨民日	每年 5 月 2 日
印度	海外印度人日	每年 1 月 9 日

2000 年，以色列政府与欧美犹太人慈善家和犹太社团合作推出"寻根问祖"计划，为散居世界各地的 18 至 26 岁犹太裔青年提供来以色列"寻根问祖"的机会，激发他们回国效力的热情。通过在以色列境内参观历史古迹，追寻犹太民族的文化遗迹，以唤起犹太青年对本民族的认同感，从而加强他们相互之间的沟通和对以色列的了解。2001 年，以色列实施了著名的"Taglit – Birthright Israel program"，从这个项目实施到现在一共有来自 52 个国家的 26 万名年轻以色列侨民参与了这一项目。

从 2006 年起，海外印度人事务部与联邦政府联合主办"认知印度"活动，到 2010 年底已组织了 16 批次。该部还设立"认知印度网站"，加强与海外印度人子弟的联系。

4. 灵活国籍政策，为海外侨民提供"国民待遇"

部分侨民国家采取灵活的国籍政策，使海外侨民时刻保留"报效"母国的权利，为其"归根"服务提供便捷通道。如在美国，允许公民加入世界任何国家国籍，但是不能随意放弃美国国籍，也不会因为公民同时拥有外国籍以及担任外国公职而剥夺其本土公民身份。

1999 年印度开始针对拥有外国国籍的印度血统的人（Person of Indian Origin，PIO）发放印度裔卡；2005 年 1 月，在印度的海外印度人日活动上，时任总理辛格宣布除了巴基斯坦和孟加拉外，印度政府将授予世界各地的印度人"海外印度人公民身份"（Overseas Citizenship of India，OCI），该身份持有者可以在经济和教育上享受印度居民和侨民的一些权利，可从事多种职业，可在境内认领儿童，免费进入国家公园、自然保护区、历史古迹、博物馆、国家文物单位以及机场等。① 在功能上，与印度裔卡（PIO）不同的是，印度海外公民证（OCI）并不适用于申请人的配偶。印度海外公民身份是终身享有的，而且在印度居住五年后，有机会申请印度国籍。② "印度裔卡"（PIO）计划和"印度海外公民证"（OCI）计划，作为国家人才政策的重要内容，能够很好地吸引海外印度人。

2011 年 1 月 1 日，韩国《国籍法修订案》正式生效。根据修订案，韩国有条件允许海外韩侨、结婚移民者、全球人才等人群持有双重国籍。③ 把海外侨民纳入本国国民中，为海外侨民回归韩国提供先决条件。

波兰政府引入了波兰裔卡，获得波兰裔卡的侨民在办理签证时免除工作签证或在波兰境内建立公司、留学、获得博士学位等对其他外国人的要求。

除了承认双重国籍，给予海外侨民国民待遇，发放祖裔卡（印度、波兰），给予准国民待遇外，还有的国家开始实行更高的待遇，如专门在国会、议院为海外侨民空留出来一部分席位，保持侨民在祖籍国的政治地位，从而增强他们对祖籍国的高度认同感、责任感。这方面以欧洲国家为代表。

表5　部分国家为海外侨民保留议院席位

国家	机构	席位数
法国	参议院	12
意大利	参议院	6
	众议院	12
克罗地亚	议会	12

5. 重视对海外侨民的调查研究，为政府决策提供科学依据

随着社会政治和经济环境的不断变化，侨民的组织成员和他们的需求都会发生很大的变化。现代的信息通信技术和现代交通工具，使居住在世界各地的侨民可以方便地进行沟通和交流，海外侨民在祖籍国和移民国之间的流动次数也在不断增加。同时互联网和现代社交网络可以使侨民与其他国家的亲人和朋友进行实时交流。这些新情况都会在一定程度上影响以往的侨民政策发挥出预定的效果。因此，国际上很多拥有侨民的国家都会定期考核对侨民的需求和政策的执行效果，从而更好地对侨民政策进行调整和修订。

2001 年以来，印度、孟加拉国、爱尔兰、澳大利亚先后完成调研报告，着重考察全球化加速时期海外侨民社会的变化，研究如何善待侨民的问题。这些调研报告资料翔实、观点明确，具有较强的科学性和权威性，成为有关国家政府决策的重要依据。

6. 重视海外侨民社交网络建设，发展新型侨民合作模式

政府大力开发侨民与政府、私人团体、协会组织和国际组织之间的新型合作形式，重

---

① Ministry of Overseas Indian Affairs, Annual Reports 2008 – 2012, http：//moia. gov. in/services. aspx? mainid = 17.

② Global Visas, http：//www. globalvisas. cn/% E5% 8D% B0% E5% BA% A6% E9% A6% 96% E9% A1% B5.

③ The Library of Congress：South Korea：Permanent Dual Nationality Allowed after 60 Years，http：//www. loc. gov/law-web/servlet/lloc_ news？disp3_ l205402187_ text.

视有形、无形社会网络建设，发挥新媒体在现代社会中的作用，通过推选海外侨民代表、定期举行侨民会议和侨民咨询会来保持与侨民的良好交流与沟通。这方面以爱尔兰为代表。

爱尔兰在海外有 7 000 万具有爱尔兰血统的人口，其中包括 310 万海外爱尔兰公民（护照持有者），80 万爱尔兰出生的移民。爱尔兰政府和这些海外人口一直保持着长时期的、富有成效的关系。目前爱尔兰政府致力于建设全球爱尔兰侨民网络（Global Irish 1 000 concept），通过 1 000 名居住在世界各地的爱尔兰侨民代表加强爱尔兰侨民与爱尔兰之间的联系，进而推动爱尔兰经济和社会的发展。爱尔兰充分利用爱尔兰侨民网络和海外社交网络，为其与所在国的经济和文化交流建立了沟通的渠道，大大促进了两国之间的人力资本、社会资本、智力资本、文化资本和金融资本的流动。

（二）我国侨务引智政策一览

2000 年 7 月，人事部印发了《关于鼓励海外高层次留学人才回国工作的意见》。2001 年 5 月，国家人事部、教育部、科技部等五部委又联合发出了《关于鼓励海外留学人员以多种形式为国服务的意见》，此文件为回国留学人员提供了兼职、合作研究、委托研究等 7 种为国服务方式，做出了"不求所在，但求所用"的判断。2006 年，人事部又出台了《留学人员回国工作"十一五"规划》；教育部公布了《高等学校学科创新引智基地管理办法》，实施引进国际人才的"111"计划；科技部也发布了《"十一五"国际科技合作实施纲要》。2007 年 2 月，国家又出台了《关于建立海外高层次留学人才回国工作绿色通道的意见》。2010 年，全国人才工作会议召开，政府出台了《国家中长期人才发展规划纲要（2010—2020）》，这是我国第一个中长期人才发展规划纲要，会议要求各级政府部门要把人才作为经济社会发展的第一资源摆在突出位置。

与国家宏观人才战略相配套，为鼓励海外人才回国或者为国服务，政府还推出并实施了许多人才计划，包括"海外青年学者归国访问计划"（1990 年）、"跨世纪优秀人才培养计划"（1991 年）、"国家杰出青年科学基金"（1994 年）、"百人计划"（1994 年）、"春晖计划"（1996 年）、"985 计划"（1998 年）以及"长江学者奖励计划"（1998 年）等，2003 年中国科协和 35 个海外科技团体还共同发起"海外智力为国服务行动计划"。2008 年 12 月 11 日，中央政府通过了海外高层次人才引进计划，即"千人计划"，要求各地区、各部门做好海外高层次人才引进工作。此外，2009 年，人力资源和社会保障部还推出了"海外赤子为国服务行动计划"和"中国留学人员回国创业启动支持计划"。中央与各部委加上各地方的人才引进计划，全国已初步形成了覆盖面广、针对性强、相互配套的政策支持体系。与此同时，还设立专项基金创办"留学人员创业园"，为留学归国人员提供用武之地。

关于海外高层次人才的认定，2005 年 3 月，国家人事部、教育部、科技部、财政部联合发文，确立了下述 8 项条件：

①在国际学术技术界享有一定声望，是某一领域的开拓人、奠基人或对某一领域的发展有过重大贡献的著名科学家；

②在国外著名高校、科研院所担任相当于副教授、副研究员及以上职务的专家、学者；

③在世界五百强企业中担任高级管理职务的经营管理专家，或在著名跨国公司、金融机构担任高级技术职务，在知名律师（会计、审计）事务所担任高级技术职务，熟悉相关领域业务和国际规则，有较丰富实践经验的管理人员或技术人员；

④在国外政府机构、政府间国际组织、著名非政府机构中担任中高层管理职务的专家、学者；

⑤学术造诣高深，对某一专业或领域的发展有过重大贡献，在国家著名的学术刊物发表过有影响的学术论文，或获得过有国际影响的学术奖励，其成果处于本行业或本领域学术前沿，为业内普遍认可的专家、学者；

⑥主持过国际大型科研或工程项目，有较丰富的科研、工程技术经验的专家、学者、技术人员；

⑦拥有重大技术发明、专利等自主知识产权或专有技术的专业技术人员；

⑧具有特殊专长并为国内急需的特殊人才。

2008年出台的"千人计划"，对于符合标准的高层次人才一般规定如下条件：

①在国外著名高校、科研院所担任相当于教授职务的专家学者；

②在国际知名企业和金融机构担任高级职务的专业技术人才和经营管理人才；

③拥有自主知识产权或掌握核心技术，具有海外自主创业经验，熟悉相关产业领域和国际规则的创业人才；

④国家急需紧缺的其他高层次创新创业人才。

同时，根据创新人才和创业人才的不同特点，以及不同事业平台的具体需求，对引进的人才还应要求有具体相应的标准。比如，创业人才应拥有自主知识产权和发明专利，且其技术成果应属于国际领先水平，能够填补国内空白、具有市场潜力并进行产业化生产；有海外创业经验或曾在国际知名企业担任中高层管理职位3年以上，熟悉相关领域和国际规则，有经营管理能力等。

（三）各地人才政策举例

1. 北京中关村园区的"天使投资"机制及产学研一体化机制

海归人才创业难，重点之一在于融资难。目前中国的风险投资已经日臻成熟，但是对于种子时期的企业进行投资的"天使投资"却有重大缺口。"天使投资"机制不够完善，主要原因在于中国关于"天使投资"的法令法规不完善，中国的"天使投资"尚未形成良好的产业链，"天使投资"人缺乏交流平台交换信息和整合资源，相应的风险投资公司没有很好地本土运作"天使投资"的模式和平台。北京中关村作为中国第一流的创业园区，在实现"天使投资"发展的本土化方面做出了较好的成绩，建立了"天使投资联盟"。其创业园区建立"天使投资"机制的经验，值得各省创业园区借鉴。

"天使投资联盟"联合了50名中国优秀企业家作为天使投资顾问，整合了诸如红木投资、红杉资本、联想投资等著名投资机构，并加入了一批中关村优秀的企业家、创业家作为智囊团和评审专家，以决定是否对该种子企业进行投资。在项目与资本对接后做好后期的跟踪服务和评估，并定期有成功企业家作为导师对种子企业创业者进行指导和评估。

同时，中关村园区整合了北京海淀区的高校资源，以更加强大的智力资源支撑本园区内的种子企业发展。中关村建立网上平台，将海淀区内的清华大学、北京大学等39所高校，以及以中国科学院为代表的各级各类的科研机构 213 家整合起来（其中包括国家工程中心 41 个，重点实验室 42 个，国家级企业技术中心 10 家），为园区内的企业搭建信息交流的平台，提供"寻找高校实验室"、"寻找专家"和"项目合作洽谈"等企业资源、技术资源、智力资源对接服务。

2. 无锡推行的可量化人才评分机制

江苏省无锡市 2011 年启动"无锡市领军人才创业者胜任素质模型测试"，以许多在无锡市成功进行科技创业的创业者为蓝本建模，开发出一套测评系统，以评估申请无锡市政府资助的海外高层次人才是否符合要求，或者对其提出一定的建议。无锡市希望通过国内首套科技创业者胜任素质评估系统，可以为无锡相关部门引进科技创业者，为设计科技创业者培训开发体系提供科学有效、翔实的量化依据，进一步优化无锡科技创新创业人才的引进方式。

3. 江苏人性化的绿卡、签证制度

2011 年 7 月，江苏省政府印发《江苏省海外高层次人才居住证制度暂行办法》，将身份证件功能与享受优惠政策有机结合，既解决海归人才在工作、生活中的市民待遇问题，又为他们创新创业提供诸多便利。规定今后凡到江苏工作、创业并具备相应条件的非江苏户籍海外（境外）已取得博士学位人员，均可到省或省辖市人力资源社会保障部门申领《江苏省海外高层次人才居住证》，最长有效期为 5 年，有效期满可以续办。持证人可以享受 14 项优惠政策待遇。根据《暂行办法》规定，获得国家"千人计划"和江苏省"双创计划"资助的海外高层次人才，可以按程序直接领取《居住证》。对经认定具有特殊专长并为江苏省急需紧缺的其他创新创业人才，可不受学历和在本省工作时间的限制。此外，持证人还可为随行配偶及其未成年子女申领《居住证》（副证），享受相应待遇。

4. 江苏立体的招才引智政策宣传

江苏无锡已经在日本、加拿大、法国、英国、德国等 5 个国家建立了海外人才工作站，主要工作为建立该国的华裔高级人才数据库且定期更新维护，并及时向无锡提供该国华裔人才信息情况；根据无锡最新人才讯息和刊物资料整理并制作成电子版杂志，每月向数据库内的人才发送电子刊物，介绍无锡市的最新信息；每年不定期在该国境内举办高级人才座谈会，推介无锡创业环境；保持与该国各类华人协会、大使馆与领事馆、高等学府、人才公司、主要留学人员团体等相关机构的联系，及时宣传介绍无锡市的人才政策与发展情况。在德国的海外人才工作站还与德国联邦劳动局外国专家事务局接洽，介绍德国专家和技术人员到无锡工作。无锡北塘已经在美国建立了 3 家海外人才工作站，惠山、江阴等地也建成了多家海外人才工作站。

据旧金山、纽约、多伦多等地中国使领馆的官员反映，长三角地区几乎每个月、甚至每个星期都有代表团来招商引智，频率非常高，媒体曝光率也较高，2011 年侨报（美国版）报道长三角的访问团达 22 次之多。而广东同期仅被报道 1 次。

5. 江苏直接组建项目与资本对接平台

江苏省从 2006 年开始实行"百名海外博士江苏行"计划。从美国、加拿大、日本等 5 个大洲 9 个国家邀请超过 100 名的拥有海外博士学位且已经创业或者拥有可以落地成长的自主项目的海外高层次人才到江苏进行考察访问，并做好现实的信息搜集、配对，与本地对接行业的对接单位实行交流洽谈和实地考察。2007 年参加"江苏行"的 125 名留日博士中，第二年就有 10 人在南通、无锡开始创业。2008 年 8 月，留日博士无锡创业基地正式成立，成立之初就有 5 家海外留学人员企业落户，8 个项目入选无锡"530 计划"。2009 年的"江苏行"后，正式确认开展合作项目 16 个。这其中，1 人入选国家"千人计划"，30 人入选江苏"双创人才"引进计划、无锡"530 计划"、泰州"凤城千人计划"等省、市人才资助项目，还有 20 人创办了高新技术企业。海外人才科技成果在江苏得到顺利转化，带动了更多的海内外各类高层次人才和团队加速向江苏流动。

（四）华人华侨专业人士为国服务所存在的问题分析

1. 对国内市场、科技水平、法律法规等情况缺乏了解

（1）缺乏对国内市场和科技发展水平的认识。长期生活在国外的这些华侨华人专业人士，他们对中国的认识还停留在过去。但是这些年中国的科技发展日新月异，尤其是在大批"千人计划"专家回国后，有些领域在国际上已达到世界领先地位。海外专业人士如果事先没有考察过国内的市场现状，直接拿着国外的专利技术回国创业发展，很有可能回来以后才发现其所掌握的技术在国内已普及或已公开。

（2）不熟悉国内的法律和政策。我国与国外成熟的市场经济和法制环境相比，还是有很大的差距。海外专业人士离开国家多年，对国内的法律法规及政策制度缺乏了解，加上国内许多行业规章制度不够完善，缺乏良性规则，往往使习惯于国际惯例的专业人士回国后一筹莫展、无所适从。

（3）国内人脉网络断裂，难以处理国内复杂的人际关系。在国外生活的华侨华人专业人士习惯了西方生活方式及理性思维方式，喜欢简单、直来直去的人际关系，回国以后在处理问题上往往较为理性化，也比较难以和害怕应对复杂的人情社会和人际关系。

2. 出入境程序较为复杂，不够便利

现有的华侨华人居留审批管理办法不能满足华侨华人探亲、旅游、访问、投资、工作等跨国流动的需求。于 2013 年 7 月 1 日起实施的新的《中华人民共和国出境入境管理法》对华侨出入境管理进行较大调整和改革：其一，改革了华侨回国定居审批制度；其二，明确了华侨在国内可以凭本人护照证明其身份。虽然相比 1986 年颁布的出入境管理法有很大进步，但是签证手续麻烦、行政审批烦琐，回国定居需要向侨务部门提出申请，华人回国还需要国内邀请函，和对待外国人没有区别。对于频繁出入境的专业人士而言，依旧不够便利，还限制了他们的自由流动。

3. 行政管理机制落后，服务配套不理想

（1）政府部门行政审批复杂，审批难。在加拿大从注册一家公司到开业平均所必经的审批只需要 2 天。而在中国，只有自贸区能到达同等水平，很多地方相关行政审批需要几个月之久，对于并非常住国内的华侨华人专业人士而言，这是非常漫长的等待。华侨华人回国创业因资金来源于境外，被定性为外资企业，在申办程序上要经过更严格的审批手续，经营上受到诸多限制。同时，现有的一些投资保护规定在操作中难以兑现，损害华侨华人投资权益的现象时有发生，涉案金额和案件的复杂程度呈上升趋势。

（2）优待配套政策不完善。尽管近些年部分海外高层次人才选择了回国，但有相当多

的海外高级人才选择了观望的态度，也有部分高层次人才选择再次回到海外。阻碍他们回国脚步的因素主要是政府对其家属安置政策和创业的环境政策不够完善，虽然对于高层次人才的资金支持、税收减免、家属安置、子女入学、车辆购置等做了规定，但相关的配套落实政策却没有跟上。

（3）涉及部门多，沟通渠道不畅。除了侨办、侨联等传统侨务工作部门外，人社部、商务部、国家税务总局等各系统部门都制定了针对海外高层次人才的优惠政策。然而这些部门之间并没有建立统一的管理系统，信息不能进行定期的沟通和更新，资源难以共享，部门之间有许多重复性工作，而华侨华人专业人士在国内遇到具体困难时，也不知道具体找哪一个部门可以真正解决问题。

4. 市场机制、法制环境等有待改善

根据调查结果，"市场机制不完善"和"法治不健全"是海外华侨华人专业人士认为阻碍其为国服务的主要因素。在问及"您认为我国在吸引海外华侨华人专业人才方面主要有哪些不足"时，40.7%的受访者反映，市场机制不完善和法治不健全是主要不足因素；33.3%的人认为"出入境手续复杂，制度不完善"是主要不足因素；分别有29.6%和25.9%的人认为"政策不完善，吸引力度不够"、"创业环境不理想"是主要不足因素。其他主要不足之处依次为："政治和文化环境不宽松"（18.5%）、"教育水平不高，不利于子女教育"（14.8%）、"生活成本高"（3.7%）、"知识产权保护不健全"（3.7%）等。

三、转型升级背景下的广东侨务引智政策建议

（一）广东正处于加快转型升级的战略调整期

广东经济能够持续30年飞速发展，一个关键动力是对外开放。这是所有后发工业化、现代化国家经济社会发展的必由之路。经过多年的发展，广东传统的来料加工、"三来一补"模式已发挥到了极致，难以再续。

广东的改革开放在外部有三个重要的支撑点：一是港澳台的产业梯度转移，二是庞大的欧美市场，三是香港和海外华侨华人在广东制造与海外市场之间的生产、流通链中发挥了极为重要的中间传递作用。广东的前店后厂格局不仅反映在粤港的产业关系上，也普遍反映在广东制造与海外华侨华人广泛的批发、零售商业网的关系上。海外华侨华人是广东制造和欧美市场之间不可或缺的"二传手"。经粗略估计，广东进入欧美、非洲市场的大部分商品，是通过海外华侨华人的一级、二级、三级批发以及终端零售实现的。他们在欧美国家产业、市场转型和广东加工制造业崛起中，发挥了极为重要的传动作用。可以说，没有海外华侨华人发挥这种"二传手"传动作用，广东改革开放30年的辉煌将大打折扣。

为大力推进产业转型升级，进行"腾笼换鸟"，广东以珠三角地区为重点，以先进产业转入促进传统产业转出，以增量引进带动存量调整，积极转移部分低附加值劳动密集型产业，加速产业结构转型升级。如广州市把产业转移和本市产业"退二进三"相结合，2009年推动市内61家企业向市外转移，搬迁"退二"企业73家，停产或关闭落后产能企业173家，为新一轮产业结构调整腾出了143.7万平方米发展用地空间，同时该市利用旧厂区发展创意产业园33个，每年实现产值约120亿元。佛山市加大招商引资力度，大

力抓好大项目、优质项目的引进，为防止企业转移后引起产业"空心化"，2009年引进超千万元投资项目726个，投资总额1 010.23亿元。其中亿元以上投资项目164个，投资总额828.29亿元。珠海市围绕发展"三高"产业，推进低端生产能力产业转移、淘汰，推动传统优势产业转型、升级，使劳动密集型产业比重进一步降低，与2008年同期相比下降约10个百分点。东莞市通过推进产业转移工作推动本地产业结构持续优化，2009年首次实现全市人均GDP增幅高于总的珠三角人均GDP增幅。

但必须看到，由于外部经济环境不理想及内部消费动力不足等原因，广东省经济转型升级还存在一些问题，如产业内部结构仍需进一步大力调整，消费和投资拉动力仍不够强劲，城乡区域发展仍不够协调，三次产业劳动力结构合理化程度仍较低等问题，有待在改革中进一步解决。

（二）广东侨务引智的优势分析

广东经济发展的优势是开放、特征是开放，转型升级依然依靠开放，在推动国际产业链和国际商务链的调整重构中实现广东自身经济发展的转型升级，在推动国际产业链和国际商务链的调整重构中实现广东自身经济发展的转型升级，完成自主的经济国际化。这其中需要解决两个关键性问题：一是技术创新，使经济发展的推动力从依靠初级生产要素向依靠高级生产要素转变，提高产业附加值，实现可持续发展；二是企业"走出去"，通过全球配置资源，在全球生产体系中占据产业链有利区位。而分布全球、为数众多的粤侨，则为广东提供了全球技术资源的支撑和海外商业网络的支持。

1. 为数众多的华侨华人商界专业人士是广东构建多元化国际市场布局和资源供给体系的强大助力

广东省是资源贫乏省份，同时又是全球制造业集聚地，因此，建立全球化资源配置供给体系和多元化国际市场体系，是广东经济持续发展的重要基础。粤籍华侨华人遍及全球，新生代逐渐在当地社会担当重要角色；非粤籍华侨华人也与广东经济利益关系日趋密切，成为广东加快转型升级、构建开放型经济体系的独特海外侨务资源重要组成部分。借助海外侨务资源优势，以欧美为重点，引进智力资源，开展技术合作；以东盟为重点，扩大产业合作，推动制造业投资、商品和资源贸易；以中东、非洲、中南美洲为重点，开拓资源保障基地，拓展产业链和商业圈。

2. 广大华侨华人专业人士是广东构建全球技术供给体系的重要依托

自主创新是实现经济发展方式转变的核心推动力，而自主创新的关键在人才。华裔人才是人才、技术资源薄弱的广东加快转型升级的重要智力资源。广东比以往任何时候都迫切需要强大的科技支撑，比以往任何时候都更需要跨区域、跨国界的科技资源配置整合，比以往任何时候都更需要兼具东西方两种文化背景、具有国际视野、掌握高端技术和先进管理经验、有报效祖国热情的华侨华人高端人才的支持。而恰恰在世界科技领域，华侨华人已迅速崛起，有超过100万的华侨华人专业人士分布在全球各地和各个科技领域，尤其在美国科技界十分引人注目。据估计，全美12万一流的科技人才中华人占1/4，华裔博士占全美博士的7%。加强与海外华侨华人高端人才的交流合作，为广东加快转型发展搭建全球的技术供给体系，对提高广东创新能力，具有特别重要的意义。

3. 广东"兼容并蓄"的改革文化得到广大华侨华人专业人士认可

作为中国改革开放的桥头堡，广东"敢为天下先"的改革精神广为人知。与港澳接壤，在改革中形成的开放的市场体系及平等守信的契约精神也得到广大华侨华人的认可。

在 2013 年"魅力中国—外籍人才眼中最具吸引力的十大城市"评选中，广州和深圳榜上有名，广州的工作环境最被认可，深圳的政策政务及工作环境均佳。深圳明赛瑞霖药业有限公司首席执行官张凯在谈及自己为何归国创业时说道："吸引我们到深圳的原因有几点：第一，深圳是一个创业型的城市。深圳这个城市从无到有，只用短短几十年时间，创业成功者众多，从文化上对我们来说非常有吸引力。第二，深圳由于非常年轻，从生意运作角度来看，讲究快速、有效率，比较透明，接近西方的商业运作方式，这一点对我们也是非常有吸引力的。从生活角度上讲，深圳也是得天独厚，作为一线城市有非常好的空气质量、绿化、交通等，非常吸引国际人才。比如说我的一个同事，他在圣地亚哥生活多年，非常讲究空气、环境等，也对深圳非常满意。我觉得创业型加上好的自然环境，这两点使深圳充满吸引力。"

（三）广东侨务引智所取得的成绩

广东深入实施"海外人才为粤服务计划"，招才引智工作取得新进展。深圳举办了"第六届世界华人论坛"、"世界华商五百强广东（广州）圆桌会"等，着力加强对美国华人生物医药科技协会、中国旅美科技协会等重点专业社团及重点专业人士的联系和服务，协助推动他们来粤交流、在粤发展、申报中组部"千人计划"等，依托"留交会"、"高交会"和"国侨办引智引资重点联系单位"等平台，组织推动了一批华侨华人专业社团和人士来粤交流。开展了赴英国、意大利人才工作调研，深入两国华人社会和剑桥大学、牛津大学等世界名校联络华侨华人专业社团及人士，涵养了一批资源，宣传了广东创业政策和环境。积极发挥海外华人智库优势为广东省经济转型升级建言献策，先后举办了"杰出华侨华人专业人士创业创新座谈会"和"广东经济转型与海外华商机遇论坛"，30 位在粤创业发展的华侨华人专业人士和 210 多名省海交会海外顾问、理事分别应邀参会，围绕广东创业环境及政策、加快自主创新、企业转型升级等热门话题积极建言献策。相关建议通过《侨务信息》专报送给省政府。

（四）未来广东侨务引智的建议

1. 充分发挥海外专业社团的平台和载体作用

我国在海外的专业人士多拥有专业社团的身份，海外华侨华人专业社团已经成为华人为在海外借以生存发展、并取得一定历史地位而涌现的组织机构，是联系海外高层次管理人才的有效途径。目前，海外专业社团的作用已经得到国家相关部门的重视。国务院侨办已经召开了三届"海外华侨华人专业协会会长联席会"，并牵头建设了"全球华侨华人专业协会协作网"，目前已有 200 多家海外华侨华人专业社团作为成员单位加入了网站，推动了海外华侨华人专业人士对"海外人才为国服务计划"、"千人计划"等政策的了解。

根据调研，海外华侨华人专业社团作为政府海外人才资源库的作用十分明显。可以通过将海外华侨华人专业社团掌握的专业人士信息进行整合，与广东省政府相关部门建立人才信息咨询服务合作机制，提高政府与海外华侨华人专业人士沟通联络的效率。一方面，利用海外华侨华人专业社团以及其他社团等对外宣传交流机构，加强广东省政策和现状宣传，增强华侨华人对祖（籍）国的热爱和认同，鼓励华侨华人来广东考察。另一方面，可以考虑在重点领域有基础的专业人士社团中，重点扶助一批海外专业社团，使之成为广东省与海外华侨华人专业人士之间的联络站，并引导其为海外专业人士争取利益，在适当场合就特定问题为广东省发声。

同时，将海外华侨华人专业社团打造成为联系海内外的信息交流平台。通过社团组织定期发布广东省政策信息，加强海外专业人士的文化认同感，打造成海外专业人士向广东省建言献策的平台。不少海外华侨华人专业人士有相当的经济基础和专业知识结构、有市场意识和国际战略眼光、有创新意识和领导能力、有强烈的社会责任感和使命感。海外华侨华人专业社团和华侨会在联络、组织和团结专业人士方面具有渠道优势，应该与他们建立起畅通交流的渠道，定期反馈专业人士的情况、利益诉求和建议，成为专业人士向广东省建言献策的平台。

2. 建立华侨华人专业人士为国服务的系列计划

资深专业人士计划。20 世纪 80 年代末期，美国为 10 多万中国中青年高层知识分子发放了绿卡，其中有 2 万~3 万人已回国，有 8 万人左右仍留在美国。这些高层次人才目前大多处于 50~65 岁阶段，在国外有很好的经济基础，衣食无忧，有良好的社会地位，对国内的发展也很有信心。目前"千人计划"主要针对 55 岁以下的高层次人才，"青年千人计划"主要针对 50 岁以下的高层次人才，国内还没有针对 55 岁以上的高层次海外人才的专门计划。应面向高校、科研机构和企事业单位，根据广东省重点发展产业、重点学科（领域）的建设发展需要，设立一定的客座教授、特聘教授等岗位，吸引遴选 50~65 岁的资深专业人士，充分发挥他们在科技发展、学科专业建设等方面的带头领军作用。

专业人才环流计划。秉持"不求所有，但求所用"的观念，吸引来自世界著名创新创业中心的海外华侨华人专业人士开展创新创业方面的交流与合作，开展高层次培训，促进广东省主要创新创业中心和世界创新创业中心之间的理念、商业模式、人、信息、技术、资金等创新要素的流动，充分发挥人才环流作用，汇聚国际科技创新要素。

成立华侨华人专业人士生活工作服务站。为归国华侨华人专业人士办理来园区长期定居或短期工作手续，办理申请企业手续，帮助申办有关华侨华人专业人士资助经费、租借公寓、提供信息服务等。成立华侨华人专业人士创业者俱乐部，加强与广东省政府相关部门的联系，及时反映他们遇到的困难和问题，维护来华创业的华侨华人专业人士的合法权益。

3. 整合与侨务相关的政府部门力量，搭建信息平台

发挥侨务部门联系广泛的优势，帮助华侨华人专业人士拓展华人社交圈，建立华侨华人专业人士海外联络点和群团组织，有利于提高海外联络工作的水平和成效。比如，可以介绍有共同专业或家乡背景的华侨华人专业人士相互认识，或介绍参加相关华人技术社团、同乡社团，发展他们之间的联系；时机成熟时，可以发展几个海外联络骨干，建立联络网络，营造团结局面，增强凝聚力度。在此基础上，可以借助群团网络提升沟通联络的层次，发展"走出去，请进来"的面对面沟通。一是逐步建立广东省范围的华侨华人专业

人才市场，通过市场运作，吸引华侨华人专业人士回粤（来粤）创业；二是按专业设立华侨华人专业人士创业园区，依托专业性创业园区吸引华侨华人专业人才；三是将"请进来"与"走出去"的招才引智模式相结合，以小型化、专业化为主；四是从"会议"、"活动"招才引智转向网上招才引智。

把吸引华侨华人专业人士回粤（来粤）创业发展与为粤服务相结合，如：省内的大专院校、科研院所与华侨华人专业人士联合做课题、联合办学、联合培养研究生，互派访问学者，聘请华侨华人专业人士为兼职（客座）教授、研究员等；省内企业就某方面的技术攻关聘请华侨华人专业人士，可以来华工作，也可以留在国外工作；引进华侨华人专业人士自主知识产权的技术、管理专利，合作方式可以是购买，也可以是股权分享；引进华侨华人专业人士合作办企业、研究机构、中介机构等；引进华侨华人专业人士利用自主知识产权创办合资、独资企业；委托华侨华人专业人士招商、销售产品、开辟劳务市场等。

4. 发挥智库作用为政府决策服务

海外华侨华人专业人士的突出贡献，还体现在通过参政议政、建言献策，积极推动广东省社会进步与发展、完善公共政策事务上。华侨华人专业人士中有一大批非常优秀的专业人才，很多对国内社会和经济发展有良好的建议。国务院侨办于2005年成立了"海外专家咨询委员会"，并于2008年召开了换届大会。首届"海外专家委员会"有委员30人，第二届"海外专家委员会"有委员50人，均为杰出的华侨华人专家学者，其中有14人是外国国家科学院、工程院院士，这些委员为国家各个方面的建设提出了许多宝贵意见。

广东省可积极发挥海外华人智库优势，为广东省经济转型升级建言献策，邀请在粤创业发展的华侨华人专业人士和省"海交会"海外顾问、理事，围绕广东创业环境及政策、加快自主创新、企业转型升级等热门话题积极建言献策，为政府决策服务。

课题负责人：温秋华，暨南大学华侨华人研究院实验师
课题组其他成员：王昱、劳秀霞

浙江与广东人才引进政策对比分析

一、粤浙两省人才引进概况

（一）浙江省人才引进概况

人才是科学发展的第一资源。近年来，随着进一步深化落实改革与经济发展方式转型，浙江省对于高层次人才和紧缺人才的需求不断增高。为满足经济社会发展的要求，促进浙江经济转型升级和全面协调可持续发展，浙江省制定了相关政策，通过建立各种项目和计划，以多种方式和渠道引进人才。

（1）引才计划与引才人数。2011 年，浙江省继续开展重点科技创新团队的推荐遴选工作，加快创新人才的培养和引进。浙江成功举办了清华浙大海外学子浙江行、海外专家咨询委员暨重点华侨华人创业团队浙江行等活动，积极组织实施国家和省"千人计划"、"新世纪 151 人才工程"、"钱江人才计划"，多渠道引进海外高层次人才。其中，新入选国家"千人计划"27 人，累计达 93 人，新增人数与总数均居全国第 4 位。省"千人计划"累计引进人才 229 名，新增 2 名中国工程院院士。各类人才计划的实施，有力地推动了浙江科技创新活动的深入开展，科技活动人员人数稳步增长。以 2011 年为例，全省从事科技活动人员共 56.04 万人，比 2010 年增长 12%，其中拥有本科以上学历人员有22.47 万人，增长了 15.7%。①

（2）引才经费。杭州市每年安排 5 200 万作为人才资源开发专项资金，重点用于高层次和紧缺人才的引进、培养和管理工作，以及奖励各类优秀人才和在人才工作中取得显著成绩的单位；宁波市实施"一号工程"以来，市财政每年拨出 3 600 万元用于保障人才开发的工作，全市各级财政累计拨款 1 亿多元专项资金用于人才的引进、培养和奖励；绍兴市和鄞州区每年也分别拿出了 600 万元和 750 万元作为人才工作资金；丽水市财政每年直接投入人才专项资金 5 000 万，科技专项资金 3 000 万，并专门推出总面积 4 万多平方米的 450 套人才公寓，投入资金逾 4 亿多元，2012 年该市又开发了 8.3 万平方米的人才用房。②

到 2009 年，各级政府普遍设立了 100 万元以上的人才工作专项资金，用于人才引进、

---

① 浙江统计局：《2011 年度设区市科技进步统计监测评价报告》，2012 年。
② 《浙江丽水每年投 5 000 万人才专项资金引才助发展》，http://news.china.com/domestic/945/20120627/17283627.html。

激励、补贴等工作。① 同时，浙江省2010年设立了5亿元创业风险投资引导基金，加大对科技型中小企业的金融支持力度。

（3）境外专家情况。数据显示，2011年境外来浙江工作专家25 883人次，比2010年增长12.1%，2011年占同期全国总人次的比重为4.9%，比2010年提高0.1个百分点。回顾十年来浙江引进境外专家的发展情况，2001—2011年，境外来浙江工作专家人次分别为12 696、8 711、11 132、27 355、34 416、21 719、24 683、24 361、24 124、23 084、25 883人次，除了2002年总量低于1万人次，其他年份多为2万以上人次，占同期全国总人次的徘徊2.5% ~7%之间，近些年基本稳定在5%左右。这几年来，境外来浙江工作的专家总量呈平稳态势，略有上升。以2011年为例，与2006年相比，2011年境外来浙江工作专家总量增长19.2%，年均增长3.6%。专家总量自2004年起，一直位居全国第六。②

（4）研究与开发（R&D）情况。根据浙江科技统计数据库③的数据，截至2009年，浙江省从事研发的科学家和工程师总数达106 282人，科技活动科学家和工程师达257 827人；截至2011年，浙江省R&D人员达262 881人，科技活动人员达560 359人。2011年，浙江全省社会研发经费总额为612.93亿元，占浙江省GDP的1.92%。2012年，浙江全省社会研发经费中用于创新的高达722.59亿元，比2011年增加109.66亿元，增幅为17.9%；R&D经费投入强度（即R&D经费支出相当于国内生产总值的比重）为2.08%，同比提高0.18个百分点。

（二）广东省人才引进概况

1. 引才项目与引才人数

据统计，至2009年，广东省人才总量约1 580万人。其中党政人才46万人，企事业单位经营和管理人才331万人，专业技术人才336万人，中高级工以上技能人才829万人，农村实用人才113万人。至2010年，广东省高层次人才总量约17万人，在粤工作院士86名，"千人计划"入选者62人，承担国家重点科技创新计划（973计划）项目的首席科学家22人。海外留学回国人员5万多人，总量居全国第三位。

2008年以来，广东省人社厅、省外专局连续4年组团赴美国、加拿大、德国和西班牙等国招聘高层次人才，共吸引2.6万余名海外留学人员来粤发展；先后接洽海外高层次人才3 740人、科研团队112个，共有1 936人与用人单位达成明确聘用或合作意向。其中，成功引进诺贝尔奖专家2名、外籍院士9人、中央"千人计划"入选者8人、省创新科研团队入选者5人、省领军人才8人，为广东"智造高地"崛起添入"智慧活水"。④ 截至2009年，广东共引进国外智力项目454项，项目负责专家1 084人次。

---

① 《浙江加大高级人才引进　各级政府100万资金聚才》，http：//www.chinanews.com/gn/news/2009/09 - 21/1878019.shtml。

② 浙江统计局：《2001—2011年度境外来浙江工作专家调查情况分析》，2012年。

③ http：//www.zjrkx.com/excelreportlist.do。

④ 《广东实施人才引进倍增计划　经费扩大到8.5亿元》，http：//news.ifeng.com/gundong/detail_2012_06/13/15259014_0.shtml。

2. 引才经费

2009 年，广东一次性投入 4.38 亿元，用于引进首批 11 个创新科研团队和 14 名领军人才，截至 2012 年 6 月，广东已投入财政资金 8.55 亿元用于创新科研团队专项计划，资助引进了两批共 31 个海内外优秀创新科研团队，带动了地市财政和社会投入 50 多亿元。目前，广州、深圳、东莞、中山等地市已设立了相衔接配套的人才引进计划。其中，深圳市"孔雀计划"每年资助金额达 5 亿元，东莞市每年人才专项经费达 10 亿元。[①]

3. 境外专家情况

2007 年，境外来粤专家 149 397 人次，比 2006 年增加 12 870 人次，人数位居全国首位，约占全国总数的三分之一，相当于上海、浙江和江苏三省市总和。2002—2007 年，在粤外国专家占全国总数分别为 26.7%、26.6%、36.5%、34.3%、30.7% 和 31.1%。从长、短期专家人次来看，2007 年广东长、短期专家分别为 103 106 和 46 291 人次，占全国比重的 40.5% 和 20.5%。从经济、文教专家来看，经济专家 139 235 人次，占全国的 38.7%，位居全国首位，与广东经济大省地位相称；文教专家 10 162 人次，排在北京、上海之后，位列全国第三。相对而言，来自港澳台的专家最多。2006 年和 2007 年港澳台专家分别占全年境外专家总数的 59.1% 和 60.7%。经济技术管理类境外专家所占比重最大，从 2002 年起，在聘请的境外专家中，经济技术管理类专家比重连续 6 年保持在 90% 以上。2006 年和 2007 年经济技术管理类专家分别为 128 469 人次和 139 235 人次，占全省境外专家总量的 94.1% 和 93.2%。[②]

4. 研究与开发（R&D）情况

截至 2012 年，广东省专业技术人员总数为 1 459 018 人，R&D 人员总数为 629 055 人，比 2011 年的 515 646 人新增 113 409 人。R&D 人员中归属科学研究与技术开发机构的有 14 595 人，归属全日制普通高等学校的有 40 557 人，归属工业企业的有 519 212 人，其他单位归属 54 691 人。院士人数达 105 人，比 2011 年新增 6 人。2012 年广东研发经费为 12 361 500.8 万元，其中支出在工业企业上的经费所占比例最大，共 10 778 634 万元。课题（项目）共 93 179 个（项）。[③]

（三）对比

总体而言，广东省的人才引进力度强于浙江省，成果远远大于浙江省。从数量上来说，广东的研究与试验发展（R&D）人员总数是浙江的两倍，对比双方的人才库厚度，明显广东更胜一筹；在经费上，广东的资金较浙江更充沛，无论是用于研究与试验发展的总体经费还是用于人才引进的各项经费，但两省下辖各市之间经费差距并不大；广东省的境外专家引进工作成果十分突出，外国专家人数远远高于浙江省，即使考虑到港澳台专家占据半壁江山，也必须承认广东省引进外国专家工作的成果显著。

---

① 《广东实施人才引进倍增计划》，http://finance.sina.com.cn/roll/20120613/045912296774.shtml。

② 广东省统计局：《加大引智力度 服务广东现代化建设——广东境外专家情况分析》，http://www.gdstats.gov.cn/tjzl/tjfx/200808/t20080826_61399.html。

③ 广东省统计局：《2013 广东统计年鉴》，http://www.gdstats.gov.cn/tjnj/2013/index.html。

二、广东与浙江人才引进比较

（一）引进政策

作为 2012 年地区生产总值分别排在全国第一和第四位的沿海经济强省，广东省和浙江省对人才的需求无疑十分旺盛，对于人才引进工作也都高度重视，制定了大量的人才引进政策以满足本省发展需要。

浙江省与广东省于 2010—2012 年间出台了各自的中长期人才发展规划，希望以此作为人才引进工作的战略规划纲领，明确人才工作重点，订立量化指标。如广东省在 2011 年出台的《广东省中长期人才发展规划纲要（2010—2020）》、浙江省在 2012 年的《浙江省人才发展"十二五"规划》中都对拟引进的各领域人才数量做出了明确规定。

从时间上来看，浙江省很早就已注意到人才引进工作的重要性，早在 1999 年就颁布了《浙江省大力引进国内外人才的若干规定》，鼓励国内外人才参与浙江的建设，规定人才引进各项事宜。广东省政府制定人才引进政策相对较迟，即便是同类型政策如《广东省加快吸引培养高层次人才的意见》，其出台时间（2008）比浙江省（2001）晚 7 年。

两省的政策都有比较鲜明的指向性，各富特色。浙江省政策趋于实用化，更重视人才与企业结合，看重引进人才带来的经济效益，在《关于进一步支持企业技术创新加快科技成果产业化的若干意见》中就对人才研发成果的产业化制定了奖励政策；更加重视海外人才平台的建设，设立创业园作为引进人才发挥才干的平台；对人才引进工作关注持续性较高，从 1999 年到 2013 年几乎每年都会颁发 1~3 项关于人才引进工作的政策，总数上也远超广东省；在管理上实行以证管人，通过工作证、居住证等证件实行有效管理，与优惠政策挂钩。

而广东省则更加重视人性化思考，着力于为引进人才解决后顾之忧。政府制定了《广东省加快吸引培养高层次人才的意见》、《关于鼓励出国留学高级人才来粤创业若干规定》，提高高层次人才的待遇，对有重大贡献的人才实行重奖。为方便引进人才办理手续，广东省颁布《广东省引进高层次人才"一站式"服务实施方案》，建立了"一站式"服务专区，专人负责受理、承办和代办 23 个项目的有关手续，实行"一站式受理、一次性告知、一条龙服务"。

表1　浙江省近年来发布的人才引进相关政策

时间	发文单位	文件	主要内容
1999 年	省政府	《浙江省大力引进国内外人才的若干规定》	鼓励国内外人才以各种方式参与浙江省现代化建设。规定了人才引进的对象、方式、待遇，要求各级政府、各个部门要为国内外人才来浙工作提供最大的便利和优质服务
2001 年	省政府	《浙江省人民政府关于引进海外高层次留学人才的意见》	建立引进海外高层次留学人才的绿色通道，从优确定海外高层次留学人才的待遇，营造有利于海外高层次留学人才创业的良好环境
2003 年	省委、省政府办公厅	《关于大力实施人才强省战略的决定》	以能力建设为核心，加大人才培养力度；用好现有人才，积极吸纳海内外高层次人才和紧缺急需人才等十项30条规定
2004 年	省委、省政府办公厅	《实行浙江省特级专家制度暂行规定》等十个政策文件	《实行浙江省特级专家制度暂行规定》、《加强高层次企业经营管理人才队伍建设若干意见》、《加强高层次专业技术人才队伍建设若干意见》、《促进人才柔性流动实施办法》、《实行引进人才居住证制度暂行规定》、《推行人事代理制度若干意见和专业技术资格评价与职务聘任暂行规定》等
2006 年	省政府	《关于引进海外高层次留学人才的意见》、《关于为外国籍高层次人才和投资者办理"外国专家证"和"外国人居留许可"的规定》	加大引进海外高层次人才和智力，为引进国外人才智力创造较好的政策环境
2007 年 9 月	省政府	《海外高层次留学回国人才工作证实施办法》	制定了有关"浙江省海外高层次留学回国人才工作证"的各项规定
2009 年 7 月	省委、省政府办公厅	《关于大力实施海外优秀创业创新人才引进计划的意见》、《浙江省"海外高层次人才引进计划"（千人计划）暂行办法》	是浙江实施海外引才计划的指导性文件，文件明确浙江省实施海外引才计划的目标任务和政策措施。2009 年 9 月，省委常委会又将原定工作目标调整为引进并重点支持 1 000 名海外高层次人才，争取其中 200 名左右海外高层次人才进入中央"千人计划"

（续上表）

时间	发文单位	文件	主要内容
2010 年	省委、省政府	《浙江省中长期人才发展规划纲要（2010—2020 年)》	对于浙江加快建设人才强省的发展重点、主要举措、重大人才工程、重大政策、体制机制创新、组织实施等方面做出战略规划
2010 年 7 月	省工商局	《关于支持浙江海外高层次人才创新园发展的若干意见》	在降低准入门槛、拓宽投融资渠道等方面做了进一步的规定。海外高层次人才在六大重点创新创业领域创办公司如有资金困难，可享受注册资本"零首付"
2011 年 3 月	省政府	《海外高层次人才居住证管理暂行办法》	对于具有硕士及以上学历，在海外连续工作或学习 3 年以上，在浙江从事新兴产业科技创业的海外高层次人才，通过领取被称为"浙江红卡"的证件，可在创业、保险、购房、职称评定、子女入学等方面与浙江本地居民享受同等待遇，并在落户、出入境签证、申请长期居留等方面享受到政府为其提供的便利
2012 年 1 月	省政府	《关于浙江杭州未来科技城（浙江海外高层次人才创新园）建设人才特区打造人才高地的意见》	加大对人才特区引进人才的支持力度，按照规定给予适当资金支持。支持海内外高层次人才创办企业，对在人才特区内从事当前重点发展的高新技术领域研发活动的企业给予一定资助。加快人才专用房建设，建立人才住房奖励政策。给予适当优惠政策，解决其配偶生活、子女教育、医疗照顾问题
2012 年 3 月	省政府	《浙江省人才发展"十二五"规划》	"十二五"时期浙江要引进并重点支持 500 名左右的学科带头人、科技领军人才和高层次创业人才。培养和引进 200 名国内外一流的创新领军人物、2 000 名学术技术带头人、5 000 名研发骨干。在重点发展产业、行业龙头骨干企业、科技型创新企业重点打造能与国际国内先进同行竞争、瞄准国内技术研发前沿、具有较强竞争力的技术创新团队；着力培养引进现代服务业国际化高端人才和紧缺急需骨干人才

（续上表）

时间	发文单位	文件	主要内容
2012 年 8 月	省政府	《关于进一步支持企业技术创新加快科技成果产业化的若干意见》	要加快培育发展创新型企业，推进企业研发机构建设，大力推动科技成果产业化。设定研发中心数量硬指标。奖励在浙设立研发总部、研究院的企业。奖励收购国外研发机构的省内企业。要求保持财政科技投入大幅增长。 设立 10 亿元的创新强省专项资金，用于支持以企业为主体的科技创新与人才引进，到 2015 年将达 50 亿元。支持企业引进海外高端专业技术人才、海外高级工程师和科技创新团队。建立和完善各高校、院所的分类考核和多元评价制度，增设省科技成果转化突出贡献奖，拿出部分成果收益奖励科技人员职务发明
2013 年 2 月	省科技厅	《浙江省科技管理人才队伍建设若干意见》	制定专门针对科技管理人才的 14 条指导意见，打造全国最强"科技管理人才库"

表 2　广东省近年来发布的人才引进相关政策

时间	发文单位	文件	主要内容
2008 年	省委、省政府	《广东省加快吸引培养高层次人才的意见》、《关于鼓励出国留学高级人才来粤创业若干规定》	大力引进国内外高层次人才，着力培养造就高层次人才，切实提高高层次人才的待遇，对有重大贡献的人才实行重奖
2008 年	深圳市委、市政府	《关于加强高层次专业人才队伍建设的实施意见》及 6 个配套文件	就高层次专业人才的界定办法和认定标准，以及若干方面政策的实施操作办法和程序做了具体规定
2010 年	省委组织部、省人社厅等 18 个省直及中央驻穗部门	《广东省引进高层次人才"一站式"服务实施方案》	用人单位或来粤工作的高层次人才只要把有关的申请材料提交给"一站式"服务专区，就会有专人负责受理，承办和代办 23 个项目的相关手续，实行"一站式受理、一次性告知、一条龙服务"

（续上表）

时间	发文单位	文件	主要内容
2011 年	省委、省政府	《广东省中长期人才发展规划纲要（2010—2020 年)》	将"珠江人才引进计划"列入人才发展重点工程。结合本省产业发展需要，重点实施"百千万"人才引进项目，用 5 至 10 年时间，在全省引进 100 个居国际国内先进水平的创新科研团队和 100 名能够带动新兴学科、发展高新产业、引领先进文化的领军人才以及 1 000 名掌握核心技术的紧缺人才和战略性新兴产业急需人才，吸引 10 000 名优秀留学人员来粤创新创业

（二）人才引进的计划、工程比较

浙江省与广东省在前述政策的规划指导下，系统地实施了一系列人才引进计划和工程。其中，有一定数量的计划是效仿国家引才计划设立的，如效仿国家"海外高层次人才引进计划（千人计划）"，与国家"千人计划"接轨的地方性"海外高层次人才引进计划（千人计划）"。除此之外，二省还有相当数量的引才计划突出其地域特色，如"钱江人才计划"与"珠江人才计划"。

受指导政策出台较早的影响，浙江省开展人才引进计划和工程的时间早于广东省。但其人才计划（5 项）在数量上略少于后发的广东省（7 项）。浙江引才计划中的特色是重视建设海外高层次人才创新创业基地，发挥基地在吸引海外人才中的示范带动作用。富有独创性的一点是：浙江的高技能人才三年行动计划跳出了对高层次科研专家和创业人才的重复引进这一思维定式，其指导下的 8 项工程将目光放到了蓝领阶层，开发了新的人才金矿，巧妙地避免了人才工作的同质化。

除表中列出的省级项目外，浙江各地区还有杭州"5050 计划"、"创新嘉兴·精英引领计划"、湖州"南太湖引才计划"、舟山群岛"千人计划"、绍兴"330 英才计划"、金华市"海内外英才引进计划"、衢州"四个一百"引才计划、台州"500 精英计划"、宁波国家高新区"2512"引才计划和"63 精英汇集"计划等地区性的引才引智计划。

与浙江省相比，广东省对人才引进的经费支持力度更大，无论是个人奖励金额还是项目经费总额都远超浙江。在广东的计划所针对的领域上，其覆盖面也较浙江省要广，服务业、制造业和高新技术产业等重点行业都有专门负责该领域计划的人才引进。在引进和资助的对象上，广东非常注重团队作用，甚至专门发布了面向创新和科研团队的引进计划。

表3　浙江省近年来发布的人才引进计划和工程

时间	计划、工程	主要内容
2004 年	浙江省"万名高层次人才引进工程"	实行"总体规划，逐年推进，分级负责，上下联动"的机制，计划推出 11 248 个岗位，以猎取两院院士、学术学科带头人、博士生导师、校长和特级教师、高级经营管理人才、博士、硕士、海归等各种高层次人才为目标，承诺用 10 万 ~ 20 万元、20 万 ~ 50 万元、50 万 ~ 100 万元等不同档次的年薪，提供富有吸引力的创业平台及生活条件，回报为浙江发展做贡献的各类精英
2007 年	"钱江人才计划"	设立每年 700 万元的专项经费，资助留学回国人员及团队去从事科研开发和创办科技型企业，资助社科类或具有特殊专长的留学回国人员及团队的工作启动和自主创业等
2009 年	"海外高层次人才引进计划"（"千人计划"）	计划在未来 5 年，引进 1 万名优秀海外创业创新人才和 10 万人次外籍专家，实施 2 000 个重点国外引智项目。在未来 5 ~ 10 年，依托重大科技专项、公共创新平台、重大建设工程、重中之重学科和重点学科、重点实验室、高新技术产业开发区和留学人员创业园区，引进并重点支持 300 名左右的战略科学家、科技领军人才和创业人才等海外高层次人才，并计划建立 10 ~ 20 家省级海外高层次人才创新创业基地，发挥基地在吸引海外人才中的示范带头作用
2011 年	"海鸥计划"	凡是与省内用人单位签订至少连续 3 年、每年在省内工作不少于 2 个月的工作合同，省财政给予"海鸥计划"引进人才每人 50 万元人民币的一次性省科学技术人才奖励，并根据实际需要，为他们提供出入境、医疗、保险等方面的优惠便利
2011 年	浙江省高技能人才三年行动计划①（2011—2013 年）	实施高技能人才选拔工程、高技能人才引进集聚工程、职业院校发展行动工程、"金蓝领"国（境）外培训工程、技能人才培训校企合作工程、紧缺高技能人才培训工程、技能大师工作室建设工程、高技能人才评价推进工程等八项高技能人才队伍建设工程

---

① 高技能人才是指具有高超技艺和精湛技能，能够进行创造性劳动，并对社会做出贡献的人，主要包括技能劳动者中取得高级技工、技师职业资格的人员。

表4 广东省近年来发布的人才引进计划和工程

时间	计划、工程	主要内容
2008 年	"珠江人才计划"	用 5~10 年时间，全省引进 100 个居国际国内先进水平的创新科研团队和 100 名带动新兴学科、发展高新产业、引领先进文化的领军人才，1 000 名掌握核心技术的紧缺人才和战略性新兴产业急需人才以及 10 000 名优秀留学人员来粤创新创业
2009 年	"创新和科研团队引进计划"	每个团队予以 1 000 万至 8 000 万元的经费支持，最高可达 1 亿元
2009 年	"领军人才引进计划"	对入选的领军人才，省财政资助每人 500 万元的专项工作经费和 100 万元补贴
2011 年	"留学人员来粤创业服务计划"	进一步办好广州"留交会"、深圳"高交会"和国际人才交流大会以及各类留学人员创业园，拓宽引才引智渠道。修订《关于鼓励出国留学高级人才来粤创业若干规定》，以更加优惠的政策、更加开放的态度、更加优越的工作条件和更加宽松的人文环境，吸引高层次留学人员来粤创业
2011 年	"现代生产性服务人才集聚计划"	在珠三角地区打造若干个世界性营销服务中心和中央商务区，逐步形成能为全球客户提供金融、物流、信息、科技、外包、商务会展、文化创意、总部经济等服务的国际高端生产性服务业中心，吸引大批国内外现代生产性服务业高层次人才来粤创业，形成一支具有全球影响力的现代生产性服务业高层次人才队伍
2011 年	"现今制造业和高新技术产业创业精英引进计划"	重点引进一批装备制造、汽车、钢铁、石化、船舶制造等先进制造业和电子信息、生物医药、新材料、环保、节能与新能源、海洋生物等高新技术产业顶尖人才。有关地区和部门要尽快拿出一批重大科技项目，面向国内外公开招标，依托项目引进先进制造业和高新技术产业的高层次人才
2012 年	"外专千人计划"	利用 10 年左右的时间，引进 500~1 000 名高层次外国专家，每年引进 50~100 名，重点引进一批能够突破关键技术、发展高新产业、带动新兴学科的战略科学家、科技领军人才和国际化创新团队

（三）引进待遇

浙江、广东两省都从不同角度对于人才引进后所享受的待遇进行较为优越的规定，以此吸引人才。虽然两省对于工作待遇（奖励资金、奖励评比、工作经费、工作条件、创业投资基金、搭建平台等）和个人生活待遇（提供联谊组织、居民待遇、生活优待、股权激励、住房补贴、医疗保险、家属就业与子女读书问题等）都有所覆盖，其侧重点仍然各有不同。

浙江省对于引进人才本身一次性给予奖励与荣誉称号（如"浙江省特聘专家"），并且延续了政策中重视创业、人才与企业结合的特点，建立创投基金以帮扶归国人才创业，为引进人才专门搭建发展平台，通过留学人员创业园使得引进的人才有用武之地。同时，浙江省成立海外高层次人才联谊会，加强了高层次人才之间的横向交流。值得一提的是，浙江省在全国率先实行了高校毕业生"先落户、后就业"的"无门槛"政策。

　　广东省更加注重对团队的整体奖励，经费数额也十分可观，仅 2009 年便一次性投入 4.38 亿元，对于世界一流团队更是给予高达 8 000 万元专项工作经费的重奖，有效地解决了人才工作经费短缺的问题，富有吸引力；广东对于解决人才后顾之忧十分重视，对其在股权、住房、社保、家属就业与子女读书等方面都做出了明确规定，力求人才引进后真正扎根于本省，培养其归属感。

表5　浙江省近年来引进人才的待遇

待遇类别	待遇
奖励资金	浙江省对省"千人计划"入选者给予一次性 100 万元的省政府科学技术人才奖励，地方政府也给予配套的相应奖励。 对"海鸥计划"入选者给予一次性 50 万元的省政府科学技术人才奖励
工作条件	海外高层次人才入选者作为"浙江省特聘专家"，可被直接认定高级专业技术资格，担任有关平台和载体的重要职务，参与重大项目论证、重点工程建设等；优先得到财政科技项目资金和产业发展扶持资金；优先被推荐有关荣誉称号和各类奖励等
创业投资基金	2011 年 1 月，全国首只以"老海归帮扶新海归创业"为投资主题的创投基金"浙江海邦人才基金"成立。首期规模 1.5 亿元，将积聚海内外政府、资本、行业、技术和人才资源，为创业的海外高层次人才提供各类帮助。 各市还积极为引进人才创业设立创业投资引导基金。如杭州市设立了创业投资引导基金，2008 年就投入 2 亿元，用于建立风险投资机构；湖州市财政开发公司代表政府与企业共同出资成立风险投资公司，注册资本 1 亿元，对引进的留学人员创业项目提供政府风险投资资金
搭建平台	2010 年 7 月，浙江成立海外高层次人才创新园，定位为按全新机制运行的人才改革试验区和集聚海外高层次人才的创新创业高地。2011 年 4 月，"海创园"被列入中组部人才基地试点，成为中组部、国资委重点联系的全国四个科技城之一。 截至 2010 年 5 月，全省已经建成 23 个留学人员创业园，为留学人员来浙创新创业提供施展才能的舞台。同时提供周全、贴心的服务，让人才安心创新创业。以用促引，努力搭建海外高层次人才创新创业的事业平台是浙江引进海外人才的一大"法宝"
提供联谊组织	2011 年 2 月，浙江省海外高层次人才联谊会成立。该联谊会是由在浙创业创新或为浙江建设发展服务的海外高层次人才组成的联谊性社会团体，参与者主要为入选国家和省"千人计划"的海外高层次人才，今后可逐步扩大为其他在浙创业创新或为浙江建设发展服务的海外高层次人才
居民待遇	符合规定的海外高层次人才，通过领取"浙江省海外高层次人才居住证"，可在创业、保险、购房、职称评定、子女入学等方面与浙江本地居民享受同等待遇，并在落户、出入境签证、申请长期居留等方面享受到政府为其提供的便利
生活优待	海外高层次人才入选者作为"浙江省特聘专家"，享受永久居留权或多次往返签证、落户、住房、医疗照顾、社会保险、配偶安置、子女就学等优惠待遇

表6　广东省近年来引进人才的待遇

待遇类别	待遇
工作经费	2009 年，广东省一次性投入 4.38 亿元，引进首批 11 个团队和 14 名领军人才，其中给予世界一流团队 8 000 万元专项工作经费资助。 2011 年，20 个团队入选广东省引进第二批创新科研团队，17 人入选广东省引进第二批领军人才，省财政将投入 5.97 亿元，给予入选团队 1 000 万 ~ 8 500 万元、领军人才 600 万元经费资助
奖励评比	科学技术突出贡献奖和优秀科技成果特等奖奖金 50 万，一、二、三等奖奖金调整到 10 万、5 万、2 万。 南粤功勋奖、南粤创新奖获得者分别奖励 3 000 万元和 500 万元，其中 30% 属获奖团队或个人所得，剩余奖金作为其专项工作经费。奖金免征个人所得税。 广东"十二五"期间安排高层次人才奖励资金 5 亿元，用于奖励在战略性新兴产业发展取得重大突破性成果的高层次人才，每年奖励 20 名，每人奖金 500 万元，连续 5 年共奖励人才 100 名
股权激励	广东推行《广东省国有高新技术企业股权激励试点工作实施办法》、《广东省省属国有企业增量资产奖励股权试行办法》，有关股权激励从 2004 年开始实施，可以有效地吸引、留住人才，并通过增量资产奖股等有效形式建立健全长效激励机制
住房补贴	对重点引进的两院院士及首席科学家、管理专家等顶尖人才，省财政一次性提供 500 万元专项工作经费；每人给予 100 万元（税后）住房补贴；统一建设人才周转公寓出租给高层次人才，鼓励企业租用商品住房给高层次人才居住，或通过发放住房货币补贴支持高层次人才购买商品住房
医疗保险	广东省实行政府投保高级专家医疗保险制度，建立高层次人才健康档案制度，提供个性化医疗服务，享受相当级别人员同等医疗待遇，实行每年体检制度，落实带薪休假制度，建立学术休假制度，制定为顶尖级高层次人才实行专项投保制度的办法，同级政府和用人单位要共同为顶尖级高层次人才购买专项保险
家属就业与子女读书问题	广东省努力解决家属就业和子女读书问题，引进的高层次人才家属的就业由用人单位会同政府有关部门根据实际情况妥善安置；其子女上学，用人单位会同教育行政部门协调，妥善解决，参加高考不受户口年限限制，户籍没有迁入的可免借读费

（四）引进渠道

在建立人才引进渠道方面，广东省走在全国前列。自 1998 年开始已经通过举办中国国际高新技术成果交易会（高交会）、中国留学人员广州科技交流会（留交会）等手段开启国内外人才沟通渠道，而后更是通过多种手段面向海外引进人才。而浙江省无论是在国内还是海外，进行人才引进活动的历史尚短，即便是例行的大型海外高层次人才恳谈会等活动到目前为止也仅举办过数次。

广东省引进人才的形式则较为全面、多样化，既有人才工作站、海外高层次人才联络处（位于海外）等专职引才机构，又有国内的留交会、高交会等常态化的知名国际会议，还有百名海外专家南粤行、中国国际人才交流大会等交流、体验性质的短期活动，以及大型的现场招聘会。

　　浙江省则主要通过常态化的人才会议的形式来引进人才，往往能在会议召开期间造成热潮，短期内关注度高。除了大型的直接招聘会之外，浙江还举办了相当多的交流性质的小型人才洽谈会、座谈会，更有针对性。目前浙江也正在谋求国内外联动，力图建立起长效和密切的引才引智渠道，以填补会议之间的空白期。值得一提的是，浙江省已建立起专门为海外高层次人才服务的浙江杭州未来科技城（海创园），吸引海外人才。"海创园"建设一年多来，已落户项目69个，引进海外高层次人才121名。

表7　浙江省近年来引进人才渠道

时间	渠道	简介
2010 年 8 月	（例行）大型海外高层次人才恳谈会	共达成海外人才引进和项目合作初步意向 540 个，当场签订人才和项目合作协议 32 项。在省级层面的带动下，各市也加大了面向海外招引人才的力度
	（例行）人才合作交流大会	海外留学人才创业项目洽谈、海外社团优秀创新创业项目发布、风险投资公司和民营资本企业投资洽谈、技术项目合作交流、海外留学人员社团合作交流；海外高层次人才招聘；"千人计划"人选成果项目推介
	（例行）人才科技周	1.1 万余人参加了本届人才科技周高层次人才洽谈活动，与用人单位达成意向 9 000 余人，正式签约引进 10 名领军拔尖人才，达成初步意向 180 余项（次）
2011 年 7 月	浙江民营资本与海外人才智力对接活动	在硅谷和纽约参会单位分别接洽留学人才 1 879 人次和 1 811 人次，达成人才引进与科技合作项目初步合作意向 555 项和 475 项，规模空前，层次较高
2012 年 5—6 月	2012 浙江海外高层次人才洽谈会	抓住引才引智重点行业领域，主要邀请经济转型升级的各领域急需的紧缺人才。共推出 446 项引进外国专家项目，90 多家企业和外国专家组织谈成 285 项合作意向
	海外高层次人才座谈会	有重点地邀请一些有回国意向的海外高层次人才代表、留学人员与组织负责人座谈，重点是建立长效和密切的引才引智渠道。
2012 年 11 月	浙江·北京高层次人才洽谈会	洽谈会共组织 150 余家企事业单位参会，推出高层次人才岗位 3 300 多个，招聘各类人才近 5 000 名
2012 年 12 月	浙江—上海高层次人才洽谈会	浙江省人力资源和社会保障厅连续 10 次组织省内知名用人单位赴上海招揽高层次人才
	浙江杭州未来科技城（海创园）	建设一年多来，已落户项目 69 个，引进海外高层次人才 121 名，其中入选国家"千人计划" 1 名，省"千人计划" 11 名。在入驻项目中，有 19 个已与杭州民营企业、民间资本结合

表8 广东省近年来引进人才渠道

时间	渠道	简介
1998 年	中国留学人员广州科技交流会（留交会）	留交会建立了我国最大的留学人才资源库、最大的海外留学人员项目信息库，是目前国内规模最大、开放度最高、开办时间最长、交流效果最好、最具有影响力的国际科技信息与留学人才交流平台，是国内各地政府宣传留学人员创业政策、引进海外智力，以及国内企业、高校、科研院所招聘高端人才和寻求项目合作的重要渠道
1999 年	中国国际高新技术成果交易会（高交会）	1999 年始办的"高交会"至今已在深圳举办了 15 届，成为中国高新技术领域对外开放的重要窗口之一，每年都有多个人才引进项目在"高交会"上签约
2009 年	海外人才工作站	海外人才工作站将以市场化方式运作，广东省不派驻工作人员，主要工作任务是宣传广东省改革开放取得的巨大成就和吸引海外高层次人才智力的政策措施，发布广东省引进海外高层次人才智力的需求信息，收集整理海外高层次人才信息和高科技项目信息，物色推荐高层次人才的人选等
2009 年	百名海外专家南粤行	"百名海外专家南粤行"活动是广东省为适应产业优化升级、转变经济发展方式、提高自主创新能力、大力引进海外高层次人才需求的一项重要举措
2010 年	中国国际人才交流大会	2010 年 10 月，"中国国际人才交流大会"在深圳举行，吸引了海外约 30 多个留学生团体、500 多名留学人员参会
2010 年	海外高层次人才联络处	自 2010 年以来，深圳相继在美国、日本、欧洲和澳大利亚设立了四个海外高层次人才联络处，为海外高层次人才提供各种信息咨询和服务，方便他们进一步了解深圳
2011 年	2011 年广东省引进海外高层次人才波士顿洽谈会	2011 年 7 月，广东省人民政府主办的"2011 年广东省引进海外高层次人才波士顿洽谈会"在剑桥市凯悦酒店举行，征才名额有 700 多个，吸引约 400 名本地高校留学生、各年龄层的专业人士参加活动
2012 年	广东深圳海外人才招聘活动	2012 年 9 月，广东深圳海外人才招聘活动于 9 月 6 日至 13 日举行，行经澳大利亚、新西兰两国，在悉尼、墨尔本、奥克兰三个城市举行三场活动。共有 127 个招聘单位提供逾 1 800 个高薪岗位，其中提供百万以上年薪的职位达到 38 个

三、广东人才引进工作中的问题

　　浙江省对于人才引进工作高度重视，十多年来持续出台了 20 余项详细政策，表明了浙江历届省委省政府抓好人才引进工作的强烈决心。在经过长期的人才引进工作后，浙江省的各种引才引智举措正为浙江省经济结构转型升级提供智力支持。同样正处于经济转型升级关键期的广东，亦可从中镜鉴一二。在与浙江省的对比中，可以发现广东省引才工作主要存在以下问题：

（一） 政策重视不足

相对于浙江过去十四年来近乎每年一项政策出台的频率与20余项的政策数量，广东省的人才引进政策显露出重视程度不高、反应较迟缓、政策体系尚不完善的问题。以人才管理为例，浙江省通过为海外高层次人才办理居住证（俗称"浙江红卡"），不仅方便了对引进人才情况的掌握与合理管理，更与优惠待遇联系起来，巧妙解决了优惠待遇实行对象的标准问题，逐步实现一证多用，为其提供更多便利。

总的来说，与浙江省相比，在证照办理、成果转化、人才管理、人才与企业联系、人才基地建设等方面，广东省仍然存在政策空白——体系尚不完善，尚未出台成型的政策文件。

（二） 项目重复度较高，存在同质化

相较于浙江将目光扩展到高技能人才上，广东的人才引进对象群体略显狭窄。在国家与各省市争相引进高层次科研专家、创业人才、高层次管理人才时，广东仍将猎取人才的目光局限在这一群体中，从而造成人才引进同质化，以及地方与国家"抢"人才、地方之间"争夺"人才的情况，形成同类竞争。

从广东的各项人才引进政策中可以看出，虽然广东省引进人才时已经十分注意对人才的行业与群体进行区分，分行业引进人才，但是总体来说，仍然限于传统概念上的专家、学者、经理人等精英人才，而忽视了其他群体中的人才。

（三） 未能充分利用广东侨乡优势和发挥华人网络作用

广东作为重要侨乡，在与海外华人的联系上拥有得天独厚的先天优势。广东有3 000万华侨华人，分布在世界160多个国家和地区，占全国华侨华人总人数的六成，省内还有2 000多万归侨侨眷，这是广东的独有优势和重要资源。[①]

但是从引进人才渠道来看，在面向海外进行人才引进工作时，虽然引进形式多种多样，但是大部分计划是面向留学生、通过留学生团体进行的。即便是有"海外人才为粤服务计划"、"留学人员来粤创业服务计划"等面向华侨华人开展的人才引进计划，也是直接对于人才个体开展，仍未能建立起与华侨华人网络之间沟通、输送人才的便捷通道，利用广东本身资源与华侨社团之间联系、发挥华人网络作用的计划仍然十分稀少，无法发挥出华侨华人社团与网络的组织优势，不啻暴殄天物。

（四） 人才平台建设较弱

人才的引进仅是手段而并不是目的，真正要达成的目的是经济、科研、社会的高速发

---

① 《广东引智引资大打"侨牌"》，http：//sztqb. sznews. com/html/2012 - 03/22/content_1973106. htm，2012 年 3 月 22 日。

展。浙江于 2010 年的《关于支持浙江海外高层次人才创新园发展的若干意见》、2012 年的《关于浙江杭州未来科技城（浙江海外高层次人才创新园）建设人才特区打造人才高地的意见》中强调要打造以"海创园"为核心的人才园区，作为引进人才后的舞台。2013 年 6 月建成的浙江海外留学人员创业园是第一家省地联动、合作共建的海外留学人员创业园，是引进海外高层次人才创业创新工作的一次全新尝试。浙江与省内学术机构的合作也有利于引进人才的尽情发挥。

同时，从广东人才引进政策和项目列表中可以看出，广东对于打造人才一展所长的平台仍未有明确的政策与具体的规划。在实践中，尚无省级的人才创业创新园地。广东各地除了深圳市建设留学人员创业园的工作成果十分突出外，其他包括广州在内的各市都只是零星建立了一些创业园地，且缺乏政策重视和关怀。

针对此种情况，2013 年的广东省"两会"上，省政协委员何唯平提交议案，反映了广东高层次人才管理与引导方面存在的不足，其中主要的一条意见就是与高层次人才对应的学术机构、研究所、实验室不足。引进人才回来后，发挥用武之地的平台却很少，从而使得人才被迫各处奔波，甚至离开广东。

（五）缺乏长期关注与监督评估机制

当前，在人才工作领域存在着这样一种现象：一项人才计划开展时媒体争相报道，引得人们纷纷侧目，一时间好不热闹。但是随着一时的风潮过后，计划实施过程中存在什么样的问题、最终项目是否达到了当初的目标、工作中存在什么计划却鲜有人关注。广东统计局网站"广东统计信息网"上多份关于人才引进工作的报告阅览量基本不超过 30 次，媒体上对于人才工作的报道不是对政府政策会议的跟风报道就是对具体案例的细节化、感受化访谈，很少有对项目成果得失的深入报道。这正说明了无论是媒体还是社会甚至是部分政府部门都更将注意力放在人才引进工作的启动上，而忽视了对过程和完结环节的关注。

四、政策建议

（一）维持政策稳定性持续性，建立长期的监督评估体制

高效优质的人才引进工作依赖于科学合理的政策指引。从前文可以看出，广东省的人才引进政策与浙江省的人才政策相比存在较大差距。从政策出台的数量到政策出台的时间来看，广东省政府的反应稍显迟钝，并且对于订立完善政策规范的努力有所欠缺。同时，在政策和项目计划的落实和监督上，仍然有着盲目跟风、关注度不足、缺乏评估标准等问题。

广东在制定政策时，可以考虑效仿浙江，树立"人才无小事"的思想，通过持续不断地出台政策，填补各领域的政策空白，建立起完善的政策体系。并且，在政策出台时就应设立明确目标，制定可量化的数字指标，建立起明确的分工制度，将政策的每一部分进行分解，使其便于操作，易于监督。最后，可以将监督与评估的责任落实到相关部门（如广东省人力资源与社会保障厅、广东省科学技术厅、独立第三方监督组等等），将有关部门

收集到的统计数据与惩处机制联系起来，以保障政策的落实和对人才工作执行情况的监督。

（二）增强引进人才多样性，拓宽引才对象群体

广东本非高技能人才大省，截至2013年9月底，广东全省技能人才达929万人，其中221万人属于高技能人才，只占技能人才需求的23.8%，仍然远远不能满足需求，缺口极大。广东技能人才的市场求人倍率（需求人数与求职人数之比）始终在高位运行，平均位于1.4以上，远高于市场1.05～1.1的总体水平，技师和高级技师更是位于2.0以上，企业对技能人才的需求非常迫切。①

针对此种情况，应关注高技能人才的引进与培养工作。应当注意到，广东并非没有出台针对高技能人才的引进政策，如《关于做好高技能人才入户城镇工作的意见》、《广东省高技能人才队伍建设"十二五"规划》、优秀农民工入户、农民工积分制入户等一系列政策文件。但是正如上文所指出的，直到目前，在粤高技能人才仍然与广东经济强省的地位与需求不相符，需要强有力地推行高技能人才引进新政，尤其是展开时间短、见效快的人才引进政策。

同样，人才一词的含义非常广泛，只要能够促进经济社会发展的人都应受到礼遇。不能仅仅将引才目光放在学者、高层经理人、企业家等传统意义上的精英群体，对于中小学优秀教师、优秀医师、优秀大学教师等人才，也应当"如饥似渴"地引入广东，助力广东整体发展。

（三）利用华人网络，发挥组织优势，关注华侨人才

虽然海外侨胞人在海外，但他们心向家乡，积极向广东建言献策，以抒发自己的赤子之情。美国华盛顿华人社团联盟主席刘平中在2008年举办的"海外华侨华人与广东改革开放论坛"上就作了题为"发挥海外华侨华人智库作用，促进广东提高自主创新能力"的演讲，表达了海外华侨华人希望发挥自身的智力参与广东的发展建设的迫切愿望。希望广东能够响应这种呼吁，不辜负海外侨胞的拳拳之心。

身为华侨大省，广东在引进海外人才上有着无与伦比的人才宝库这一优势。当前的广东侨务工作为省内带来了相当可观的人才、资金、技术的支援。但是与华人社团组织的合作仍然处于一个较浅的层面。可以尝试建立起与华人社团（尤其是各行业各领域专门社团）之间的联系，提供一定比例的推荐名额给相关社团，利用好相关社团之间的联系，打通一个关节从而一通百通，进入华人网络尽情捞取人才。广东侨务部门也向省政府建议，建立"广东省长与华侨华人高层次专家会谈机制"，每年的适当时候，邀请省领导与海外华侨华人高层次专家及在粤创业精英代表座谈，听取"留洋顾问"对广东发展的意见和建议。

（四）满足人才最迫切需求，建立灵活反应机制

提供给人才"一站式"便捷安家服务，解除其后顾之忧是广东省人才引进工作的一大亮点与特色，但是对于完善配套措施来说，这些工作远远不够。目前广东尚未建立起一个

---

① 《221万粤高技能人才仍存缺口》，http：//rencai.people.com.cn/n/2013/1029/c244853－23366385.html。

灵活的"反馈—改进"通道，有许多海外人才最渴望解决的一些问题在广东尚未得到重视。

例如，相当多的海外高层次人才已经加入外国籍或者在外国安家，如果要回国工作居住十分不方便，他们希望能够开放双重国籍，或者放宽提供中国"绿卡"的条件。在此问题上浙江省通过发放海外高层次人才居住证（俗称"浙江红卡"），与全方位的优惠配套政策挂钩，解决了人才引进中面临的回国人才身份难题。广东可以考虑效仿浙江，为广东引进的人才发放此类证件并与待遇挂钩，并且进一步推行政策手续优化，简化流程，实现真正便捷。

为及时解决出现的问题，满足人才需求，广东省可以考虑设立类似"市长信箱"这样的专门反映渠道，并且建立起及时灵活的反应机制，将职责分配落实并规定具体解决时限。还可以设立专门的服务热线，提供在线答疑服务，为人才提供咨询帮助。

（五）为人才入粤发挥所长创造良好工作条件

正如刘宏教授主持的"华侨华人智库与广东自主创新、转型升级"报告中所言，北美地区高端人才回粤创业的主要困难之一就是广东缺乏海外高层次人才回国所需要的环境，创业配套政策不完善。广东既缺乏海外人才创业所需要的企业发展人才，也缺乏留住人才的环境，还缺少足够的创业资金。

因此，广东应当为引进人才竭尽所能，营造优良的工作条件。从资金上来说，可以效仿浙江，建立起政企共同参与的人才创业投资基金，鼓励"天使投资人"对起步中的企业进行投资，提供持续的政府创业补贴。从平台上，应当利用好省内已有的优秀学术科研机构，尽力接纳、引进人才在工作研究条件优厚的平台工作，建设好专门接纳引进人才创业的创新园区。值得一提的是，深圳市对于打造引进人才平台十分重视。到 2013 年，深圳共有留学人员创业园 15 家，在孵企业数 1 587 家，累计毕业企业数 1 664 家。全市留学人员企业超过 2 000 家，超亿元产值的企业超过 30 家[①]。可以在全省推广深圳优秀经验，为引进人才提供舞台。

（六）发挥特色，打造名牌

广东省创造性提出了创新和科研团队引进计划，发挥团队引进优势，这本是全国人才引进工作中开创性的一步，计划一经提出就引起海内外关注，但是引进团队工作中存在的困难不小。如创新和科研团队引进计划中第二批引进团队光启团队的核心成员刘若鹏就表示："我们都已经成家，5 个人的团队其实等于有 10 个人，而且另外 5 个人更难弄。"[②] 面对引进团队的困难，广东省更应当迎难而上，处理好团队引进的户口审批、家属安置、团队工作开展等各项问题，将团队引进作为广东人才工作的突出特色来打造、宣扬。

课题负责人：张宇权，中山大学亚太研究院副教授

---

① 《深圳再添 4 个留学人员创业园》，http：//www. gd. chinanews. com/2013/2013－11－07/2/281944. shtml。
② 《顶尖人才为何情定广东》，《南方日报》，2011 年 6 月 3 日。

第三编 侨资企业转型升级

广东侨资企业转型升级研究

一、研究背景

（一）项目研究背景和意义

"侨资企业"是指经国家有关部门批准，由华侨华人、港澳同胞在中国内地投资兴办且其资本占投资总额25%以上的企业（不含国外及港澳中资机构在境内的投资企业）。改革开放以来，侨资企业数量在全国外商投资企业中约占70%，投资额约占我国利用外资总额的60%。

2010年12月，广东省侨资企业总数约为55 500家，其中香港投资在册企业数47 755家，澳门投资在册企业数3 256家，华侨华人投资在册企业数约4 500家。至2012年底，广东省侨资企业达5.8万家。侨资企业是改革开放以来最早进入广东的外资企业，对广东的早期发展有很大的推动作用。当时，这些侨资企业有很大的一部分是从事加工贸易，产品主要供应国际市场。

但是近年来，外部环境的剧烈变化给侨资企业带来了很大的生存压力。第一是全球金融危机和经济的低迷，影响了企业的订单；第二是人民币的升值，直接降低了出口产品的价格优势；第三是原材料、燃料等成本上升；第四是用工难、招工难和工资成本上涨；第五是国内内需开发较难；第六是政府加大对用电、耗能、排放的控制，直接影响侨资企业的生产运营；第七是产品更新换代、技术革新、低碳环保所带来了压力。

对侨资企业来说，除上述几点共有问题外，还有它自身特有的内忧外患，也成为其面临的较大的发展瓶颈，这与侨资企业的特点有密切的关系。一是侨资企业老板作为华侨华人或者港澳同胞，深谙国际的制度环境和商业惯例，对国际市场有较多的了解，侨资企业中多数产品面向的是国际市场。但是由于国际市场的萎缩，企业必须将眼光转向国内市场，但他们对国内市场的了解与内地企业相比明显处于劣势。二是很多侨资企业属于家族企业，近年来不少企业面临着家族企业传承和二代接班的问题。另外，不少侨资企业还存在"任人唯亲"、"一言堂"、管理方式比较传统落后等问题，如何改变管理模式也成了它们的难题。

面对以上难题，侨资企业的转型升级越来越受到社会各界的重视。广东省政府自2008年以来对产业和企业的转型升级给予了高度重视，并相继实施了"腾笼换鸟"、"双转移"等一系列措施。虽然政府推动企业转型升级已经历了四年多的时间，但是很少有机构专门研究分析政府在推动侨资企业转型升级中的作用。

基于此，本研究将会采用访谈和问卷调研的方式，对广东省侨资企业转型升级的现状、存在的问题以及政府推动侨资企业转型升级的措施、效果进行实证研究，并为政府推动侨资企业转型升级提供针对性的建议。

（二）研究目标与研究方法

本课题旨在研究广东省侨资企业转型升级的现状、存在问题、影响因素、路径和政策选择，具体将采用问卷调查、访谈调研、二手资料收集与分析等研究方法。

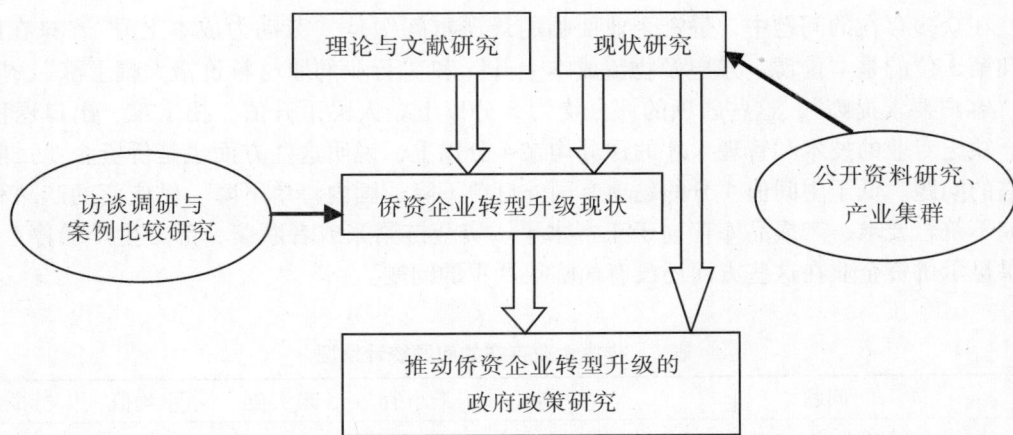

图 1　本文技术路线

本轮调查的问卷发放时间从 2012 年 12 月开始，到 2013 年 2 月结束，一共回收 207 份问卷，其中有效问卷 173 份，占 84%。问卷题项的设计结合研究者对侨资企业的了解，以及研究者的相关经验。在初步问卷形成以后，还对政府有关部门进行了访谈，了解政府在推动企业转型升级方面的最新政策。研究者还走访了多家侨资企业，对其生存现状也有更进一步的了解。此外，问卷设计在总结现有文献的基础上确定了最终的题项设置。从地区分布来看，173 家样本企业分布在广东省的 23 个城市，分布较为广泛。其中，来自深圳、佛山和广州的企业较多，分别有 18 家、16 家、15 家，合计占样本总数的 28.3%。

二、广东侨资企业的发展概况与特点

（一）广东侨资企业发展现状

从受访企业的情况来看，侨资企业有以下几个特点：

第一，产业选择以制造业为主，占比最多的是纺织服装、电子信息产品和金属制品制造。

第二，投资规模以中小型企业为主，并形成了梯队分布。

第三，根据侨资来源地，可以发现港资企业居多，其次为东南亚和澳门企业。

第四，销售区域以出口发达国家为主，但内销比例不断提高。

第五，盈利情况总体良好，但有部分企业的收益出现下滑。

第六，企业普遍重视研发，知识产权保护意识较高。①

第七，企业普遍重视品牌建设，品牌实力较强。

第八，加工贸易企业较多，大部分企业为 OEM/ODM/OBM 并存②。从研发情况来看，这些代工企业大部分也有自主研发品牌。

第九，侨资企业在增加税收、提高就业、促进技术升级等方面发挥着重要作用。

（二）广东侨资企业存在的问题

在众多存在的问题中，侨资企业面临的最严重问题是"劳动力成本上升"，排在第2位和第3位的是"能源、水电及物流成本上升"和"行业的原材料价格大幅上涨"，接着是"客户要求提高"，这些题项的评分均为5分以上。人民币升值、招工难、出口退税下调、缺乏专业的技术和管理人才的评分均在4分以上，说明这些方面也是侨资企业目前所面临的问题。低于中间值4分的题项有国外订单下降、国内订单下降、供应商的产品和交货期不符合要求、产成品库存高于正常水平、资金链紧张或者断裂、部分生产线停产等，结果显示侨资企业在这些方面还没有面临很严重的问题。

表1　样本企业存在的问题统计情况

问题	N	最小值	最大值	平均值	标准差
劳动力成本上涨	171	1	7	5.48	1.39
能源、水电及物流成本上升	170	1	7	5.26	1.31
行业的原材料价格大幅上涨	169	1	7	5.22	1.34
客户要求提高	169	1	7	5.00	1.35
人民币升值	168	1	7	4.99	1.51
招工难	171	1	7	4.87	1.62
出口退税下调	162	1	7	4.38	1.55
缺乏专业的技术人才	169	1	7	4.31	1.44
缺乏专业的管理人才	169	1	7	4.27	1.49
国外订单下降	164	1	7	3.94	1.63
国内订单下降	161	1	7	3.71	1.59
供应商的产品、交货期不符合要求	165	1	7	3.24	1.64
产成品库存高于正常水平	166	1	7	3.21	1.61
资金链紧张或者断裂	166	1	7	3.17	1.67
部分生产线停产	164	1	7	2.98	1.72

① 2011年，我国专利授权量为883 861件，其中发明专利、实用新型专利和外观设计专利分别为112 347件、405 086件和366 428件，分别占13%、46%、41%。这说明侨资企业对知识产权的重视程度较高。

② OEM（原设备生产）是指按客户提供的设计、规格和指定品牌制造产品；ODM（原创设计生产）指自行设计、由客户确认后再使用客户指定的品牌制造产品；OBM（原创品牌生产）则是使用自己的品牌进行生产或销售。

下面结合调研情况和二手资料分析侨资企业所面临的主要问题：

（1）成本上涨，挤压企业的盈利空间。成本是侨资企业发展所面临的重大问题，这些成本主要是劳动力成本，能源、水电及物流成本，以及行业的原材料价格。

劳动力成本成为侨资企业发展的首要问题。金融危机以后，仅四年时间，职工工资涨幅就达到了53%。调研发现，鹤山味香园食品有限公司的普通员工工资从2008年至2012年增加了50%，但还是很难招到工人。

据香港中华厂商联合会2012年的调查统计显示，九成以上的相应公司都遇到劳工短缺的问题；其中，38.3%的企业表示短缺工人的比例在10%或以下，另有43.8%企业的缺工率在一至三成之间。

（2）客户要求提高，加大企业设计、生产和销售压力。不少侨资企业的产品出口到国外，但在金融危机的背景下，贸易保护主义抬头，侨资企业出口受阻。双反、绿色贸易壁垒等贸易保护措施将国内企业拒之门外。例如，欧盟自2003年以来陆续实施了ELV、WEEE/RoHS等环保指令①，一批出口企业受到不同程度的打击。

随着国内居民收入的增加，以及中产阶级的崛起，国内市场潜力进一步释放。在此背景下，消费者要求不断提高，对侨资企业生产的产品提出更高的标准。

（3）外贸条件恶化，企业出口优势下降。金融危机使得国内企业的出口急剧下滑，2010年以来出口虽有恢复，但增速却不断下降。自人民币实现浮动汇率以来，人民币不断升值，直接抬高了产品的出口价格，降低了侨资企业产品的价格优势。此外，国家下调出口退税，导致出口企业的收入减少。

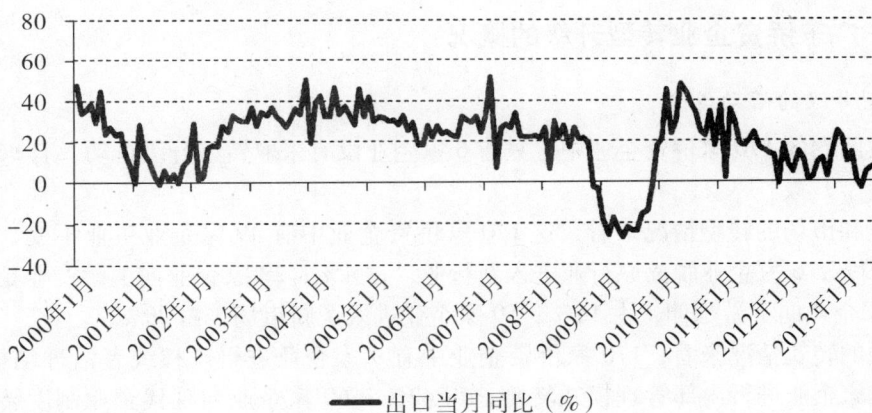

——出口当月同比（%）

图2　2000—2013年出口增速变化情况

---

① ELV是报废车辆指令，WEEE是废旧电子电气设备指令，RoHS是电子电气设备中限制使用某些有害物质指令。

（4）人才缺乏，制约企业发展。侨资企业的发展也离不开强有力的人才支撑。特别是地处粤东、粤西的一些侨资企业，由于地理位置偏远、配套设施有限、人才交流平台缺乏、发展机遇少等因素，许多专业技术（管理）人才不愿意来企业任职。揭阳揭东钻宝科技电子有限公司是一家生产高频数码接收器和卫星接收设备的公司，公司在技术创新过程中，由于缺乏领军的高端技术人才，极大地影响了研发工作进展。此外，湛江、云浮，甚至是珠海、佛山、东莞等珠三角地区企业，都遇到了类似问题。

（5）资金缺乏，融资困难，企业发展后劲不足。调研中发现，汕头超声印制板公司这家在汕头地区知名的侨资企业，由于缺乏相应配套的启动资金，使公司研发的高频通信印制电路板、埋容埋阻印制电路板、IC 载板等高附加值产品仅停滞在小批量生产中。据了解，大多数企业解决资金缺乏的办法主要是向银行贷款。但银行为防范金融风险，对企业的信贷条件门槛设置普遍较高，不少侨资企业因为融资困难而丧失了市场和发展机遇。

（6）节能环保责任加重，对企业的生产和技术提出更高要求。一方面是企业研发投入与产品创新不足，一方面是节能环保责任重大。一些侨资企业越来越强烈地感受到环保、节能责任的重大。然而，也需要意识到节能、环保是双刃剑，让节能、环保达到要求，企业必将在短期内加大产品研发、环保成本费用支出，影响到短期经营业绩。但是在一些政策的鼓励之下，企业不仅可以响应政府的需要，获得政府的支持，更重要的是获得消费者的支持。

三、广东侨资企业转型升级的概况

（一）广东侨资企业转型升级的概况

1. 转型升级的活动类型

在有效问卷的 170 家侨资企业中，只有 6 家企业没有采取转型升级行动，有 96% 的企业进行了转型升级。

从行业和市场的转型情况来看，这 170 家侨资企业中有 49 家企业主业不变、进入新行业，占 29%；6 家企业脱离原行业进入新行业，占 4%；28 家企业向上游产业延伸，占 16%；28 家企业向下游延伸，占 16%；50 家企业进入了新市场，占 29%。

从企业的转轨情况来看，170 家侨资企业中有 9 家企业进行产权或者治理结构转型，占 5%；72 家企业进行内部管理模式转型，占 42%；60 家企业向现代企业制度转变，占 35%；33 家企业进行商业模式转型，占 19%。

从企业升级的情况来看，84 家企业进行了工艺流程升级，占 49%；82 家企业进行了产品升级，占 48%。

表2　样本企业的转型升级活动

题项	回答企业	数量	比例
主业不变进入新行业	170	49	29%
脱离原行业进入新行业	170	6	4%
向上游产业延伸	170	28	16%
向下游产业延伸	170	28	16%
进入了新的市场	170	50	29%
产权或者治理结构的企业类型转型	170	9	5%
内部管理模式转型	170	72	42%
向现代企业制度转变	170	60	35%
商业模式转型	170	33	19%
工艺流程升级	170	84	49%
产品升级	170	82	48%
没有转型升级	170	6	4%

由于侨资企业中有较大的比例为加工贸易企业，本研究也分析了这些企业的转型升级。结果发现，加工贸易企业大部分还是保持原来的经营方式，而从加工贸易转为内销企业、从合伙或独资企业转为有限责任公司、从个体工商户转为公司制企业的不多。

表3　加工贸易企业的转型情况

类型	没有转变企业类型	从加工贸易转为内销企业	从合伙或独资企业转为有限责任公司	从个体工商户转为公司制企业	合计
数量	70	9	11	2	92
比例	76%	10%	12%	2%	100%

2. 转型升级的具体措施

（1）完善管理，不断降低生产成本。通过加强管理、流程再造，从而降低生产成本、提高生产效率。例如，中名（东莞）电子有限公司这家以生产耳机、音箱和麦克风为主的企业，从2009年开始优化企业内部管理，重新规划生产经营流程，改变粗放式管理模式，加强质量体系管理，减少辅助工序人员。一系列的改革举措，提高了公司生产效率，扩大了产品市场占有率，2009年公司销售额达到了35 394万元。

（2）加大品牌的建设，从OEM向OBM升级。新会江裕信息产业有限公司，以代工生产电子设备起家，从2008年开始专注自己"映美"品牌建设。针对国内玩具市场的发展和要求，公司加大研发投入，开拓自主品牌"SILVERLIT"，被德国媒体评为"电动玩具第一品牌"。2009年公司购入法国学前玩具品牌"OUAPS"，进一步开拓欧洲市场。

（3）引进先进设备和技术，提升产品附加值。引进先进生产线，更快推出新产品，增加产品附加值是侨资企业转型升级的一种主要方法。例如，中山侨光纺织有限公司从2008

年开始对生产工艺进行升级改造，产品质量也较以往有了大幅度提高，同时也适当减少员工人数，逐步从劳动力密集型向资本、技术密集型转型。

（4）丰富产品系列，扩大市场份额。从生产单一产品到生产多元化产品直至形成产品系列。鹤山味香园食品有限公司是一家以生产花生休闲食品为主的企业，2007年该公司与青岛一家公司合作，以山东大花生为原料，生产研发一系列"绿色"花生食品，品牌除了在国外销售的"味香园农夫老牌"外，还在中国国内新开发了"幸运农夫"品牌，花生也从以前的一种口味增加到了蒜蓉、香脆、南乳、奶油等多个口味。并自2003年开始涉足食品酱料的生产，受到市场欢迎，企业效益由此也逐年增高。

（5）进行多元化扩展，实现跨产业升级。新市场或者新行业往往具有很多的机会，是企业发展的蓝海领域。东莞步升五金首饰制造厂有限公司从传统的五金加工逐步向生物科技、旅游开发、金融担保等项目转移，形成以高新技术为龙头，服务业为基础的多层次、多元化发展模式，企业面貌焕然一新。

（6）响应国家和社会的要求，进入战略性新兴产业。近年来，国家对一些行业的发展给予了较大的支持力度，引导企业转型升级。一些企业也结合社会需求的变化，对产品生产进行调整。例如，惠东美新塑木型材制品有限公司的前身是一家于1990年在深圳成立的再生塑料加工企业。在国家对循环经济政策的鼓励和全国"塑木热"逐渐兴起的背景下，公司在原来塑料生产技术的基础上进入塑木型材行业，投资2亿多元兴建了占地700余亩的"新兴亚洲工业园"，年产量达4万吨。现在，公司已经成为该行业的全国龙头企业，产品远销美国、澳大利亚、中国香港、中国澳门等国家和地区，销售额逐年上升。

（7）通过"产学研"合作，提升技术水平。在广东经济起飞的初期，政府科技水平、企业研发能力均很薄弱，依靠企业自身力量难以形成具有竞争力的创新能力，技术引进也很难被有效吸收。"产学研"合作为企业、特别是中小企业的发展提供良好的技术支持平台和服务，为它们的技术升级和创业创造条件。例如，广东达进电子科技有限公司与香港理工大学线路板科技开发中心开展"产学研"合作，对企业电子线路板进行升级改造，取得了很好的效果。

（8）积极开拓内销市场，形成利润增长点。在外需减少、市场竞争加剧、国际贸易壁垒增多、贸易保护主义抬头的大背景下，内销市场成为侨资企业的利润增长点。例如，广东达进电子科技有限公司、新兴县先丰不锈钢制品有限公司、佛山惠洋喷涂工业有限公司等过去以外销为主的企业近几年正通过创建国内营销中心、开辟国内营销渠道、整合市场、改进售后服务等方法，努力开拓国内市场。

（9）积极参与国际认证，规范企业管理和生产流程。在侨资企业中，有较多的企业参与了国际认证。这些国际认证对企业的管理和生产均有一定的要求，在一定程度上也促进了侨资企业的转型升级。以本研究的问卷调查结果为例，在167家侨资企业中，有137家侨资企业通过了ISO/IEC/EuP/ErP /ELV/WEEE/RoHS/REACH等国际认证，覆盖率达82%。

（二）广东省侨资企业转型升级的社会效益分析

（1）转型升级对侨资企业发展的影响。本研究从流程升级、产品升级、功能升级和跨产业升级①四个维度来衡量企业转型升级的效果。其中，功能升级又可以分为从生产向研发升级（研发升级），以及从生产向品牌升级（品牌升级）。流程升级、产品升级、研发升级、品牌升级和跨产业升级效果的得分分别为5.07、4.98、4.57、4.66、4.44。由此可见，在各项措施之下，侨资企业在流程和产品升级两方面都有较好的效果，而在研发和品牌功能升级、跨产业升级方面还有待提高。

表4　样本企业转型升级的效果

升级类型	N	最小值	最大值	平均值	标准差
流程升级效果	168	1	7	5.07	1.06
产品升级效果	170	1	7	4.98	1.09
研发升级效果	169	1	7	4.57	1.27
品牌升级效果	170	1	7	4.66	1.58
跨产业升级效果	167	1	7	4.44	1.65

（2）侨资企业转型升级对国内企业的示范作用。相对于国内企业而言，侨资企业在设备投入、研发和品牌方面都具有一定的优势。通过外销，侨资企业也更能把握国际产业的发展趋势。在这些基础之上，侨资企业可以比国内企业更快地实施转型升级，起到示范作用。同时，通过上下游的合作关系，侨资企业的转型升级也能带动配套企业的转型升级。

（3）侨资企业转型升级对产业结构转型的推动作用。从产业基础看，广东是从"三来一补"起步的，相当长一个时期内以劳动密集型产业为主，产品处在产业链的低端环节，抵御外部风险的能力和国际竞争力较弱，经济发展中的结构问题逐渐显现。在广东省侨资企业中，有较大部分的比例是做出口的，通过利用与发达国家之间的联系，侨资企业可以承接国际产业转移，进一步推动产业结构转型。

（4）侨资企业转型升级对社会发展和稳定的作用。到侨资企业转型升级对于社会稳定特别是解决税收和就业方面有重要意义。在内外部的压力之下，一些侨资企业将生产业务迁到了省内较为偏远的地区，省内的税收无疑会有所减少，并且将有一批工人会面临失业的危险。而鼓励侨资企业就地升级，帮助企业渡过危机，让侨资企业扎根于珠三角，对于社会发展和稳定有重要的意义。

---

① 流程升级是指通过对生产体系的重组，更有效率地将投入转化为产出。产品升级是指引进先进生产线，更快地推出新产品，增加产品附加值。功能升级是指获取新功能或放弃现存功能。跨产业升级是指将一种产业的知识运用于另一种产业。

四、广东侨资企业转型升级的影响因素——基于东莞龙昌玩具的案例研究

（一）东莞龙昌玩具案例简介

该公司的前身创办于 1963 年，1980 年开始生产单一玩具，目前是集研发、生产、销售于一体的上市公司。公司产品业务涵盖代工生产玩具（OEM），提供原始委托设计制造服务（ODM），也从事部分自主品牌产品的研发生产和销售（OBM）。2012 年实现营业额 2.09 亿港元，毛利率达 25.53%，较 2011 年提高 10%。目前共申请专利 365 件，是"中国十大玩具制造企业"、全球最大的遥控及智能玩具的研发、制造企业之一。

（二）东莞龙昌玩具的转型升级路径

1. 升级路径一：基于产业链延伸的升级（OEM – ODM – OBM）

龙昌玩具以 OEM 业务起家，通过自我积累和收购企业，实现了从 OEM 向 ODM 再向 OBM 的升级。目前，龙昌玩具采取 OEM/ODM/OBM 并存的方式。OEM 业务收入由 1998 年的 95% 降至 50%；ODM 业务收入则在 2000 年收购研发企业后上升到 10%，至 2010 年达 35%；OBM 业务收入比例则在 2002 年收购品牌企业后实现零的突破并逐步上升到 2010 年的 15%。

（1）提升研发设计能力，从 OEM 向 ODM 升级（向产业链上游延伸）。1994 年 11 月，龙昌玩具正式展开 ODM 业务。虽然还是接订单后生产，但产品具体的方案是由龙昌自行设计的，提升了利润空间。1998 年成立高新产品研发部，2000 年成立高科技智能产品研发部，同年收购了专于产品研发和制造精密模具的创艺精机有限公司，整合为公司的研发中心，使龙昌的研发设计能力进一步提升。

为拥有自主知识产权，龙昌玩具每年投入约 2 000 万元进行设备更新、人才引进和科研活动，形成由 200 多名技术人员组成的研发队伍，其中 20 多人拥有高级工程师认证。此外，与香港中文大学、清华大学和多家软件设计公司建立了开放式"政产学研"联合开发机制。

（2）走自主品牌之路，向 OBM 升级（向产业链下游延伸）。龙昌玩具董事、总经理梁钟铭逐渐意识到，"好的产品还要有好的品牌和好的渠道"。2002 年，龙昌玩具收购了北美一家以生产一种四肢能屈伸的人性玩具而闻名的玩具企业 Kid Galaxy，获得旗下品牌"Bendos"以及其完整的 3 000 个国际销售网络，开始了自主品牌之路。

2. 升级路径二：跨产业升级

近年来，龙昌玩具抓住行业边界模糊与产业融合的趋势，将高科技融入传统制造业中，并从玩具延伸至动漫、教育、文化等行业，实现了跨产业升级。

（1）产品研发设计领域跨越多重技术。①利用 IT 改造传统产业，将传统玩具与电子产品相融合，生产技术含量高的无线遥控产品和电子产品。2012 年无线电遥控产品占其产品总量 45%，其中一款产品运用了 RFID 射频识别系统，玩具之间能互相识别自动打招呼。②将智能技术融入玩具生产中，自主开发、设计智能机器人。2005 年和 2008 年分别成立东莞市智能教育电子产品研发中心和智能机器人工程中心，建立智能技术研究院。2007 年开发的 I – SOBOT 人型机器人是世界上最小的智能机器人，已被载入吉尼斯世界纪录。2009 年研制出仿生系列电子

宠物机器人。销往国内外的高档产品智能机器人每个售价高达 2 000 多元，部分产品迄今未有仿制品。企业目前拥有专利 365 项，2009 年获得"广东省优秀专利奖"。

（2）产品应用领域跨越多个行业。①玩具与动漫产业的融合。多款玩具以动漫为题材，如"装甲特警"、"铁胆火车侠"等。从 2009 年开始，与 CCTV《快乐星球》剧组合作开发儿童科幻剧道具产品，积极参加历届中国漫博会。利用动漫业拉动玩具产业的发展，深度挖掘行业价值。②玩具与教育产业的融合。龙昌玩具注重发展教育型产品，把科学和文化的概念与元素融入玩具中，使玩具不再是简单的传统娱乐工具。以教育、娱乐、智能产品研发与转化为主，逐步开展健康、安全、家庭护理以及工业机器人。并推出博思智能教育机器人平台，目标是做成中国的素质教育平台。此外，该公司于 2012 年携手迪士尼开发婴幼儿产品，进一步扩大教育玩具的领域，提升影响力。

（三）东莞龙昌玩具转型升级的影响因素与效益分析

1. 两种升级路径影响因素和升级效果的模式匹配

在企业资源与能力的积累、企业家精神与能力、环境因素与变动三个影响因素的驱动下，龙昌玩具选择两种路径进行升级，均提升了企业的附加值和竞争力。

表 5　龙昌玩具两种升级路径的影响因素和升级效果的模式匹配

			基于产业链延伸的升级（OEM – ODM – OBM）	跨产业升级
企业升级影响因素	企业资源与能力	升级前关键资源情况	企业盈利能力较强、资本积累较充裕，1997 年龙昌玩具在香港上市，成功融资支持并购	拥有多个专业产品研发中心和优秀的研发队伍
		升级前关键能力情况	研发设计能力（ODM）不足 没有自有品牌（OBM） 生产制造能力较强	生产制造能力、研发设计能力、营销服务能力提升 拥有自有技术、自有品牌、自有渠道
	企业家精神		集团主席梁鳞具有创业创新精神、创立自有品牌意识、坚持与执着精神，能迅速捕捉商机。以"变动思"（"变"是变化，"动"是做事，"思"是思维和思危）作为经营哲学	
	环境变动	竞争环境	技术含量低的产品面临激烈的价格竞争	传统的娱乐玩具产品面临激烈的价格竞争，金融危机加剧市场竞争
		成本压力	人民币升值、工人工资不断增加、加工贸易出口退税率减少使其总成本增加，利润大幅度减少	
		行业特点	以出口为主，生产制造环节利润低，品牌和营销渠道具有重要价值 技术含量增高，且研发周期更长，产品研发设计重要	占主导的传统娱乐玩具产品附加值低 行业边界模糊与产业融合使玩具，高端智能玩具产品逐渐受到青睐，行业产品周期缩短

（续上表）

		基于产业链延伸的升级 （OEM－ODM－OBM）	跨产业升级
企业升级效果	附加值提升	从事 ODM 业务 从事 OBM 业务 产品利润提高	产品技术含量提高 产品功能增加 产品单价提高
	竞争力提升	研发设计能力提升 营销服务能力提升 生产制造能力提升	研发设计能力、技术创新能力提升 产品易模仿性降低 对价值链的控制增强 品牌知名度和影响力、市场地位提升

资料来源：作者调研分析总结。

2. 两种升级路径的内在联系与叠加效益分析

龙昌玩具的升级过程实质上是两种路径相结合的持续升级。为了更直观地解释两者的内在联系，我们构建了两个维度的升级路径图（如图3）。结合企业升级的影响因素及升级效果（表5）发现，这两种路径并非完全独立，而是存在着递进的、相互促进的关系。

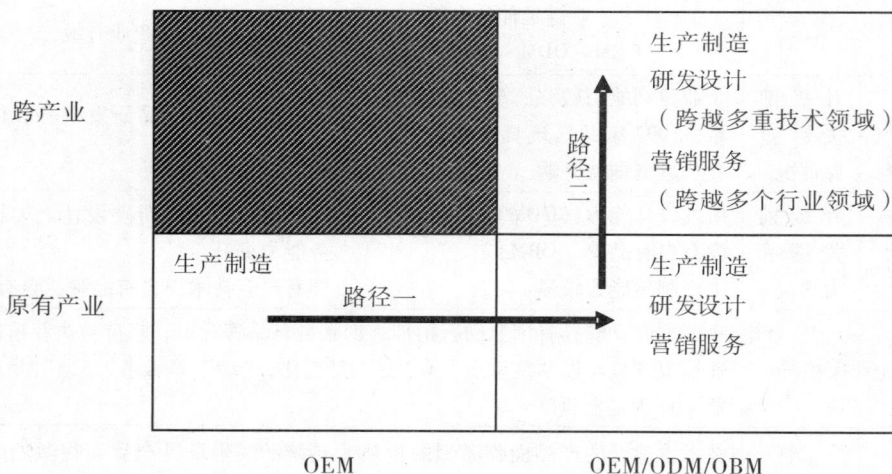

图3　龙昌玩具的两种升级路径

资料来源：作者调研分析总结。

路径一，在原有产业链上分别向上游和下游延伸，实现了 OEM－ODM－OBM 的升级。在升级的过程中，通过两次反向收购，获取战略性资产，使得龙昌玩具形成了完整的产业链和价值链。路径二，通过在产业链的上游（研发设计）跨越多重技术领域和下游（营销服务）跨越多个行业领域，实现了跨产业升级。同时开发出技术含量更高、功能更强的新产品，品牌知名度和形象、品牌影响力以及市场地位不断提升，强化了路径一的升级效果。

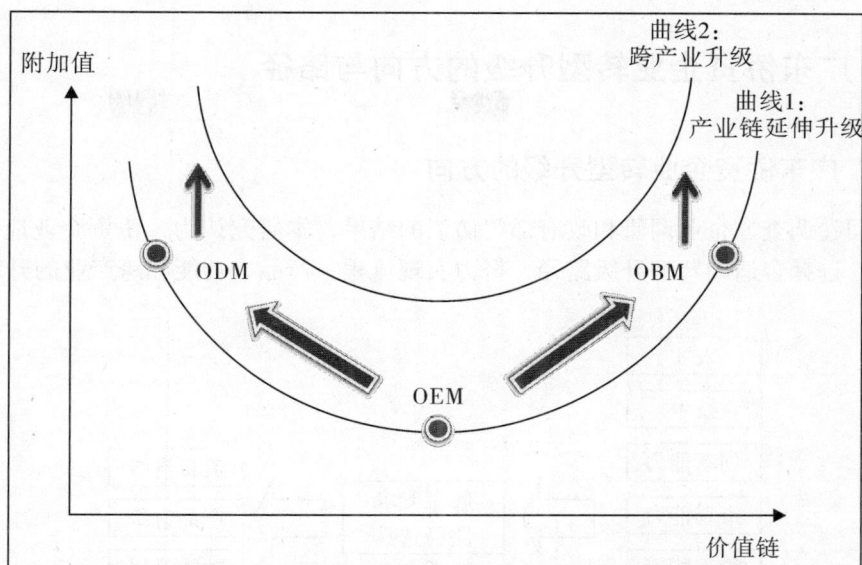

图4　龙昌玩具两种路径升级的附加值曲线变化

资料来源：作者调研分析总结。

通过进一步的研究发现，这两种升级路径能够产生叠加效益，推动企业持续升级。这种叠加效益，也可以通过企业的附加值曲线（微笑曲线）加以说明（如图4）。基于产业链延伸的升级，其升级效益是企业通过由低附加值环节（OEM）向高附加值环节（ODM、OBM）延伸所带来的附加值提高。跨产业升级的升级效益则是由企业跨越多个产业链产生的协同效应所带来的附加值的叠加。在这两种升级路径的共同作用下，企业效益倍增，产品的附加值、盈利能力和企业竞争力均得到了大幅提升。

（四）案例启示与讨论

（1）处于附加值曲线底端的OEM企业，可以通过反向收购迅速获取战略性资产，实现向产业链上、下游延伸的升级。与企业通过内部积累相比，反向收购能够帮助企业迅速获取战略性资产，实现企业向产业链两端的延伸。

（2）在行业边界模糊与产业融合的新特点下，跨产业升级能够发挥协同效应，提升企业竞争力。这种路径使多个产业价值链间发挥协同效应，获取经济效率，从而使企业整体价值链得到提升。不仅开辟了新市场，而且提升了企业竞争力。

（3）多种路径相结合的持续升级能够实现企业效益倍增，获取更大的竞争优势。从权变理论看，企业升级没有固定的模式可以遵循。可选择多种路径相结合的方式推动企业的持续升级，产生叠加效益，从而不断获取并保持竞争优势。

（4）企业家精神是企业持续升级的关键因素。企业家敏锐的洞察力和敢为人先的冒险精神，引领整个组织掌握开发新技术和新产品的机会（Lumpkin & Gregory，1996），推动企业选择合适的路径，持续向附加值高端升级。

五、广东侨资企业转型升级的方向与路径

（一）广东侨资企业转型升级的方向

基于问卷调查、企业调研和政府部门访谈的结果，本研究认为，侨资企业应该结合内外部因素，选择合适的转型升级路径，努力实现流程、产品、功能和跨产业的升级。

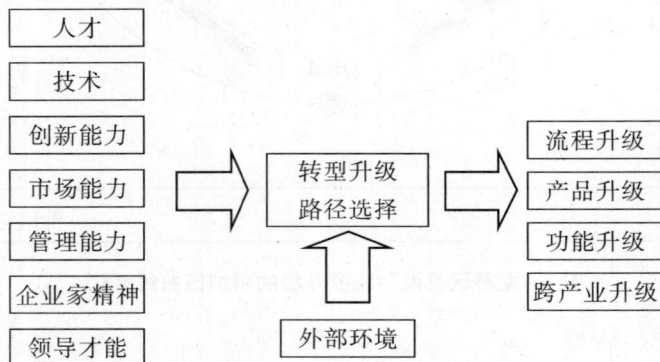

人才
技术
创新能力
市场能力
管理能力
企业家精神
领导才能

转型升级
路径选择

外部环境

流程升级
产品升级
功能升级
跨产业升级

图5　侨资企业转型升级的方向

（二）广东侨资企业转型升级的路径选择

第一，认识传统产业的新特点、新需求，重新定位市场，实现整体升级。随着环境变化、观念转变、居民收入提高等因素的变化，一些传统产业、劳动密集型产业也出现新特点、新需求，产品性质也发生了变化。比如，中国台湾自行车已经从传统的交通工具，升级为高端的健身、休闲用品和家庭玩具，2009年中国台湾自行车出口均价是中国大陆的6倍（300美元∶50美元）。

台湾自行车产业的转型成功是基于他们对自行车商品在"后工业社会"、"休闲社会"大背景下的商品特性、功能以及消费特性的重新认识和深刻理解。结合自行车产业向中国大陆转移的背景，将台湾定位于生产中高价位车种，致力于自动化生产与研究开发，出口欧美等发达国家，而将大陆定位于生产中低价位车种为主，出口一些发展中国家。台湾三大自行车厂商均有在大陆设厂。在两岸分工产销模式下，明确的自主创新、高品质、高端市场、高附加值的定位使台湾自行车摆脱了与大陆的低价竞争，而处于全球高级自行车供应的领先地位。

从微笑曲线的变化来看，通过研发、制造、营销等环节重新定位，提升品牌价值与附加值，微笑曲线整体上移，其升级路径如图6所示。

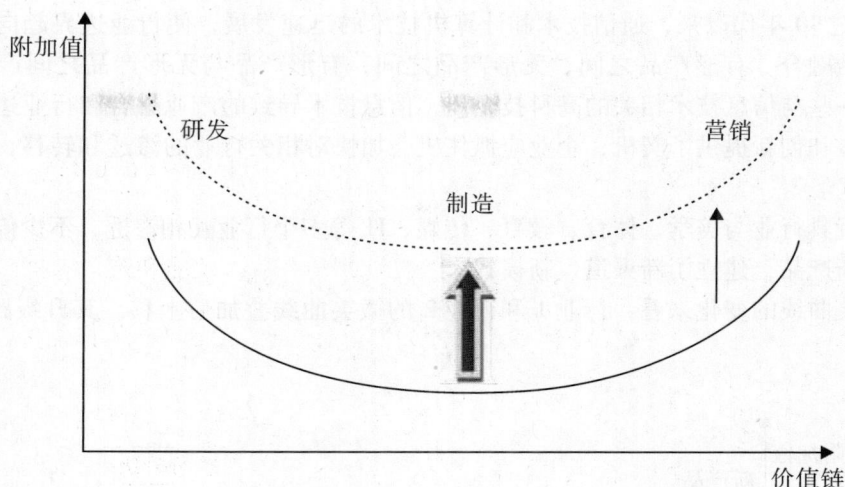

图6 产业微笑曲线的变化一

第二，从替代进口产品，到替代跨国公司在华生产，再到国外替代跨国公司产品，实现升级。毛蕴诗、李洁明（2005）从产品升级的角度，以我国一些成功家电企业为研究对象，提出替代跨国公司产品，提升企业技术实力，指出企业技术能力升级应遵循一定的依赖路径：引进成熟技术、消化吸收——模仿创新、合作创新——自主产品创新，有助于技术的积累与企业的升级。并指出产品的替代路径可以遵循替代外国进口的产品——替代跨国公司在华生产的产品——替代国外市场上跨国公司的产品这一过程。

我国的海尔、格兰仕、长虹都是沿着这样的路径通过技术创新和自主研发，带来了产品的升级。从微笑曲线的变化来看，其表现为微笑曲线整体上移。其升级路径如图7所示。

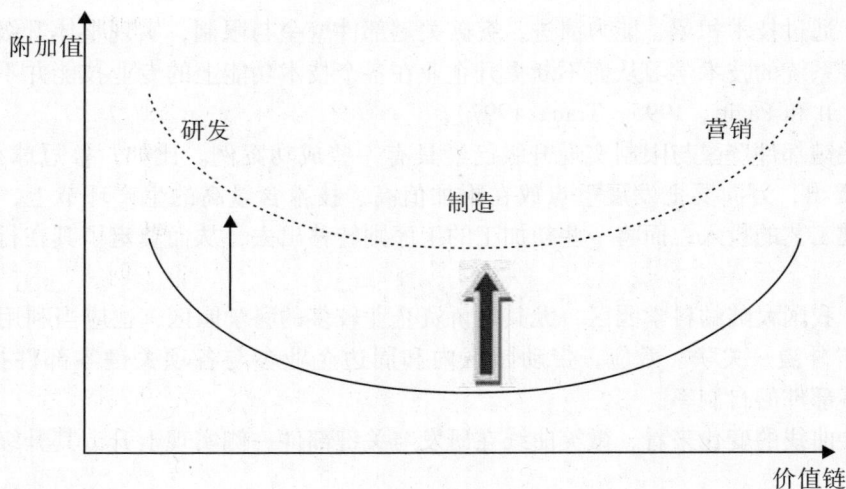

图7 产品微笑曲线的变化一

第三，基于行业边界模糊与产业融合的特点，创造新产品、新需求，实现跨产业升级。20 世纪 90 年代以来，通信技术和计算机技术的迅速发展，使行业边界趋向模糊，产业之间开始融合。有形产品之间、无形产品之间、有形产品与无形产品之间产生交叉融合。对于一些与信息技术相关的高科技企业，信息技术导致的产业融合和行业边界模糊给企业的扩展和创新提供了契机，企业应抓住机会加快对相关行业的渗透和转移，实现产品的升级换代。

随着玩具行业与美学、体育、教育、传媒、IT 等多个行业互相渗透，不少传统玩具厂商推出了新产品，建立了新渠道、新模式。

从微笑曲线的变化来看，行业 1 和行业 2 的微笑曲线叠加后上移。其升级路径如图 8 所示。

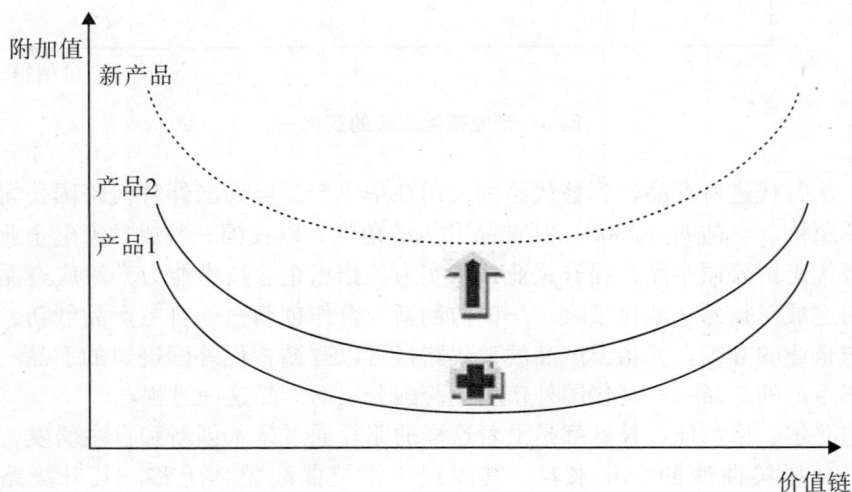

图8 产品微笑曲线的变化二

第四，通过技术积累、能力演进，突破关键部件壁垒与限制，实现整体升级。企业需要主动开展系统的技术学习从而不断提升企业在各个技术功能上的专业技能并不断深化技术知识（Bell 和 Pavitt，1995；Tran，1997）。

突破关键部件壁垒与限制实现升级已经具有一些成功案例。比如，鲁冠球在 20 世纪 90 年代就提出，万向要把发展重点放在附加值高、技术含量高的生产环节上，抓关键零部件、关键工艺的投入，而将一些初加工的工序则转移出去，从而奠定了其在行业内的领先地位。

因此，我国大陆的科学园区，尤其是侨资企业较多的科学园区，也应当利用"竞争—排挤"和"外溢—关联"效应，带动园区内和周边企业参与各项关键零部件技术开发，提高关键零部件的自制率。

从微笑曲线的变化来看，微笑曲线在研发与关键部件一侧实现上升。其升级路径如图 9 所示。

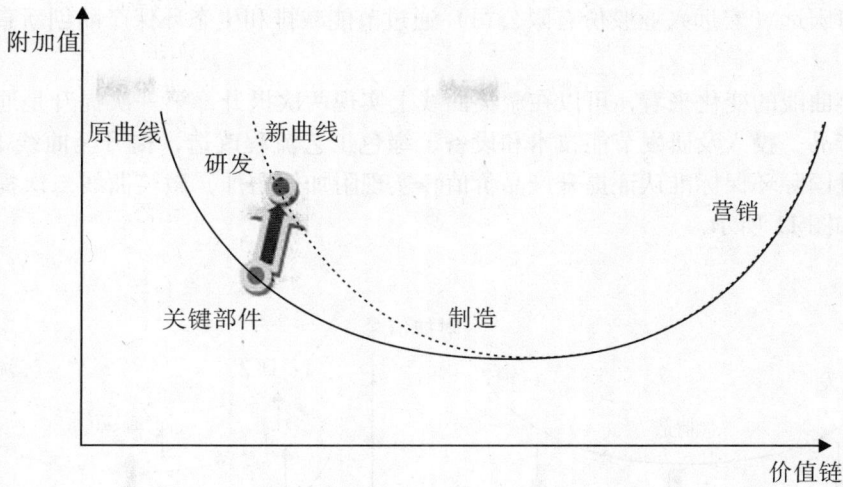

图 9　产业微笑曲线的变化二

第五，加大对生产服务的投入与延伸，提升附加值，实现升级。对于一些行业来说，尤其是市场相对饱和、使用寿命较长的大宗商品、对后续维护要求较高的行业，售后服务至关重要。因此，这些行业可以从传统营销向生产服务进行延伸，加大投入、提升附加值。

从微笑曲线的变化来看，由于生产服务的附加值比营销要高，因此在营销一侧实现上升，企业从营销环节向生产服务环节转移，实现升级。其升级路径如图 10 所示。

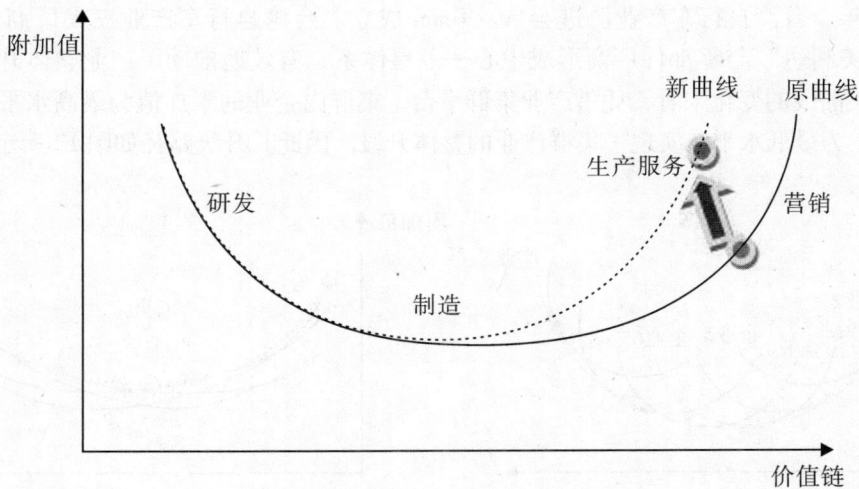

图 10　产业微笑曲线的变化三

第六，降低投入与消耗，降低成本，提升环保标准与附加值，实现升级。低碳经营并不是只有投入，没有效益。投入环保设备与优化工艺，通过研发促进绿色技术与产品升级的方式，不仅对于保护环境、降低成本有效果，而且对于提升产品、企业的价值空间也有直接而明显的效果。

广州互太纺织（印染有限公司）就是由耗能排放大户向绿色环保企业转变的典型企

业，而台湾宏远（宏远兴业股份有限公司）通过节能减排和生态环保产品创新直接实现了转型升级。

从微笑曲线的变化来看，可以在微笑曲线上实现两次提升，第一次提升是通过开发绿色技术和产品、投入及研发节能技术和设备、绿色工艺流程改造，提升至曲线 1；第二次提升是通过国际环保标准认证提升产品价值，实现附加值增加，微笑曲线二次提升至新曲线。路径如图 11 所示。

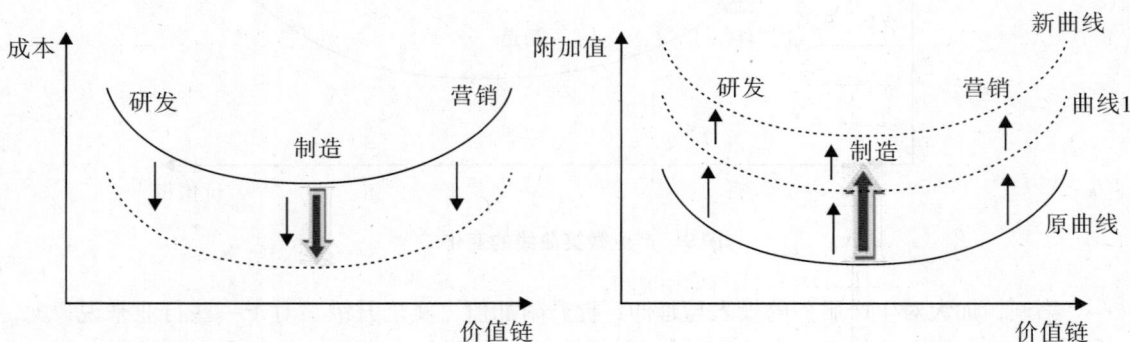

图 11　企业的对偶微笑曲线（左）与微笑曲线（右）的变化

第七，通过战略联盟和新型竞合关系，大企业带动小企业，带动产业集群整体升级。产业集群为自主创新、完善产业链条提供良好的平台，推动企业、产业技术创新和自主创新。

2003 年，台湾自行车产业协进会 A – Team 成立。台湾自行车产业三大厂商中的"巨大"和"美利达"与零部件厂商形成中心——卫星体系，有效地推动了产业整体升级。

从微笑曲线的变化来看，凭借产业集群平台，集群内企业的附加值为最高水平；集群内企业的成本为最低水平，实现了集群产业的整体升级。因此其升级路径如图 12 所示。

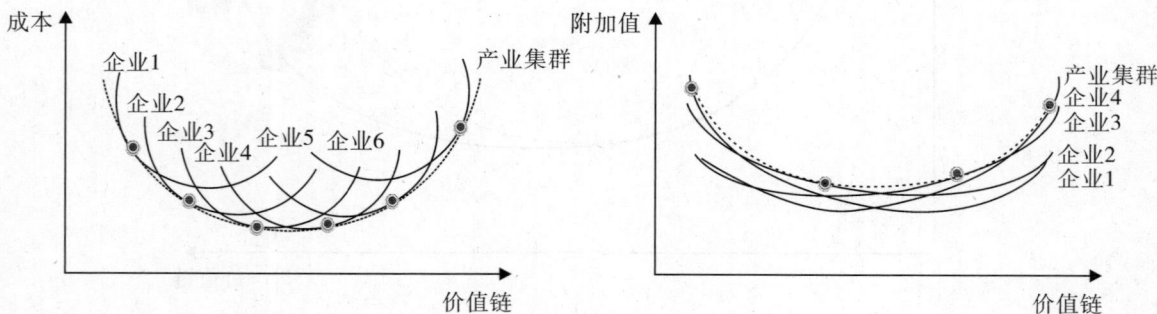

图 12　产业的对偶微笑曲线（左）与微笑曲线（右）的变化

第八，统筹国内外两个市场，OEM、ODM、OBM 方式并存，实现企业升级。OEM 企业要扭转利润空间日益缩小的困境，并在激烈的国内外竞争中取得主动地位，一方面可以通过不断的自主技术创新，增加产品的技术含量以提高其竞争力和附加值；另一方面，有能力的 OEM 企业应该积极地打造自主品牌，以品牌的建设与推广带动企业利润空间的提升。随着 OEM 企业把经营领域从附加值最低的生产制造环节逐步向"微笑曲线"两端延伸，企业便逐渐地从 OEM 转型升级到 ODM 甚至 OBM 企业。

东菱凯琴于 2003 年开始进军国内市场，采取的是"天生的 OBM"的路径。而在海外市场，则在 2000 年涉足 ODM，至今并未开展 OBM 业务，故其路径应该为"OEM→ODM"。佳士科技在国内市场的做法与东菱一样，均为"天生的 OBM"，两者的差异主要在于海外市场。

表6　东菱凯琴与佳士科技历年 OEM、ODM 与 OBM 的力量变化

年份	东菱凯琴			佳士科技		
	OEM	ODM	OBM	OEM	ODM	OBM
1998	100%	/	/	/	/	/
2000	95%	5%	/	/	/	/
2001	87%	13%	/	/	/	/
2002	76%	24%	/	100%	/	/
2003	66%	33%	1%	70%	20%	10%
2004	50%	47%	3%	50%	30%	20%
2005	40%	54%	6%	30%	28%	42%
2006	32%	60%	8%	25%	25%	50%
2007	27%	64%	9%	15%	15%	70%
2008	32%	60%	8%	17%	17%	66%
2009	30%	61%	9%	22%	15%	63%
2010	30%	60%	10%	23%	15%	62%
2011	29%	59%	12%	23%	17%	60%

从微笑曲线的变化来看，其升级路径如图 13 所示。

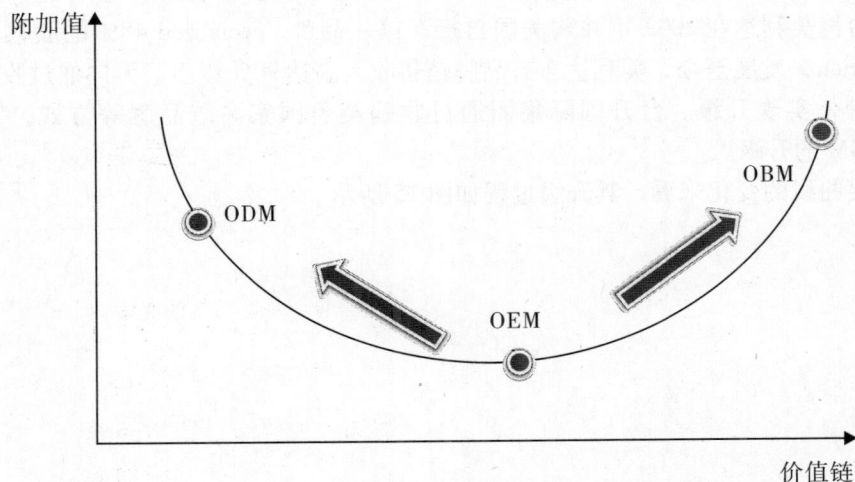

图 13　东菱凯琴微笑曲线的变化

第九，通过分拆重组，OEM、ODM、OBM 方式并存，实现企业升级。速度经济性与网络经济性分别从要素流动速度、整合外部资源的角度，解释了加强核心业务的兼并、整合，并将某些业务进行分拆的企业重组行为。对于大企业或企业集团，利用分拆重组，将母公司分解为若干分立公司，从而将不同的业务分开并设立专门的机构来管理，有利于实现企业整体升级。

宏碁以代工起家，自创品牌，2002 年通过分拆重组形成两个独立的 OBM 和 OEM 企业。

从微笑曲线的变化来看，分拆重组的 OBM/ODM 企业实现升级。其升级路径如图 14 所示。

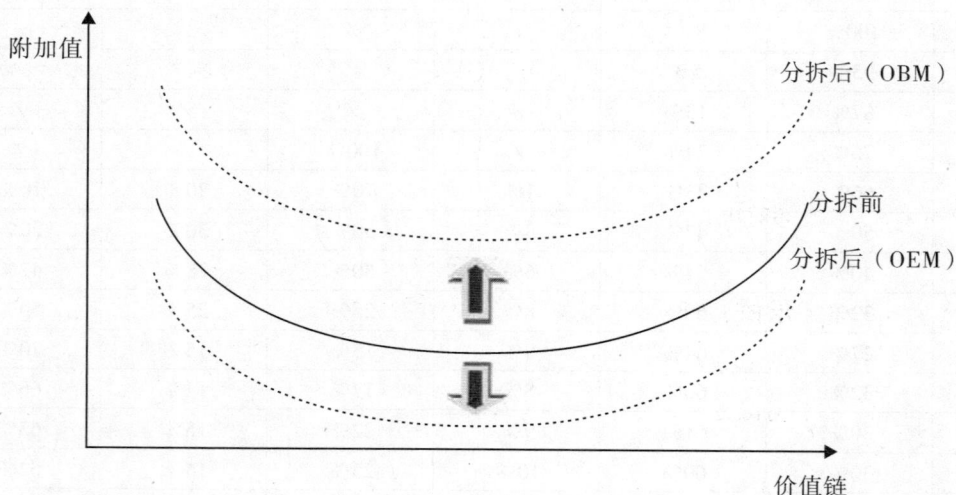

图 14 宏碁微笑曲线的变化

第十，收购 OBM 企业品牌，获取战略性资产，实现企业跨越升级。侨资企业可以集中力量，通过在某些产业或技术领域实施并购，获取战略性资产实现企业跨越升级。

中国台湾美利达在 2002 年并购美国自行车第一品牌 Specialized 48% 的股权以及德国品牌 Centurion，发展至今，美利达自有品牌销售收入高达 90% 以上。万向通过收购来获得渠道与品牌，实现升级。台升国际集团通过收购英美国家高端品牌等方式，实现了向 ODM 和 OBM 的升级。

从微笑曲线的变化来看，其升级过程如图 15 所示。

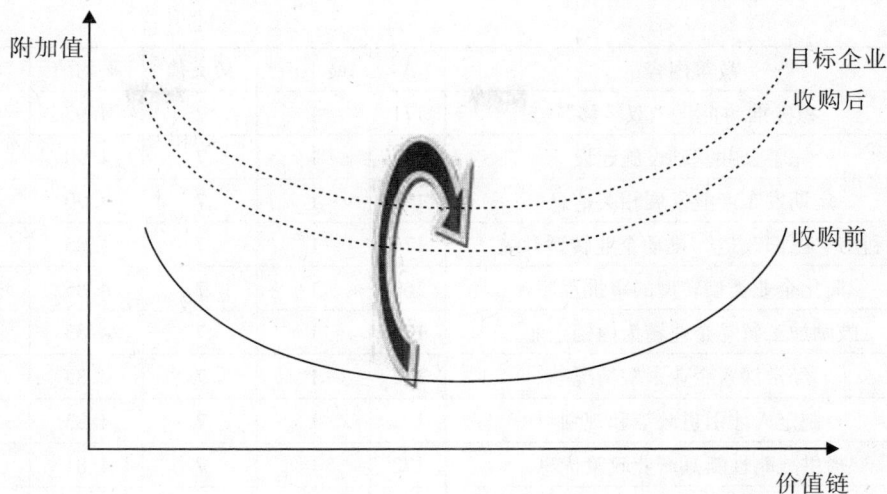

图15 美利达微笑曲线的变化

六、推动广东侨资企业转型升级的政策建议

（一）推动广东侨资企业转型升级的政策实施情况

本研究要求受访企业对政府实施的政策情况进行评价。其中得分最高的是政府积极推动"节能减排"，平均得分为5.38，说明政府在这方面投入的力度较大。得分最低的是组织共性技术难题联合攻关，平均得分为4.49。但是本调查设计打分最高为7分，而最高得分仅为77%，说明政策实施的效果还有待加强。

表7 样本企业政策得分

序号	政策内容	N	最小值	最大值	平均值	标准差
1	积极推动"节能减排"	173	1	7	5.38	1.33
2	鼓励创新并保护知识产权	173	1	7	5.31	1.31
3	倡导诚信合法经营	172	1	7	5.30	1.3
4	对技术创新成果给予奖励	171	1	7	5.21	1.37
5	政府部门与企业或侨商会建立沟通机制	172	1	7	5.09	1.45
6	注重宣传转型升级等优惠政策	172	1	7	5.08	1.41
7	保护投资者的合法权益	172	1	7	5.08	1.29
8	制订产业发展的远景规划	172	1	7	5.08	1.33
9	积极筹建工业园区	173	1	7	5.04	1.39
10	组织参与各种贸易洽谈会	173	1	7	5.04	1.33
11	规范市场秩序、打击假冒伪劣行为	172	1	7	4.96	1.35
12	注重对外宣传行业或区域品牌	172	1	7	4.94	1.4

（续上表）

序号	政策内容	N	最小值	最大值	平均值	标准差
13	积极推动企业"双转移"	171	1	7	4.93	1.2
14	完善公共基础设施建设	173	1	7	4.90	1.41
15	定期发布产业发展相关信息	172	1	7	4.90	1.31
16	利用"三旧改造"推动企业转型升级	171	1	7	4.85	1.3
17	简化企业类型转型的审批程序	169	1	7	4.85	1.51
18	鼓励加工贸易企业转为内销企业	171	1	7	4.83	1.29
19	经常深入企业了解情况	172	1	7	4.83	1.62
20	制定人才引进政策和规划	171	1	7	4.83	1.42
21	提供战略性新兴产业政策优惠	172	1	7	4.81	1.4
22	招商引资引进相关配套产业	173	1	7	4.79	1.34
23	引导专业市场建设	173	1	7	4.77	1.42
24	对新项目减少审批环节	173	1	7	4.75	1.52
25	为企业提供土地和税收优惠	169	1	7	4.70	1.59
26	对于转型升级的企业给予用地用电优先	171	1	7	4.68	1.51
27	为"产学研"合作牵线搭桥	173	1	7	4.65	1.42
28	推动中介组织的建设和发展	172	1	7	4.65	1.37
29	减少或规范各种收费	172	1	7	4.61	1.66
30	提供小额担保贷款等金融服务	170	1	7	4.56	1.53
31	组织共性技术难题联合攻关	173	1	7	4.49	1.45

由于政策较多，本研究通过因子分析将这些政策进行归类。结果表明31项政策可以提取4类因子。本研究将这4类因子分别命名为"行政职能"、"基础环境建设"、"市场环境建设"、"转型升级措施"。

表8 政策实施情况的因子分析

	题项	因子1	因子2	因子3	因子4
转型升级措施	提供战略性新兴产业政策优惠				0.597
	鼓励加工贸易企业转为内销企业				0.686
	积极推动企业"双转移"				0.791
	利用"三旧改造"推动企业转型升级				0.771
	积极推动"节能减排"				0.681
	鼓励创新并保护知识产权				0.733
	对技术创新成果给予奖励				0.676

（续上表）

	题项	因子1	因子2	因子3	因子4
行政职能	为企业提供土地和税收优惠	0.719			
	提供小额担保贷款等金融服务	0.682			
	减少或规范各种收费	0.829			
	经常深入企业了解情况	0.756			
	政府部门与企业或侨商会建立沟通机制	0.688			
	注重宣传转型升级等优惠政策	0.531			
	对新项目减少审批环节	0.785			
	简化企业类型转型的审批程序	0.783			
	对于转型升级的企业给予用地用电优先	0.638			
	引导专业市场建设	0.524			
	组织共性技术难题联合攻关	0.521			
基础环境建设	积极筹建工业园区			0.584	
	完善公共基础设施建设			0.542	
	为"产学研"合作牵线搭桥			0.696	
	制定人才引进政策和规划			0.688	
	招商引资引进相关配套产业			0.690	
	推动中介组织的建设和发展			0.730	
市场环境建设	规范市场秩序、打击假冒伪劣		0.667		
	保护投资者的合法权益		0.680		
	倡导诚信合法经营		0.786		
	组织参与各种贸易洽谈会		0.691		
	制订产业发展的远景规划		0.756		
	定期发布产业发展相关信息		0.646		
	注重对外宣传行业或区域品牌		0.645		
	解释方差%				

通过对各项因子得分进行统计，结果表明，"行政职能"、"市场环境建设"有较高的得分，而"基础环境建设"、"转型升级措施"得分较低。

表9　政策实施情况的描述性统计

	N	最小值	最大值	平均值	标准差
行政职能	173	1.86	7	5.04	1.12
转型升级措施	173	1	7	4.76	1.32
基础环境建设	173	1	7	4.81	1.25
市场环境建设	173	1.14	7	5.04	1.22

（二）推动广东侨资企业转型升级的政策建议

基于问卷调查的结果，结合企业调研和政府部门访谈的情况，本课题提出 7 个方面的政策措施。

1. 搭建侨资企业转型升级的创新载体

（1）建立创新平台，鼓励以电子信息、生物医药、新材料、新能源、服装、家具、毛织、物流、商贸服务和造纸等产业集群和龙头企业为依托，建立行业创新平台。形成行业技术共享的协作环境。

（2）强化合作联盟。加快省部级"产学研"创新联盟建设，引导高校、科研机构与企业全面合作，提升企业自主创新能力，增强特色产业竞争优势。建立各类产业技术联盟，围绕行业关键技术进行协同创新和攻关。

（3）发展科技中介。发展科技情报、知识产权、技术评估、产权交易、成果转化等科技中介服务机构。建立科技中介协会，形成行业自律性管理体制。大力鼓励科技中介机构开展对外交流合作活动，打造一个开放协作、功能完备、高效运行的科技中介服务体系。

2. 推动侨资企业转型升级的科技合作

（1）推动"产学研"合作。突破关键技术和共性技术，建立企业科技特派员制度，提升企业自主研发能力。

（2）推进国际科技合作。加快建设国际科技合作基地，鼓励外资企业在粤设立研究开发机构。重点推进粤港澳联合资助的科技创新计划，促进粤港澳三地创新资源的共享。

3. 发展侨资企业转型升级的科技金融事业

（1）加大政府专项投入。设立推动侨资企业转型升级的专项资金，对侨资企业建立研发机构、开展研发等活动给予补贴。

（2）引导金融机构参与。鼓励在政策性金融机构、部分商业银行中开展对侨资企业的知识产权质押贷款、无抵押贷款，加强政策性金融机构对重大科技项目的支持力度。

（3）发展壮大风险投资。设立创业投资引导基金，鼓励海内外风险投资机构进驻广东开展业务，建立政策性信用担保机构风险准备金制度，完善担保代偿评估体系，实行财政有限补偿担保代偿损失。

（4）推动科技企业上市。鼓励有条件的侨资企业利用证券市场进行融资，政府加强分类指导工作，做好协调沟通，并给予财政补贴和奖励等政策扶持。

（5）培育技术产权交易市场。充分发挥市场配置资源的功能，加强政府引导和协调，促进各类知识产权成果通过市场进行转化，逐步建立完善的政策法规体系。

（6）鼓励使用金融衍生品，对冲货币汇率波动的负面影响。通过期货及其他衍生品的使用，有效对冲汇率波动所带来的负面影响。

4. 建立侨资企业转型升级的诚信体系

（1）加强知识产权保护。强化行政执法与司法保护的协调运作机制，充实基层知识产权执法力量。严厉打击各类侵犯知识产权的违法犯罪行为。建立知识产权涉外应对和维权援助机制。推动会展与行业协会知识产权保护工作，提高行业协会知识产权保护和管理水平。

（2）建立并完善信用管理机制。规范信用信息资料的收集与使用，鼓励信用服务机构成立信用行业协会，改善行业内的信用秩序。加强信用管理专业人才的培养，为信用管理行业输送人才。

（3）加大行业协会建设力度。在人才引进、活动交流、运作经费等方面提供便利条件，扶持行业协会做大做强，提高服务水平，使其成为政企沟通的重要桥梁。同时引导行业协会进一步提高行业自律水平，完善行业自律管理体制。

5. 推动侨资企业转型升级的科技招商

（1）加大科技招商力度。各级政府、各类园区进一步增强科技招商的责任意识，把引进科技项目和科研机构作为重要考核指标。密切关注世界科技发展态势和跨国企业科研机构、科技人才转移趋势。

（2）明确科技招商重点。在行业方面，要瞄准光机电一体化、通信设备、生物医药、新能源、新材料、节能环保等高技术含量、高效益产出制造业项目以及集成电路设计、创意设计、软件外包、技术开发、产品检测等高技术服务业项目及产业支援服务业。区域方面，在巩固港澳台的同时，进一步拓展对欧美、日韩等科技经济发达国家和地区以及国内科技资源集聚城市的招商。

（3）创新科技招商手段。进一步密切与香港的合作，采取粤港联合招商方式，借助香港国际知名度，开展海外宣传推介。拓展中介招商，借助海内外知名投资公司、行业协会等穿针引线、引进项目。强化产业招商，借助产业集群优势，针对产业链的高端环节策划科技经贸招商。

6. 建立侨资企业转型升级的科技人才队伍

（1）引进科技人才。加快博士后科研工作站、留学人员创业园、科技人才基地的建设，吸引国内外高层次人才来粤创业和工作。完善外来人才"居住证制度"，实施引导人才为粤服务计划，建立稳定的外来人才引进渠道和工作机制。

（2）培养科技人才。实施高层次科技人才培养工程，设立科学技术突出贡献奖，建立和完善人才评价激励机制，改革和完善人才评价方法，探索建立积极有效的人才激励制度。大力发展职业技术教育，推行高技能人才校企合作培养制度，为企业培养实用型人才。

7. 发挥侨资企业转型升级的政府引导作用

（1）进一步完善提升政企沟通平台，做高效的服务型政府。进一步推动有关地市成立"侨商会"、"为侨资企业服务法律顾问团"等组织机构。

（2）设立转型升级专项基金。可以考虑设立发展品牌、转型升级及拓展内销市场的专项基金，简化申请手续，并鼓励中介机构参与，以增强基金的使用效率。

（3）规范和调整税费征管工作，减轻侨资企业负担。对转型升级的侨资企业给予税收优惠和补贴，使侨资企业享受国家和广东省的各类科技优惠政策带来的便利。

（4）提高对技术创新的税收支持。鼓励侨资企业进入国家鼓励发展的领域，对部分技术开发、设备投资、知识产权给予税收优惠。

（5）协助侨资企业拓展内销和新兴市场。政府可以通过考察项目、洽谈、贸易交流会等方式牵桥搭线，帮助侨资企业开拓内销和新兴市场。

（6）简化行政审批流程，降低部分行政收费。转变政府职能，简化科技计划项目审批程序，发挥中介服务机构的作用，对管理流程实行信息标准化，提高管理的工作效率。

（7）加强侨资企业的界定工作。对新增的外资企业，建议在外经贸、工商审批和登记中，专门设立侨资企业栏目，增加对"侨"的身份认定程序，及时掌握新注册登记的侨资企业数量及其变化动态。

（8）稳定劳工市场。落实和强化由政府、企业、劳工等参与的多方咨询和协调机制，在保障劳工收入和顾及企业承受能力之间取得合适的平衡，营造吸引外省劳工来粤工作的另类优势，为舒缓劳工荒和降低企业用工的社会成本创造条件。

（9）鼓励侨资企业收购战略性资产。鼓励和引导侨资企业通过参股、控股、资产收购等多种方式收购战略性资产。对于部分收购国内外优质研发和品牌资产的侨资企业，可以在税收、贷款优惠、行政流程审批、融资方式等方面进一步给予政策支持。

参考文献

［1］Gereffi G：International Trade and Industrial Upgrading In the Apparel Commodity Chain，*Journal of International Economics*. 1999，48（1）.

［2］Humphrey J，Schmitz H. Governance and Upgrading：linking Industrial Cluster and Global Value Chain Research. *IDS Working Paper*，2000.

［3］Humphrey J，Schmitz H：How Does Insertion In Global Value Chains Affect Upgrading In Industrial Clusters?，*Regional Studies*，2002，36（9）.

［4］Levy Amir，Merry Uri：Organizational Transformation：Approaches，Strategies，Theories. *Greenwood Publishing Group*，1986.

［5］罗必良：《广东产业结构升级：进展、问题与选择》，《广东社会科学》2007年第6期。

［6］毛蕴诗、姜岳新、莫伟杰：《制度环境、企业能力与OEM企业升级战略：东菱凯琴与佳士科技的比较案例研究》，《管理世界》2009年第6期。

［7］毛蕴诗、吴瑶：《企业升级路径与分析模式研究》，《中山大学学报》（社会科学版）2009年第1期。

［8］毛蕴诗、吴瑶：《中国企业：转型升级》，广州：中山大学出版社2009年版。

［9］毛蕴诗、郑奇志：《基于微笑曲线的企业升级路径选择模型：理论框架的构建与案例研究》，《中山大学学报》（社会科学版）2003年第3期。

［10］毛蕴诗、林晓如、李玉惠：《劳动密集型产业升级研究：以台湾自行车产业整体升级及其竞合机制为例》，《学术研究》2011年第6期。

［11］毛蕴诗、熊炼：《企业低碳运作与引入成本降低的对偶微笑曲线模型：基于广州互太和台湾纺织业的研究》，《中山大学学报》（社会科学版）2011年第4期。

［12］苏启林：《华资企业在广东1978—2008》，广州：暨南大学出版社2008年版。

［13］张辉：《全球价值链下地方产业集群升级模式研究》，《中国工业经济》2005年第9期。

附录1　受访企业的描述性统计

1. 行业分布情况

	行业分类	回答样本数	数量	比例
三大传统产业	纺织服装	171	21	12%
	食品饮料	171	14	8%
	建筑材料	171	15	9%
三大支柱产业	电子信息制造	171	27	16%
	电气机械及专用设备	171	9	5%
	石油及化工	171	7	4%
三大潜力产业	森工造纸	171	5	3%
	医药制造	171	7	4%
	汽车及摩托车制造	171	5	3%
传统优势产业	玩具制造	171	10	6%
	家具制造	171	6	4%
	家用电器	171	8	5%
	金属制品	171	17	10%
其他制造业		171	28	16%
非制造业		171	23	14%

2. 描述性统计结果

题项	N	最小值	最大值	平均值	标准差
成立年限	168	2	59	13.48	6.96
员工数	169	20	18 227	1 006.17	2 386.35
2011 年总资产（万元）	128	70	2 181 100	99 530.33	334 994.50
2010 年销售额（万元）	124	30	1 867 914	58 805.64	233 997.41
2011 年销售额（万元）	128	137	1 702 961	64 314.98	221 875.38

3. 样本企业的类型分布

指标名称	计算单位	大型	中型	小型
从业人员数标准	人	2 000 及以上	300～2 000 以下	300 以下
样本情况	家	16	68	85
销售额标准	万元	30 000 及以上	3 000～30 000 以下	3 000 以下
样本情况	家	38	56	34
资产总额标准	万元	40 000 及以上	4 000～40 000 以下	4 000 以下
样本情况	家	30	58	40

4. 样本企业的投资来源地

来源地	数量	比例
中国香港	106	69%
东南亚	8	5%
马来西亚	3	2%
泰国	2	1%
印度尼西亚	2	1%
其他	1	1%
中国澳门	7	5%
美国	6	4%
新加坡	4	3%
澳大利亚	3	2%
维尔京群岛	3	2%
中国台湾	2	1%
中国香港、中国澳门	2	1%
中国香港、中国台湾	1	1%
中国香港、新加坡	1	1%
加拿大	1	1%
缺失	9	6%
总计	152	100%

5. 样本企业的销售区域

销售区域	回答企业	数量	比例
省内	173	16	9%
全国	173	79	46%
发达国家	173	103	60%
发展中国家	173	37	21%

6. 样本企业 2011 年的销售情况

题项	N	最小值	最大值	平均值	标准差
销售收入增长	123	−183 200	600 000	9 813.05	65 261.12
销售收入变化率	123	−0.99	12.04	0.51	1.70

7. 样本企业 2011 年的销售情况

项目	数量	比例	变化情况	数量
2011 年销售收入下降	32	26%	<10%	11
			10% ~20%	12
			20% ~30%	5
			≥30%	4
2011 年销售收入不变	3	2%		
2011 年销售收入增加	88	72%	<10%	18
			10% ~20%	26
			20% ~30%	12
			≥30%	21
			≥100%	11

8. 样本企业的研发情况

题项	回答企业	数量	比例
有研发部门	170	116	68%
拥有专利技术	161	83	52%
发明专利	76	35	46%
实用新型专利	76	51	67%
外观设计专利	76	47	62%

9. 样本企业的品牌情况

题项	回答企业	数量	比例
成立之初有自主品牌	166	85	51%
目前拥有品牌	170	122	72%
世界知名品牌	170	15	9%
中国名牌	170	15	9%
广东名牌（或著名商标）	170	42	25%
一般注册商标	170	73	43%

10. 样本企业的代工情况

成立之初是否是代工企业	数量	比例
否	95	60.5%
是	62	39.5%
代工收入少于50%	15	9.6%
代工收入多于50%	22	14%
纯代工	25	15.9%
合计	157	100%

附录2　东莞龙昌玩具案例访谈情况

访谈时间	访谈对象	访谈地点
2008年1月21日	韦总（董事长助理）	龙昌玩具会议室
2008年5月17日	梁总（董事总经理） 研发及销售部负责人	龙昌玩具相关部门
2011年11月3日	梁总（董事总经理） 田经理（法务及知识产权部高级经理） 张经理（项目经理、高级工程师） 陈院长（龙昌玩具智能技术研究院院长）	龙昌玩具相关部门
2011年12月6日	张经理（项目经理、高级工程师）	电话访谈

附录 3　侨资企业调研情况

（一）调研企业名单

2012 年 10 月：东莞龙昌玩具有限公司、东莞贰发毛绒有限公司、东莞友邦玻璃陶瓷制品有限公司、东莞永德电业制品有限公司、东莞清溪时佳电子塑胶厂、东莞广耀纸业有限公司、东莞盈富制衣有限公司、圣马可（东莞）制革皮革有限公司

2012 年 12 月：亚太纸业（广东）有限公司、广州康和药业有限公司、江门谦信化工发展有限公司、佛山山湖电器有限公司、佛山三水三联塑胶原料制品有限公司、广东华美国际投资集团

（二）访谈内容

1. 请您介绍企业基本情况，如企业投资、注册资本、总资产、固定资产、负债情况、企业占地面积等。

2. 请您介绍企业的经营情况，如订单情况（内外销）、年销售收入、利润、税金、出口额、能源消耗量变化情况，主要产品的成本、技术先进性、市场竞争力、知识产权、去年主要经济指标、今年的经营状况、目前市场经济形势对产品经营的影响等。

3. 请您介绍企业的职工人数、人力成本，企业是否足额为职工缴纳保险，工资能否足额按时发放，是否存在拖欠工资等社会不稳定因素。新一代的产业工人在待遇、薪金、福利、敬业精神、职业道德、工作水平、能力、学历、职业技能、刻苦精神等方面，与上一辈的工人有什么样的差异，这是否会给企业带来经营困难？

4. 请您介绍企业在转型升级中遇到的困难，包括金融融资方面、成本、人才、产品、销路、订单、研发、市场需求、税费等方面。

5. 请您介绍政府近年来在税收方面（如出口退税、税费优惠等）、金融、技术、人才机制、公共技术创新平台、基础设施、土地（如用地政策、三旧改造等）、设备所实施的推动企业转型升级的措施。这些措施的实施情况如何？对企业转型升级产生了怎么样的效果？

6. 请您介绍企业在转型升级时受到了哪些外部压力，比如在政府方面、行业方面或者社会方面，这些压力对企业造成什么样的影响？

7. 请您介绍企业在转型升级过程中所采取的措施，以及产品升级、新产品研发、研发投入的情况。企业是否有意愿向科技创新型企业和高新技术企业转型？

课题负责人：毛蕴诗，中山大学管理学院教授
课题组其他成员：刘阳春、宋耘、温思雅、李田、李健睿

广东华资企业发展现状、趋势及对策研究

多年以来，华资是一个较为狭义的概念，即港澳台资本。然而，近年来国际形势的变化和我国在国际事务中地位的提升，促使我们在本文慎重地提出适应当今我国发展状况的华资概念，即华人资本。华资的来源地是认同华文、华语和华人的国家或地区，尤其是认同与中国有血亲关系的国家和地区。在这个广义的华资概念下，东南亚和港澳台资本在中国大陆的投资成为我们研究的主题。

随着中国加入世贸和国内外经济形势的变化，中央和地方政府都对外资政策做出了调整，主要集中在产业的调整上。在新一轮税率的改变和产业投资目录的改变中，华资企业逐步丧失了政策优惠和成本优势。结合政策的变化分析华资企业现状以及未来发展趋势，能够深入挖掘华资企业当前面临的困境以及进一步发展的障碍，对于以后政策的调整有参考价值。

本文将从华人较为集中的东南亚地区开始，分析海内外华商资本在国内的投资情况、企业经营状况以及长期发展趋势，并以此为基础结合我国政策变化的情况对华商转型升级提出建议。最后，由于广东省是华资的集中地，本文将结合今日华资在广东省的状况，分析并提出相应的政策调整建议。

一、海外华商在华投资情况

香港《亚洲周刊》对世界华商500强的分布情况进行了统计，港台企业占据了世界华商500强中近400席，资产总额的85%以上。除此之外，新加坡、马来西亚、菲律宾、泰国以及印尼等东南亚国家也拥有相当庞大的华商群体，而非亚洲地区的华商企业数目和规模都较小，在世界华商500强中仅占5席，市值规模在72亿美元左右。因此本文在进行华商投资分析时将以东南亚华商、台港澳华商为重点。

表 1　世界华商 500 强地区分布情况

国家或地区	企业数目	规模（亿美元）
中国台湾	203	3 400
中国香港	191	3 910
新加坡	45	763
马来西亚	28	430
菲律宾	12	152
泰国	10	161
美国	5	72
印度尼西亚	5	45

数据来源：《亚洲周刊》。

（一）东南亚华商在华投资情况

1978 年中国改革开放以后，对外贸易条件及投资环境不断改善，同时东南亚各国逐渐放宽其华裔公民到中国旅行经商的限制，中国成为东南亚华人投资的重要对象。东南亚华商资本与台港澳华商资本一道迅速进入祖国大陆进行投资，构成了中国实际利用外资的主体。据王望波 2002 年的统计，1979—1997 年之间，东南亚华商资本对祖国大陆的投资总额达 135 亿美元，占实际利用外资总额的 6.35%。值得注意的是 1997 年中国共利用东南亚国家外资 34.28 亿美元，其中华资投资额占近 9 成，达到了 29.61 亿美元，是我国在亚洲地区仅次于香港的第二大投资来源地。同时东南亚地区对华外商投资主要来源为新加坡、马来西亚、菲律宾、泰国和印尼这五个华人较为集中的国家，王望波认为这 5 国的对华投资主体均为华商资本。

表 2　东南亚华商对大陆投资

时间	实际利用外商投资总额	东南亚华资数	比例
1979—1994	952	48	5.04%
1995	375.21	26.16	6.97%
1996	417.26	31.44	7.53%
1997	452.7	29.61	6.54%

数据来源：王望波（2006）。

表 3　1997 年东南亚对华直接投资统计

单位：万美元

来源国	投资额	比例
文莱	9	0.003%
缅甸	268	0.078%
柬埔寨	545	0.159%
印度尼西亚	7 998	2.333%
老挝	39	0.011%
马来西亚	38 183	11.139%
菲律宾	15 563	4.540%
新加坡	260 641	76.033%
泰国	19 400	5.659%
越南	154	0.045%
东南亚国家合计	342 800	100%

数据来源：国家统计局。

与港澳台华商资本入华投资的情况类似，东南亚华商对于祖国大陆的投资也可以分为三个阶段。

第一阶段（1984—1991 年）是试探性投资阶段，东南亚华商资本开始试探性地进入我国东南沿海几个经济特区并少量投资。据商务部的相关统计信息显示，新加坡、马来西亚、菲律宾、泰国和印度尼西亚五国对华投资总额为 3.8 亿美元。

表 4   1984—1991 年东南亚五国对华投资情况

单位：万美元

国家	投资额
印度尼西亚	544
马来西亚	466
菲律宾	2 295
新加坡	26 656
泰国	7 875

数据来源：《中国对外经济贸易年鉴》。

第二阶段（1992—1997 年），是华商在祖国大陆投资的快速发展时期。1992 年邓小平南行讲话后，华商掀起了第一轮投资大陆的热潮。同时由于大陆市场化改革的逐渐深入，各种行政限制、投资限制逐渐放宽，华商投资范围开始逐渐扩大，投资规模趋于大型化。东南亚国家对华投资额从 1992 年起开始出现"井喷"现象，以新马泰三国为例，1991 年新加坡对华投资总额为 5 820 万美元，而 1992 年该数字为 1.22 亿，增长幅度超过 100%；马来西亚与泰国的情况与之类似，均实现了跨越式的发展。（见表 5）

表 5   1992 年、1991 年东南亚五国对华投资情况

单位：万美元

国家	投资额		增长率
	1992 年	1991 年	
印度尼西亚	2 017	218	825%
马来西亚	2 467	196	1 159%
菲律宾	1 628	585	178%
新加坡	12 231	5 820	110%
泰国	8 303	1 962	323%

数据来源：《中国对外经济贸易年鉴》。

第三阶段（1998 年至今），是华商投资稳定增长时期。1998 年以后，在亚洲金融风暴的冲击下，东南亚各国以及港澳台三地生产成本提高，投资环境恶化，华商加快了投资大陆的步伐。同时祖国大陆各级地方政府继续积极完善基础设施建设、提高公共服务水平、改善投资环境并实施一定的优惠政策引导华资向重点、热点产业进行投资，华商投资的数量和质量都得到了一定程度的提高。

表6　1998—2010年东南亚对华投资情况

单位：万美元

国家	投资额			
	2010 年	2006 年	2002 年	1998 年
文莱	30 956	29 421	1 736	183
缅甸	352	736	1 676	511
柬埔寨	1 035	212	1 374	290
印度尼西亚	7 684	10 068	12 164	6 897
老挝	945	712	515	112
马来西亚	29 433	39 348	36 786	34 049
菲律宾	13 806	13 434	18 600	17 927
新加坡	542 820	226 046	233 720	340 397
泰国	5 134	14 482	18 772	20 538
越南	203	1 366	251	1 414
合计	632 368	335 825	325 594	422 318

数据来源：国家统计局。

（二）东南亚华商对华投资特点

　　把香港作为进入祖国大陆的窗口是东南亚各国华商较为常见的做法。一般而言，香港由于地理位置上的相近性，对于大陆地区的政策信息收集能力较强；作为东亚地区最大的自由港以及国际金融中心，能够为华资企业提供迅捷、高质量的金融服务；回归祖国后，中国内地与香港的人才交往也在不断加强。这些优势都是东南亚华商企业在香港设立地区总部的重要因素。同时由于历史原因，许多东南亚国家政府对于华商投资大陆存在一定的戒备心理。为了在最大程度上规避可能的政治风险，东南亚华商往往愿意先在香港吸纳人才、建立总部甚至上市交易，然后再以此为跳板对中国大陆进行投资。商务部的统计信息显示，在香港是亚洲地区最大的外资来源地，而其中相当部分资金便来自于东南亚华商。目前，80%以东南亚为基地的大型华资企业均将自己的海外总部设在了香港（王望波，2006）。据香港《亚洲周刊》1998年的报道，在香港联交所上市的华资控股企业（东南亚华商）共有58家，市值规模超2 400亿港元，占联交所市值总额的6%左右。除此之外，大部分的非上市企业资金也与东南亚华商资本密切相关，如香港贸易局的相关数据显示，1995年马来西亚华商对香港投资总额超过了4亿美元，而1996年更是达到7亿美元。具体来看，当前在国内具有一定影响力的华商企业，如正大集团以及金光集团便是通过这一途径来对中国大陆进行投资。其他以中国香港为中介对华投资的例子还有如印度尼西亚三林集团、力宝集团、大马集团，马来西亚郭氏兄弟集团、丰隆集团、金狮集团，泰国曼谷置地及新加坡远东机构。

　　统计机构的一些信息也让我们能够更深入地了解东南亚华商投资的一些特点。以新加坡的情况为例，张鑫炜认为新加坡华商企业对大陆的投资有一半以上是来自于其在香港的派出机构（子公司），而另一半则从新加坡出发。泰国、马来西亚等国也存在这样的情况，如正大集团对华投资额就超过了 30 亿美元，而 1998 年泰国的对华投资额仅为 20 亿美元。

既然东南亚华资与港澳华资存在千丝万缕的联系，同时考虑到我国外商投资统计的现状（仅以来源国为主，而未考虑其华人、华侨身份），为了更加深入地了解华商投资、华资企业的现状我们将在下文的分析中对港澳台华商的投资情况进行深入而细致的分析。

（三）港澳台华商企业的行业分布情况[①]

我们在这一节将利用中国工业企业数据库中的数据来对华商企业的行业分布状况以及其他方面的信息进行深入而细致的分析。国家统计局于 1998 年开始统计和发布中国工业企业数据库，统计了全国的制造业部门、矿物产品生产部门以及电力、燃气及水的生产和供应部门当中主营业务收入超过 500 万元人民币的企业。本文为了保证各项统计口径一致，选取 1999 年至 2007 年的数据进行分析。同时考虑到华资企业区分上的难度较大，本文中的华资特指狭义的华资（台港澳资金）。

表 7   按所有制分工业企业数目

年份	国有	比例（%）	集体	比例%	民营	比例%	外资	比例（%）	总数
1999	53 725	33.28	54 401	33.71	27 632	17.12	25 652	15.89	161 410
2000	45 546	28.26	50 101	31.08	38 192	23.7	27 340	16.96	161 179
2001	37 672	22.18	41 988	24.72	58 158	34.25	32 011	18.85	169 829
2002	30 899	17.2	37 911	21.11	77 004	42.87	33 808	18.82	179 622
2003	24 989	12.91	33 444	17.28	97 556	50.41	37 518	19.40	193 507
2004	27 510	9.81	29 796	10.63	166 014	59.22	57 006	20.34	280 326
2005	17 982	6.66	23 875	8.84	170 943	63.29	57 312	21.21	270 112
2006	16 304	5.44	21 083	7.03	201 517	67.19	61 005	20.34	299 909
2007	11 595	3.48	18 245	5.48	235 923	70.87	67 154	20.17	332 917

数据来源：中国工业企业数据库。

同时从表中的数据可以看到，1999—2007 年，规模以上外资企业数目呈现逐渐增长的态势，由 1999 年的 25 652 家增长至 2007 年的 67 154 家。从外资的来源来看，华资企业数目虽然有所增长，但是其占外资企业总数的比率下降较快，由 1999 年的 52.07% 下降到了 2007 年的 41.33%。（见表 8）

---

① 本节中的数据若未标明来源则均出自《中国工业统计数据库》。

表 8 华资企业以及其他外资数目

时间	外资企业				
	总数	华资	比例（%）	其他外资	比例（%）
1999	25 652	13 357	52.07	12 295	47.93
2000	27 340	14 246	52.11	13 094	47.89
2001	32 011	15 768	49.26	16 243	50.74
2002	33 808	16 166	47.82	17 642	52.18
2003	37 518	18 117	48.29	19 401	51.71
2004	57 006	24 595	43.14	32 411	56.86
2005	57 312	24 117	42.08	33 195	57.92
2006	61 005	25 553	41.89	35 452	58.11
2007	67 154	27 757	41.33	39 397	58.67

就华资企业的省际分布来看，广东吸引的华资数目一直保持在全国首位：1999 年广东拥有 4 968 家规模以上的华资企业，占全国华资企业总数的 36.95%；到了 2003 年这一数值继续上升至 6 886 家，占比 37.86%；而 2007 年广东华资企业发展势头依然强劲，总数占据了全国的近四成。除广东外，华东四个省市（上海、江苏、浙江和福建）也是华商投资的主要目的地，近几年的发展势头更为良好，2007 年华东的华商企业数目已经达到 12 199 家，超过广东成为华资最大的聚集地。

表 9 华资企业的分布

省份	1999 年	占比（%）	2003 年	占比（%）	2007 年	占比（%）
北京	339	2.522	260	1.431	356	1.281
天津	299	2.224	263	1.446	328	1.18
河北	287	2.135	308	1.694	275	0.989
山西	33	0.245	39	0.214	63	0.227
内蒙古	30	0.223	44	0.242	53	0.191
辽宁	255	1.897	379	2.084	515	1.853
吉林	65	0.484	60	0.331	67	0.241
黑龙江	58	0.431	53	0.291	68	0.245
上海	1 263	9.395	1 483	8.155	1 742	6.267
江苏	1 284	9.551	1 847	10.157	3 547	12.76
浙江	1 137	8.458	1 964	10.81	3 925	14.12
安徽	118	0.878	152	0.836	271	0.975
福建	1 674	12.453	2 425	13.335	2 985	10.738
江西	81	0.603	117	0.643	328	1.18

（续上表）

省份	1999 年	占比（%）	2003 年	占比（%）	2007 年	占比（%）
山东	614	4.567	762	4.191	1 085	3.903
河南	208	1.547	170	0.935	150	0.54
湖北	164	1.223	212	1.166	271	0.975
湖南	58	0.431	164	0.902	186	0.669
广东	4 968	36.956	6 886	37.866	10 799	38.848
广西	102	0.759	143	0.786	208	0.748
海南	46	0.342	48	0.264	39	0.14
重庆	57	0.424	53	0.291	69	0.248
四川	101	0.751	123	0.676	226	0.813
贵州	38	0.283	46	0.253	39	0.14
云南	51	0.379	73	0.401	89	0.32
西藏	1	0.007	1	0.005	1	0.004
陕西	55	0.409	58	0.319	53	0.19
甘肃	25	0.186	20	0.11	17	0.06
青海	5	0.037	7	0.038	6	0.022
宁夏	10	0.074	4	0.022	8	0.029
新疆	17	0.126	21	0.115	29	0.104
总数	13 443	100	18 185	100	27 798	100

华资企业行业分布较为集中的主要是制造业，其中以纺织业、服装制造业、塑料制品加工业、通信设备制造业等劳动密集型为重。随着我国市场化改革的逐步深入，部分华资企业开始进入国有资本占主导的采掘业和电力水资源等公共事业型行业。

表10　华资分布的主要行业

行业	1999 年	占比（%）	2003 年	占比（%）	2007 年	占比（%）
纺织服装、鞋、帽制造业	1 356	10.09	1 949	10.72	2 728	9.81
纺织业	1 305	9.71	1 740	9.57	2 745	9.87
塑料制品业	1 047	7.79	1 326	7.29	1 886	6.78
电子设备制造业	828	6.16	1 330	7.31	2 316	8.33
皮革毛皮制品业	672	5	946	5.2	1 225	4.41
金属制品业	671	4.99	924	5.08	1 509	5.43
企业总数	13 443	100	18 185	100	27 798	100

表 11　华资企业的新发展

行业名称	1999 年	2003 年	2007 年
煤炭开采和洗选业	0	16	21
石油和天然气开采业	0	4	5
黑色金属矿采选业	0	7	14
有色金属矿采选业	0	11	22
非金属矿采选业	37	43	65
电力、热力的生产和供应业	142	154	182
燃气生产和供应业	12	21	64

（四）港澳台华商在广东省投资情况

1. 总体情况

广东省是华商最早登陆的省份之一。华资企业在广东省内分布如表 12 所示，我们可以看到，华资企业主要分布在以广州、深圳、东莞为代表的珠江三角洲地区，共占广东省内华资企业数目的 9 成左右。广州作为省会城市，在 2003 年以前均保持着华资企业数目省内第一的位置，但深圳、东莞等城市后来居上，以优惠的政策吸引了大批华资企业，两地 2007 年所拥有的华资企业数已经超过了广东省内总数的 4 成。其他地市吸引华资企业的数目也有所上升，以清远为例，1999 年清远市内华资企业仅 45 家，占全省比重为 0.91%，而 2007 年提升到了 164 家，比率也达到了全省比重的 1.52%。

表 12　广东省内华资企业分布

地区	1999 年	占比（%）	2003 年	占比（%）	2007 年	占比（%）
珠三角地区	4 483	90.24	5 959	86.54	9 492	87.9
广州	1 137	22.89	1 208	17.54	1 121	10.38
深圳	915	18.41	1 191	17.29	2 776	25.71
东莞	785	15.8	1 039	15.09	1 917	17.75
佛山	411	8.27	558	8.1	917	8.49
珠海	375	7.55	397	5.77	459	4.25
江门	231	4.65	415	6.03	663	6.14
肇庆	119	2.4	184	2.67	168	1.56
惠州	284	5.72	397	5.77	625	5.79
中山	226	4.55	570	8.28	846	7.83
其他城市	485	9.76	927	13.46	1 307	12.1
潮州	57	1.15	117	1.7	170	1.57
揭阳	29	0.58	113	1.64	156	1.44
云浮	27	0.54	53	0.77	58	0.53
韶关	21	0.42	42	0.61	72	0.67
汕头	138	2.78	181	2.63	247	2.29

（续上表）

地区	1999 年	占比（%）	2003 年	占比（%）	2007 年	占比（%）
湛江	41	0.83	65	0.94	59	0.55
茂名	24	0.48	115	1.67	80	0.74
梅州	38	0.76	50	0.73	81	0.75
汕尾	24	0.48	40	0.58	71	0.66
河源	25	0.51	41	0.6	85	0.79
阳江	16	0.32	36	0.52	64	0.59
清远	45	0.91	74	1.07	164	1.52
合计（家）	4 968	100	6 886	100	10 799	100

华资企业行业分布情况如表 13 和表 14 所示。与全国华资企业的行业分布情况类似，广东省内的华资企业也是以制造业为主，并且集中在纺织、服装制造、塑料制品以及电子产品制造等几个劳动密集型行业。与国内其他省市华资企业的发展新趋势不同，广东省内的华资企业在矿产挖掘部门的投资量较小，2007 年仅有 5 家规模以上的华资企业在这一领域经营。同时华资企业在电力、热力的生产和供应业的企业数目也有所下降，2007 年仅为48 家，低于 1999 年 72 家的水平。

表 13　广东省内华资企业的主要行业分布情况

行业名称	1999 年	占比（%）	2003 年	占比（%）	2007 年	占比（%）
纺织业	402	8.09	529	7.68	729	6.75
纺织服装、鞋帽制造业	647	13.02	815	11.84	1 095	10.14
皮革、毛皮、羽毛（绒）及其制品业	317	6.38	427	6.2	581	5.38
塑料制品业	457	9.2	614	8.92	958	8.87
非金属矿物制品业	215	4.33	257	3.73	346	3.2
黑色金属冶炼及压延加工业	24	0.48	35	0.51	46	0.43
金属制品业	277	5.58	414	6.01	758	7.02
电气机械及器材制造业	363	7.31	571	8.29	1 066	9.87
通信设备、计算机及其他电子设备制造业	416	8.37	700	10.17	1 254	11.61
仪器仪表及文化、办公用机械制造业	158	3.18	193	2.8	277	2.57
工艺品及其他制造业	217	4.37	276	4.01	381	3.53
华资企业总数	4 968	100	6 886	100	10 799	100

表14 广东省内华资企业在其他行业的分布

行业名称	1999 年	占比（%）	2003 年	占比（%）	2007 年	占比（%）
农副食品加工业	58	1.17	87	1.26	117	1.08
食品制造业	83	1.67	117	1.7	127	1.18
饮料制造业	33	0.66	32	0.46	40	0.37
木材加工及木、竹、藤、棕、草制品业	44	0.89	71	1.03	94	0.87
家具制造业	100	2.01	157	2.28	299	2.77
造纸及纸制品业	173	3.48	190	2.76	296	2.74
印刷业和记录媒介的复制	116	2.33	171	2.48	197	1.82
文教体育用品制造业	200	4.03	301	4.37	439	4.07
石油加工、炼焦及核燃料加工业	11	0.22	4	0.06	14	0.13
化学原料及化学制品制造业	176	3.54	282	4.1	455	4.21
医药制造业	40	0.81	53	0.77	65	0.6
化学纤维制造业	26	0.52	29	0.42	32	0.3
橡胶制品业	65	1.31	71	1.03	145	1.34
塑料制品业	457	9.2	614	8.92	958	8.87
非金属矿物制品业	215	4.33	257	3.73	346	3.2
黑色金属冶炼及压延加工业	24	0.48	35	0.51	46	0.43
有色金属冶炼及压延加工业	18	0.36	37	0.54	96	0.89
通用设备制造业	67	1.35	127	1.84	279	2.58
专用设备制造业	71	1.43	117	1.7	338	3.13
交通运输设备制造业	105	2.11	122	1.77	185	1.71
废弃资源和废旧材料回收加工业	0	0	0	0	9	0.08
电力、热力的生产和供应业	72	1.45	66	0.96	48	0.44
燃气生产和供应业	5	0.1	4	0.06	9	0.08
华资企业总数	4 968		6 886		10 799	

2. 在粤华资企业的经营情况

我们从企业每年平均从业人数和企业总产值两方面观察广东省内华资企业的规模。如表15 中所示，从企业平均从业人数上来看，省内华资企业规模呈现一个逐年增加的趋势；珠三角地区的华资企业平均雇佣人数要少于非珠三角地区，表明非珠三角地区的华资企业更加偏向于劳动密集型的行业。从生产总值上来看，珠三角地区的华资企业规模明显要更加庞大，如1999 年珠三角地区的华资企业平均总产值在 8 435.2 万元，高于非珠三角地区的 7 875.7 万元，而到了 2003 年二者的差距扩大到了 3 000 万元。

表 15 广东省分地区企业平均从业人数和生产总值

地区	从业人数（人）			生产总值（万元）		
	2007 年	1999 年	2003 年	2007 年	1999 年	2003 年
广州	431.29	414.57	485.93	6 787.402	8 985.043	14 656.231
深圳	474.64	602.04	819.77	28 239.22	8 603.804	37 640.721
珠海	291.28	274.34	576.44	12 690.412	16 516.244	15 446.881
佛山	477.26	463.14	360.47	6 593.122	8 423.819	10 571.392
江门	318.58	327.03	250.96	6 755.443	4 425.479	5 757.971
肇庆	408.51	405.54	456.42	13 151.148	11 582.791	17 458.975
东莞	401.21	503.98	332.77	5 981.503	7 327.217	9 681.077
中山	443.58	479.7	497.61	16 087.821	10 549.958	47 071.387
惠州	379.32	521.7	252.86	5 486.064	5 016.048	4 145.345
韶关	1 748.8	669	480.32	9 193.561	8 720.416	10 963.175
汕头	222.85	187.47	460.18	10 310.91	14 667.91	11 400.8
湛江	195.79	207.98	338.62	4 700.15	3 740.639	5 163.91
茂名	476.21	341.1	660.19	5 878.862	7 790.994	15 529.343
梅州	222.54	266.12	920.29	3 744.153	7 082.238	16 214.264
汕尾	319.23	591.3	344.23	3 939.84	3 448.843	6 485.923
河源	386.06	505.25	835.16	8 491.089	6 002.152	19 828.062
阳江	343.6	333.59	421.1	4 411.668	8 899.416	10 798.278
清远	335	430.8	537.79	6 796.842	9 755.236	9 711.197
潮州	195.75	200.27	257.27	2 403.795	3 008.79	4 221.764
揭阳	171.83	281.37	233.84	3 084.4	6 589.739	7 359.266
云浮	374	486.52	625.41	5 697.764	14 071.703	8 359.548

从企业的利润情况来看，非珠三角城市的经营状况在 1999 年时并不理想，但随后数年摆脱了这些不利因素，进入快速发展的阶段。从单个企业的平均利润水平来看，非珠三角地区的华资企业的收益能力较强，这与这些华资企业主要集中在劳动密集型部门密切相关。非珠三角地区的工资以及其他成本较珠三角区域低，由于近 20 年来广东基础设施建设的完善，华资企业能够通过向非珠三角地区转移来获取更多的利润以实现自身的转型发展。

表16　分地区企业平均利润情况

单位：千元

地区	利润		
	1999 年	2003 年	2007 年
珠三角地区	2 833.30	4 423.94	7 092.09
广州	1 755.97	6 729.20	13 818.8
深圳	8 801.52	11 913.41	7 761.83
珠海	2 614.39	5 623.05	9 199.90
佛山	5 374.41	3 202.23	9 891.09
肇庆	1 433.34	1 964.95	4 895.51
惠州	4 661.47	4 932.06	4 245.38
江门	− 524.18	1 220.33	5 243.56
东莞	924.86	2 444.77	5 205.15
中山	457.89	1 785.46	3 567.60
非珠三角地区	2 974.30	4 258.10	15 922.20
韶关	17 852.53	16 066.81	34 6450
汕头	1 624.55	− 738.3	3 850.70
湛江	4 550.38	5 544.37	64 899.25
茂名	1 885.29	692.03	5 412.21
梅州	13 710.62	2 650.41	7 626.48
汕尾	662.69	7 142.93	14 020.11
河源	− 221.82	6 107.04	15 957.98
阳江	− 2 923.2	455.93	7 003.04
清远	− 1 822.56	4 291.89	17 480.39
潮州	− 18.98	1 336.73	2 508.65
揭阳	63.78	2 631.7	7 712.34
云浮	328.29	4 916.23	9 950.57

　　分行业情况来看，华资企业平均赢利水平最高的几个行业分别为石油加工、炼焦及核燃料加工业、电力热力的生产和供应业、黑色金属冶炼加工业等几个资本密集型行业。而传统的华资集中的纺织服装、鞋帽制造业、纺织业、家具制造业、木材加工制品业等劳动密集型部门的平均收益能力往往只有上述几个行业的十分之一甚至是百分之一。当然，我们也必须承认，这些赢利能力高的行业往往投资金额、投资门槛较高，一般华资难以进入。而华资企业一般规模较小（如前文所提到的平均为400人的小企业），投资金额也较小，偏向于进入门槛低的行业。因此，我们认为政府应当积极引导华资企业重组兼并，一方面可以扩大现有华资企业的规模，充分地利用企业的规模效应，尽可能降低产品生产时

的边际成本。同时提供一定的优惠条件，积极吸引华资向资本密集行业转移，实现华资企业整体的转型升级。

表 17　分行业企业平均利润情况

单位：千元

行业	1999 年	2003 年	2007 年
农副食品加工业	－ 107.22	4 069.05	7 713.64
食品制造业	2 470.29	4 272.16	7 582.12
饮料制造业	13 633.29	13 484.1	28 101.69
纺织业	1 202.77	1 232.25	3 330.58
纺织服装、鞋帽制造业	450.88	719.75	1 884.62
皮革制品业	1 064.98	844.30	3 457.25
木材加工制品业	2 168.24	273.80	2 853.84
家具制造业	1 354.92	2 443.04	4 436.23
造纸及纸制品业	4 140.13	3 722.4	6 191.06
印刷业和记录媒介的复制	3 491.25	4 423.45	6 349.70
文教体育用品制造业	2 675	2 039.78	2 492.40
石油加工、炼焦及核燃料加工业	15 499.57	14 555	24 1611.44
化学原料及化学制品制造业	2 231.70	13 686.43	22 684.86
医药制造业	9 200.93	9 983.02	14 870.22
化学纤维制造业	1 173.17	5 019.59	4 394.19
橡胶制品业	－ 8.37	4 180.39	2 478.36
塑料制品业	818.59	2 399.66	3 266.36
非金属矿物制品业	859.37	4 525	7 368.75
黑色金属冶炼加工业	9 364.11	15 154.90	45 661.06
有色金属冶炼加工业	2 407.53	4 292.96	24 136.76
金属制品业	1 306.86	4 294.62	3 833.90
通用设备制造业	945.40	2 177.79	6 110.48
专用设备制造业	2 252.77	7 951.84	8 080.11
交通运输设备制造业	－ 782.24	1 323.83	24 745.28
电气机械及器材制造业	4 131.59	4 271.70	5 952.23
通信设备制造业	9 237.75	9 034.96	11 123.36
仪器仪表制造业	1 547.16	1 959.73	8 167.41
工艺品及其他制造业	1 284.92	1 516.01	3 826.17
废旧材料回收加工业	60 493.98	127 466.60	9 333
电力热力的生产和供应业	2 841.75	－ 14 690.25	214 806.6
燃气生产和供应业			17 948.67

华资企业的营运状况虽然尚可，但是华资企业在研发投入上的不足值得我们进一步关注。表 18 给出了 2002 年、2006 年其他外资企业与华资企业在部分行业的研发投入开支情况（平均值），我们可以看到，除少部分行业外（家具制造、纺织等），其他外资企业的研发投入均高于华资企业。同时纵向比较来看，华资企业的研发投入水平还呈现一个令人

担忧的下降趋势，我们认为这种趋势可能会减弱华资企业的竞争实力，最终被市场所淘汰。

表 18　两类外资企业的研发投入对比

单位：千元

行业	其他外资		华资	
	2002 年	2006 年	2002 年	2006 年
饮料制造业	14 437.74	17 903.42	11 295.96	8 065.22
纺织业	2 483.32	2 117.84	1 215.45	1 085.56
纺织服装、鞋帽制造业	201.73	783.31	390.06	607.91
皮革制品业	1 227.53	1 768.18	1 146.80	1 497.75
木材加工制品业	4 289	3 168.83	1 082.14	989.29
家具制造业	1 092.42	3 989.3	1 506.08	1 876.37
造纸及纸制品业	8 067.2	5 803.06	2 997.36	2 289.44
化学原料及化学制品制造业	6 829.14	2 885.61	3 648.42	3 911.77
医药制造业	5 948.08	8 815.3	8 072.95	5 441.22
化学纤维制造业	2 582.62	7 559.88	7 391.68	2 874.79
橡胶制品业	2 147.31	921.09	872.22	1 590.26
塑料制品业	1 844.84	1 181.88	1 515.69	1 463.07
金属制品业	3 778.84	2 477.87	1 937.67	1 417.79
通用设备制造业	4 926.14	3 177.06	1 908.35	2 371.85
专用设备制造业	887.3	1 482.37	2 171.56	1 459.92
交通运输设备制造业	9 542.72	7 966.65	4 504.25	3 036.23
电气机械及器材制造业	4 375.83	4 443.80	2 578.82	2 988.08
通信设备、计算机及其他电子设备制造业	3 620.89	3 417.54	2 281.66	2 181.71
仪器仪表及文化、办公用机械制造业	6 573.56	2 059.44	1 265.46	944.84
工艺品及其他制造业	3 897.09	909.74	1 038.20	1 271.34

3. 小结

本节，我们利用国家统计局所公布的中国工业企业数据库数据，从狭义的角度分析了华资在广东省的分布情况（地域以及行业）。从区域的角度上来看，在广东省内，珠三角地区是这一区域吸引华资的领头羊，而其他区域也在近年里取得了一定的突破，吸引了一定规模的华资。从行业分布情况来看，全国以及广东省内的华资企业均是以制造业为主，并且集中在纺织、服装制造、塑料制品以及电子产品制造等几个劳动密集型行业。近几年来随着我国市场化改革的逐渐深入，华资开始进入矿产采掘、电力燃气供应等行业，并达到了一定的规模。

就广东省内华资企业的实际状况来说，目前华资企业还是以中小企业为主（平均的劳动力规模在 400 人左右），主要集中在珠江三角洲的几个城市中。并且，我们分析发现，当前华资企业在研发投入上与其他外资企业差距明显，若是这种态势无法得到扭转，那么华资企业的竞争实力在可预见的将来将会大幅下降，最终失去企业赖以生存的市场。

三、华资企业面临的困难与挑战

（一）企业创新能力不足

1. 华资企业转型升级迫切需要加强研发创新

必须看到，当前众多的华资企业通过把技术创新放在生存发展的首要地位，在技术创新方面取得了较大的成功。但是由于华资企业在规模、资金、技术等方面与其他外资企业仍然存在一定的差距，从横向来看在技术创新上的投入也要弱于这些外资企业。同时由于我国关于华资企业的优惠政策也开始调整，并有逐渐减弱的趋势。华资企业过去 30 年来取得成功所依靠的政策优惠和时间优势在逐渐削弱，投资设厂甚至日常经营的起跑线逐渐与其他外资企业及内资企业靠近。这样华资企业在随后的几年内面对的来自内资企业和其他外资企业的竞争将会更加激烈。

在上述背景之下，近年来华商对大陆投资增长速度已趋缓。据国家统计局的相关数据显示，2003—2011 年来自于中国台湾地区的投资金额共计 209 亿美元，但每年投资额均低于 2002 年以前的水平，如：2002 年台湾地区华资对中国大陆直接投资金额为 39.7 亿美元，2003 年下降到 33.7 亿，2007 年仅为 17.7 亿美元（2002 年水平的 45%）。2008 年以后有所回升，但仍然保持在一个较低水平。香港地区以及东南亚地区对中国大陆投资规模虽然仍在继续扩大，但增长速度已经有所放缓。如 2007 年香港对中国内地投资总额为 277 亿美元，较 2006 年增长了 36.9%，2011 年这一数字已经扩大到了 705 亿美元，但是增长率下降为 16%，在一定程度上显示了国内投资市场的饱和度在逐渐上升。

2. 华资企业研发创新的问题

近年来已有越来越多的华资企业在大陆设立研发中心，但就总体而言，大陆华资企业的研发创新尚处较低水平，面临着一系列问题。

首先，华资企业技术来源仍主要依赖母公司。据中国香港、新加坡以及中国台湾地区的统计数据显示，当前母公司位于这三地的华资企业，八成以上的技术需要得到母公司的支持，本土化的技术仅为 20% 不到，而且本土化的技术规模还在不断下降，甚至会低于 1996 年的水平。这些结果表明，港台资企业过于依赖母公司的技术，本土化、自主研发的比例过低。反观欧美等发达国家，在中国投资设厂的同时也并没有忽略在华的研究开发，其技术来源中 4 成左右为中国大陆研究机构所提供。

其次，华资企业与在中国大陆研发机构合作不足。当前华资企业在华设置研发中心的原因可以归纳成两类：第一是希望以此设计出符合市场需求的产品或降低生产成本的生产工艺。这一需求主要是与企业面临的多方面需求相关，当海外需求较为重要时，这些研发中心将以出口型产品为主；而当国内市场需求占据一定地位时，研发部门将会更加强调产品的本土化策略。第二类可以称作技术导向型的研发。华资企业通过购买等方式获取先进生产和管理技术，同时与国内的相关大学、研究所等科研机构开展多层次多领域的合作，建立紧密的科学研究网络，收集同一市场参与者的发展情况，加速自身的研究以避免在研发创新中处于不利的境地。在这种情形下，华资企业通过与国内机构的合作，提升了自身技术水平并最终带领集团整体发展。但是就当前的情况来看，当前的华资企业大部分倾向于把中国大陆作为自己的生产基地，因此设立研究基地仅为了解决其产品和生产工艺的问题。以当前的状况来看，华资企业利用中国大陆优秀研发力量的程度较低，合作水平也难以令人满意，"产学研"的合作效果也并不理想。

（二）国内政策环境的变化

1. 税收政策的变化

为了吸引外商直接投资，中国政府向外商提供各种税收优惠政策。2008 年以前，一般外商直接投资企业的所得税税率约为 33%，其中 3% 为地方所得税。但在经济特区、经济技术开发区、沿海经济开发区及中西部地区的外商直接投资企业，分别享有 18% 至 27% 的所得税税率。此外，符合相关规定的外商企业，还可以取得"两免三减半"及行业特殊减半的优惠。更特别的是，地方政府得以视具体情况再减免外商的地方所得税。在各种税收政策的优惠下，累计至 2008 年，中国吸收外商直接投资的企业总数已达六十几万家，约占中国企业总数 3%。

然而，中国政府所提供的各种税收优惠政策，有利于吸收外商直接投资的同时，却不利于中国内资企业的发展。平均而言，外商企业缴纳的所得税税率约为 11%，远低于中国内资企业缴纳的所得税税率 33%。也就是说，两家营收相同的企业，具有外商身份者的税赋负担仅为内资企业的三分之一。中国政府为了提升内资企业的竞争力，于 2007 年 3 月颁布《企业所得税法》，规定 2008 年 1 月 1 日以后，内外资企业一律适用 25% 的所得税税率。另外，外商在各种经济特区 18% 至 27% 的优惠税率及各项减免优惠政策，亦将限期取消。

2. 行业优惠政策的变化

我国政府通过《外商投资产业目录》对外商直接投资的行业进行限定，该项政策从 1995 年开始实行，每隔数年进行一定的修改，最新的版本于 2011 年底颁布，在很大程度上反映了我国产业政策的变动。进入后金融危机时代，我国的宏观经济环境、外部经济环境与 1995 年的情况相比，发生了巨大的变化：基础设施水平不断提升、外贸规模稳步扩大（到 2012 年底我国的货物贸易规模全球第二，仅次于美国），外商投资的规模也稳中有升。由于当前国际经济形势发生了深刻调整，各国围绕资金、技术、人才的竞争更加激烈。同时国内也存在一些较为负面的现象：生产技术水平较为落后，单位产量资源、能源消耗量过高，环境污染排放量巨大等。在这种新的形势下，为了保障我国经济健康、快速、可持续地增长，各级政府开始采取政策措施鼓励扩大内需，并采取措施积极引导外资进入技术密集型产业，鼓励内外资企业转型升级。从行业来看，2011 版的《外商投资产业指导目录》支持的领域包括高端制造业、新能源产业、循环经济和现代服务业。汽车领域由鼓励变成了允许类；房地产部分产业变为禁止。房地产业和制造业等是港资企业投资的五大产业之一，政策的调整将影响港资企业的产业调整，房地产发展将受到限制，而制造业将朝着产业升级的方向发展。值得注意的是，当前华资企业以中小企业为主并主要分布在制造业等行业，虽然在吸纳劳动力、促进我国经济发展等方面发挥着非常重要的作用，但是仍然存在规模小、生产率低、污染排放高等问题，转型压力较大。

3. 出口退税政策的变化

出口退税制度是国家为鼓励企业外销出口，对报关离境的出口货物，将其出口前在国内生产和流通各环节已缴纳的间接税款（如台湾加值型营业税、中国大陆增值税或消费税等），退还给出口企业的税收制度，目的是为了使出口货物以零税成本进入国际市场，提高其在国际市场上的竞争力，以促进对外出口贸易。出口退税制度形式上虽为财税政策，实际上却是国家保护对外贸易的手段，并不违反世界贸易组织（WTO）规则，业已成国际惯例且被 WTO 诸多成员国广泛应用。自 1985 年 3 月国务院颁布了《关于批转财政部〈关于对进出口产品征、退产品税或增值税的规定〉的通知》，从 1985 年 4 月 1 日起开始实行出口退税制度以来，至今已有 27 年。这段时间由于国际经济的不断变化及大陆经济的宏观调控，出口退税政策亦随之调整，以适应国内外经济变化的需要。

增值税退税率每年都会发生变化，变化时间不固定，最近几次调整分别为：

（1）2005 年分期、分批调低了部分"高耗能、高污染、资源性"产品的出口退税率，同时适当降低了纺织品等容易引起贸易摩擦的产品出口退税率，并提高重大技术装备、IT产品、生物医药产品的出口退税率。

（2）2007 年 7 月 1 日调整 2 831 项商品退税率，调整项目总数约占海关税则中全部商品总数的 37%。出口退税率变为 5%、9%、11%、13% 和 17% 五种。对于其中占总规模五分之一的"高耗能、高污染、资源性"产品的出口退税政策进行了较大幅度的改变：取消或免去了这些产品的退税；对于剩下的 2 000 余项产品的退税率也面临一定的降幅。

对于调整及取消部分商品出口退税等政策措施的出台，在一定程度上影响了华资企业的正常生产、经营活动：与外国进行贸易的华资企业若是在退税政策之前签订了订单，一旦税率政策降低或取消了其生产产品的税率，出口时的收益会降低，可能会造成企业亏损；而要在税率变化之后签订了订单，又有可能遇到产品竞争力下降的问题。

4. 汇率政策的变化

改革开放以后，人民币汇率经历了挂牌价和调剂价的双轨制阶段，并从汇率并轨后的柔性盯住美元制阶段、亚洲金融危机后的刚性盯住美元制阶段、2005 年 7 月 21 日开始汇率制度改革。从 1994 年开始到 2005 年汇率制度改革以前，人民币兑美元一直维持在 8.27

元以上（1 美元兑换）。2005 年汇率制度改革以后，形成了以央行发布的系列规定为基础，实行以市场供求为基础、参考一篮子货币政策进行调节、有管理的浮动汇率制度。人民币汇率不再盯住单一美元，形成更富弹性的人民币汇率机制。汇率形成机制改革宣布当日，规定美元对人民币交易中间价格调整为 1 美元兑 8.11 元人民币，规定非美元货币对人民币交易在中间价上下 1.5% 内浮动，美元对人民币外汇挂牌价现汇买卖维持中间价的上下 0.2% 浮动，现钞买卖维持上下 1% 浮动；央行 9 月 23 日发出通知，银行间即期外汇市场非美元货币对人民币的交易价允许上下 3% 的浮动，取消非美元货币对人民币现汇和现钞挂牌买卖价差幅度的限制。从此人民币渐渐进入升值阶段。

5. 土地、信贷政策的变化

近年来，各地因土地引发的上访及社会事件激增使得土地开发的经济成本和社会成本快速上升，同时政府在用地时考虑到粮食安全与生态安全，已不能再粗放地肆意侵占耕地。在这些条件的综合作用下，目前在各大城市的土地开发中，地价的上涨程度仍然难以满足土地开发所需求。政府作为土地管理者开始改变过去三十多年一直为人津津乐道的"以地招商"的做法。

对于企业而言，政府土地政策的改变在很大程度上增加了企业的经营成本，也使得企业难以获得土地资源以建设新厂房来扩大生产规模。就东莞市的调研情况来看，78% 的华资企业认为当前土地价格水平偏高，同时在获取土地之前所需要经历的审批过程较为繁复。政府对于土地的限量供应，也使得近 4 成企业感叹获取土地时所面临的竞争压力逐渐增大。因此，企业必须要在尽可能提高土地开发强度的同时，从粗放型的企业经营模式转变为集约型发展方式。而集约化的发展方式必然与高附加值的生产形态相关。

除了土地问题的困扰外，融资难一直是华资企业发展中面临的一个大问题。为了实现自身的发展，获取成本低廉的金融支持是一个必不可少的条件。然而由于我国金融市场的发展水平相对滞后，可以为华资企业提供的融资服务相对较少。加之华资企业以中小制造业企业为主，运行风险要高于国内银行偏爱的大型国有企业，因此难以得到银行低息贷款。我国银行对于中小企业的贷款往往附带有相对严苛的条件，在很多情况下中小企业甚至需要面对较高的利率。除此之外，国家层面的金融调控措施也极大地影响了华资企业的融资问题，最为明显的就是央行 2010 年起开始紧缩银根、数次上调存款准备金率，造成商业银行可贷资金减少，有些华资企业为了筹措企业运行资金甚至不得不向民间机构借取利率颇高的资金。

四、华资企业转型升级分析

（一）企业转型升级的重要内容

（1）企业的转型升级需要企业建立对于宏观经济以及微观实体的新观念。企业要时刻注意的是，提升企业生产要素使用率、利润率、管理机构效率等并不是企业转型的主要关注点。企业应当把 Prahalad 等人（1999）所提到的企业战略和管理模式上的创新作为首要目标。为了实现这一目标，企业的管理人员应当以身作则，确立对企业转型的信心。只有企业领导者有信心，才能影响和带动全体员工共同加入到转型升级的行动中来。

（2）企业的转型升级需要与之配套的新战略。同时为了保证这一新战略能够顺利实现，企业需要考虑新管理架构的设置。新战略与新管理架构将会在企业转型升级过程中为它保驾护航，最大程度降低企业可能遇到的风险。

（二）企业转型升级的阶段性

处于成长初期的企业最为需要的是生产、管理技术上的改进。在这个阶段的企业，其规模通常较小、产品种类少、产品生产的平均成本较高。同时由于这些企业在市场上的竞争力并不强，难以取得高的产品价格，企业通常获利微薄，甚至难以继续经营。因此企业在生产、管理技术上的改进将能够帮助企业争取顾客，扩大市场份额。

当企业逐渐成长，走出所谓的"初级阶段"以后，企业的产品也将摆脱"初级阶段"时的不足，逐渐占据一定的市场。同时为了满足不同消费群体的需求，企业开始逐渐丰富自身的产品种类。这些分支市场规模相对较小，但在少数企业进入以后，企业所面临的竞争压力有可能增加。价格战、产品战的市场竞争行为的频繁采用，很大程度上将降低企业利润增长速度。企业为了实现长久发展，这时就应当完全以客户为主，瞄准他们的需求进行产品的创新。

第三个阶段可以称为企业品牌的升级阶段。当企业处于一个发展的成熟期时，产品线以及客户群体已经基本确定。这时真正实现企业产品价值的重要因素便是企业的品牌。在进行品牌竞争时，企业首先需要考虑宏观经济环境、消费者需求以及品牌价值的关系，找准价值链中能够最大化产品、品牌价值的那一环，并对其进行充分细致的改进。同时企业的管理人员需要注意的是，品牌竞争并不只是在品牌上进行竞争，还需要配以大量的相关服务的升级（营销、产品设计等）。

第四个阶段是跨行业转型。此时，企业的产品已经处于衰退期。产品进入了淘汰阶段，市场上已经有其他性能更好、价格更低的新产品，足以满足顾客需求。企业若想获得新的发展机会，就必须重新切换到新的行业，但这样的转型成本高、风险大。

（三）侨办在华资企业转型升级中的政策支持

本文认为在当前侨务理论研究平台的基础上，侨办可能需要进一步扩大侨情、侨务的相关研究。首先，需要加强与华资企业的交流沟通作用，以各种"交流会"、"宣传会"的形式，帮助华资企业了解党和政府的新政策、新举措；其次，是在省政府的支持和领导下，与其他部门共同协作建立企业信息收集、数据分析处理以及经济社会预警机制，包括安全预警机制、风险预警机制以及威胁预警机制，适时对主要的经济指标、产业指标、社会指标等进行监控，及时调整经济运行中的劣态，并预先告知企业存在某种潜在危险或紧急情况的可能性及其可能产生的后果与破坏力，同时积极反馈企业的情况以及政策需求，促进广东侨务政策法制化、科学化、合理化。

参考文献

［1］"优化利用外资结构　促进经济发展方式转变"，国家发展改革委有关负责人就《外商投资产业指导目录（2011 年修订）》答记者问。

［2］谷孟宾：《从政策供给角度看西部地区招商引资优惠政策的改进》，《西安财经学院学报》2012

年第 4 期，第 57~60 页。

[3] 黎鸿飞：《地方政府招商引资优惠政策研究》，《中外企业家》2009 年第 24 期，第 14~19 页。

[4] 鲁明泓：《制度因素与国际直接投资区位分布：一向实证研究》，《经济研究》1999 年第 7 期，第 57~66 页。

[5] 吕立才：《"两税合一"前后广东利用外商投资的比较分析》，《税收经济研究》2013 年第 1 期，第 65~70 页。

[6] 彭黎明：《海外华资对侨乡的投资探讨——以广东侨乡为例》，《华侨华人历史研究》2002 年第 4 期，第 29~37 页。

[7] 秦超：《我国外资政策调整的博弈分析》，《财贸研究》2007 年第 5 期，第 51~58 页。

[8] 任贵祥：《改革开放以来中国华侨投资政策及华侨投资研究》，《中共党史研究》2008 年第 1 期，第 40~50 页。

[9] 刘震涛、李应博：《台资企业在世界经济不确定性因素影响下的转型升级》，《国际经济评论》2008 年第 4 期，第 52~57 页。

[10] 王望波：《东南亚华商对华投资分析》，《当代亚太》2006 年第 4 期，第 47~52 页。

[11] 王望波：《中国—东盟自由贸易区中的东南亚华商》，《南洋问题研究》2007 年第 3 期，第 59~67页。

[12] 王望波、邵允振：《合作竞争与互利睦邻——试论新时期中国与东盟关系》，《世界经济与政治论坛》2005 年第 5 期，第 93~96 页。

[13] 王望波：《网络·社会资本·投资：对东南亚华商投资中国大陆特点的分析》，《南洋问题研究》2005 年第 4 期，第 43~49 页。

[14] 黄兴华：《东南亚金融危机以来新加坡华人中小企业变化发展分析》，《东南亚研究》2013 年第 3 期，第 78~85 页。

[15] 李敢、曹琳琳：《海外华人对华投资的一个经济社会学解读：文化传统与社会资本结合的视角》，《思想战线》2012 年第 1 期，第 43~47 页。

[16] 康海华：《马来西亚华人农业跨国公司对外直接投资研究》，《东南亚纵横》2010 年第 5 期，第 27~32 页。

[17] 杨宏云：《20 世纪 80 年代以来印尼棉兰的华人社团与社团领袖》，厦门大学博士论文，2009 年。

[18] 王望波：《近 20 年来东南亚华商在中国大陆的投资》，《东南亚研究》2002 年第 4 期，第 61~66 页。

课题负责人：许罗丹，中山大学岭南学院教授
课题组其他成员：黄安平

第四编　华侨华人与广东企业"走出去"战略

华侨华人在广东实施"走出去"战略中作用的研究

　　"走出去"是新时期广东对外开放实践的重要战略之一。特别是我国加入世界贸易组织（WTO）以来，全球经济一体化的加速融合使广东企业"走出去"进行国际化经营的需求显得尤为迫切。广东企业"走出去"在近年取得良好成绩，广东省对外直接投资规模一直保持稳步增长的态势，但总体上看，仍处于起步阶段，对外投资数量仍然较少、投资规模仍然较小、投资效益仍然较低，广东企业"走出去"依旧任重而道远。

　　广东籍海外华侨华人拥有较强的经济实力和广泛的商业网络，熟悉当地法律、文化、语言、风俗习惯，在当地社会建立了较强的人脉关系，发挥他们的作用，可以在获取投资环境信息、开拓商业协作关系、建立商业信用、维护企业权益等方面为广东企业到海外创业、生存、发展提供有力的支持，提高对外投资成功率和效率，减少广东企业因不了解海外市场导致到海外投资的风险性。以华人社团为主干的"华商网络"正日益向全球渗透，显得潜力无穷，充满了吸引力。因此，研究广东籍海外华侨华人在广东实施"走出去"战略中可发挥的作用，探讨华商网络所能产生的经济效应具有十分重要的意义。

一、广东"走出去"战略取得的成绩、存在的问题及其发展

　　广东位于中国南端，素有"南大门"之称，濒临海洋，有着天时、地利、人和的优势，所以一直是全国改革开放的排头兵、中国体制改革的试验田。长期以来，广东省委省政府高度重视广东"走出去"工作，于2007年出台《关于加快实施"走出去"战略的若干意见》，提出了实施"走出去"战略的原则、目标和主要任务。截至2011年底，广东省经核准在境外超过100个国家和地区投资设立境外企业累计达3 457家，中方协议投资金额138.9亿美元，对外承包工程和劳务合作累计完成营业额566.8亿美元。2012年4月，广东省政府专门制定了《关于支持企业开展跨国经营加快培育本土跨国公司的指导意见》（下称《指导意见》）。在多项全新优惠政策的鼓励和带动下，广东将掀起新一轮"走出去"的热潮。《指导意见》明确到2015年，全省累计对外直接投资额超过200亿美元，年销售收入超200亿美元的大型本土跨国公司有2~3个，到2020年达到10个。从2012年至2014年每年安排2亿元扶持跨国经营和跨国公司的重点项目，主要用于补助企业对外投资合作的前期费用、启动资金、贷款利息、保费以及对企业的分类激励。

（一）"走出去"战略回顾与现状

　　总的来讲，广东企业"走出去"的实践与探索大体经历了以下几个发展时期：

　　（1）尝试探索时期（1981年至1991年）：在实施"走出去"战略早期，广东为贯彻党的十一届三中全会精神，在全国率先探索了境外投资办企业的途径，积极拓展境外经济

发展空间。1981 年，广东省分别在中国香港、澳门和澳大利亚等地设立境外投资公司，从此拉开了海外直接投资的序幕。随后，全省各级政府和国有大型外贸公司也积极推进，设立了一批境外投资机构。截至 1991 年，广东省在境外投资兴办的各类企业有 500 多家，包括贸易企业 200 多家和生产性企业 300 多家。但这个阶段只是进行尝试性的投资，对外投资规模也是极为有限的。总体上，处于尝试探索阶段的广东对外投资的规模仍然较小，投资区域以中国香港、澳门和发展中国家为主。

（2）迅速增长时期（1992 年至 1999 年）：1992 年邓小平的南方谈话及党的十四大的召开提高了广东对外开放水平，加快了广东企业"走出去"的步伐。截至 1999 年底，全省境外投资企业达到 624 家，分布于 50 多个国家和地区，其中境外生产性企业 60 家，总投资 1.78 亿美元，涉及贸易、金融、劳务、农业、旅游、运输、医疗、房地产、资源开发、咨询服务等多个领域。其间，单个企业的投资规模也呈现不断扩大趋势，投资额从几十万美元的项目发展到几千万美元的项目。在投资地区选择上，除了巩固港澳市场，还重点加大了对北美、欧盟、日本和东南亚市场的开拓。

（3）大力推进时期（2000 年至今）：为贯彻新世纪、新阶段党的领导集体对"走出去"战略构想的新要求、新指令，广东进一步提高对外开放水平，加大"走出去"步伐，先后颁布了《积极发展境外加工贸易业务的若干意见》、《关于加快实施"走出去"战略若干意见》、《广东省人民政府关于支持企业开展跨国经营加快培育本土跨国公司的指导意见》等多个文件。这一时期，广东境外投资主体呈现出多元化趋势，民营企业对外投资越来越活跃，并逐步代替国有外资企业成为境外直接投资的新生主力军，形成了国有、集体、民营、外资投资的多元化格局。2012 年广东省经核准在境外设立企业 833 家，新增中方协议投资额 43.38 亿美元，同比增长 49.6%，对外承包工程新签合同额 190.51 亿美元，同比增长 41.8%。广东企业"走出去"的实践与探索渐入佳境。

实施"走出去"战略既是广东企业自身发展壮大的需要，也是广东经济顺应当前世界经济发展的必然举措。近年来，广东积极实施并稳步推进"走出去"战略，努力出台相关加快培育本土跨国公司和跨国经营管理人才的政策措施，广东企业国际化的脚步越走越快，"走出去"的效果越来越显著。由表 1 的统计数据可知，2004—2012 年广东非金融类对外直接投资额累计达 1 000 667 万美元，平均年增长率为 85.20%。截至 2012 年底，广东省经核准在境外 100 多个国家和地区投资设立境外企业累计达 4 290 家。2011 年底，广东省非金融类对外直接投资存量在地方省市中独占鳌头，达 1 353 220 亿美元。

表 1　广东省 2004—2012 年非金融类对外直接投资情况表

年份	2004	2005	2006	2007	2008	2009	2010	2011	2012
对外直接投资额（万美元）	12 587	11 267	57 039	88 991	121 391	77 388	119 577	190 269	322 155
较上年增长（%）	——	-10.49	406.3	56.02	36.41	-36.25	54.52	59.12	69.32
全国各省市排名	2	4	1	1	1	6	6	4	1

数据来源：中华人民共和国商务部对外投资和经济合作司统计数据。

此外，广东企业在对外直接投资的区位选择上，多数分布在邻近的亚洲地区，另外还涉及欧洲、美洲、非洲等。据相关数据显示，截至 2012 年底，广东累计对外直接投资总量中，中国香港及亚洲地区占 56.7%，欧洲占 15.4%，美洲占 11.2%，非洲占 8.5%。在对外直接投资的产业选择上，由先前的传统制造业领域逐渐扩展到资源开发合作、高端制造业等领域，包括建立工业园、科技园、大卖场、批发市场等投资活动，涉及轻工、冶炼、电子等多个领域。

（二）"走出去"战略目前存在的问题

（1）企业对外投资规模及区域需进一步扩大。从单个投资企业的投资额来看，广东"走出去"企业的投资规模仍然较小。广东民营企业中的境外企业平均投资额仅为 47.4 万美元，跨国经营销售额部分占母公司总销售额的比重也比较低，这些都决定了现阶段境外投资企业难以形成规模经济，进而与其他国家跨国公司抗衡。在经营方式上，方式较为单一，多数是设立贸易公司或办事处，而采用在境外开设工厂或科研机构方式的企业并不多。同时，投资涉及的行业仍停留在贸易、加工、工程承包、劳务输出、旅游及餐饮业等传统的劳动密集型产业上。

（2）企业自身管理体制需适应国际化发展。广东对外投资的民营企业虽涉及股份有限公司、有限责任公司和集团公司等多种形式，但大部分还没有建立完善的现代企业制度，管理体制、方法和手段还不能适应全球化发展和参与国际竞争的需要，甚至不少企业缺乏明确的经营战略规划。而且部分"走出去"的中小民营企业有相当部分为家族式企业，急需进一步完善企业内部激励约束机制。广东大多数走出去的民营企业投资项目是附加值不高、技术含量较低的劳动密集型企业，企业自身研发水平低、技术创新投入少，很难在竞争上获得较大优势。

（3）跨国经营管理人才短缺。缺乏高素质经营管理人才，尤其是缺乏通晓国际商业惯例、法律，具有全球眼光的高级经营管理专业人才是广东企业开展境外投资、提高跨国经营水平的主要制约因素之一。大部分企业缺乏一整套适应全球市场竞争需要的人力资源管理机制，许多从事跨国经营的企业甚至还没有建立起现代人力资本观念，对人才资源管理的认识仍旧停留在人事制度管理的层次上。

（4）企业对外投资融资困难。融资是广东企业开展对外投资的又一道门槛。一方面，在现行金融体系中，除进出口银行和国家开发银行等政策性银行有专门针对企业对外投资的金融服务外，其他多数银行在这方面的金融产品相当少；另一方面，企业海外资产又难以抵押，保险产品少，对外投资合作项目保险投保门槛高、保费高，这就大幅度增加了企业跨国经营融资的难度。

（三）"走出去"战略继续发展的契机

目前广东企业显露出有关"走出去"战略的种种问题无疑影响了海外企业预期效益的实现，进而削弱了广东实施"走出去"战略的整体效果。可以说广东企业"走出去"还仅处于学步阶段。为扭转这种局面，广东务必内修内功（质量品牌）、外营人脉，在加强企业经营管理的同时，利用一切积极因素为我所用。其中，根植于海外华侨华人社会的华人关系网络——海外华商网络便是广东实施"走出去"战略的重要力量。

据统计，目前约有 3 000 万祖籍广东的海外华侨华人、港澳台同胞，其中港澳地区约 80% 的居民祖籍广东，东南亚和欧美地区的华侨也有一半以上祖籍广东。广东丰富的华侨资源是广东企业对外直接投资的无形资产。华商网络着眼于华人经济发展的需要，直接为华人经济的生存发展服务。这种主要建立在"乡情"基础上的商业网络，是为了适应和满足华人工商业者之间或华人企业之间顺利开展业务、共同创造共赢局面的需要而建立并发展起来的蛛网状关系。这个关系网络具有鲜明的民族性、显著的经济性、稳固的社会根基、高度的开放性和包容性以及发展的国际化等特点。由此，华商网络从个别国家和地区扩展至全球。各组织既能利用商业网络关系有效地规避某个时期内居住国国内政策的限制或地区性金融危机的冲击，又能适时地占领国际市场，充分体现了该网络的规模效益。可见，只要因势利导，华商网络将成为广东发展外向型经济、提高国际经济合作水平的催化剂。华商网络对外向型经济发展模式的广东来说，是一种典型的"社会资本"。这种资本能够为华人企业家乃至各国经济带来这样或那样的利益和好处。

二、广东省华侨华人基本概况及内部交流机制

（一）广东华侨华人基本概况

据广东省政府网站的数据显示，广东籍的华侨华人有 2 000 多万，其中，广府籍 800 多万，潮汕籍 700 多万，客家籍 500 多万。一般来说，华侨华人祖籍在中国各大城市都有，广东省最多的是江门市 320 多万，其他较多的还有梅州市 300 多万，汕头市 300 多万，揭阳市（包括普宁市）300 多万，广州市 100 多万。

表 2　广东华侨华人的主要分布及变化状况统计表

地区和国家	祖籍广东占总数	广东各属比例
亚洲		
泰国	91%	潮州 56%、客属 16%、海南 12%、广府 7%
马来西亚	60%	广府 24%、客属 20%、潮州 11%、琼 5%
印度尼西亚	45%	客属 20%、广府 15%、潮州 10%
菲律宾	15%	主要为广府属
新加坡	45%	潮州 17%、广府 17%、客属 6%、琼 5%
缅甸	30%	以广府、客属为多
越南	90%	主要为广府、潮州、琼、客属
柬埔寨	90%	主要为潮州、广府，次为琼、客属
老挝	90%	主要为潮州、广府
日本	9.60%	主要为广府属
美洲		
美国	60%	主要为四邑、中山，次为潮州

（续上表）

地区和国家	祖籍广东占总数	广东各属比例
加拿大	90%	主要为广府属
拉丁美洲	90%	主要为广府属
欧洲		
法国	76%	主要为潮州，次为广府、客属
英国	80%	主要为深圳、香港、东莞
荷兰	大部分	主要为广府属
大洋洲		
澳大利亚	90%以上	主要为广府、潮州
新西兰		主要为广府属
非洲		
毛里求斯	90%以上	客属80%；次为广府属（南海、顺德）
马达加斯加	90%以上	主要为海南、顺德、梅县
留尼汪	90%以上	主要为南海、顺德，次为梅县
南非	90%以上	主要为广府属

数据来源：《广东省志·华侨志》，广州：广东人民出版社1996年版，第59～60页，表中数据时间截至1987年。

改革开放30多年来，海外侨胞、港澳同胞累计在广东直接投资1 200多亿美元，创办企业近4万家，占全省实际吸收外资总量近70%。全省接受上百个国家和地区的海外乡亲捐赠，折合人民币超过400亿元，其中用于办学的有142亿元，约占总额的35%。此外，广东与外国建立起78对友好省州关系，其中不少是由海外华侨华人促成的。

（二）广东华商网络信息交流方式与渠道——以潮商为例

广东潮汕人一直被誉为"中国的犹太人"。言下之意是潮汕人像犹太人一样善于经商理财。潮商的崛起是在明朝以后。他们不仅数量多，而且相互之间有着密切的关系，当受到外力冲击时，自然形成一个整体。

1. 涵盖全世界各地的潮团

几乎所有潮人聚居的地方都有潮州会馆，潮州会馆不仅是叙乡谊、寄乡思的地方，也是潮商的网络平台。互通乡情、调度资金、调集力量、合谋决策是潮商会馆服务潮商的坚实基础。自觉的团队精神，使潮商的资本不断增加，拥有了与任何对手抗衡的实力。

国际上的潮州会馆包括澳大利亚潮州同乡会、澳大利亚维省潮州会馆、澳大利亚潮汕青年联谊会、泰国潮州会馆、泰国澄海同乡会、泰国旅暹潮安同乡会、新加坡潮州八邑会馆、新加坡潮阳会馆、新加坡中华总商会、新加坡宗乡会馆联合会、新加坡普宁会馆、新加坡潮安会馆、新加坡潮安联谊社、马来西亚潮州公会联合会、马来西亚柔佛潮安同乡会、菲律宾潮汕联乡会、法国潮州会馆、法国华裔互助会、瑞士潮州同乡会、加拿大安省潮州会馆、加拿大卡城潮州同乡会、加拿大沙省潮州联谊会、加拿大缅省潮州同乡会、加拿大爱城潮州同乡会、加拿大魁省潮州同乡会、加拿大卑诗省潮州会馆、加拿大温哥华潮州同乡会、美国西雅图潮州同乡会、美国伊州芝加哥潮州同乡会、美国加州圣荷西潮州会馆、美国俄勒冈州潮州同乡会、美国美京潮州同乡会、美国纽英仑潮州同乡会、美国得州潮州会馆、美国北加州潮州会馆、美国纽约潮州同乡会、美国南加州潮州会馆、美国夏威夷潮州同乡会、美国圣地亚哥潮州同乡会、德国潮州同乡会、越南胡志明市潮州义安会馆、老挝潮州乡亲代表团、柬埔寨潮州会馆、印度尼西亚坤甸潮州同乡会、印度尼西亚西加省潮州同乡会、意大利博洛尼亚市潮州同乡会、比利时潮州同乡会等。

国内的潮州会馆包括北京潮人海外联谊会、河南省潮人海外联谊会、上海潮汕联谊会、桂林市潮人海外联谊会、四川潮人海外联谊会、安徽蚌埠潮人海外联谊会、重庆潮人海外联谊会、南京潮汕商会、云南潮汕总商会、广西潮人商会、青岛海外联谊会潮州会，港澳台有香港潮属社团总会、香港潮州商会、香港潮商互助社、香港潮安同乡会、澳门潮州同乡、台湾高雄市潮汕同乡会、台湾台中市潮州同乡会、台湾台南市潮州同乡会等。

广东的潮州会馆包括广东潮人海外联谊会、广东省潮商会、深圳潮人海外经济促进会、深圳潮商会、珠海潮人海外联谊会、中山市潮资企业促进会、东莞市潮商民营企业协会、河源市海内外潮汕人联谊会、江门市潮资企业联谊会等。

2. 联系世界各地潮商的会议

（1）国际潮团联谊年会：自 1981 年在香港举办第一届国际潮团联谊年会以来，至 2007 年已举办十四届，大会以"团结乡亲，增进乡谊，弘扬文化，促进工商，服务社会，共谋发展"为宗旨。

（2）国际潮青联谊年会：1999 年 5 月 31 日第一届国际潮青联谊年会在香港召开，第一届国际潮青联谊年会发起者、香港潮州商会副会长陈幼南认为，如果能发挥香港潮州商会多年积累下来的人脉网络，"搭通海外天地线"，把这些早年散居在海外不同地区的第二代潮人联系起来，就可以为他们提供一个认识潮州传统文化、了解家乡现代建设的平台。

（3）潮商大会：2005 年第一届潮商大会在汕头召开。后来，又定期或不定期地举行潮商会议，邀请相关部门的领导、专家和业内精英到会演讲，与会员座谈，使会员在及时掌握最新的商业信息的同时又能增进相互间的感情与认同。

3. 联系世界各地潮商的新方式

互联网的使用，是联系世界各地潮商的新方式。比如有名的潮人在线网站，同时也是国际潮团联谊年会的官方网站。这个网站由广东潮州人发起而建立的，打出了"用潮联通，自家人，放心贸易"的口号。

三、华侨华人对广东经济的促进作用

（一）交易成本角度

华商网络对广东"走出去"战略有着显而易见的好处，但对于华商来广东投资的原因，主要归结为"关系说"，认为乡情是华商投资广东的主要动机；或"利益说"，由于广东有巨大的商品市场和廉价的劳动力。实际上，两种说法都可以归纳为经济学中的"交易成本"，这是华资青睐中国大陆的主要原因。交易成本（Transaction Costs）又称交易费用，是"通过价格机制组织生产的，最明显的成本，就是所有发现相对价格的成本"、"市场上发生的每一笔交易的谈判和签约的费用"及利用价格机制存在的其他方面的成本。

1. 模型分析

华人移居到海外后，由于受传统儒家思想的影响以及老一辈华人对新一代的教化，基于"五缘"关系相连接的社会网络在海外华商之间广泛铺开，形成了一个大网含小网、小网嵌大网的结构，而这样一种关系促进了信息在华商网络间的流动，从而减少了他们之间进行贸易的交易成本。因此，作为一种信息网络，华商网络为交易双方的华商提供了一个信息来源的渠道，与市场交易相比，买卖双方都更容易发现需求与供给曲线，故双方交易搜寻的成本少，甚至接近于零，克服了国际贸易中的非正式壁垒，从而促进了中外双边贸易量的增加，即产生了华商网络的"交易成本效应"。

为了对这种效应进行经济学的分析，我们首先假设：

——只存在两个国家，中国与外国。其中，中国是大国，外国是小国。

——两国生产与消费产品 X 与 Y，中国在产品 X 的生产上存在比较优势，外国在产品 Y 的生产上存在比较优势，产品 X 与 Y 不可以进行替代，因此当开放贸易后，中国出口产品 X 到外国。产品 X 是差异化产品，因此产品 X 在贸易中存在着交易成本（搜寻与匹配成本）。

——一种生产要素：劳动力。

假设：通过华商网络进行贸易后可以消除产品 X 的交易成本；华人向外国移民并不影响两国的生产结构与消费偏好，即两国的供给曲线与需求曲线都不发生变化。

中国的需求曲线与供给曲线为：　　　$D = 200 - 10p$　　$S = 100 + 10p$

外国的需求曲线与供给曲线为：

$D^1 = 160 - 10p^1$　　$S^1 = 60 + 10p^1$

$S^1 = -60 + 10p^5$

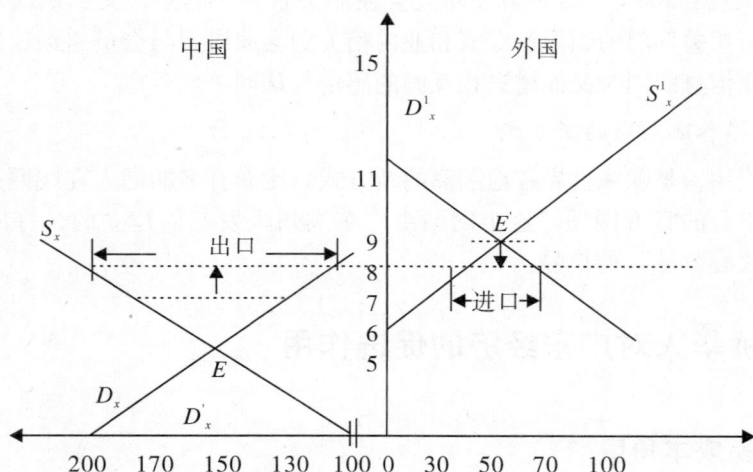

图1　"交易成本效应"示意图

如图 1 所示，在中国与外国没有发生贸易的情况下，中国在均衡价格 $P = 5$ 美元（由

E 点所对应）处自给自足，生产和消费 150X。外国在 $P' = 11$ 美元（E' 点所对应）处自给自足，生产和消费 50X。在开放贸易后，中国会向外国出口商品 X，故中国的 P 会上升而外国的 P' 会下降。如果商品 X 由中国出口到外国的交易费用为每单位 2 美元，则贸易后外国市场的 P' 将会比中国的 P 高 2 美元。外国在 $P' = 9$ 美元下本国生产 30X，消费 70X；中国在 $P' = 7$ 美元下本国生产 170X，消费 130X；有 40 单位的 X 被用于贸易。如果在双边贸易过程中由于华商网络的作用，减少了商品 X 的交易费用，那么在贸易后，两国将会在 $P = 8$ 美元下外国生产 20X，消费 80X；中国生产 180X，消费 120X；有 60 单位的 X 被用于贸易。因此，华商网络消除了交易成本，提高了两国生产的分工程度、贸易额以及增加了两国的贸易所得。

华人移民在相当大程度上存在着对中国产品的需求依赖，如果移民居住国不能满足这种需求的话，则会促使在居住国的华商从事从中国进口该产品的贸易，即"移民偏好效应"。

假设：华人移居到外国后增加了外国对商品 X 的需求、减少了中国对商品 X 的需求；通过华商网络贸易可以消除产品 X 的交易成本；华人移居到外国后，并不改变外国的生产结构。

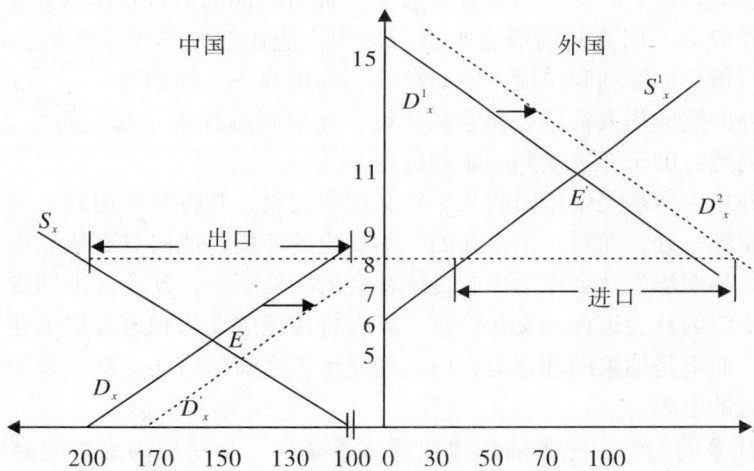

图 2 "移民偏好效应"示意图

如图 2 所示，部分华人移居到外国后使外国的需求曲线向外移动了 20 个单位，即 $D_x^1 \to D_x^2$，但由于外国的生产能力没有发生改变，因此，这部分过剩需求 20X 要靠从中国进口来实现满足。而中国的情形刚好相反，华人移出中国后使中国对 X 商品的需求减少 20X 后变为 100X，即需求曲线内移，从 $D_x \to D_x'$。

因此，从中国移出的这部分需求 20X 正好等于外国增加的国内需求 20X，中国国内的生产量 180X 并不发生改变，两国的价格也没有发生改变，但双边的贸易量增加了，从原来的 60X 增加到 80X。因此，移民偏好效应提高了双边总贸易水平以及增加两国的贸易所得。

从"交易成本效应"及"移民偏好效应"可以看出，华侨华人与国内进行交易时，交易双方的搜寻成本减少，甚至接近于零，克服了国际贸易中的不正式壁垒，从而促进了中外双边贸易量的增加。同时，由于华人移民在相当大程度上存在着对中国产品的需求依赖，也会增加对中国商品的进口数量。

2. 影响交易成本高低的因素

（1）信息不对称。信息的不对称是影响交易成本高低的重要原因。投资者一般会选择自己比较熟悉的地方或有政策保障、有熟人担保的地方作为投资地点。对广大的华人同胞而言，家乡无疑是他们列入考虑的首要投资地。他们更容易接受家乡的文化，了解民情。据了解，在参与海外投资的华商中，1/3以上同时参与对中国大陆的投资。广泛的广东华商网络，不仅将海外华商紧密联系起来，也将华商和广东政府、广东企业联系起来，通过这个层层联系、点点连接的华人经济网络，投资、商业信息就会传播得很快，从而大大节省了搜集信息的成本。

在全球经济日益国际化区域化的大潮中，华商网络成为华人居住国对外（以中国为主）发展经济合作的桥梁，是拓展其国内产品的外销市场，以及引进国际资金、技术和管理的利器。据哈佛大学高健教授统计，海外华人企业中，国内业务的52%和海外业务的39%是在华人企业间进行的。20世纪90年代初，国际华人资本在东南亚的投资比例分别是：印度尼西亚超过1/5、泰国近1/3、马来西亚超过1/2、菲律宾近2/5。

（2）语言文化环境。广东华商到家乡投资，拥有共同的语言就让双方免除众多繁杂的翻译过程和翻译成本，用共同的语言来进行谈判，能让双方产生亲切感，产生友好的印象，让谈判进行得更加顺利和快捷。例如在著名的侨乡——潮汕地区，"自家人"的称呼深入人心，海外的潮汕华人都乐意回家乡建设。在谈判过程中，双方都是"自家人"，这样的谈判氛围当然有助于促进谈判的顺利进行。

同时，海外华人传承了中华民族几千年来优秀文化，并将其运用到人际和商业网络之中。海外华人初到一处，面对一个全新的、不安全的环境，他们只有依靠中华民族传统的社会文化力量。早期华人社会作为中国传统社会的海外版本，其全部准则更为明显且更为依靠中华民族传统的社会道德和文化规范。华人将传统的文化和道德规范建立在具体的人与人的关系上，而不是抽象的理想上，由此建立华人之间的信任。这也是华人不愿意和不认识的人做生意的原因。

（3）法律体系的完善。完善的法律保障体系减少了交易后为维护交易顺利完成的成本。在达成交易契约后，交易者要实施契约的条款和内容，以实现交易对象的转移。中国人和海外华人同样受到了中国儒家文化的影响，彼此都对信用和信誉十分看重。

3. 交易成本低的好处

（1）有利于广东企业拓展国际营销网络。海外华商遍布全球，他们熟悉当地经济、政治、法律以及风俗习惯，熟悉当地的投资项目、投资规模和投资管理部门，同当地政府官员和企业界均有一定的联系。借助这种广阔的人脉，广东企业可以得到不少资讯和帮助，并由此省去很多时间、精力和物力；还可以知悉当地企业的各种优惠政策，进而方便企业主选择那些经济效益较高、投资风险较小的海外投资项目。

（2）有利于广东缓解"贸易难题"。近几年由于世界经济缓慢发展导致的国际贸易保护和摩擦日益增多，作为外贸大省的广东面临的情况尤其严峻，且呈现多样化、交叉化和隐性化等特点。据中国贸易救济信息网的有关数据统计，在2002年至2008年的7年间，广东产品共遭遇160多起贸易救济调查，且案件数量呈逐年上升趋势，涉案范围也从轻工、纺织等劳动密集型产品逐步扩大到彩电、相机、微波炉等具有较高技术含量的机电产品。因此，在出口贸易受到限制的条件下，对于广东经济的发展，不妨换一种发展思路，即鼓励有一定比较优势的企业到市场环境较好的国家、地区进行直接投资。这样不仅可以有效带动产品、技术、劳务和服务出口，缓解广东经济由于直接出口受限造成的发展压力，而且可以绕过区域经济集团的贸易壁垒，达到保护已有市场的目的。

（3）有利于广东企业以较低的交易成本尽快与国际市场接轨。华商网络使各国华人经济形成"你中有我，我中有你"的相互依赖局面，华人居住国之间的市场与国际市场高度融合，相互间的货物、服务、技术和资本流动也在日益加强。这为广东企业"走出去"提供了良好的国际经济环境，同时也便利了广东企业与国际市场的接轨。广东企业选择在经济政策透明度和金融自由化程度高的华人居住国投资，便于进行融资的选择和金融工具之间的替换，可以降低融资成本和财务风险，还可以实现产销经营和资本经营的理想结合。

（4）有利于广东及时获取市场信息，寻得理想的合作伙伴。一方面，由于华商网络可以为企业的决策提供诸如东道国宏观经济资料、企业成本要素资料、外国投资相关法律框架和管理程序等基本资料，有助于企业避免因信息不对称而造成的被动局面；另一方面，华商网络因为具有良好的信誉、广阔的人脉、坚韧的拓荒精神、丰富的海外经商经验，不仅对前往投资的跨国公司具有强大的吸引作用，而且使华商成为最受跨国公司青睐的理想合作伙伴。

（二）技术进步角度

1. 模型分析

不完全竞争的国际贸易理论对外部经济影响国际贸易的方式进行了描述。其中，动态收益递增理论认为，企业可以累积生产经验而从中受益，由于通过生产获得的经验对成本的影响，学习曲线向下倾斜，随着时间的流逝，累积产量不断增加，因而成本也逐渐下降，即"干中学"（Learning by Doing）。如图 3 所示：

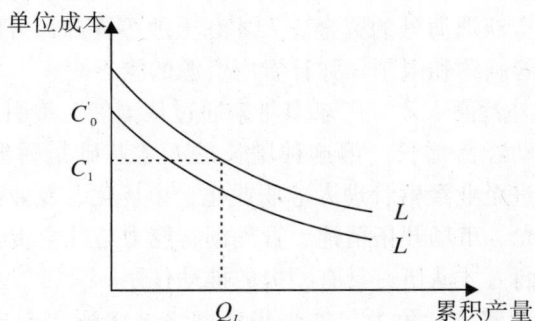

图3 "干中学"学习曲线

上图表明随着一企业工业累积产出越大，则其单位成本也就越低。在此外部经济的影响之下，企业会选择越早进入一个行业，从而提高它的比较优势，只要企业进入该行业足够早，那么即使潜在的进入者（后来进入者）具有潜在的低成本，它也无法进入该市场。

"干中学"的原理也可以应用于当新技术出现时,企业的获利水平与自身对技术学习程度的相互关系,即企业对新技术的学习时间越长,那么就越能降低企业的生产成本(或最终提高自身的产品质量或生产技术水平)从而获利。企业不仅可以从自身对新技术的学习经验积累中获得利益,而且也可以在社会网络中通过其他成员对新技术运用的经验积累中获得利益。在社会网络内部,网络成员对新技术的接受都应是彼此起到积极促进作用的。当一项新技术出现时,如果网络内其他成员都接受新技术,那么自身最好也接受新的技术,因为网络内其他成员对新技术的学习会对自身产生一种正溢出效应。

总体来说,华商网络中网络规模越大,越能促进新技术的学习与吸收,接受新技术的程度也就越强。因此,广东企业应积极与华商企业进行贸易沟通,加入华商贸易网络,越能够掌握新的技术,学习新的知识,就越能够促进产业升级及经济增长。

2. 加入华商网络对经济的促进作用

(1)有助于广东产业结构升级。改革开放以来,广东由于其优惠的产业政策,承接了大量周边地区及发达国家的产业转移,形成了"轻型外向"的产业结构,这也为广东打下了良好的经济基础。但是,这种"轻型外向"的产业结构同样给广东产业的持续健康发展造成了不少障碍。首先,工业产业多集中在产品供应链低端,技术含量低,且出现了结构性过剩的情况;其次,企业多数以引进技术为主,缺乏自主创新能力,产品附加值低,不具有发展的核心竞争力。因此,积极引进并学习国外的先进经验,有助于加快广东产业结构的升级,提升工业化水平。一方面,通过华商网络加大加快对拥有高技术国家的投资,是引进吸收高新技术和管理经验的有效手段;另一方面,扩大产业内关联生产环节的国际贸易份额,也是带动省内相关产业增长的重要途径。

(2)有助于充分利用海外资源。如何解决资源短缺的问题,实现经济的持续高速发展,是摆在广东面前的一道必须解决的难题。而华商网络本身汇聚了大量的资金、技术和人才,同时,通过华商网络与当地工商企业和科研机构的联系,可以获得各种市场信息,广交外国企业家和优秀技术人才,更好地吸收资金、技术和人才。鼓励企业实施"走出去"战略,通过对外投资获取海外的资金、人才和土地等资源,可以有效缓解省内资源紧缺对广东经济发展造成的制约和限制,弥补省内资源的匮乏。

(3)有助于培养涉外营商人才。广东多年来通过从国外大量引进资金、技术,吸引内地大批廉价劳动力,推动经济增长,但这种增长的人才基础是薄弱的。广东实施"走出去"战略,对于加快推进企业经营管理人才职业化、市场化、专业化和国际化,培养造就一大批具有全球战略眼光、市场开拓精神、管理创新能力与社会责任感的优秀企业家和一支高水平的企业涉外营商人才队伍,具有积极的推动作用。

(4)有助于提高企业整体竞争力。加入华商网络,实施"走出去"战略,不仅能使企业加快对先进技术的引入,进而转化为自身的自主创新能力,还能使企业站在更加广阔的舞台上锤炼自己,增强自身整体竞争力。因此,广东应立足于发展开放型经济和完善对外开放格局的长远战略的需要,紧紧抓住产业结构进一步调整和国际经济发展的有利时机,因势利导,支持具有品牌优势和综合实力的各类企业开展跨国投资,以增强企业参与国际竞争的能力。

（三） 网络中介角度——以香港为例

假设贸易的买方与卖方并不属于同一个网络，在这种情况之下，双方如果要达成交易，一般首先要进行"搜寻"行为，但是这种"搜寻"行为是没有效率的，而且会出现信息不对称的现象。因此，买方（或卖方）可以雇佣一个网络中介，通过给予网络中介"佣金"来获取交易对方的有效信息，从而最终达到有效匹配及信息透明化的目的。其实，无论是对于小型的商业集团或者是为实现规模经济的大型商业集团而言，网络中介都发挥着至关重要的作用。如果把网络中介的角色从"连接关系中"剔除的话，买方和卖方都可能会无法达成交易。

广东企业"走出去"，与海外企业建立起密切联系，同样需要一个网络中介。而广东更应该借助毗邻香港的地理优势，把香港这一中国内地与海外商人联系的网络中介作为企业"走出去"的跳板。

1. 华商充当贸易网络中介的集聚效应

香港作为一个海外华人集中的地区与国际性的商业、贸易和金融中心，由于历史、地理与种族血缘关系的原因，一直是海外华人投资与从事商贸活动的中心，也是海外与中国内地进行经贸联系的中介和桥梁。香港，作为为中国内地提供中介服务与促进内地转口贸易发展的地区，它的加入无疑会对广东发展对外经贸关系起到一个"催化剂"的作用。香港之所以能成为充当海外华商与内地华商尤其是广东之间贸易中介的集聚地，有以下几方面基本原因：

第一，香港是一个国际金融中心，因此香港华商可以轻易地从银行和其他金融机构获得信贷，据此可以给予外国商人（海外华商）信贷，从而增加竞争优势，而且建立在信用基础上的信贷关系可以提高资本的形成速度与规模。

第二，由于华商网络一旦建立起来后将会形成一个封闭性、垄断性的系统，外国商人如果要进入内地市场，通过香港的贸易中介来达成交易不失为一个明智的选择。

第三，由于国内包括广东是一个法制尚不健全的社会，外国商人往往担心他们在广东的投资和贸易会受到当地政府的影响，因此，通过利用香港与内地华商之间的关系，就可以保证它们的资产不会受到侵害。

第四，香港华商与内地华商由于有着共同的文化与人际关系基础，基于人际关系基础上的交易一方面可以降低商业交易中的不确定性与交易风险，另一方面也可以使交易的程序更灵活、更具有弹性。

第五，由于香港存在大量与中国内地联系密切的工商业机构，而且香港华商也比较了解内地的市场信息，因此通过香港华商可以获得有关中国内地更多的商业信息，从而促进了交易。香港有许多工商社团，他们发挥着突出的社会中介作用。其中影响较大的如中华总商会、香港总商会、香港中华厂商会、香港工业总会及中国企业协会等，他们在特区政府及工商业者之间起着重要的沟通及桥梁作用。

从表3可以看出，自改革开放以来，香港在中国对外贸易中的转口作用是十分明显的，但其转口重要性有所降低，从20世纪80年代初的50%左右下降到21世纪初的18%左右。而且在转口贸易中，又以加工贸易居多。

表3　中国内地经香港转口贸易统计及加工贸易货物转口统计表

单位：亿港元

年份	中国内地经香港转口货物值	原产地为中国内地的加工贸易货物转口额（输往中国内地除外）	年份	中国内地经香港转口货物值	原产地为中国内地的加工贸易货物转口额（输往中国内地除外）
1978	36.59	N/A	1995	6 464.92	4 924.61
1979	56.64	N/A	1996	6 835.14	5 528.22
1980	58.85	N/A	1997	7 234.16	5 955.11
1981	83.94	N/A	1998	6 912.19	5 597.26
1982	146.94	N/A	1999	7 201.26	5 701.26
1983	196.81	N/A	2000	8 495.17	6 473.39
1984	281.07	N/A	2001	8 083.70	5 783.29
1985	346.28	N/A	2002	8 639.67	5 947.08
1986	515.97	N/A	2003	9 671.04	6 034.60
1987	842.66	N/A	2004	11 354.69	6 851.47
1988	1 315.25	N/A	2005	13 132.11	7 565.79
1989	1 882.71	449.06	2006	14 612.92	8 147.93
1990	2 404.10	554.97	2007	15 977.70	8 410.48
1991	3 156.89	735.62	2008	17 076.96	7 922.21
1992	4 037.82	2 998.33	2009	15 033.19	6 418.12
1993	4 740.07	3 645.36	2010	18 209.64	8 119.96
1994	5 458.31	4 225.44	2011	20 150.46	8 840.57

数据来源：香港特区政府统计处。

2. 华商充当投资网络中介的集聚效应

海外华资流入中国大陆的速度和规模十分惊人。20 世纪 90 年代每年有 100 亿～200 亿美元。没有其他发展中国家曾在如此短的时间内吸收如此大量的海外资金。通过对分布在东南亚不同国家超过 150 个海外华商进行调查后发现，他们有超过一半的当地商业活动是与其他华商进行的。与欧美和日本企业主要由总公司或集团公司直接投资不同的是，东南亚华人企业集团通常是由设在香港或新加坡及其他金融和贸易中心的海外投资机构来实施对外直接投资，从而在东南亚华人内部形成了中国香港—新加坡（东盟）—中国台湾的三角网络（见图 4）。

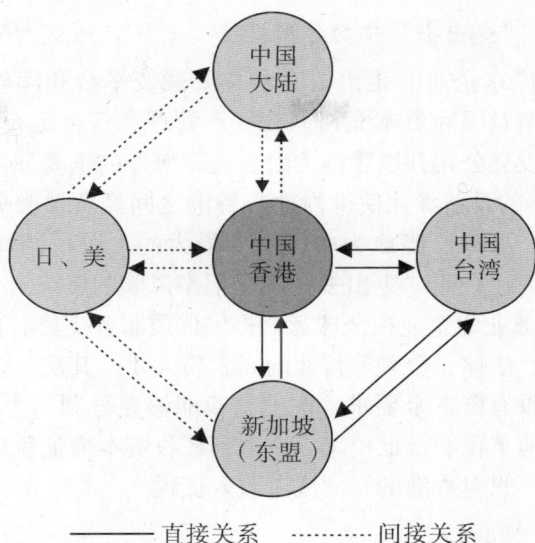

————— 直接关系　　·········· 间接关系

图4　华人企业投资网络构造

资料来源：傅利平：《东亚华人对外直接投资与经营》，北京：中国经济出版社2002年版。

　　在这种情况下，香港具备作为投资对象以及作为向中国内地、东盟等临近地区投资据点的双重作用。到目前为止，许多东南亚华人企业集团都在香港设立了统筹海外经营的总部或子公司（见表4），然后用持股公司上市、银行融资、发行债券等方式筹集资金，再向其他地区投资。由于东南亚华人企业集团之间经营风格相近，投资基地多选择在中国香港、新加坡，投资地域集中在亚太地区，加之华人经济网络的联系，因而倾向于选择熟悉东道国市场的东南亚其他华人作为其联合投资的伙伴。

表4　东南亚部分华人企业集团以香港为基地的投资控股机构

企业集团家族	集团名称	在港机构	建立年份
林邵良	三林	第一太平	1981
黄奕聪	金光	中策投资	1982
李文正	力宝	力宝香港	1991
吴家熊	大马	大马香港	1993（重组）
郭鹤年	郭氏兄弟	嘉里	1974
郭令灿	丰隆（马）	国浩	1982
林天杰	马化	威达利国际	1993
钟廷森	金狮	华新国际	1994
陈志远	成功	永鸿基	1993
雷贤雄	马婆金融	马婆资本亚洲	1992（重组）
黄廷芳	远东机构	信和置业	1975
郭芳枫	丰隆（新）	城市酒店国际	20世纪80年代初

3．香港在广东企业"走出去"中的作用

（1）香港可以成为广东企业"走出去"的重要融资平台和海外资产管理中心。香港作为国际金融中心，本地及国际资本充裕，在资产管理和资金运行方面具有较强的优势，这是内地企业选择香港设立公司并以香港为跳板进军海外的重要原因。同时，离岸人民币业务带来新优势。CEPA的日益深化使得内地与香港之间经贸及服务业不断开放，香港人民币贸易结算不断放宽，香港已经成为中国境外最大的人民币结算中心和人民币业务中心。离岸人民币业务使内地企业"走出去"免受汇率风险的影响。

（2）发达的专业服务业为企业在全球运营提供优质服务支持。首先，香港服务业非常发达，集中了大量会计、法律、金融等行业的高素质人才。其次，内地企业投资香港手续便利，在港注册公司也没有资本金要求，内地企业能够充分利用香港市场的国际化资源，发展海外市场。最后，简单税制及低税率。香港不征收资本增值税或红利预扣税，在征税方面采用地域来源原则，只对香港的利润或者收入征税。

四、华侨华人与广东企业互动分析——以东南亚为例

东南亚地区华人占世界华人总数的80%以上，是海外华人的主要集中地。东南亚国家华商人数众多，华人资本经过长期积累已经达到很大的规模，其实力远非世界其他地区华人资本所能比拟，无论在住在国还是国际上都拥有相当广泛的影响，成为促进和推动中国与东南亚其他国家合作的重要力量。

（一）广东与东南亚华商网络互动的实证分析

1．广东与东南亚华商网络

改革开放之初，海外华人资本纷纷涌向中国大陆。在吸引外资的过程中，港澳台及东南亚华商占有举足轻重的地位，构成了广东实际利用外资的主体，极大地推动了广东经济的快速增长和国际竞争力的提升。30余年来，广东的经济与社会发展取得了举世瞩目的成就，离不开港澳台及东南亚华商的投资支持和示范带动。

表5所示，1979—2011年广东省实际利用外商直接投资约为2 739.67亿美元。就投资来源地而言，香港地区约为1 731.55亿美元，台湾地区约为80.39亿美元，东南亚地区约为86.69亿美元。

表5　广东省各年份外商直接投资汇总实际利用外资情况

单位：万美元

年份	全省合计	中国香港地区投资额	中国台湾地区投资额	新加坡投资额	马、泰、菲、印尼投资额
1979—1984	125 611	112 669			13
1985	51 529	45 020		387	540
1986	64 392	60 310		138	73

（续上表）

年份	全省合计	中国香港地区投资额	中国台湾地区投资额	新加坡投资额	马、泰、菲、印尼投资额
1987	59 396	50 267		485	73
1988	91 906	83 654	324	262	145
1989	115 644	95 272	2 272	2 375	169
1990	145 984	101 859	7 032	1 317	122
1991	182 286	144 860	10 956	708	353
1992	355 150	316 227	12 857	1 770	4 271
1993	749 805	677 317	26 649	2 823	5 397
1994	939 708	806 351	43 586	14 262	7 093
1995	1 018 028	822 413	35 951	22 583	9 124
1996	1 162 362	873 209	47 436	41 496	16 240
1997	1 171 083	867 589	45 394	36 861	10 020
1998	1 202 005	836 357	35 115	26 020	10 495
1999	1 220 300	753 960	46 934	32 432	15 227
2000	1 223 720	770 963	49 746	49 115	11 451
2001	1 297 240	724 909	49 029	46 141	9 936
2002	1 311 071	725 279	63 563	33 767	8 625
2003	1 557 779	895 834	67 688	39 689	7 262
2004	1 001 158	523 640	34 897	28 354	7 957
2005	1 236 391	610 940	33 370	29 207	5 347
2006	1 451 065	720 585	38 941	44 023	9 000
2007	1 712 603	871 860	32 051	31 775	8 958
2008	1 916 703	1 054 412	33 382	54 626	10 689
2009	1 953 460	1 187 737	25 545	44 257	9 434
2010	2 026 098	1 291 738	24 543	46 482	10 099
2011	2 179 836	1 403 028	36 685	45 453	12 027

数据来源：广东省统计年鉴（1985—2012）。

2. 东南亚华商对广东投资的特点

（1）投资地区先以侨乡和深圳、东莞为主，并逐渐扩张到珠三角和整个广东省。在过去的30余年中，广东由于毗邻东南亚的地缘优势和改革开放先行一步的政策效应，尤其是凭借着广泛的华侨华人关系网络，一直是东南亚华商在中国大陆投资最多和投资增长最快的省份。东南亚华商对广东的投资经历了最初对祖籍地、深圳和东莞等地的试探性投资，到对珠三角的投资高潮以及由于产业转型和转移需要进而扩散到整个广东的过程。

（2）从广东华资来源看，东南亚地区华商的投资并不多。港资一直是广东吸引外商直接投资的最主要来源，30年来几乎一直雄踞榜首，这主要得益于香港经济飞速发展和其特殊地理位置。东南亚地区虽然是海外华人人口和华人资本最集中的地区，但它对广东的投资远没有想象中的多。

（3）华人大企业集团是投资的主力。20世纪80年代，东南亚五国形成了一批以华侨华人资本为主体的现代企业集团和跨国企业集团。这些企业集团资金雄厚，横跨多个产业，具有良好的产业基础和资本运作能力，在东南亚地区乃至国际上都拥有很大的影响。

（4）东南亚华商在粤投资制造业以中小型加工制造业为主。虽然在亚洲金融危机以后，东南亚华商在广东的投资结构出现明显变化，资本和技术密集型投资增长较快，大企业来粤投资增多，但就整体而言，东南亚华商在广东制造业的投资仍以中小型加工贸易型投资为主。比较集中的行业有电子、机械、塑胶、鞋帽、玩具业等，单体投资规模较小，"三来一补"企业占多数，产品以外销为主，自有资金比例高。

（5）服务业是东南亚华商的优势产业。饭店、宾馆、住宅、写字楼等房地产一直是东南亚华人企业集团追逐的投资热点。这一方面与华人深受中华民族几千年来的文化影响有关，土地和房产被认为是财富的最主要形态；另一方面，这也与东南亚华人经济的发展历史有关，许多华人富豪的发迹正是通过房地产开发实现的。

（6）东南亚华商网络与广东的互动不充分。以上对东南亚华商网络与广东互动的实证分析验证了本研究的假说，即东南亚华商网络之于广东的作用以及广东对其利用并没有想象得充分。相比于港澳台华商的投资和欧美、日本等发达国家的投资，广东所吸引的来自东南亚国家的投资所占比例很小。

不仅如此，过去30余年广东对东南亚华商网络资源的利用只是单向的联系，即被动地吸收东南亚华商的投资，并且只是单纯的资金输入，缺乏双向互动的过程。这在很大程度上说明了广东过去对东南亚华商网络资源利用得不充分，存在浪费现象，或者是基于团结海外华人的需要没有揭示事实的真相而导致战略方针的失误。

（二）广东与东南亚华商网络互动不充分的解读

（1）东南亚华商对广东投资以香港作为中介地。许多东南亚华商往往以中国香港作为基地，先向中国香港进行大规模投资，再以中国香港为中介对华投资。香港成为中外交汇的桥梁，它既是海外华商以及外商进军大陆的跳板和桥头堡，又是中国以及在香港的华商拓展海外市场的理想战略据点。

（2）产业同构程度较高。东南亚华人企业集团是在东南亚国家发展当地民族经济、实现工业化政策的过程中兴起的。20世纪90年代以前，劳动力资源禀赋和要素成本价格低廉是广东吸引外资的最大优势所在。到了90年代中后期，特别是亚洲金融危机发生之后，广东成为"世界工厂"，进入产业转型升级阶段，中小华商制造企业所赖以生存的低成本优势逐渐受到削弱，人民币升值、劳动力工资上升都成为华商制造业面临的生存难题。东南亚华商与广东经济的关系已经从互补关系逐渐演变为竞争的关系，这也从客观上造成了东南亚华商在广东投资的逐渐衰退。

（3）东南亚华商以中小企业为主。中小企业是构成东南亚华人经济的主体，这是不容否认的事实。一项关于印度尼西亚华人的数据表明，在印度尼西亚华人经济鼎盛的20世纪 90 年代初期，有大企业集团 160～170 家，中等企业 700～800 家，小企业 50 000～60 000 家，中小企业在数量上占绝大多数。正如华商中小企业是东南亚华人经济基础的主要组成部分一样，投资中国的东南亚华商也以中小企业为主，而且参与当地经济的程度更深，这点在广东、福建等沿海侨乡表现得特别明显。

（4）东南亚华商优势产业对华投资受到限制。东南亚华人企业集团对华直接投资绝大部分属于国内事业延长型投资，而且投资行业主要集中于海外华人的优势产业，如房地产业、金融业、商贸流通业、基础设施及中小劳动密集型产业。尤其是第三产业中的饭店、酒店、宾馆等始终都是东南亚华商对华投资追逐的热点。这是因为中国大陆对外资一直未明确开放金融服务业等重要服务业，房地产业也一直禁止外资企业的进入，商贸流通产业也只是在加入 WTO 后有限制地开放。

在过去的 30 年的时间里，相比较于大张旗鼓地利用欧美日等跨国资本，作为最大多数海外华人祖籍地的广东却在利用东南亚华商网络资源的问题上始终不见强有力的动作，使得广东在利用和融入东南亚华商网络方面尚有巨大的潜能未发挥出来。但可喜的是，广东决策层已经逐渐认识到东南亚对于广东经济保持持续健康发展的重要性，开始扩大与东南亚国家的交流与合作。2008 年 9 月，中央政治局委员、广东省委书记汪洋率领由 700 多名企业家组成的庞大代表团赴东南亚国家寻找商机。随着中国大陆经济影响扩大和广东经济的进一步发展，东南亚华商的影响力也会迅速扩大，不但关系到资本流动的交叉，而且关系到技术、人才、文化等一系列资源的交流，并带动广东的资本投向海外。从这个意义上说，这个阶段会促进双方关系的发展。"走出去"战略是指中国大陆企业及其资本、服务、技术和人力资本等走向国际市场，进行境外投资，从事生产或提供服务，以获取经济效益；在形式上表现为境外生产加工、开发资源承包工程、输出劳务、科技开发和设计资讯等；其实质是把世界资源作为中国商品和服务的生产平台。虽然实施"走出去"战略困难重重，但与其他沿海开放省区相比，广东拥有得天独厚的侨乡优势，只要利用好、发挥好华商网络这个独特的资源优势，广东"走出去"战略取得成功就具有更大的可能。

五、华侨华人助广东企业"走出去"经典案例——格力电器

珠海格力电器股份有限公司是全球规模最大的专业化空调制造企业，业务遍及全球 100 多个国家和地区，拥有巴西、越南等多个海外生产基地，年出口额超过 150 亿元，堪称广东企业成功"走出去"的典范。而从格力电器海外扩张的路径看，不难发现其光鲜亮丽的海外销售业绩背后隐藏着海外侨胞的巨大付出，可以说格力电器海外扩张的历程，就是海外华侨"领出去"、"抬上来"的过程。

第一阶段：依靠公司自身力量，海外扩张举步维艰。

从 20 世纪 90 年代后期开始，国内空调行业进入完全市场竞争时代，国内空调厂商数量与产能急剧膨胀，市场供过于求，产品利润率逐年走低，买方市场特点日益凸显，空调厂商纷纷转向海外市场，寻求新的利润增长点。格力电器也正是在这个时候开始其海外扩张的步伐。

2000 年以前，格力电器海外市场推广及销售全部由公司出口部负责，直接与客户签订销售合同，但由于公司内部缺乏海外拓展经验，员工对海外市场的了解也微乎其微，其海

外拓展举步维艰，海外销售增长甚为缓慢，直至 2000 年，当年格力电器出口收入仅为 5.28 亿元。

第二阶段：借助华侨力量，海外扩张初见成效。

2000 年，格力电器开始意识到自身力量的有限，决定改变原有的海外扩张方式，借鉴国内区域性销售公司的模式，在境外寻找代理商，负责海外市场的销售。同年，格力电器与港籍华商 Wong Suk Han 投资设立的香港格力空调国际有限公司签订协议，以总代理方式授权该公司代理格力电器除巴西、中国澳门之外的海外销售，并授权其使用"格力"商号。

与此同时，格力电器在境外最大投资、年产 20 万台套空调器的格力电器（巴西）有限公司正式投产，为消化格力电器（巴西）有限公司的产能，解决巴西及周边地区的市场开拓问题，格力电器与巴西籍华商王必成设立的巴西联合电器工商业有限公司签订合同，授权其为格力电器在巴西的经销商。

正是借助了海外侨胞及其企业在国际化、人才、信息、客户等方面的优势，格力电器海外市场才得到快速的扩展，出口收入从 2000 年的 5.28 亿元快速增加到 2004 年的22.45亿元，出口收入的年均复合增长率达到 43.60%。

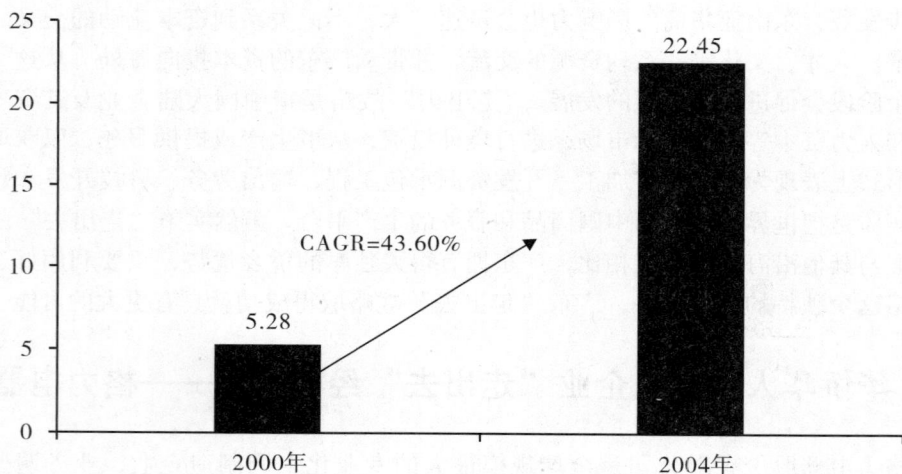

图 5　2000 年、2004 年格力电器出口金额对比情况（亿元）

第三阶段：整合华侨资源，不断积攒海外扩张实力。

经过 2000—2004 年的海外扩张，格力电器海外市场的品牌知名度也有所提高。一些国际知名品牌如美国惠而浦、日本松下、意大利 MTS 和美国通用等开始直接向格力电器下采购订单，市场的变化促使格力电器开始考虑将海外华侨的销售力量整合进自身的销售体系内，并重拾海外直销的模式。

2004 年，格力电器正式与巴西籍华商王必成商讨收购巴西联合电器工商业有限公司的事宜，并最终签订了股权转让协议，收购了巴西联合电器工商业有限公司 100% 股权。

2005 年底，为了缩短出口业务流程，提高市场反应速度，及时满足不同地区不同客户对产品的个性化和价格要求，增强对市场的主动性，提高效率，格力电器将海外销售总代理模式变为直销模式,重新由公司出口部全面负责。同时,与港籍华商设立的香港格力空调国际有限公司解除了代理协议并停止"格力"商号的授权使用。

由于香港格力空调国际有限公司拥有高素质的市场扩展团队和稳定的市场网络,2006年格力电器与另外一位港籍华商李塔源设立的香港格力电器销售公司合作,由后者承接香港格力空调国际有限公司的部分销售网络和人员,并授权该公司使用"格力"商号,主要从事格力电器在中东、非洲及印度市场的产品销售。2007年,格力电器与港籍华商李塔源签订了股权转让协议,收购了香港格力电器销售公司100%股权。至此,格力电器对曾经帮助其开拓海外市场的华侨资源整合完毕,并积攒了强大的海外开拓实力。

第四阶段:站在"巨人"的肩膀上,实现了海外销售的快速增长。

得益于对海外华侨销售资源的整合,格力电器出口销售连年增长。至2012年,境外销售金额已达到157.90亿元,成为广东出口创汇的急先锋。应该说,格力电器是站在了海外华侨等"巨人"的肩膀上,才得以走得这么远的。

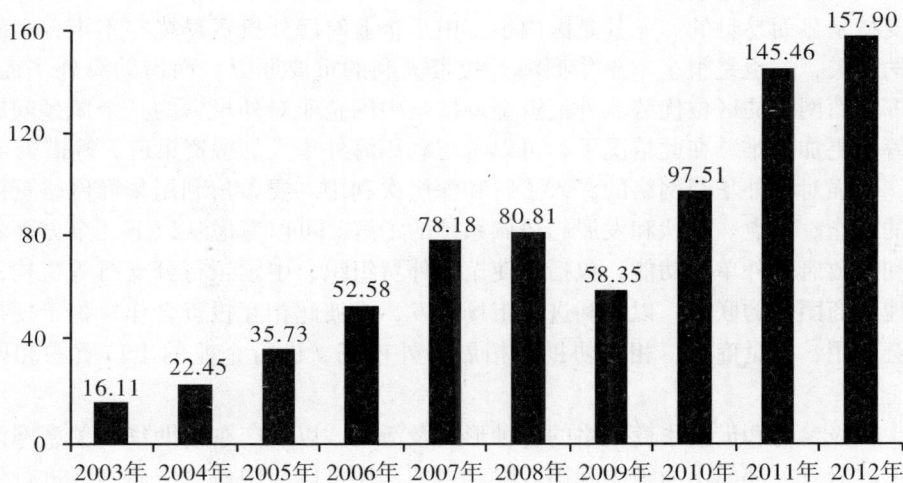

图6 2003—2012年格力电器出口金额(亿元)

六、广东利用华商网络"走出去"的建议

第一,充分发挥广东侨乡的优势,借助海外华商网络拓展国际营销网络。广东海外华商遍布全球,具有雄厚的经济发展潜力,经过多年的孕育积累,已拥有丰沛的人才、雄厚的资金及独特的商业网络,可以说是广东特有的宝贵财产。随着广东改革开放的不断深入和海内外华商关系的不断增进,海外华商经常组团或个别回国直接投资、开展研讨、参观考察等,洽谈商务的人数、机会与日俱增。广东发展外向型经济应该借助华商网络这个社会资源拓展营销渠道,扩大市场占有率。

第二,以经济为纽带,聚海外华侨华人精英之智,推动广东的转型升级、创新发展。一是抓住欧美发达国家华人高端人才发展存在的"玻璃天花板"瓶颈(当职务到一定高度后很难再往上升,很少能进入高层领导核心)以及当前经济危机的困难和中国持续快速发展的机会，出台相关激励政策，吸引这些遭遇事业发展瓶颈的华人高端人才到广东创业发展。二是以高端论坛为平台推动海外高层次专业人才与广东省深入交流互动，积极推动更多的华侨华人高端论坛和高层次会议在广东省举办。三是引导华侨华人投资广东省文化创意产业、文化会展业等新兴文化产业，充分发挥华侨华人专业协会、校友会的作用，为广东省发展文化产业引进急需的高层次人才。

第三，广东政府应该尽快完成"走出去"战略的系统规划，统领广东"走出去"企业的步伐。一方面，广东政府应该加快完善涉外经济法规体系，优化行政服务体系，赋予企业更多的境外经营管理自主权，健全海外市场风险的防范机制；另一方面，利用华商网络等宝贵资源，制定科学的境外投资战略，培育海外市场。政府可以创造机会，让企业取得侨务部门和涉侨社团的支持和帮助，更多地发挥这些机构在广东企业与他国企业之间的穿针引线作用；从广东的实际出发，借助海外华商网络，在条件许可的情况下，与海外华商构建经济战略联盟，扬长避短，不断提升广东外向型经济的竞争力。

第四，借助华商关系网，开展海外投资。借助海外华商网络，国内企业在投资方面可能获得的支持是显而易见的。尤其是国内很多中小企业对海外投资环境并不十分了解，很难做到有的放矢，这也是很多本土华商海外投资失利的重要原因。而借助海外华商网络，则可以发挥华商网络的区位优势。外汇资金筹措是中国企业对外投资的一个瓶颈问题，中小企业的筹资更加困难。在此情况下，可以考虑利用海外华人的融资渠道，筹措资金。

第五，加强对海外华商网络的深入了解和深层次利用。要参与利用华商网络资源，必须先对它的运作、特点、现状和发展趋势做系统的了解。可以考虑从以下几个方面着手努力：充分利用政府驻外单位功能，包括大使馆、外贸组织、中国银行分支行等机构；主动加强与当地华商团体的联系，以顺利进行市场开发，或彼此相互投资合作；善于发挥各地华侨商协会作用，寻觅商机，相互协助，拓展海外市场，进行企业的出口贸易和国际化经营。

第六，积极参与和借助华商网络的各种形式及活动。以前广东借助华商关系网络的主要形式是由政府有关部门出面组织利用。除此之外，还可以与国外对华商网络进行研究的机构和专家联系。华商关系网络不仅可以给企业提供资讯和市场信息，其智力、技术等无形资源也相当可观，可以考虑大胆引进华商人力资源。

第七，社会各界共同携手，促进对华商关系网应用型研究与协作。在全球化时代，华商关系网依托深厚的传统文化，借助现代信息科技，蓬勃发展，呈现了新特点、新趋势。华商关系网的存在模式具有中华民族东方思维的特色，它的发展趋势是海外华人经济最重要的变化。这样一来，如何最大程度地挖掘华商关系网的最大潜力，充分借助这一网络，还需要政府、企业和学术界共同努力并加强协作。

参考文献

［1］陈衍德：《网络、信用及其文化背景——海外华人企业文化的初步探索》，《中国经济史研究》1997年第4期。

［2］陈卓武：《海外华商网络在广东"走出去"战略中的功能与作用》，《东南亚研究》2007年第6期。

［3］单纯：《海外华人经济研究》，深圳：海天出版社1999年版。

［4］方胜春：《海外华商的经贸网络》，载《世界华商经济年鉴·1997—1998》，北京：企业管理出版社 1998 年版。

［5］冯邦彦：《香港华商与"全球华人网络"的崛起》，《港澳经济》1998 年第 10 期。

［6］傅利平：《东亚华人对外直接投资与经营》，北京：中国经济出版社 2002 年版。

［7］胡庆亮：《全球化与东南亚华人经济的互动与影响》，《东南亚》2005 年第 2 期。

［8］李胜生：《海外华人网络：神话与现实》，载陈文寿主编：《华侨华人的经济透视》，香港：香港社会科学出版社 1999 年版。

［9］廖小健：《入世后的华商网络作用研究》，《世界华商经济年鉴·2000—2001》，北京：世界华商经济年鉴编辑委员会 2001 年版。

［10］廖小健：《全球化时代的华人经济》，北京：中国华侨出版社 2003 年版。

［11］林闽钢：《社会学视野中的组织间网络及其治理结构》，《社会学研究》2002 年第 2 期。

［12］林善浪等：《华商管理学》，上海：复旦大学出版社 2006 年版。

［13］林其锬：《"五缘"文化与世界华商经济网络》，《东南学术》1994 年第 6 期。

［14］梁英明：《海外华人经济活动研究若干问题》，载周南京主编：《华侨华人百科全书·总论卷》，北京：中国华侨出版社 2002 年版。

［15］梁英明：《关于海外华人经济研究》，《华侨华人历史研究》2000 年第 1 期。

［16］刘宏：《海外华人社团的国际化：动力·作用·前景》，《华侨华人历史研究》1998 年第 1 期。

［17］刘宏：《旧联系、新网络：海外华人社团的全球化及其意义》，载周南京主编：《华侨华人百科全书·总论卷》，北京：中国华侨出版社 2002 年版。

［18］刘权、董英华：《海外华商网络的深入研究及资源利用》，《东南亚纵横》2003 年第 7 期。

［19］［英］S. B. Redding 著，张遵敬、范煦、吴振寰译：《海外华人企业家的管理思想——文化背景与风格》，上海：生活·读书·新知三联书店上海分店 1993 年版。

［20］龙登高：《跨越市场的障碍：海外华商在国家、制度与文化之间》，北京：科学出版社 2007 年版。

［21］蒙英华：《海外华人网络对中国对外贸易影响的面板数据分析》，《当代财经》2007 年第 9 期。

［22］苏启林等：《华资企业在广东：1978—2008》，广州：暨南大学出版社 2008 年版。

［23］谭天星：《浅谈海外华商与当代中国经济发展的互动关系》，《侨务工作研究》2005 年第 1 期。

［24］唐礼智、黄如良：《海外华商网络分析及启示》，《宁夏社会科学》2007 年第 9 期。

［25］徐义雄、陈乔之：《试论海外华商网络对中国企业实施"走出去"战略的作用》，《暨南学报》2004 年第 5 期。

［26］张学惠：《融籍华侨华人祖籍地作用方式创新研究》，《世界华商经济年鉴·2000—2001》，北京：世界华商经济年鉴编辑委员会 2001 年版。

［27］庄国土：《东亚华商网络的发展趋势——以海外华资在中国大陆的投资为例》，《当代亚太》2006 年第 1 期。

课题负责人：袁持平，中山大学港澳珠三角研究中心副教授

课题组其他成员：刘洋、吴超林、周开国

广东企业"走进东南亚"的
主要挑战与华侨华人的作用

近年来，广东企业"走出去"成为政府和媒体的热门话题。学术界对广东企业"走出去"问题已从多角度进行了一些理论性探讨，着重在广东企业"走出去"的战略意义和环境条件、广东企业对外投资的整体现状以及主动"走出去"的普遍性方式方法等方面做了考察和分析，对廓清与细化广东企业"走出去"战略规划颇有裨益。目前，在全球经济衰退和广东珠三角地区资源成本不断上升的背景下，广东珠三角的劳动密集型加工贸易业和制造业的中小企业生产经营困难，正面临艰难的转型，是急需"走出去"的企业。但广东中小企业应走向何方，如何"走出去"，上述的普遍性理论和一些实践经验在多大程度上适用于广东中小企业，"走出去"后又能否生存和发展，同时，广东中小企业在"走出去"的过程中，除了取决于企业本身的活力和适应力，政府的大力扶持之外，数千万海外华侨华人能否发挥积极作用，如何提供有利的帮助，这些问题迫切需要作进一步探讨。

此外，从华侨华人研究学科来看，探讨华侨华人如何在中国企业走向世界的过程中发挥作用的问题，也具有重要的学术意义。微观来说，华侨华人经济研究过去长期以来都是以华侨华人在海外的自身经济发展以及中国如何引进"侨资"为主要课题。如今，在国内外政治经济形势已发生重大变化的情况下，华侨华人在中国产业向外发展中扮演怎样的角色，发挥怎样的作用，这是一个时代提出的前所未有的新课题。宏观来说，传统的海外华侨华人经济网络是以商业和金融业为基本特点的，那么，随着中国制造企业越来越多地"走出去"，华侨华人的经济网络是否会发生重大的变化？这样的变化将对海外华人社会、对中国与东南亚国家的关系甚至对亚太地区产生怎样的影响？诸如此类问题很值得从学术角度来进行探讨。

一、广东中小企业"走进东南亚"的必要性和紧迫性

本文的"走出去"指狭义上的"企业对外投资和跨国经营"。2001 年在"走出去"概念写入中国《国民经济和社会发展第十个五年计划纲要》之后，"走出去"成为国家重大的经济战略，目的在于"发挥我国比较优势的对外投资，扩大国际经济技术合作"，其重点是支持有竞争实力的优势企业"走出去"。在过去十年间，广东省政府积极实施这一战略，并制定了相关加快培育本土跨国公司和跨国经营管理人才的政策，鼓励和支持优秀的大型企业对外投资和跨国经营，以冀开拓市场空间，充分利用自然和技术资源，突破贸易保护壁垒，增强企业国外的竞争力。

截至 2013 年 7 月，广东省经核准在境外 100 多个国家和地区投资设立境外企业累计达 4 802 家，在资源开发、高端制造业等，包括建立工业园、科技园、大卖场、批发市场

等投资活动，以及轻工、冶炼、电子等多个领域，均已成功实现多元化的对外投资和跨国经营，为广东大型企业"走出去"积累了宝贵经验。如华为、中兴、TCL、美的、格力等一批品牌企业通过"走出去"开拓了国际市场，提升了企业综合实力，现已初具跨国公司雏形，使"广东名片"在全球有了更多的话语权。①

　　然而，自 2007 年美国金融危机爆发后，全球经济逐渐陷入衰退，国际市场需求日益萎缩，对广东外向型企业造成了严重的冲击。与此同时，广东珠三角地区地价和人力成本在不断提高。这些国内外因素的结合，导致了企业成本急剧增加。在这种情况下，劳动密集型企业，尤其是一些中小加工贸易业和制造业企业，被逼到了生死存亡的境地，至 2008 年 10 月广东就有 15 661 家中小企业停产倒闭，出现了剧增趋势②。产业撤退性转移成为边际产业的中小企业获取再生机会的一个迫切需求和自然选择，而这一现状也迫使政府考虑尽快实行产业结构优化的调整。对此，广东省政府及时采取了一项重大的应对策略，即通过"双转移"政策，使珠三角地区的劳动密集型企业向低梯度的粤东西北地区迁移。但近两年来，我们可以注意到，越来越多的学者呼吁政府推动和扶持中小企业国际化，以帮助中小企业摆脱世界经济衰退所带来的困境，中央政府也因此而开始重视中小企业"走出去"问题，认识到"走出去"实际上也是中小企业化解危机、寻求新突破的一条重要出路。2011 年国务院制定的《国民经济和社会发展第十二个五年计划纲要》指出："按照市场导向和企业自主决策原则，引导各类所有制企业有序开展境外投资合作。"据此，我们可以这样认为，政府的"走出去"战略，尽管基本动因是考虑发展壮大国内成长型大企业的竞争力，推动技术创新和产业升级，但为了应对当前国际国内经济新形势和新问题，鼓励和支持中小民营和私营企业"走出去"，事实上已成为政府"走出去"战略隐含的新内容和新目标。从国家长远的经济发展来讲，这有助于促进中小企业加快转变发展方式，提高产品质量和竞争能力，提升专业化分工协作水平，推动中小企业调整结构。就广东目前经济发展而言，这一新内容和新目标具有更大的必要性和紧迫性，关系到目前国内省内经济下行压力之下，广大劳动密集型中小企业生存和发展问题，同时有利于广东省政府经济规划的"双转移"策略空间范围的向外延伸，实现超越广东省区域的产业跨国梯度转移，从而在中短期内加快广东整体产业结构调整和升级的步伐。

　　"走出去"的区位选择毫无疑问十分关键。我国"走出去"的中小企业以浙江、福建、江苏中小企业为主，如浙江中小企业"走出去"的主要特点是"抱团出海"，到巴西、南非和东欧地区，投资建立合作工业区、中国商品市场或中国城。相比之下，"走出去"的广东中小企业尚不成规模，投资目标比较零星分散，遍布欧美、中东、南美、东南亚和非洲。实际上，对于广东中小企业来说，东南亚应是最理想的"走出去"目的地。基本原因有四：

　　其一，相对于其他地区，在东南亚投资设厂和跨国经营，具有交易成本更低的优势。首先，东南亚与广东在地理位置上相邻，人员往来和货物商品运输便捷，这对于企业资金有限的中小企业来说尤为重要。其次，广东与东南亚的经贸和文化交流历史悠久，自改革

① 《南方日报》，2012 年 6 月 26 日，12 月 10 日；南方网，http://news.southcn.com/g/2013-08/30/content_77777537.htm，2013 年 8 月 30 日。

② 金羊网，http://www.ycwb.com/epaper/ycwb/html/2008-12/17/content_384861.htm，2008 年 12 月 17 日。

开放后双方在各方面的联系更加密切，因此广东人对东南亚社会环境颇为了解。最后，东南亚蕴藏着丰富的自然和人力资源，是具有巨大活力和潜力的市场，这有助于解决广东外向的劳动密集型加工贸易企业在劳力、资源和市场方面的紧缺问题。2010 年中国—东盟自由贸易区正式全面启动后，"形成一个拥有 19 亿消费者、近 6 万亿美元国内生产总值、贸易额达 4.5 万亿美元的特大经济区"①，中国—东盟自由贸易区为广东企业提供了降低成本"走进东南亚"的平台和广阔的发展机会。

其二，无论是从成长的还是边际的产业角度来看，广东企业在东南亚都可以找到显现其产业比较优势的空间。东南亚国家经济发展不平衡，呈现多层次水平。在新加坡、马来西亚和泰国这几个发展水平较高、市场机制相对成熟完善的国家，优势产业的广东企业可以通过参与国际经济技术的合作与竞争，获得技术积累和创新的成长壮大机会，而在越南、印度尼西亚、缅甸、老挝和柬埔寨这些发展水平略低于广东的国家，边际产业的广东企业则可以展现其特定技术、生产、管理、销售上的比较优势，实现人力资本和消费市场的转移升级。

其三，东南亚拥有 3 000 万华侨华人②，60% 以上原籍为广东。大多数东南亚华侨华人以经商办厂为业，在当地经济实力和影响力强大，而且长期以来已形成独特的多重工商业网络，他们对于到东南亚开拓的广东企业来说是一笔可资利用的巨大财富。与此同时，大批的港澳中小企业已在东南亚投资经营，积累了丰富的经验，故此对于广东企业"走进东南亚"也是一种可借助的资源。《广东省国民经济和社会发展第十二个五年计划纲要》就明确指出，广东企业"在'走出去'过程中要充分发挥港澳的人才优势"。

其四，广东省政府已把扩大同东盟的经济合作作为未来五年经济发展的一个战略目标。《广东省国民经济和社会发展第十二个五年计划纲要》强调，"在中国—东盟自由贸易区框架协议下，加强与东盟各国在产业、能源、科技、教育、旅游、文化等领域的合作，把我省建设成为中国与东盟合作示范区"③。广东企业"走进东南亚"符合这一战略目标的精神，有利于促进这一战略目标的实现，因而能够得到政府在各方面的支持、协助和便利。

总而言之，到东南亚投资办厂，是广东劳动密集型中小企业"走出去"的一个较理想区位选择，不仅可充分利用地缘相近及当地丰富的自然和人力资源等有利条件，开拓新的广阔市场，而且在东南亚一些国家中可体现其技术和管理上的比较优势。

二、广东企业"走进东南亚"的主要挑战

东南亚为广东企业"走出去"提供巨大的机会，但无疑也充满了各种挑战。关于东南亚国家的投资环境，国内外已有不少学者从经济和商业角度做过定量定性的比较分析和综合评估。普遍认为，新加坡、马来西亚、泰国和文莱在东南亚地区中具有较佳的经济环

---

① 参见中国—东盟中心网站，http：//www.asean - china - center.org/zmq/。
② 见庄国土：《东南亚华侨华人数量的新估算》，《厦门大学学报》（哲学社会科学版）2009 年第 3 期。
③ 见《广东省国民经济和社会发展第十二个五年计划纲要》第十四篇"开放合作，提升经济国际化水平"第三章"扩大与东盟的战略合作"，2011 年。资料来源：广东省发展和改革委员会网站，http：//www.gddpc.gov.cn/fgzl/fzgh/ztgh/sewghgy/201106/t20110615_ 155249.htm，2013 年 10 月 12 日。

境、制度环境和人文环境，这些国家政局相对稳定，经营环境较为宽松，基础设施完备，法律制度基本健全，政府职能比较规范，人民思想开放，社会秩序良好。而越南、菲律宾、印度尼西亚的投资环境被列为第二档次，缅甸、柬埔寨、老挝则属于第三档次，这些新兴发展中国家在上述方面都存在诸多问题和障碍，投资风险较高。

然而，对于广东目前急于撤退性转移的劳动密集型中小企业来说，越南、印度尼西亚、菲律宾、缅甸、老挝和柬埔寨，却是更适合选择作为"走出去"的目的地。一方面，在新马泰文四国，由于经济发展水平与广东接近，甚至高于广东，产业结构与广东互补性不大，对产业技术和管理的要求较高，故此广东中小企业无论在第二产业还是第三产业，大多没有比较优势和竞争优势；而且这些国家的土地和劳动力成本也较高，自然资源相对其他东南亚国家较为单一，来自日本、欧盟、美国、韩国、中国台湾和中国香港的国际公司已投资云集，市场狭小而竞争激烈，因此，尽管投资环境比较优越，但实际上并不适宜广东边际产业的中小企业生存和发展。而另一方面，越南、印度尼西亚、菲律宾、缅甸、老挝和柬埔寨虽然投资环境不太如意，但对于外国直接投资具有很强的吸引力。首先，它们的产业发展起点较低，劳动力和自然资源丰富，与广东工业化程度有明显差距；其次，这些国家的生活用品、必需品以劳动密集型产品为主，科技含量要求不高，故此有利于发展劳动密集型产业；再次，作为新兴发展中国家，这些国家近年来都加快了经济建设和改革开放的步伐，但资金短缺，对外国投资的需求强烈，投资门槛较低；最后，由于经济增长速度较快，这些国家的消费市场前景广阔，因而潜在的投资回报率也较高。毫无疑问，越南、印度尼西亚、菲律宾、缅甸、老挝和柬埔寨在经济环境和制度环境方面确实存在很多缺陷，但这并非最主要的挑战，如交通基础设施恶劣，电力严重短缺，市场利率和汇率变动大，政策法规"朝令夕改"，税制不稳定，行政效率较低等问题，在很大程度上都属于可预测因素，因此相对容易评估、控制甚至克服，尤其是中小企业具有灵活善变特点，能够较快地适应这些硬环境。

相对于硬环境来说，从政治、社会和文化角度来考察东南亚国家的投资软环境——人文环境同样重要，甚至更为关键。人文环境包括政治、社会、宗教文化和民俗等因素，有着很大的不可预测性，非一段时间的亲身体会不能捉摸，而且正是这些因素，常常会导致企业在"走出去"后产生"水土不服"，以致最终投资失败，这样的风险才是广东企业要面临的最大挑战和最持久的困境。中国企业在"走出去"过程中往往重经济环境，轻人文环境。很多国内相关研究对此也没有给予足够的重视。

考察东南亚国家的投资软环境，主要应探讨如何保持中国与东南亚国家在政府与民间两个层面上的和谐关系。在政府层面上，中国与东南亚国家间的政治关系至关重要。很多研究把投资国的政局稳定看成是主要的政治因素问题。诚然，政局不稳的确是一个不可忽略的政治因素，但它只是一个对于任何投资企业都存在的普遍意义的风险，而对于中国（广东）企业来说，笔者认为，最具影响的政治因素还在于中国与这些国家错综复杂的政治关系。在20世纪后半叶，由于冷战和意识形态对抗，大国对东南亚国家的争夺十分激烈。在这一过程中，所有东南亚国家都先后走到了中国的对立面。中国与越南、印度尼西亚、缅甸、柬埔寨及老挝的国家关系，都曾经历过从十分密切急转到十分恶劣的两种极端状态，最好状态是"同志加兄弟"，最坏状态是断交甚至"兵戎相见"。中国与东南亚国家的政治关系一旦恶化，即迅速导致东南亚国家政府严厉限制、打击华侨华人经济以及大规模迫害、驱逐华侨华人的悲剧后果。在绝大多数东南亚国家现代史上，都有过这种反华排华的记录。这在东南亚国家现代对外关系上是独特的现象。尽管目前中国与东南亚国家都已建立起"战略伙伴"的友好合作关系，但历史后遗症还是显而易见的，加上发展中国家普遍强烈的民族主义意识，还与一些国家存在领土争端问题，双边政治友好关系实际上非常脆弱。这些国家对待中国投资的一个共同心态是：既希望利用中国的市场、投资、技术装备和人才来发展经济，又担心过度依赖中国而丧失独立自主性。此心态又为西方国家和东南亚国家内部的政治敌对势力利用中国投资摩擦问题，挑动中国与东南亚国家的矛盾，离间政府与其人民之间的关系提供了机会。很多看似小的经济摩擦都有可能会迅速放大为政治问题和国际关系问题，而政治问题和国际关系问题又很容易反过来直接冲击中国企业在当地的经贸活动。如2009年中铝集团投资开发越南西原铝矿项目以及2011年中国电力投资集团投资建设缅甸密松大坝工程先后受挫，其中都隐藏着深层的政治关系原因。由此看来，中国与东南亚国家间脆弱的政治关系无疑是中国（广东）企业必须高度重视的结构性政治风险。

在中国与东南亚国家关系的民间层面上，社会因素和文化因素的影响重大。与中国国情不同，在东南亚国家，不管是什么样的政治制度，有一种社会传统从古到今都保留了下来，那就是宗教团体和非政府组织在民间社会发挥举足轻重的作用。这些社会团体和组织与普通民众的相互依赖关系较深，十分看重社会责任，在日常生活中常常扮演为民维权、为民请愿的角色，因此普通民众对它们颇为信任和支持，常常会寻求社会团体或组织来为他们排忧解难。中国企业在外国投资办厂、跨国经营时往往只注重与当地政府部门和官员培养良好合作关系，而忽视与民间团体和组织的交往。实际上，很多经济纠纷能否迎刃而解，如劳资纠纷、罢工事件和环保问题等，在很大程度上取决于同东道国民间社会团体和组织的关系。

文化融合还是文化冲突是人们之间关系是否和谐的重要体现，关乎跨国企业在东道国能否"落地生根"。文化被认为是双刃剑，促进和破坏民间友好关系的源泉都来自文化因素。宏观而言，尊重和融入当地独特文化，能够极大地促进不同文化的人之间的友善、和谐，从而可以增强中国企业和产品的亲和力、吸引力。微观来说，掌握和适应当地语言、风俗习惯、宗教信仰和商业惯例，有利于中国企业开拓市场，培育"国际消费者"，同时有利于企业驾驭跨国公共关系，减少劳资纠纷、罢工事件等问题。反之则引起文化冲突，使企业失去生存的环境和土壤。中国人大多以为东南亚国家地理上邻近中国，因而文化背景自然而然地相似、相通，中国企业在东南亚应该易于交流和融合，其实这是一个重大误区。事实上，东南亚文化，由于受多民族、多宗教和多意识形态的影响，与中国文化虽然有一些共通之处，但更多的则是差异。因此，很多中国企业在"走进东南亚"过程中，往往发现对东道国文化其实十分陌生，难以适应和沟通，其结果自然是产生文化隔阂，甚至文化冲突，使得企业最终付出很大代价，要么投资失败，"落荒而逃"，要么不得不花费更大力气，重新认识和适应当地的文化环境。

已在东南亚直接投资的广东大型企业，不管成败与否，在"走出去"的实践中积累了一定经验和教训，由于它们"走出去"的自身条件和战略目标与中小企业不同，"走出去"的模式也不同，因此它们宝贵的经验教训往往难以给中小企业提供借鉴。但它们在人文环境方面的深刻体会和所遇到的问题仍能够对中小企业有重要启示作用。

广东 TCL 集团成功"走进越南"是经常被官方、媒体和学界津津乐道的范例,但事实上,TCL 越南公司除了成功经验外,也尝到过连连受挫的苦头。TCL 集团自 1999 年开始进入越南,在河内和岘港直接投资建立生产基地。初时,由于不懂越南语,信息交流不畅通,不了解当地社会环境、文化和生活方式,连续亏损了 18 个月,直到 2001 年才扭亏为盈。在之后的经营管理中,TCL 越南公司又得到了另一个重要教训,即处理与东道国政府的关系是公司永远的巨大挑战,同时在东道国建立和谐的民间社会关系也至关重要。但TCL 集团并未从中认识到文化因素的深刻意义。在 2002—2004 年并购欧洲公司后,TCL集团于 2005 年再次遭受巨大亏损的打击,其中文化隔阂和冲突是一个主要原因。①

三、华侨华人在广东企业"走进东南亚"中的作用

自 2004 年中国对外直接投资明显增长以来,政府部门、商界、媒体及学界一直在热议华侨华人或海外华商网络在中国企业"走出去"中的作用,表明该问题颇受政府与社会的广泛关注。很多中国人都寄望海外华侨华人再度发挥重要作用,就像在改革开放前 20年中国"引进来"过程中有力地带动了中国全方位对外开放那样,能够帮助中国企业"走出去",进一步推动中国经济走向世界。

中国政府、商界和学界以及海外华侨、华人和华商本身,对于华侨华人在中国企业"走出去"中的作用,近年来都达成了一个共识,认为华侨华人由于熟悉国际环境和居住国国情、经济实力雄厚及影响力大,又拥有联系广泛的商贸、金融和社会网络,还积聚了丰富的资本、技术、管理和法律人才资源,加上与中国大陆经济往来密切,归纳来说,能够在以下三大方面发挥桥梁和纽带作用②:

第一,在中国企业海外投资中扮演引导者的角色,发挥穿针引线、牵线搭桥作用。在复杂的国际市场环境中,面对居住国众多利益团体的竞争激烈,华侨华人可以为投资经验不足的中国企业充当参谋、推介和向导,例如,为中国企业提供相关的招商项目、市场信息等,并把他们的成功经验介绍给中国企业,帮助中国企业熟悉东道国投资环境和相关的法律法规,熟悉当地的意识形态、风俗习惯、语言和社会文化规则,引导中国企业更好地进入目标市场,融入当地社会。尤其是新华侨华人,他们在经济和感情上与中国或家乡依然保持着千丝万缕的联系,因而可以更热心地示范和带动中国或家乡企业向海外投资。浙江之所以能够在海外投资流量和存量上均居全国前列,新华侨华人的引导作用功不可没。

---

① 关于 TCL 集团"走出去"的分析,参见三篇论文,梅新育:《TCL 在越南:一个相对成功的中国企业海外投资案例》,《中国市场》2010 年第 46 期;姜汝祥:《从 TCL 亏损看中国企业国际化真相》,《企业文化》2005 年第 8 期;张惜君:《从文化角度浅谈 TCL 跨国并购的失败原因》,《东方企业文化·商业文化》2013 年第 3 期。

② 关于华侨、华人和华商网络在中国企业"走出去"的作用,中国政府官员和海外华人商界的代表性观点可参见:《中华全国归国华侨联合会副主席王永乐演讲实录》,东方财富网,http://finance. eastmoney. com/news/1585,20111116176693345. html,2011 年 11 月 16 日;《世界华商总会主席:全球华商可助中企"走出去"》,凤凰网,http://finance. ifeng. com/topic/news/qqzkfh3/hybd/20090705/889053. shtml,2009 年 7 月 5 日;(菲律宾菲华各界联合会副主席)黄锡堃:《华侨华人是广东企业"走出去"的桥梁》,广东侨网,http://www. gdoverseaschn. com. cn/qw2index/2006zxzt/hjh15/hjh15_qx/200706140132. htm,2005 年 11 月 14 日;(澳门创业集团有限公司董事长)刘艺良:《中国实施"走出去"战略与东盟华商优势的发挥》,中国侨网,http://www. chinaqw. com/node2/node116/node119/node162/node2222/node2542/node2545/userobject6ai184513. html,2004 年 7 月 26 日。

第二，在中国企业海外投资中扮演中介和推动者的角色。华商网络对于中国企业"走出去"能够发挥辅助和促进的作用。海外华商的金融网络和华商的信用联系，可以扩展资金短缺的中国中小企业的融资渠道，使它们能够大胆"走出去"，甚至逐渐扩大生产规模。海外华商的商业网，可以为中国企业提供更多的商业机会，使之易于开拓国际市场。海外华商的营销网，可以为中国企业打开销售渠道，推广中国企业品牌，消除居住国市场对中国品牌不了解或存在的偏见。海外华商的社会关系网，可以弥补中国企业缺乏海外人脉关系的缺陷，同时获取广泛的技术、人才和法律保障等帮助。

第三，在中国企业海外投资中扮演参与者的角色，发挥黏合剂作用、融合作用。中国企业可以和华侨华人企业或华商开展多种形式合作，通过合资，建立生产和商业的伙伴关系等，共同投资新兴市场、确立外包关系等方式，实现互惠互利，达到共生共赢，从而可以加强中国与投资国的经贸合作，促进两地的繁荣进步。

华侨华人的上述角色和作用毫无疑问都非常适用于广东企业"走进东南亚"这一进程。尤其对于中小企业，利用华侨华人渠道是最节约成本的方式。20世纪90年代，新加坡、马来西亚和泰国的产业在开始向外转移和扩张过程中，政府和华人企业都非常重视和有效地利用在世界各国的华人经济网络。与此同时，台湾和香港的中小企业在向东南亚投资办厂过程中，也充分利用了当地华侨华人的各种网络。

鉴于东南亚的投资软环境中，中国与东南亚国家的关系举足轻重，笔者认为，华侨华人在中国（广东）企业"走进东南亚"中还需要扮演友好使者的角色，在维系和促进双方的政治、社会与文化和谐关系中发挥积极作用，这一角色和作用不可小觑。

冷战时期，华侨华人在政治意识形态上分成左中右不同派别，这背后又牵扯着中国大陆和台湾之间的国共之争，导致华人社会四分五裂，政治斗争也十分激烈。其结果是对东南亚国家与中国的关系产生负面的影响。冷战结束后，随着中国与东南亚国家关系的正常化以及中国经济的迅猛发展，华人在东南亚国家的政治地位日益提高，很多华人精英成为国家领导人的经济、外交方面的顾问和智囊团，话语权增强，特别是在东南亚国家对华政策和关系中影响重大。因此，在保持中国与东南亚国家间友好关系方面，华人是可以在政府决策中有所作为的。进入21世纪，中国两岸关系得到明显的改善，使得华人社会的政治环境日渐缓和，不同政治倾向的党派和社团也走向和平共处，原来对中国大陆较有偏见的华侨华人正在逐渐改变原来的态度。这一变化对于促进中国与东南亚国家的政府与民间友好关系颇为有利。

中国人到东南亚经商的历史悠久，他们之所以能够事业有成，"落地生根"，被当地人民所接受，成为当地社会的重要构成——华侨华人，是因为能够"入乡随俗"，很好地融合了中华文化和东南亚国家的文化。故此，一方面他们本身是文化融合的典范，理应成为初来乍到的中国投资者学习的榜样，另一方面当中国企业遭遇当地社会矛盾和文化隔阂时，他们容易感同身受，从中起沟通、调节作用是最合适不过的。

中国政府近年来十分重视中国境外企业在投资国树立良好的企业文化形象以及与居住国建立和谐的社会文化关系。2012年5月，中国商务部、中央外宣办、外交部、发改委、国资委、预防腐败局等六个部委局和全国工商联联合发布了第一份有关中国境外企业文化建设的工作指导文件①。在此方面，华侨华人扮演友好使者的角色和意义更加重要。

然而，我们也注意到，尽管人们都认识到华侨华人在中国企业"走出去"过程中的作用重大，但实践中，中国（广东）企业在"走出去"过程中对华侨、华人或华商网络的利用明显不足。像华为、中兴、TCL、美的、格力、广新控股集团、广东农垦集团公司等大企业有哪个是真正通过东南亚华商网络或经过当地华侨华人的帮助"走进东南亚"的呢？东南亚华侨华人和华商网络在多大程度上帮助了这些广东企业在当地打开销售市场、推广中国品牌呢？从这些企业本身的宣传或者从学者们的研究中，似乎尚未看到华侨华人或华商网络的实际作用。一些设想到东南亚投资设厂的中小企业，确实需要和试图利用华侨华人这一桥梁，但最终成功实现合作的例子并不多见，更多的中国企业仍然是靠自己摸索、试水。由此说明一个问题，即华侨华人和华商网络对于中国企业"走出去"来说具有重要意义，但并不是必然地会发挥作用。

有两大原因可能导致华侨华人的重要作用未能充分体现出来。一个重要原因是中国企业海外直接投资结构问题。从 2010 年到 2012 年连续三年的《中国对外直接投资统计公报》来看，中国企业对外直接投资的主要特点是：直接投资行业分布以商务服务业、金融业和采矿业为主，占直接投资存量的比重高达65%；直接投资目的地以中国香港地区、英属维尔京群岛和开曼群岛为主，占直接投资存量总额68%以上；直接投资者以中央企业和地方国有大企业为主，占直接投资存量的份额超过60%。② 2010 年之前，这些特点更加突出。这样的特点在很大程度上决定了过去十年间，大部分中国企业"走出去"实际上并不太需要华侨华人或华商网络的作用，而国有大企业在"走出去"过程中，也往往相信自身拥有足够的能力和财力，以及自己的研发部门，来自行研究和熟悉目标国的投资环境，而且有国家和政府做后盾，失败后总是付得起代价。

另外一个重要原因是，中国企业寻求华侨华人帮助过程中常常存在四方面障碍。第一，中国企业与华侨华人间尚缺乏相互信任关系。由于历史原因、双方成长的政治背景和经济运作模式不同、价值观和生活方式的某些差异，华侨华人与中国人之间存在着一定的距离感和隔膜，以致中国企业"走出去"过程中，双方都缺少相互联系和合作的主动性。第二，华侨华人企业大部分是中小企业，进入高科技领域的不多，而中国在过去十年间"走出去"的企业主要以国有大企业为主，以参与高端的国际竞争为目标，因此这类中国企业在"走出去"过程中实际上难以与华侨华人企业或华商对接。第三，华侨华人企业家本质上也"在商言商"，在向居住国"引进"中国中小企业时，自然要考虑中国企业的到来对于他们自身的利益是共赢还是竞争的问题。华侨华人在东南亚居住国的第二产业中主要在中小加工制造业方面具有一定的比较优势，而中国是加工制造业大国，尤其在纺织、食品、家具、建材、电子、电器等轻型设备的制造技术以及小规模、劳动密集型的生产技术方面，中国企业显示出较强的竞争力。因此，中国中小加工制造业到东南亚投资办厂，难免引起对竞争的忧虑，这也会导致华侨华人采取观望、谨慎的态度。第四，东南亚华侨华人重缘分。华商网络以"五缘"——血缘、地缘、业缘、文缘和神缘为基础，"缘"成

---

① 详见中国商务部：《中国境外企业文化建设若干意见》，http://www.mofcom.gov.cn/aarticle/ae/ai/201205/20120508127098.html。

② 详见《2010 年度中国对外直接投资统计公报》、《2011 年度中国对外直接投资统计公报》及《2012 年度中国对外直接投资统计公报》，由中华人民共和国商务部、国家统计局和国家外汇管理局联合出版。

为一种超越物质关系的精神纽带。特别是受佛教影响较深的华侨华人，除了"五缘"外，他们还讲究人缘的重要性，即人与人之间的好感和默契。由于中国企业与华侨华人的互动关系并不密切，并未体现出相互之间的"缘分"。

总的来看，华侨华人和华商网络对于中国（广东）企业"走进东南亚"无疑具有至关重要的作用，但由于中国（广东）中小型加工制造业企业尚未开始大规模向东南亚转移，而且与东南亚华侨华人的互动关系尚不密切，华侨华人和华商网络的重要作用并未充分发挥出来。

四、缅甸投资环境与华侨华人重要性的实例分析

东南亚地区是中国对外直接投资的主要目的地之一，其中中国对缅甸的直接投资流量和存量在 2011 年前都仅次于新加坡，列第二位。到 2012 年底，中国对缅甸直接投资存量已超过 30 亿美元，比 2004 年的 2 000 多万美元增长了 149 倍，在整个中国对外直接投资存量最多的国家中列第十七位[①]。缅甸在中国对外直接投资中占据重要地位由此可见一斑。广东自 2004 年以来对东南亚国家的直接投资大幅度增长，但广东企业对东南亚直接投资总体上资金规模小，项目经营分散，大企业重点投资于新加坡、越南、泰国和马来西亚的金融业、家电制造业和农业，而对缅甸的直接投资微乎其微，在缅甸投资最多的二十家中国企业中，只有中兴通讯股份有限公司一家广东企业。这一现象显然与广东是中国对外投资大省的地位严重不符。导致这一现象的原因，最主要是中国对缅甸直接投资的结构问题。中国企业 63% 投资于电力，25% 投资于石油天然气，11% 投资于矿业开发，只有 1% 投资于制造业，不到 1% 投资于旅游酒店业，因此以制造业和服务业见长的广东企业未能在中国投资缅甸经济热潮中发挥突出作用。可以推断，如果中国对缅甸直接投资掀起第二轮热潮的话，那么农业、制造业和服务业将会是重点领域，而这将是广东中小企业可以大有作为的阶段。

缅甸是东南亚一个新兴市场，是适合广东中小加工制造业企业投资发展的地方。缅甸国土面积 600 多万平方千米，总人口逾 6 000 万（2010 年），在东南亚十一国中分别列第二位和第五位，农业资源、矿产资源、水力资源和劳动力资源丰富，拥有较大的经济开发潜力。又由于国家工业生产较落后，因此具有很大的发展空间。在过去十年间，外国企业对缅甸的投资普遍集中在自然资源开发上，而对缅甸 40% 人口赖以生存的农业领域以及能提供新的更多就业机会的第二、三产业投资甚少，这些正是近年来缅甸政府欢迎和鼓励外国投资的领域，目前已经确定"进一步发展农业，开放工业"的国家政策。2012 年 11 月，缅甸联邦议会通过、缅甸总统签署实施一部新的《缅甸联邦共和国外国投资法》，2013 年 1 月颁布了《缅甸外国投资法实施细则》，以取代 1998 年以来实施的《外国投资法》及其实施条例。根据新法和细则，缅甸对外资开放的行业按照禁止、限制、允许和鼓励的分类来规定，使外资可以更加明确了解在缅甸投资的方向。其中，禁止投资的行业种类 21 项，包括军工企业、天然林维护、电网管理及电力贸易、珠宝玉石勘探及开采、印

---

① 2012 年中国对印度尼西亚的直接投资存量微弱地超越了缅甸。详见《2012 年度中国对外直接投资统计公报》第 18 页。

刷及广播业等，限定与国民合作经营的行业种类 42 项，包括杂交种子生产销售、糖酒副食品、塑胶产业、造纸、建材、房地产、国内航空服务、私人医院及旅游业等；特许行业 115 项，包括种植、淡水海水养殖、原木出口、大型金属矿生产、烟草业、水电及火电开发、空港建设、网络服务、石化产业、公私合营医院、工厂建设、SPA、电影院等；其他特批行业 27 项，包括肉类动物生产、零售及批发行业等；需进行环评的行业 34 项，包括矿业项目、油气项目、大型电力项目、油气管道及输电铺设项目、大型种植业项目、水泥厂、大型房地产开发、大型林业种植、生态区项目等。投资于制造业的最低资本金为 50 万美元、服务业 30 万美元、矿物资源开发 1 000 万美元。此外，外资从开业起享受免征所得税的待遇从原来的 3 年增加到 5 年；可租赁土地最长达 50 年，还可申请两次续租，每次 10 年；并且取消了外资启动资金必须不低于 35% 以及外资在合资企业中最多只能持有 50% 股份的规定，允许百分百的独资；另外，允许外国投资者将净利润通过授权的本地银行按照与市场汇率相当的指定汇率汇出缅甸，而不是按照原来规定的、与市场汇率相差甚远的官方汇率汇出。[①] 新投资法和细则的出台表明，缅甸投资环境在进一步自由化，法律制度在不断完善，吸引外资的方向更加明确，这对于广东中小加工制造业企业"走出去"无疑是一个历史性机遇。

然而，缅甸毕竟闭关锁国了近 50 年，自 2010 年才逐渐开始改革开放，因此目前缅甸的投资环境犹如中国刚刚改革开放时期，充满机遇，但又存在很多不确定或多变的因素。首先，缅甸的政治、经济、金融和法律制度虽在不断改革，但仍然独具一体，人治色彩依然浓厚，官僚主义严重，行政体制陈旧，办事效率低；其次，由于缅甸过去较长时期对外交往不多，因此人们对缅甸的社会和文化认识不多，外国投资者往往对这种陌生的投资环境小心谨慎，甚至望而却步；再次，外国投资者在缅甸大多都会遇到语言障碍，尽管缅甸曾是英国的殖民地，英语至今仍然是缅甸的官方语言，但经过几十年的"去殖民化"，英语在缅甸实际上并不通用，会讲英语的缅甸人少之又少；最后，随着缅甸政治民主化，以美国为首的西方国家逐渐放宽或取消对缅甸的经济制裁，西方企业开始寻求进军缅甸市场，尤其是日本企业，准备向缅甸大举投资，可以预期，外国企业对缅甸市场的竞争将更加激烈。

在这种情况下，缅甸华侨华人的作用对于广东中小企业"走进缅甸"来说尤为重要。一是华侨华人可以作为广东中小企业的引导者，帮助它们走进陌生而独特的缅甸市场，并在"人治"环境中逐渐熟悉当地的行政官僚体系和经济运作模式；协助它们更快地认识当地社会、文化和宗教，也让当地人民更好地了解中国（广东）企业；同时促进它们与当地的政府部门和民间团体建立友好关系，与当地人民建立和谐的社会经济关系。这有利于减少广东中小企业的进入成本，有助于广东中小企业克服某种"恐惧走出去"的心理。二是华侨华人可以作为广东中小企业的中介和推动者，首先是充当缅语翻译，破除语言障碍，其次是充当"活广告"，为企业产品打开销售渠道，一方面消除缅甸市场对中国品牌的不了解或存在的偏见，另一方面增强缅甸消费者对优质广货的好印象。三是华侨华人可以作为广东中小企业的参与者，开展多种形式合作，共同开发缅甸市场，实现互惠互利，从而

---

① 参阅 Government of the Union of the Republic of Myanmar, *Foreign Investment Law*, 2nd November, 2012;《缅甸外国投资法实施细则》, 2013 年 1 月 31 日。

加强广东与缅甸的经贸合作，促进两地的繁荣进步。这一切正是中国（广东）企业在缅甸市场激烈的国际竞争中所拥有的优势。

缅甸华侨华人大约有 250 万人（2005 年官方数字），主要集中于仰光、曼德勒、勃生和毛淡棉等城市，以闽、滇、粤籍为最多。20 世纪 60 年代初以来，受中缅关系恶化的影响，华侨华人在缅甸的政治地位和权利被限制，在经济上遭到政府的打压。1967 年仰光爆发严重的反华排华事件后，华侨华人的处境更加一落千丈。70—80 年代，缅甸政府调整经济政策，鼓励发展私营经济后，华侨华人经济明显复苏，主要经营杂货、零售和餐饮业，而在泰国、新加坡、马来西亚、中国台湾和港澳华人企业对缅甸商贸、轻工及加工工业投资的带动下，缅甸华侨华人也开始在这些行业有所发展。近十年来，随着中国与缅甸政治经济关系日益密切，缅甸的华侨华人的商贸和加工制造业进一步提升。在某种程度上，缅甸华侨华人的经济成长已经与中国的经济发展休戚与共。但总的来说，华侨华人的加工制造业企业数量不多，生产规模较小，在技术、设备上仍然落后。缅甸华侨华人经济的上述特点，使得他们乐见中国（广东）制造企业进入缅甸，也愿意为中国（广东）企业投资缅甸提供帮助，同时希望中国（广东）企业能够提升他们自身的加工制造业生产能力和水平。

除了硬环境的挑战之外，对于中国（广东）企业来说，中国与缅甸关系的发展仍然是一个很值得关注的软环境问题。在过去十年间，由于西方国家对缅甸采取政治上孤立，经济上制裁政策，而中国则全力支持缅甸，因此中缅关系发展迅速，政治经济关系十分密切，以致中国对缅甸政府的政治影响重大，也使中国成为缅甸第一大投资国。但自 2011 年，美国政府宣称"重返亚太"后，西方各种势力积极争夺缅甸，挑拨中缅关系，对中缅密切的经贸合作造成了一定的影响。其中"密松大坝"事件①具有政治象征意义。自此，中国对缅直接投资出现"跳水"式下降。中国企业感叹道："不是中国不愿投资，而是一些缅甸人希望打击中国投资以获得政治效益，甚至有人打出'中国企业离开缅甸'的口号。"②

但反观中国企业自身，应该说在前十年中缅关系"蜜月期"里，中国企业对于缅甸的软环境重视不够，不太在意政治、社会和文化因素的影响，因此没有意识到中缅政治关系的脆弱性，更没意识到中缅在民间层面上和谐关系的重要性。其结果是大型国有公司"只和缅政府亲近，不太愿意和老百姓打交道"，而许多中小企业在缅甸则唯利是图，给缅甸民众留下了不好的印象。此外，中国企业对于部分缅甸民众对中国企业投资产生的担忧和误会，也没有予以高度的关注，又忽略佛教团体和非政府组织在民间社会中的作用，以致民众的不满情绪在反对派势力和民间维权组织的引导下，逐渐演变成反华行动。事实上，中国企业在缅甸投资开发过程中也为缅甸的教育、医疗、基础设施建设和改善民生做出了贡献，但都疏于宣传，不为缅甸民众所知。目前，中国政府已意识到这一问题，因而鼓励在缅甸的中国企业开展"企业社会责任"的公关运动，树立良好形象。

在这一方面，缅甸华侨华人同样可以发挥重要的作用。长期以来，缅甸华侨华人虽在

---

① 2011 年 9 月底，缅甸政府宣布停止密松大坝工程建设。密松大坝位于缅甸北部的克钦山区，总投资 36 亿美元，由中国电力投资集团与缅甸第一电力部及缅甸亚洲世界公司共同投资开发。被叫停之前，工程已经开工将近两年。

② 《中国对缅甸投资下降，中企在缅发起形象公关战》，《环球时报》，http://finance.huanqiu.com/world/2013 - 08/4200258. html，2013 年 8 月 3 日。

政治经济上遭遇打击，但在社会文化上已融入当地社会，与当地民众和佛教团体的关系十分融洽，有着"胞波之情"。因此，充分利用缅甸华侨华人作为民间友好使者的作用，有助于中国企业在缅甸处理好民间关系，树立良好形象，从而收到更好的公关效果。

五、结 论

自 2007 年全球经济日渐衰退以及广东珠三角的土地和人力成本不断增加以来，边际产业的广东中小企业急需撤退性转移，"走出去"不失为一个选择方向，以此可获取再生机会。从中央政府角度来看，推动中小企业"走出去"有利于促进中小企业加快转变发展方式，提高产品质量和竞争能力，提升专业化分工协作水平。就广东目前经济发展而言，推动中小企业"走出去"有利于广东省政府经济规划的"双转移"策略空间范围的向外延伸，实现超越广东省区域的产业跨国梯度转移，从而在中短期内加快广东整体产业结构调整和升级的步伐。"走出去"的区位选择无疑可以多元化，但无论从地理位置、经济资源、发展空间和历史文化联系，还是从广东省本身的经济发展战略来说，东南亚都应该成为广东中小企业"走出去"的重点目的地。由于过去政府"走出去"战略是以促进中国企业做大做强，培养大型跨国企业为主要目标，因此广东省和地方政府一直以来都较看重欧美市场，而对近在眼前的东南亚市场关注不够，以致广东在东南亚投资项目少，规模小。

对东南亚国家投资环境的评估，除了考虑经济硬环境因素外，人文环境同样重要，甚至更为关键。人文环境包括政治、社会、宗教文化和民俗等因素，有着很大的不可预测性；而且中国人大多以为东南亚国家地理上邻近中国，因而文化背景自然而然地相似、相通，中国企业在东南亚应该易于交流和融合，其实这是一个重大误区。事实上，东南亚文化，由于受多民族、多宗教和多意识形态的影响，与中国文化虽然有一些共通之处，但更多的是差异。正是这些因素，常常导致企业在"走出去"后产生"水土不服"，以致最终投资失败，这样的风险才是广东企业要面临的最大挑战和最持久的困境。在所有人文环境因素中，中国与东南亚国家的关系，包括政府间的政治关系和民间的社会、宗教、文化关系，对于中国（广东）企业"走进东南亚"来说具有非同一般的意义，值得特别注意。

在中国（广东）企业"走出去"过程中，华侨华人可以发挥"穿针引线"、"牵线搭桥"的积极作用。华侨华人除了发挥经济上的中介作用外，在维系和促进中国和东南亚政府与民间和谐关系中扮演友好使者的角色也十分必要，其作用不可小觑。同时，尽管华侨华人和华商网络对于中国企业"走出去"的意义重大，但从过去十年中国企业"走进东南亚"的情况来看，华侨华人和华商网络的作用并没有得到充分利用。

由此，本文试图说明一个问题，即政府的中间作用不可或缺。广东省各级政府历来都有"政府搭台，企业唱戏"的主动服务意识，但在以下三方面还需要政府发挥更大的作用：

第一，大型企业在"走出去"过程中需要政府部门辅助，中小企业更需要得到政府部门的重视和各方面的扶持。广东省政府领导每年都带领广东企业到世界各地开展以"走出去"为主题的经贸活动，广东省侨务部门和经济部门也组织各种经贸会，累计已在 22 个国家举办 30 场大型经贸洽谈会，但这些举措更多的是为广东大型企业服务。政府开办的

"走出去"系列讲座、广东企业高级培训班等也都主要为大型企业培养跨国人才而设。广东省政府在2012年至2014年每年安排财政资金2亿元，扶持省内企业跨国经营，用于补助企业对外投资合作的前期费用、启动资金、贷款利息、保费以及对企业的分类奖励，但这些资金主要还是提供给大型企业"走出去"。对于边际产业的中小企业"走出去"来说，它们实际上需要填补短缺，适应生存和发展，需要产业链，提高竞争力，而不需要做大做强，也不需要技术创新，因此，政府部门"搭台"的方式需要考虑如何更符合这些中小企业"走出去"的特点和需求。

第二，广东中小企业"走进东南亚"过程中，需要政府部门特别是侨务部门为它们与东南亚华侨华人之间搭建桥梁，建立联系与合作。中国企业与华侨华人之间其实存在一定的隔阂，尚缺乏相互信任的关系，缺少相互联系和合作的主动性。政府是具有公信力的机构，政府发挥"搭桥、铺路"作用，能够促进中国企业和华侨华人双方的信任及互动，从而调动华侨华人和华商网络的作用来帮助广东中小企业在东南亚的生存和发展。

第三，为了保障中国与东南亚国家的关系，给中国企业提供安全的投资软环境，政府部门不但有责任促进和保持政府层面上的友好关系，还有责任指导和引导中国企业关注和维护民间层面上的和谐关系。例如，颁布《中国境外企业文化建设若干意见》，以指导中国"走出去"的企业如何加强与投资国的民间关系，但这无疑需要中央政府各部门和各地方政府长期持续地付诸实施。

课题负责人：潘一宁，中山大学历史系副教授

海外华侨网络、商会与贸易发展

　　随着全球化进程的加速，国际移民已经成为全球现象和世界各国政府与非政府组织共同关心的重大问题。中国是世界上重要的移民输出国，而广东是中国最大的移民输出地。华侨华人在对广东的投资、经贸往来和科技文化交流合作，推动广东经济社会发展的同时，也借助广东改革开放和国际经济贸易快速发展提供的商机，在广东投资建厂，迅速拓展国际经贸业务，成为广东对外贸易经济发展的中流砥柱。

一、理论分析

（一）移民对贸易的影响

　　越来越多的数据表明，移民对母国和东道国之间的贸易有着巨大的正面的影响。我们可以把这些影响分为三个方面：

　　第一，移民网络的偏好效应（preference effect）。大量的移民存在对祖国产品的偏好，为东道国带来特定商品的需求。这是显而易见的。一些移民认识到母国与东道国的贸易机会，尤其是产品差异、移民的偏好以及消费差异，都可以促进双方的贸易。移民由于特定的家乡产品消费偏好，可以为来源地商品提供更大的市场空间（Gould，1994；Head and Ries，1998；Girma and Yu，2000；Wagner et al.，2002）。这可部分归因为"偏好效应"。来自 j 国的移民由于对出生地 i 的家乡情怀以及特别的感情偏爱，往往导致对特定出生地多样性产品的扩大消费。如 Marina Murat（2006）的研究认为，除了信息摩擦的克服以外，移民网络的消费偏好至关重要，其发现海外华侨在异国有着消费中国产品的喜好，这也是促进中国对外贸易量增加的解释因素。就移民消费偏好的贸易价值来看，以美国为例，不同阶层的移民团体和不同的定居方式给美国带来的不仅仅是影响劳动力市场，而且也带来了他们的文化、饮食等。移民通过改变祖（籍）国和定居国的货物需求来改变贸易的流向。他们都与祖（籍）国保持着联系，其中一些人比另一些人更加活跃。移民有对从祖（籍）国来的货物的需求，这就开启了新的贸易航道。当然少量的移民群体可能喜欢美国制造的产品，出口美国的产品到他们的祖（籍）国，与正常的货物贸易方向相反。

　　第二，移民网络的成本克服效应（cost - reduced effect）。移民可以减少东道国与母国双方贸易的交易成本，包括进口与出口的交易成本。这种交易成本的减少可以分为两个方面：①特殊个体的普遍影响。不论移民者来自哪个国家，移民都会有各自的关系网，他们在移民之前在母国都有自己的业务伙伴或者合作者，他们带来这些关系网（我们可以称之为知识桥梁），就增加了潜在的贸易机会与贸易联系，双方贸易的交易成本必定会减少。②针对"成本克服效应"得益于移入和移出双层网络。而诸多研究基于广泛的国家样本来考察这样一个现象，即居民移出，这主要是因为缺乏相应的移入和移出双向数据。理论上，研究者多数认为居民移入（Immigrant）和移出（Emigration）不具有相同的贸易创造效应。总体上，两者各有侧重，如跨国移入代表着对国际网络的吸收，原因是直接的；而居民移出在规模上较小，大量的本国居民间接和海外移出居民的接触才建立起贸易合作关系。

第三，移民网络的作用方向。①移出国与迁入国的血缘性。由于移民来自不同的国家，他们拥有的对国际市场和社会组织的知识必定与东道国拥有的同类知识有差异，因此，他们会带来新颖的思想和观点，这些知识有助于减少交易成本。如果移民者的母国与东道国社会和政治差异较大，那么这种知识的差异会促使交易成本减少得更多；如果移民者的母国与东道国的文化政治背景接近，那么这样较小的差异对于交易成本的减少所起到的作用就较小。②移民分别怎样影响进口和出口呢？一般来说，移民使出口的增加大于进口的增加。这可以由移民的进口替代效应来解释。移民初期，对母国的商品的需求会增加。但随着移民人口的增加，他们更偏好于在东道国内生产他们需要的产品，而规模经济使成本更低，因此进口转向国内生产。移民促使东道国或地区的人口增加，这必然会促进贸易的扩大。另一方面，人口的增加促进劳动力的分化，可以在更宽广的商业领域里创造更多的贸易机会。具体来说，东道国或地区生产能力（如 GDP）越强，其就会有越多的出口。若东道国是小国，移民带来的出口增加则会相对较小。母国与东道国的距离也会影响出口增加的多少。两国或地区距离越近，则运输成本越低，贸易更容易顺利进行；而距离遥远则可能会削弱对出口增加的影响。

移民从以下几个方面来影响进口的规模：移民潜在规模、语言相似度、资本边际收益、相对价格和距离。移民潜在规模与进口有明显的正相关关系；讲同种语言的国家之间的移民对进口有正相关关系；两国资本边际收益越相近，贸易量越大，进口也越大；税收、运费等影响相对价格，税收和运费越低，进口量越大；两国的距离对进口有显著的负相关关系。

（二）广东华侨华人网络和粤商（会）组织的贡献

1. 粤籍华侨华人的形成和演变

一代又一代的广东人在百多年前就已经习惯了下南洋谋生，这使得现今东南亚成为广东最大的广东籍华侨华人居住地。而早在 1840 年英国用坚船利炮轰开中国紧闭的大门之前，西方传教士已经在广东沿海一带活动，将美国描述成遍地黄金、人人自由幸福的乐园，成千上万的广东沿海人民受美国"淘金潮"的吸引，纷纷移居美国。在北美、大洋洲和非洲，一批批身强力壮的华工，也被殖民者利用为当地从事开发的廉价劳动力。这些广东人在侨居国扎根安定后，通过寄侨批回家乡，与家乡亲友紧密联系，并且为家乡亲友出国移民提供资讯和帮助。华侨华人遍及世界各地，按祖籍划分，仅广东籍的华侨华人就占54%，根据广东省政府网的数据，广东籍的华侨华人有 2 000 多万，其中广府籍 800 多万，潮汕籍 700 多万，客家籍 500 多万。另有福建数据，闽籍客家华侨近 200 万。华侨祖籍在中国各大城市都有，广东省最多的是江门市 320 多万，其次较多的还有梅州市 300 多万，汕头市 300 多万，揭阳市（包括普宁市）300 多万，广州市 100 多万。福建省最多的泉州市近 760 万。海外的广东人具有地缘性的明显特点，主要分为三大族群：广府帮、潮州帮和客家帮。

广东华侨华人背井离乡，异地经商，只身或独家寓居外地，十分需要精神上的寄托和心灵上的慰藉。三大族群由于乡音各不相同，文化各有特色，在海外分别组织了不同的商人会馆、同乡会、宗亲会等以地缘性、血缘性来区分的社团组织。这些社团组织联系乡情，团结互助，互相支持，互通信息，共同发展商业贸易，以至发财致富，同时也可以共同抵抗侨居地土著人民对外来移民的侵犯和歧视。

改革开放以后，移民潮再次掀起，但移民模式与之前有所不同。移民的主要侨居地由东南亚转变成美国、澳大利亚和欧洲。移民的方式由过去的劳工输出变成留学和高科技人才输出。

2. 广东华侨华人网络对贸易发展的贡献

华侨华人对广东改革开放的突出贡献：一是推动了广东外向型经济快速发展。改革开放以来，广东省充分发挥侨乡优势，以侨引资、以侨引智、以侨促商，大力发展"三来一补"加工贸易，以侨资为主的企业遍及全省各地，通过外向带动加快工业化进程，迅速实现了从农业社会向工业社会的跨越发展；二是在推动中华文化走向世界中发挥了重要的桥梁作用，成为传播和弘扬中华文化的使者；三是在让世界真正了解广东、了解中国的过程中发挥了不可替代的重要作用。

广东与东盟各国的贸往来易更加密切。一是在商品贸易方面，广东与东盟各国有明显的互补性。建立更加紧密的贸易合作，优势得以互补，必达致共赢。二是在资源开发方面，广东与东盟各国有共同的需要。通过货物贸易、联合投资和共同开发等形式，使东盟欠发达国家的资源优势转化为现实的经济优势，是双方的共同需要。三是在工程承包方面，广东有明显的优势。东盟各国正处于快速发展期，各项建设工程数量众多，这为广东的企业提供了各种合作的机会。四是在投资办厂方面，广东的企业具备一定的实力。通过输出资金、技术和管理经验，既能利用当地资源和市场，也会带动当地经济发展和就业。

另外，华侨华人对广东省的捐赠也覆盖多个方面，如捐建校舍、资助学生、捐赠图书、开展培训、救济困难群体、捐款、捐建养老院、孤儿院等。

（三）（粤籍）海外商会的一般性功能

Rauch 和 Trindade（2002）研究了华裔社会网络对双边贸易的增加的影响，基于对重力模型的估计，他们认为世界华人关系网可能起到克服国际贸易信息成本的作用。鉴于社会网络在促进贸易和投资上具有相类似的机制，T. Gao（2003）进而继续研究海外华侨在国际投资中的作用。Rauch 和 Trindade（2002）认为通过社会网络对信息壁垒的消除来提升商业活动，存在两个方面的机制：一方面，通过正式和非正式的合约，华裔社会网络方便了买卖双方的匹配，实现信息共享；另一方面，华裔社会团体可以运用社团制裁来避免诸如违约的投机行为。除了信息壁垒消除的作用机制，社会网络促进双边贸易还来源于移民的消费偏好（Marina Murat，2006），如海外华侨在异国有着消费中国产品的喜好，这也是促进贸易量增加的解释因素。关于华侨华人商会组织的研究在国内外已有不少，如中山大学袁丁教授研究了泰国华商商会，日本陈来幸教授研究了日本阪神华商商会，英国刘宏教授研究了新加坡中华总商会等。

商会的一般功能。关于商会职能方面，吴敬琏的研究指出，商会的职能有两个：一是保护成员的利益，二是组织自律；而陈清泰的研究则认为，商会的功能有四个：一是信息功能，二是协商功能，三是服务功能，四是参政功能；丁惠灵认为，商会有服务、沟通、维权、协调和仲裁的作用。关于商会组织对贸易的作用方面的研究普遍认为在国际贸易中，邻近和以前存在的联系贸易网络模式促进了跨国贸易。Rauch（1999）认为特殊商品贸易和名牌贸易在匹配卖家和买家中扮演了重要的角色。有紧密联系地区的贸易网络会更强，例如在前殖民地之间的贸易网络。Rauch（1996）谈到，买家和卖家之间的匹配一般依靠之前存在的联系，这使得贸易网络比市场更重要。他在研究中开发了一种局部均衡模型，社会网络和社会资本，促进了协调和合作买家和卖家的双方利益。现今大量的美国移民是他们祖（籍）国与居住国的桥梁，所以他建立了类似于贸易的联系和网络的分析。由于移民对祖国掌握了较多的信息，对外国的市场信息的获取成本较低，他们之间建立了相互信任的关系，这些都让贸易谈判更容易进行。

（四）（粤籍）海外华人商会的贡献

粤籍海外华人商会通过传达中国使馆的侨民政策，为在海外注册的华人工商企业服务，维护华人工商企业的正当权益，促进中外经济贸易关系的发展和华人工商业界与居住国政府相关部门、工商业界的交流和合作，发挥桥梁和纽带作用。

（1）在全球化的促进下，华侨华人经济体系以东南亚为中心，再向全球扩散，华侨华人贸易与投资活动进入全球时代。华人商会企业提供的资本在中国经济与世界经济的融合中已经并继续发挥作用，特别是在中国与东盟自由贸易区的建设上将发挥积极作用。

（2）移民组织团体的贸易成本克服。Light 和 Bonacich 发现移民群体有较高的自我雇佣倾向。以移居美国为例，华人移民领地（如唐人街）和团体的出现依赖于相同群体的大量的华人移民中的商业领袖、有效的劳动力和资本。这些团体里的华人移民群体有少数的中产阶级，提供种族群体占领的空间给新来者。华人移民居住团体，为华人移民群体中的中产阶级提供了新的劳动力，建立了支撑新华人移民的网络，让他们学习贸易，为自己在新国家争取立足之地。而且这些华人移民群体倾向于在已经建立起来的居住团体里定居下来，不像具有专业知识的移民会分散居住，能比非技术的移民更快地学习这个国家的语言和生活方式。在较强的社会网络和社会资本的支撑下，这些华人移民群体有活跃的、较强的与祖籍国的联系，他们有中国市场、美国需求模式和市场的第一手信息。这些信息减少了中美贸易的交易成本，影响了美国与中国的双边贸易。华人移民从祖国带来的更好的信息，也可以减少贸易中的交易成本。

（3）移民与本土民众的学习交融扩大了贸易信息网络。此外，华人移民适应了新国家的生活，被新的社会同化，这种同化也影响了贸易流向。一种同化的方式是从不同国家来的人熟悉使用当地的语言，这将降低交易成本。在美国，我们可以看到从非英语国家移民过来的第二代移民的英语比第一代移民更加流利，这大大地减少了交流问题。大部分的同化依赖于华人移民的技术水平和国籍。华人移民的技术水平会影响华人移民的能力，从而通过社交网络来影响贸易流向。这些华人移民使得美国人和中国人知道对方的更多信息，极大地促进了中美双边贸易。

郑一省的研究表明，广东的华侨华人通过资助创办侨属企业，通过其海外的销售网络参与侨乡的经营活动，投资发展"三来一补"业务，引进先进技术和管理经验，这些活动对广东的经济发展产生了巨大的影响。

（4）粤籍商会的其他组织价值。第一，粤籍海外华人商会加强了与中国使馆的沟通和联系，可以及时了解中国政府有关侨务方面的方针政策，把中国政府的声音及时准确地传递给海外所有的华侨华人，激发了华侨华人关心祖国，关注祖国日益腾飞的美好发展前景。第二，帮助会员解决遇到的困难，为其提供可靠的有益的信息，使其避免走弯路，维护广大华人工商企业的利益；第三，提高了华人华商在国际的地位和知名度，为其融入他国主流社会创造条件；第四，加强了海外中资企业及华侨华人间的交流与合作，海外商会通过网站、刊物、讲座、研讨会等多种渠道，交流经验、共享资源，并为会员在居住国开拓业务提供咨询服务；第五，粤籍海外华人商会能够及时准确地掌握居住国政局的发展动向和变化，了解当地的法律法规，了解相关政策，使华侨华人知晓，督促了他们自觉按照当地法律法规经商贸易；第六，商会与居住国政府、商界进行沟通，代表会员与其居住国交涉经济商务等方面的相关事宜，可以充分表达中资企业及华侨华人的愿望和要求；第七，粤籍海外华人商会通过经常举办或组织参加各种旨在促进中资企业及华侨华人与居住国政府、商界交流的活动，促进了中外经济贸易关系的发展；第八，粤籍海外华人商会在国际市场上的友好活动，可以打造华人在海外的形象，提升华侨华人在居住国的经济和社会地位，为广东乃至其他地区的企业在国际市场上的发展创造良好的条件。

二、实证分析

（一）实证的基础模型

基于 Gabriel 和 Toubal（2006）的模型框架，我们简要给出基于移民网络背景的一个重力方程理论基础，模型设定允许移民贸易创造效应的两个渠道效应同时存在，即"成本克服效应"和"偏好效应"。依据 Combes et al.（2005）的理论，我们假定国家 i 代表性家庭存在 Dixit – Stiglitz 效用函数，在考虑国内和进口双重多样性前提下，该效用函数可描述如下：

$$U_i = \sum_{j=1}^{N} \sum_{h=1}^{n_j} (a_{ij} x_{ijh})^{\frac{\sigma-1}{\sigma}}, \ \sigma > 1 \tag{1}$$

上式中 x_{ijh} 定义国家 j 供给的多样性 h 在 i 国的消费数量。N 是国家数量，n_j 是多样性规模，σ 定义替代弹性。相对标准模型的修正在于纳入消费偏好参数 a_{ij}（表示国家 i 的代表性消费者对国家 j 的产品消费偏好）。在预算约束集下最大化问题（1）可获得国家 i 对国家 j 的进口需求量：

$$C_{ij} = a_{ij}^{\sigma-1} T_{ij}^{1-\sigma} n_j p_j^{1-\sigma} E_i P_i^{\sigma-1} \tag{2}$$

上式中 p_j 是国家 j 多样性产品的 mill 价格，且多样性之间无价格差异。$T_{ij} > 1$ 是国家 i 和 j 之间一个额外的冰山贸易成本。因此，C. I. F. 价格由 $p_{ij} = T_{ij} p_j$ 给定，则国家 i 的价格水平为 $P_i = (\sum_j a_{ij}^{\sigma-1} n_j P_j^{1-\sigma})^{\frac{1}{1-\sigma}}$，而总支出水平由 E_i 给定。

首先，移民网络增加了跨国的信息流，国家 j 出生人口进入国家 i，以及国家 i 出生人口进入了国家 j。双向移民流动创造了非价格的信息产品，这就增加了两国的贸易机会。其次，移民对东道国企业来说是有价值的资产，有利于企业扩大与移民来源地国家的贸易往来。他们熟悉移民来源国的语言和文化，且熟知双方国家的商业、法律、政治体制。鉴于此，移民降低了贸易成本且扩大了双边贸易流（即包括出口和进口两方面）。

除此之外，移民网络还包括两个贸易创造效应（Trade Creation）。先前文献开始对移民网络的贸易扩大效应进行归类研究，如 Wagner（2002）的分析侧重于两个渠道效应，即第一种渠道为"成本克服效应"，而第二种渠道则是"偏好效应"。然而两个渠道效应均通过缓解信息摩擦实现贸易创造，进而增加社会福利，但在实证理论基础上仍需要理清网络与贸易的关联性。

偏好效应。移民由于特定的家乡产品消费偏好，可以为来源地商品提供更大的市场空间（Gould，1994；Head and Ries，1998；Girma and Yu，2000；Wagner et al.，2002）。这部分可归因为"偏好效应"。来自 j 国的移民由于对出生地 i 的家乡情怀以及特别感情偏爱，往往导致其对特定出生地多样性产品的扩大消费。如 Marina Murat（2006）的研究认为除了信息摩擦的克服以外，移民网络的消费偏好至关重要，其发现海外华侨在异国有着消费中国产品的喜好，这也是促进中国对外贸易量增加的解释因素。有鉴于此，本研究将继续深入分析偏好效应的时间动态。

成本克服效应。针对"成本克服效应"得益于移入和移出双层网络。诸多研究基于广泛的国家样本来考察这样一个现象，即居民移出，这主要是因为缺乏相应的移入和移出双向数据。理论上，研究者多数认为居民移入和移出不具有相同的贸易创造效应。总体上，两者各有侧重，如跨国移入代表着对国际网络的吸收，其原因是直接的；而居民移出在规模上较小，大量的本国居民间接和海外移出居民的接触才建立起贸易合作关系。

我们假定额外贸易成本 T_{ij} 可表达为贸易政策关联型（POL_{ij}），地理因素（GEO_{ij}），以及信息关联型（$INFO_{ij}$）三类成本，且 $T_{ij} = f（POL_{ij}，GEO_{ij}，INFO_{ij}）$ 满足连乘积的关系模式。每类成本均被假定具有冰山成本形式。我们认为成员国的任何自由贸易协议都可以在政策上降低贸易成本，因此 $POL_{ij} = e^{\pi(1-FTA_{ij})}$。地理关联型贸易成本依赖于距离 D_{ij} 和邻近度 ADJ_{ij}。因此，$GEO_{ij} = (1 + D_{ij})^{\delta} e^{\gamma(1-ADJ_{ij})}$。若两国分享一种语言 $LANG_{ij}$，则信息成本降低。m_{ij} 定义出生于国家 j 的人口占国家 i 总人口的比重。基于 Gabriel and Toubal（2006）的思路，我们得到信息成本为：

$$INFO_{ij} = e^{\lambda(1-LANG_{ij})} I（m_{ij}，m_{ji}） \quad\quad\quad (3)$$

我们假定函数 $I（m_{ij}，m_{ji}）$ 随着两个移民比重系数 m_{ij} 和 m_{ji} 而下降。该设定是可信的，由于信息成本不依赖于两国规模（而规模是两个贸易引力的基础）。换个角度，信息关联的关税等价物相对两国人口总规模是不变的。我们的设定也表明遇见伙伴国移民概率越大，移民网络的贸易创造效应越大。同样，我们假定效用函数中双边引力因子取决于移民份额，而不是移出和移入居民的绝对规模。因此，我们在代表性家庭分析框架下认为高份额的国外出生人口比重意味着东道国内对伙伴国进口品的偏好更强，即：

$$a_{ji} = e^{\bar{a}m_{ij}}，\bar{a} > 0 \quad\quad\quad (4)$$

该形式意味着双边贸易没有对称的偏好（即 $a_{ji} \neq a_{ij}$），除非两国吸引双方移民存在严格的正相关。我们将（2）式纳入取自然对数，可得到标准模型（Standard Model，STD）

的设定[①]：

$$\ln C_{ij} = (a + \mu_1) m_{ij} + \mu_2 m_{ji} + \gamma ADJ_{ij} + \lambda LANG_{ij}$$
$$+ \pi FTA_{ij} + \delta \ln D_{ij} + \Phi_i + \varphi_j + \varepsilon_{ij} \tag{5}$$

其中 $\Phi_i \equiv \ln E_i + (\sigma - 1) \ln P_i$，$\varphi_j \equiv \ln n_j + (1 - \sigma) \ln P_i$，$\alpha \equiv (\sigma - 1) \ln \bar{\alpha}$，$\gamma \equiv (\sigma - 1) \bar{\gamma}$，$\lambda \equiv (\sigma - 1) \bar{\lambda}$，$\pi \equiv (\sigma - 1) \bar{\pi}$ 以及 $\delta \equiv (\sigma - 1) \bar{\delta}$；此外，$u_i = (\sigma - 1) \bar{u}_i$。其中 u_i 是函数 $\ln (I (.,.))$ 相对移民份额的偏导（准弹性）。依据 Redding 和 Venables（2004）的理论，我们设定 $\Phi_i \equiv c_i P_i^\sigma$ 作为国家 i 的市场潜力，同时 $\varphi_j \equiv n_j P_j^{1-\sigma}$ 是它的供给承载力。值得注意的是，若不具备充分获知 σ 的信息，贸易成本系数是有差异的。σ 的估计出现在大量的经验文献中，可被用于将引力方程系数转换成额外的关税等价物。经验设定引出两个主要的议题。一个是，市场潜力的价格指数 P_j 由于存在非线性参数使得估计更加复杂。另一个是，在地区 i 生产的多样性数量 n_j 和 mill 价格在供给容量中难以观察。我们依据先前经验基础，运用一套综合的出口和进口固定效应来捕捉未观察的原产地和目的地效应（Combes et al.，2005；Feenstra，2004；Redding and Venables，2004）。该方法的缺点在于 $\alpha + \mu_1$ 和 μ_2 的估计是截面平均的。理论上，当冰山贸易成本进入价格指数 P_i 时，这些弹性取决于国家特征（Anderson and van Wincoop，2003；Feenstra，2004）。

为了比较分析，需要获得的数据包括累积的移出或移入居民规模（Dunlevy，2006；Gould，1994；Rauch and Trindade，1999）。当移出或移入数据都具备，我们就可能实现对移民需求偏好效应 α 的识别，以及移民的两个成本降低效应 μ_1 和 μ_2 的识别，因此对假定的识别也是有必要的。当设定 $\mu_1 = \mu_2$，则可检验方程（5）的待估系数 $\hat{\mu}_2$。[②] 这允许在不考虑额外的成本结构假定下识别 α。运用我们的识别假定，我们可以得到国家 i 从国家 j 的出口超过进口的部分为：

$$\ln C_{ij}/C_{ji} = \alpha (m_{ij} - m_{ji}) + \ln v_i - \ln v_j + u_{ij} \tag{6}$$

其中 $\ln v_i \equiv \Phi_i / \varphi_i$，$\ln v_j \equiv \Phi_j / \varphi_j$ 以及 $u_{ij} \equiv \varepsilon_{ij} - \varepsilon_{ji}$。（6）式被认为是对称贸易成本模型（Symmetric Trade Cost，STC）。模型中，值得关注的参数 a 可依据双边贸易量截面差以及双边净移民累积差来估计。（6）式的基准估计可以实现对一般均值偏好系数 α 的估计，实际上，$\alpha = \sum_j a_j / (N-1)$，我们可进一步设定 $a_j = a + \Delta a_j$，则 Δa_j 体现了移民网络的非对称性对总体样本国的贸易非平衡影响。为了获得更具体的个体样本国偏好差 Δa_j（如设定中国为基准国 i），就需要重新整理（6）式，获得体现中国移民网络在不同国家 j 的偏好效应为：

$$\alpha_j = \left(\ln \frac{C_{ij}/C_{ji}}{v_i/v_j} \right) \Big/ (m_{ij} - m_{ji}) \tag{7}$$

---

① 我们的研究未考虑移民网络对同质化产品和异质化产品的贸易促进差异影响；依据 Requena and Serrno（2011）的观点，移民网络通过加强知识扩散的渠道和途径，从而克服信息壁垒相关的交易成本；但是前提是信息在特定市场中对移民促进贸易增长的机制具有主要作用，即同质化产品和差异性产品贸易中信息识别强度是不同的。

② 基于方程（2）和（5），使用一个弱识别假定 $\mu_1 = \mu_2$ 来模拟需求偏好效应为 $\alpha = \alpha + \overset{6}{\mu_1} - \overset{447}{\mu_2}$，这与多数理论文献的通常做法一致，即设定双边贸易具有对称的贸易成本，即 $T_{ij} = T_{ji}$（Andersion and van Wincoop，2004；Gabriel and Toubal，2006）。

其中我们依旧采取两国的经济规模差 Y_i/Y_j 来体现 V_i/V_j，我们基于（6）式的估计参数和（7）式的偏好效应计算值可获得 Δa_j。

（二）数据样本与估计描述

双边贸易流数据主要来自联合国商品贸易统计数据库（UN，Comtrade Statistics），基于贸易总量利用 SITC 4 digits 双边贸易量指标，本研究选择了三个贸易基准年（即 1995 年、2004 年以及 2009 年）以美元计价的双边值。贸易距离来自卫星定位系统 Google Earth 的测量以及地理网站（www. geobytes. com/city distance）获得，Y_i 和 Y_j 选取以美元为单位的样本国家真实国民生产总值（GDP），数据来源为世界银行在线数据库（World Development Indicators Database），国家人口数据来自联合国在线数据库；Pac（区位）、Lan（语言）变量根据世界实情报告（*World Factbook*）获得。

鉴于研究样本选择了中国与其他国家的贸易流数据，因而相应样本国的侨民网络指标分两个层次：总量指标和相对指标。其中 *IM* 代表中国境内的外国侨民规模，而 *EM* 表示中国的海外华侨，这体现了我们设置移民网络考虑了中国与贸易对象国的移民双向关系，既要侧重华侨移民网络，也要分析外籍侨民在华的贸易关系纽带，这符合本文的模型设计思路；后两个指标中 S_{IM} 为外国在华侨民占我国总外籍侨民人口的比重，S_{EM} 则为中国华侨在贸易对象国总侨民中的比重。基础数据来自世界银行"国际移民与发展"（IMD）数据库（econ. worldbank. org），部分样本补充来自国际移民组织和国际劳工组织、Frankel（1997）以及 Rauch（2002）的样本，我们在 Frankel（1997）的样本基础上选择了 28 个对象国。其中 IMD 数据库强调了移民的技能指标（分为三个技能等级，即 Prim，Sec，Ter），我们选取高技能 Ter 的移民规模，即 IM_{Ter} 和 EM_{Ter} 分别来体现对应 *IM* 和 *EM* 的对应值。

（三）实证结果与分析

1. 移民网络的标准模型（STD）估计

基于方程（5）的标准模型（standard model，STD），本文给出了多组回归（见表1）。总体的解释变量包括一组体现经济规模和地理因素的基础（或控制）变量以及本研究的目标变量——移民网络指标。贸易流数据存在省缺值以及部分计价值过低（过于微小），这将导致全样本的 OLS 估计无法实现；我们剔除相应缺省样本，也给出了四组 OLS（见回归 1—4），同时基于受限因变量情形，我们选择了 Tobit 方法加以克服（见回归 5—7）。实际估计中，考虑了移民网络的滞后效应以及数据可获得性，我们分别选取了相应移民指标滞后 4—6 期的水平值来进行回归。我们将 28 个样本国的区域来源划分为欧盟、拉美、亚洲以及其他，并相应地设置三个区域虚拟变量 EU、LA 和 Asia 体现区域特征因素；鉴于中国未与以上任何一个区域形成高度的自由化同盟体，因而设置自由化变量 *FTA* 就无必要。总体的拟合优度较为理想，平均值接近 0.52，这显示了模型的主要变量得到较好拟合；鉴于此，我们针对回归模型的基本变量估计系数进行了详细的阐述。

表1　移民网络的STD模型估计

变量	回归1（OLS）	回归2（OLS）	回归3（OLS）	回归4（OLS）	回归5（Tobit）	回归6（Tobit）	回归7（Tobit）
常数	4.12* (2.81)	3.03 (2.94)	5.49* (4.22)	5.54** (3.15)	2.84* (2.07)	1.30* (0.87)	1.64** (0.81)
$\ln(Y_i \cdot Y_j)$	0.76*** (0.31)	0.74** (0.39)	0.75** (0.38)	0.78** (0.40)	0.75** (0.39)	0.80** (0.44)	0.81** (0.46)
$\ln POP$	0.14** (0.08)	0.17*** (0.07)	0.19*** (0.08)	0.11** (0.06)	0.24*** (0.11)	0.20** (0.11)	0.22*** (0.09)
$\ln Dis$	-1.86** (1.01)	-1.67** (0.87)	-2.11** (1.13)	-1.07** (0.60)	-1.16** (0.65)	-1.04*** (0.51)	-1.43** (0.72)
$Adjacent$	0.32* (0.20)	0.39** (0.21)	0.31 (0.24)	0.40* (0.25)	0.32** (0.18)	0.41** (0.21)	0.43** (0.24)
Lan	0.03* (0.02)	0.05* (0.03)	0.06* (0.04)	0.05* (0.03)	0.05** (0.02)	0.07** (0.04)	0.03* (0.02)
S_{IM}	0.06** (0.03)	0.15* (0.11)		0.18* (0.13)	0.09** (0.05)		0.16* (0.11)
S_{EM}	0.07* (0.05)	0.18** (0.10)		0.18** (0.10)	0.04** (0.02)		0.13** (0.07)
IM	0.05* (0.03)		0.11* (0.08)			0.14* (0.09)	
EM	0.12*** (0.04)		0.16*** (0.05)		0.12*** (0.05)		
IM_{Ter}		-0.03 (0.03)			-0.02 (0.03)		
EM_{Ter}		0.07* (0.05)			0.09** (0.05)		
EU，dummy	0.04* (0.03)	0.07* (0.05)	0.04 (0.05)	0.04* (0.03)	0.03* (0.02)	0.05 (0.06)	0.07* (0.05)

（续上表）

变量	回归 1（OLS）	回归 2（OLS）	回归 3（OLS）	回归 4（OLS）	回归 5（Tobit）	回归 6（Tobit）	回归 7（Tobit）
LA，dummy	0.02*（0.01）	0.07*（0.04）	−0.10（0.09）	0.02（0.04）	−0.07（0.06）	0.10*（0.07）	−0.02（0.04）
Asia，dummy	0.17***（0.05）	0.10**（0.06）	0.16***（0.04）	0.11**（0.06）	0.16**（0.08）	0.13**（0.07）	0.17**（0.9）
时间固定效应	YES	YES	YES	YES	YES	YES	YES
R	0.61	0.49	0.55	0.53	0.42	0.51	0.50
Log−likelihood	−253.63	−275.39	−364.04	−329.06	−264.75	−204.69	−343.57

注：上表中的标号＊＊＊、＊＊和＊分别表示 t 检验通过 1%、5% 和 10% 的显著性水平。

　　基本变量的描述。首先，地区收入变量在 7 组方程中显著为正，说明双边贸易无论出口还是进口，都高度依赖于双边市场规模；人口规模进入相应回归方程也同样符合预期；这表明市场规模通过供给承载力（supply capacity）和需求潜能（demand potential）的双重叠加，共同决定着贸易流的基础；距离作为控制变量一致显著为负，体现了交通运输和地理成本成为贸易发生的重要自然障碍。Adjacent 通常也被作为经济地理理论的经典不可或缺变量进入引力方程；表 1 的估计系数多数为正，这与先前研究保持一致，即贸易存在近邻效应（adjacent effect）；本研究以中国进出口为基准，就显示了东亚近邻关系在双边贸易贡献中的地理优势。语言虚拟变量主要设置了四个阀值，即 4、3、2 和 1 分别代表汉语、东南亚语系（中外语混合区）、英语、其他四个类别。进入方程的 Lan 在 10% 的显著性水平下为正，这表明语言越接近中文母语的双方在发展双边贸易时更能取得有利条件，相近或相同的语言意味着在经济交往中可以充分享有信息优势，尤其我国对东南亚地区的贸易，相近的语言给予了极大的便利性；在与拉美或非洲地区开展贸易的过程中就因为语言障碍而缺乏相应的信息优势。

　　移民网络的贸易创造效应检验。本研究设置了三套移民网络指标，具体分析如下：

　　（1）绝对移民网络 IM 和 EM 的分析。两者进入回归方程，表现不一致；其中 EM 在 6 组方程中均显著为正（多数通过了 1% 的显著性水平），而 IM 较为逊色，基本只通过了 10% 的显著性水平。但两个变量的影响方向符合预期，基本验证了先前的理论假设，即移民网络促进贸易发展。当前跨国移民存在双向反馈交织的情况，移民输入国同时也是移民输出地，因而进口国和出口国之间的相互移民就形成了双重网络，通过放大双边信息沟通渠道增加了两者的经济交往频率，从而提升了贸易发生的概率，最终推动进口和出口两个层面的贸易量增长。相比较来看，EM 的解释力度更高（系数值明显大于 IM 的对应水平值得），这显示了我国海外华侨网络对拉动中国对外贸易的贡献度更高，而外国在华侨民的贸易的贡献力较为逊色，一种可能是来华外国侨民的商业动机较弱或者可归因为累积的侨民网络不过集聚（或相对松散）。一方面，依据 Rauch（2002）的分析，中国移民在海外具有普遍的高集聚程度，而网络效应在集聚过程更能发生信息扩散效应；另一方面，移民网络的贸易创造效应还体现在网络组织是否具备较强的集体意识。2009 年诺贝尔经济学得主奥斯特罗姆（2000）就提出了组织效率存在的差异性，她认为集体利益一致的组织更能发挥效率。先前的研究认为华侨移民网络在海外的集体意识普遍较高，组织效应较为突出，这可部分解释我国华侨在贸易扩张中的显著作用。

（2）相对移民网络 S_{IM} 和 S_{EM} 的考察。为了稳健起见，我们同样给出了相对移民网络指标的估计分析，结果显示两个变量较为一致的显著为正（多数都通过了 5% 的显著性水平）：首先，S_{IM} 的正向估计系数表明贸易对象国在华的移民占其总移出居民的比重越高，该国越容易与中国发生贸易往来；其次，对应的 S_{EM} 也显示了华侨在移民国的比重越高，越有利于中国与该移民国的贸易发生，这充分支持了绝对移民网络的估计结果；最后，从贸易流创造的贡献比较来看，S_{IM} 和 S_{EM} 的差异相对缩小，尽管华侨移民网络的重要性依旧高于在华海外移民。

（3）移民的技能（或技术）重要性考察。我们分别纳入了高技能移民的规模变量进入回归方程，结果 IM_{Ter} 和 EM_{Ter} 的估计系数并不完全与预期一致，其中 IM_{Ter} 在回归 2 和回归 5 中为负，而 EM_{Ter} 对应的回归系数为正，但显著性未能通过 5% 的显著性经验，这表明高技术移民网络并没有发挥预期的积极影响。该结论似乎与前两组移民网络变量相矛盾，困惑之处也有存在的逻辑，即中国对外移民存在异质性干扰，我国高素质移出居民普遍具有谋求在海外生根发展的动机，此类移民在海外容易游离于移民集聚区（如唐人街）之外；此外，这还可能意味着低技能或高技能移民在经商动机方面不具有差异性。

控制因素。为了控制我国贸易的地区截面差异性，我们分别纳入了三个区域虚拟变量，结果与预期保持一致，起到了良好的控制变量的作用。同时，我们也对所有的估计方程设置了样本期固定效应，克服时间影响。

2. 移民网络的对称贸易成本模型（STC）估计

基于方程（6）的对称贸易成本模型，我们的目标在于获取华侨网络的相对偏好需求系数 a。首先，因变量 $\ln C_{ij}/C_{ji}$ 为中国对样本国出口与进口相对值的对数（而没有采取两者的绝对量差，避免无法取对数）。对称贸易成本模型意味着可以消除双边距离、近邻和语言等自然壁垒变量，从而纳入了主要解释变量的截面差分值。同样，我们分别给出了OLS 和 Tobit 两种估计方法，分别完成 1—4 和 5—8 组估计方程，具体估计结果如下：

表 2 的回归 1 和回归 5 为基本估计，纳入了两个移民网络的截面差变量，结果显示相对移民网络截面差 $S_{EM}-S_{IM}$ 在 5% 的显著性水平下为正，而高技能移民网络截面差 $EM_{Ter}-IM_{Ter}$ 为负（且不显著）；鉴于两个变量同时进入模型可能导致不稳定（如潜在的共线性问题），我们又单独对各个移民网络截面差分别进行估计，即 OLS 的回归 2—4 和 Tobit 的回归 6—8。结果 Tobit 和 OLS 的估计较为一致地表明 $S_{EM}-S_{IM}$ 和 $EM-IM$ 显著为正，而高技能移民网络截面差 $EM_{Ter}-IM_{Ter}$ 在单独回归中显著性略有提高（通过了 10% 的显著性水平），这基本与表 1 的标准模型一致。相对贸易流的估计同样受到双方市场规模的制约，在 STC 模型中纳入了相对收入 $\ln (Y_i/Y_j)$ 差加以体现；结果表明相对收入差越大，越有利于中国净出口增长，但多数方程的显著性不高。

表2 移民网络的STC模型估计

变量	回归1（OLS）	回归2（OLS）	回归3（OLS）	回归4（OLS）	回归5（Tobit）	回归6（Tobit）	回归7（Tobit）	回归8（Tobit）
$S_{EM}-S_{IM}$	0.02** (0.01)	0.02*** (0.01)			0.02** (0.01)	0.03** (0.02)		
$EM-IM$			0.04*** (0.02)				0.09** (0.4)	
$EM_{Ter}-IM_{Ter}$	-0.01 (0.01)			-0.02* (0.01)	-0.00 (0.00)			-0.04* (0.02)
$\ln(Y_i/Y_j)$	1.88** (1.10)	1.74*** (0.78)	1.93* (1.21)	2.09** (1.20)	1.65** (0.90)	1.94*** (0.96)	1.85** (1.05)	2.02** (1.17)
固定效应								
Year	Yes	Yes	Yes	Yes	Yes	Yes	Yes	Yes
$\bar{R}$	0.64	0.63	0.66	0.67	0.67	0.68	0.76	0.75
Log-likelihood	-247.08	-285.33	-268.85	-230.84	-253.26	-246.29	-267.74	-286.23

注：上表中的标号 * * * 、* * 和 * 分别表示 t 检验通过1%、5%和10%的显著性水平。

（四）移民网络的贸易创造效应分解—成本克服效应 V. S. 偏好效应

依据上文的对称贸易成本模型，消费偏好系数 α 可以分别由 $S_{EM}-S_{IM}$ 和 $EM-IM$ 两个变量来加以体现。综合来看，回归2和回归3对应的估计系数与 Tobit 估计的回归6和回归7保持较为接近，且 OLS 的估计系数比结果 Tobit 略微理想（显著性略高）；为了统一系数估计标准，我们选取移民网络的累积值而非相对值，因而以下消费偏好系数识别将基于回归3的对应系数。结合方程（7）的基本思路，我们获得了体现样本国别的消费偏好差 $\Delta\alpha_j$，以此可以体现移民网络贸易创造的消费偏好效应，结果见表3。另外，针对移民网络的成本克服效应，分别由 μ_1 和 μ_2 体现相应移民网络 IM 和 EM 的等价关税抵消程度。其中 $\hat{\beta}_{EM}^{STD} \equiv (\sigma-1)\mu_2$ 以及 $\hat{\beta}_{IM}^{STD} \equiv (\sigma-1)(\alpha+\mu_1)$ 为表1中 EM 和 IM 的实际回归系数（为了与表2保持一致，我们同样采取了 OLS 回归方程3和4的系数结果）；而 $\hat{\beta}^{STC} \equiv (\sigma-1)\alpha$ 即表2中的偏好估计系数。其中消费品替代弹性 σ 采取 Anderson 和 van Wincoop（2004）以及 Gabriel 和 Toubal（2006）的标准，赋值为6，则实际的国别成本克服效应主要由国别差异的偏好效应计算获得，具体结果见表3。

表3 移民网络的贸易创造效应——国别特征的系数估计

国家	成本克服效应 μ_1 (μ_2)				偏好效应 $EM-IM$ (0.2)			
	指数均值	1995	2004	2009	指数均值	1995	2004	2009
美国	1.037	0.986	0.928	1.198	1.522	1.636	1.884	1.046
澳大利亚	1.766	1.811	1.790	1.699	0.429	0.404	0.415	0.468
巴西	2.232	2.258	2.082	2.357	0.252	0.243	0.293	0.220
加拿大	1.194	1.009	1.589	0.984	1.248	1.552	0.546	1.645
智利	1.689	1.680	1.771	1.616	0.477	0.480	0.425	0.525
哥伦比亚	4.129	3.364	3.784	5.238	0.069	0.097	0.074	0.035
埃及	2.173	2.321	2.230	1.966	0.271	0.228	0.250	0.334
法国	1.319	1.336	1.323	1.297	0.839	0.813	0.832	0.871
德国	1.554	1.739	1.364	1.558	0.596	0.443	0.775	0.571
印度	1.848	2.012	1.715	1.818	0.392	0.317	0.458	0.400
印度尼西亚	0.948	1.008	0.916	0.922	1.803	1.556	1.942	1.912
爱尔兰	1.609	1.405	1.768	1.655	0.549	0.724	0.427	0.497
以色列	2.558	2.295	2.321	3.056	0.194	0.234	0.228	0.121
意大利	1.276	1.388	1.232	1.207	0.917	0.745	0.980	1.027
日本	0.998	0.971	1.112	0.910	1.635	1.695	1.240	1.970
马来西亚	1.019	1.075	0.934	1.048	1.541	1.343	1.856	1.423
墨西哥	1.524	1.509	1.580	1.483	0.603	0.615	0.553	0.640
荷兰	1.752	1.429	2.034	1.793	0.473	0.697	0.309	0.413
菲律宾	1.330	1.426	1.293	1.270	0.830	0.700	0.877	0.914
新加坡	1.360	1.234	1.543	1.302	0.808	0.976	0.584	0.863
南非	1.747	1.949	1.621	1.672	0.449	0.341	0.521	0.485
韩国	1.114	1.183	1.153	1.006	1.261	1.076	1.143	1.563
西班牙	1.484	1.424	1.585	1.444	0.644	0.702	0.549	0.680
瑞典	2.112	1.538	2.200	2.597	0.341	0.588	0.258	0.176
泰国	1.552	1.549	1.675	1.432	0.585	0.579	0.483	0.693
土耳其	2.550	2.591	2.242	2.817	0.190	0.177	0.247	0.146
英国	1.701	1.625	1.841	1.636	0.472	0.518	0.389	0.510
阿根廷	2.427	2.664	1.954	2.664	0.224	0.166	0.339	0.166

注：指数值分别为 exp (μ_1)、exp (μ_2) 和 exp ($EM-IM$)；变化值为相应系数的年均变化值，计算中未考虑 μ_1 和 μ_2 的差异性。

1. 移民网络的贸易创造渠道 I——成本克服效应

本文对样本国计算获得的平均成本克服效应值为 1.71，这充分体现出贸易国通过移民网络获取足够的信息优势，降低了交易的信息成本；通过克服贸易成本（类似的等价关税）增加对应了交易发生的概率和频率。值得注意的是，移民网络存在国别差异性，尤其海外华侨网络存在不平衡性，部分国家的华侨移民具有相对高水平的累积规模；另外一些国家的华侨规模则相对较小。海外侨民的不平衡分布和网络组织的效率差异成为本研究关注的焦点，如下给出具体的国别考察。

从表 3 的估计结果来看，移民网络存在较大 μ_1（μ_2）的国家，意味着相应的移民网络更为珍稀，且具有较高的成本克服效应；而随着移民网络的扩大，其消除成本的贸易创造效应也存在递减的边际贡献率。分区域层次来看（见图 1），移民网络在拉美和非洲具有较高的成本消除效应，即网络对贸易增长的边际贡献率较大 [①]。而北美和亚洲的成本克服效应最低，这意味着华侨移民网络对东南亚地区或北美地区从事贸易活动所创造的信息优势不明显：一方面，亚洲地区由于地缘因素，相近的文化和地理距离使得信息交流交往密切，经济活动的密度较高，而移民网络通过信息供给等渠道促进贸易发展的作用力相对减弱；另一方面，北美地区的华侨网络也呈现出低成本克服效应。尽管北美地区一直以来是中国移民最为青睐的的地位之一，累积的移民规模也相对庞大，但移民网络依旧呈现出对贸易创造效应的低贡献特点，这可能归因于北美移民本身可能存在较高的异质性，相对部分移民未能进入集聚区的网络组织中，如高素质技能型移民或投资型移民分散融入当地社会或长时期脱离与祖国的纽带联系，这大大削弱了其发挥信息沟通桥梁的组织作用；相反，拉美和非洲地区正成为中国开展贸易的新型市场，双边贸易扩张的需求动力强劲，这导致对移民网络的依赖需求增加，然而能够对商业贸易供给信息资源的移民网络相对更为稀缺，这就造成了当前华侨移民网络对中非（或中—拉美）贸易关系的显著贡献。

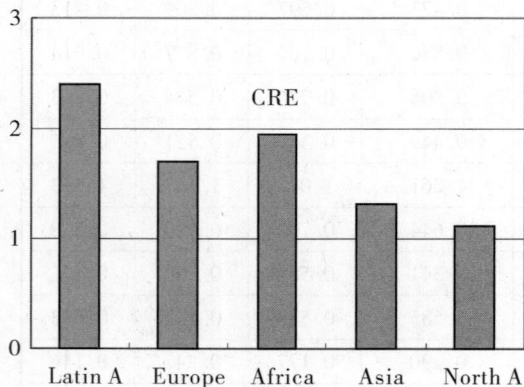

图 1　分区域的成本克服效应（CRE）

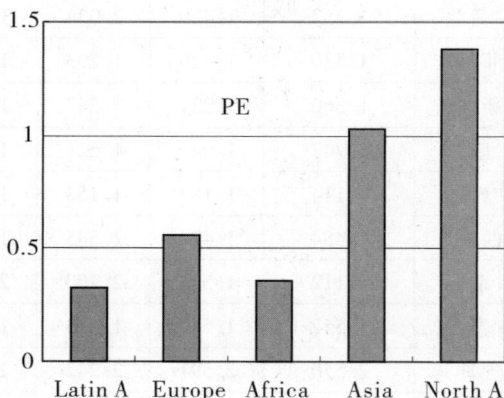

图 2　分区域的消费偏好效应（PE）

---

① 图 1 和图 2 中 Latin A、Europe、Africa、Asia 以及 North A 分别代表拉丁美洲、欧洲、非洲、亚洲和北美地区。

2. 移民网络的贸易创造渠道Ⅱ——偏好效应

本文的实验结果显示移民网络（尤其是华侨移民）还通过显著的消费偏好对中国与外部国家的双边贸易产生创造效应；我们获得的平均偏好系数为 0.2（贸易创造效应的平均指数值为 0.70）。分区域来看（见图 2），北美和亚洲地区的侨民网络具有更高水平的消费偏好效应，进而产生的贸易创造效应也更为突出，这可归因于我国华侨在亚洲和北美地区的累积规模较高，移民集聚程度高进而网络效应充分发挥作用，集聚区的侨民在对祖国家乡产品的消费方面具有示范影响，即通过相互消费效仿扩大了网络的群体效应，对中国与周边地区贸易（以及中美贸易）起到了积极的推动作用。海外侨民进入当地社会，即使融入了当地社会，适应了当地的生活模式和习俗，也难免会产生家乡情结；这充分表现在海外侨民消费的偏好动机上，一方面体现在节庆消费的短期动机，为了感受祖国传统文化气息，在特定节日扩大了对来自祖国家乡产品的特别需求；另一方面由于长期的思乡情结，部分侨民长期保持着对家乡产品的情有独钟（赵永亮，2009）。而在拉美和非洲地区，移民网络显示出较低的消费偏好系数，符合本研究的预期，随着未来全球一体化程度的增加，中国移民群体也会在相应的国家呈现出增长态势，如随着中国对外经济交往增加，外派劳工进入非洲或拉美更加频密，移民群体扩大，最终也会带动中国与新型国家之间的贸易增长。

本文借鉴了 Gabriel 和 Toubal（2006）的研究思路，重点将移民网络的贸易创造效应分解为成本克服效应和消费偏好效应。为了获得经验的参数估计，我们依据标准模型（STD）和成本对称模型（STC）相结合的方法估计中国与 28 个样本国之间的双边贸易流。实证选取了三组移民网络指标（累积规模、相对规模和技能型移民网络），且利用 OLS 和 Tobit 两种方法进行对比估计。在国际市场需求规模和自然地理壁垒因素控制以外，本研究较为稳健地发现移民网络对双边贸易流增长具有积极的贡献作用。

本研究继续分解移民网络的贸易创造效应，相应的结果认为我国对外贸易中移民网络具有明显的成本克服效应和消费偏好效应。首先，移民网络通过扩大贸易双方的信息资源，克服信息障碍（即消除贸易的等价关税），从而获得超额的贸易扩张收益。从移民网络的区域分布影响来看，北美地区的华侨网络显示出低成本克服效应，而新兴市场（拉美和非洲地区）具有较高的成本克服效应，这显示了我国对新兴经济体贸易中侨民网络资源的更具稀缺性。其次，实验结果验证了移民网络的消费偏好对我国对外贸易开展具有正面影响。相比较来看，北美地区和亚洲地区由于拥有高比例的华侨移民，有利于形成集聚的消费偏好效应，推动着中国产品在海外的销售；而拉美和非洲等新兴经济体由于缺乏相对规模的移民网络，难以通过显著的消费偏好效应来创造对外贸易。本研究的启示在于，随着我国参与全球化过程，企业参与国际竞争的过程也伴随着中国海外移民的区域多元化过程；尤其是进入新兴体国家的华侨移民应通过扩大网络的纽带效应带动中国对外贸易的发展。

三、结 论

具体来看，关于华侨华人的研究有很多，但是对华侨华人与贸易之间关系的研究就凤毛麟角了，特别是关于粤籍华侨华人对广东经济发展、进出口贸易贡献的研究几乎没有。

我们可以确定粤籍华侨华人对于广东的经济发展是有一定贡献的，但是缺乏定量的实证分析。对于粤籍华侨华人的研究多停留在文化和社会科学的角度，鲜有研究华侨华人对经济的贡献。目前，广东经济发展到了转型的关键时期，能否利用好广东特色的优质侨务资源，对广东的经济发展将起到至关重要的作用。

本文基于移民网络变量，考察了中国与 28 个样本国的双边贸易流，通过标准模型（STD）和成本对称模型（STC）的识别发现，三组指标（累积规模、相对规模和技能型移民网络）较一致地表明移民网络对中国对外贸易具有积极贡献；研究还发现移民网络的成本克服效应在新兴经济体（拉美和非洲）更为显著，即移民网络更为稀缺；而贸易创造的移民消费偏好效应在亚洲和北美更为突出，这表明了华侨移民集聚规模的重要性。研究的启示在于，我国参与国际竞争过程也伴随着移民的区域多元化，未来在对发达国家或新兴经济体开展贸易活动时，可充分利用华侨移民的网络纽带作用。

本文的后续研究将从经济学的角度分析粤籍华侨华人对广东外贸发展的影响，提出有利于侨务资源开发的建议，供建立世界著名华人企业联盟协作关系时参考，为各地华人企业进一步发展献计献策，加强联系，密切合作，逐步形成华人企业最强有力的后盾，在亚太地区和全球经济发展中充分体现华人企业卓有远见的战略眼光，创造率先超前发展的局面，展现世界华人企业灿烂的前景。

参考文献

［1］Anderson J E, A Theoretical Foundation for the Gravity Equation, *American Economic Review*, 1979, 69（1）.

［2］Anderson J & van Wincoop, E Gravity with Gravitas: A Solution to the Border Puzzle, *American Economic Review*, 2002, 93（1）.

［3］Brainard S. L., An Empirical Assessment of the Proximity – Concentration Tradeoff Between Multinational Sales and Trade, *American Economic Review*, 1997, 87（4）.

［4］Brainard S. L, An Empirical Assessment of the Proximity – Concentration Tradeoff Between Multinational Sales and Trade, *American Economic Review*, 1997, 87（4）.

［5］Deadroff A. V., Determinants of Bilateral Trade: Does Gravity Works in a Neo – classical World?, in Frankel J. A., ed., *The regionalization of the World Economy*, Chicago: University of Chicago, 1998.

［6］Don Wager, Keith Head & John Ries, Immigration and the Trade of Provinces, *Scottish Journal of Political Economy*, 2002, 49（5）.

［7］Frankel, J. & Rose, A. K., An Estimate of the Effect of Currency Unions on Trade and Growth, *Quarterly Journal Economics*, 2002.

［8］Frankel J E, E Stein & S J Wei, Continental Trading Blocks: Are They Natural, or Super – Natural?, *NBER Working Paper*, 1997.

［9］Felbermayr, G. & Toubal, F. Revisiting the Trade – Migration Nexus: Evidence from New OECD Data, working paper, Electronic Copy Available at: Electronic Copy Available at: http://ssrn.com/abstract = 1144063, 2008.

［10］Girma, S. & Yu, Z., The Link Between Immigration and Trade: Evidence from the .UK. *Weltwirtschaftliches Archive*, 2002.

［11］Gould, D. M., Immigration Links to the Home country: Empirical Implications for U. S. Bilateral Trade Flows, *The Reviews of Economics and Statistics*. 1994, 76（2）.

[12] Gould, D. M, Immigrant Links to the Home Country: Empirical Implications for U. S. Bilateral Trade Flows, *Review of Economics and Statistics*, 1994, 76.

[13] Leamer, E., Access to Western Markets and Eastern Effort Levels, in S. Zecchini (ed.), *Lessons from the Economic Transition: Central and Eastern Europe in the 1990s*. Boston: Kluwer Academic Publisher, 1997.

[14] McCallum, John, National Border Matter Canada – US Regional Trade Patterns, *American Economic Review*, 85 (7).

[15] Rauch J. E, Trade and Search: Social Capital, Sogo Shosha and Spillovers, *NBER Working Paper*, 1996.

[16] Rauch J. E, Networks Versus Markets in International Trade, *Journal of international Economics*, 1999, 48.

[17] Rauch J. E & Casella A., Overcoming Informational Barriers to International Resource Allocation: Prices and Ties, *The Economic journal*, 2003, 113.

[18] Rauch J. E & Trindade, V. Ethnic Chinese Networks in International Trade, *Review of Economics and Statistics*, February, 2002, 84 (1).

[19] Trefler D., The Case of the Missing Trade and Other Mysteries, *American Economic Review*, 1995, 85 (5).

[20] Ting Gao, Ethnic Chinese Networks and International Investment: Evidence from Inward FDI in China, *Journal of Asian Economics*, 2003, 14.

[21] Head. K. & Ries, J, Immigration and Trade Creation: Econometric Evidence from Canada, *Canadian Journal of Economics*, 1998.

[22] 蔡延钊:《广东经济发展与东南亚华商网络的利用——机遇资源观（RBV）的研究》，暨南大学硕士学位论文，2008 年。

[23] 陈永:《20 世纪末期以来东盟国家华人华侨经济发展的新特点》，《重庆工商大学学报》（社会科学版）2004 年第 3 期。

[24] 邓楚江:《江门商会组织发展中存在的问题及对策研究》，华南理工大学硕士学位论文，2012 年。

[25] 丁惠灵:《商会在中小企业国际贸易信息化中的作用》，《电子商务》2010 年第 5 期。

[26] 范爱军、王建:《融入华商网络——我国中小企业"走出去"的一条捷径》，《国际贸易问题》2004 年第 2 期。

[27] 房学嘉、冷剑波、肖文评、钟晋兰主编:《客家商人与企业家的社会责任研究》，广州：华南理工大学出版社 2012 年版。

[28] 胡晓玲:《东南亚华人华侨经济网络的形成、发展与转型研究》，中南民族大学硕士学位论文，2008 年。

[29] 李征伟:《冷战后中国美国商会在促进中美经贸关系发展中的积极作用》，复旦大学硕士学位论文，2011 年。

[30] 刘泽彭主编:《世界侨情报告 2011—2012》，广州：暨南大学出版社 2012 版。

[31] 逯小莹、肖德:《利用海外华人经济网络促进中国全方位区域经济合作的发展》，《国际论坛》2004 年第 5 期。

[32] 罗英祥:《漂洋过海的客家人》，开封：河南大学出版社 1994 年版。

[33] 马至融、姜清波、裴艳、焦鹏、潘越:《海潮回流：海外华侨与广东改革开放》，广州：暨南大学出版社 2008 年版。

[34] 蒙英华、黄建忠:《信息成本与国际贸易：亚洲华商网络与 ICT 对中国对外贸易影响的面板数据分析》，《南开经济研究》2008 年第 1 期。

［35］蒙英华：《海外华商网络与中国对外贸易：理论与证据》，厦门大学博士学位论文，2008年。

［36］宋琼、严清华、邓江峰：《商会的有效性及在中国民营经济发展中的作用》，《中南财经政法大学学报》2008年第4期。

［37］孙旭：《华商网络对FDI的影响：作用机制和实证分析》，暨南大学硕士学位论文，2005年。

［38］王望波、庄国土编著：《2009年海外华侨华人概述》，北京：世界知识出版社2011年版。

［39］肖智星等：《侨力资源新优势与广东转型发展——2011广东海外侨务资源调研报告》，广东省人民政府侨务办公室、广东省社会科学院2012年版。

［40］阎大颖、孙黎、谢盈莹、王伟：《海外华人网络如何影响中国引进外商直接投资：一个经验研究》，《南开经济研究》2013年第2期。

［41］杨锡铭主编：《海外潮人史话》，北京：中国文史出版社2009年版。

［42］张璐：《清代旅朝华侨华人研究》，山东大学硕士学位论文，2012年。

［43］郑楚宣主编：《世界眼光看广东》，广州：广东人民出版社2008年版。

［44］郑慧：《商会的经济学性质与集体行动研究》，浙江大学博士学位论文，2010年。

［45］郑一省：《多重网络的渗透与扩张——海外华侨华人与闽粤侨乡互动关系研究》，北京：世界知识出版社2006年版。

［46］郑源川：《改革开放以来海外华人华侨在助推中国软实力中的作用》，新疆大学硕士学位论文，2012年。

课题负责人：赵永亮，暨南大学经济学院副教授

课题组其他成员：冯巨章、张苹、陈光慧、陈文静

第五编　海外华人跨国网络和公共外交

新移民视域下的侨务公共外交：
理论基础、作用机理与政策思路

一、侨务公共外交研究：潜在障碍与理论内核

随着中国逐渐活跃于世界舞台，中国不仅要面对国际政治权力政治的博弈，还要面对文化层面上的较量。这就决定了以文化的沟通、交流为使命的公共外交在这场繁复的"争夺战"中具有特殊的重要性。

侨务公共外交运作的主客体域涉及文化、政治和经济等不同层面，从而不可避免地具有跨学科性质，再加上其对象域与现实域（操作环境）的跨文化特征，因此，只有在跨学科、跨文化视域融合中才能探索侨务公共外交的"真相"。而符号学不仅是跨学科、跨文化学术语义沟通的桥梁，更是同一学术领域内不同层级话语之间进行有效沟通的媒介。[①]本文试图"突进"文化符号学与建构主义理论的深部，从而把两者的理论内核直接"勾连"起来，最终在文化符号学与建构主义的交汇面上，研究侨务公共外交。

"侨务公共外交何以成为一种公共外交模式？"对这一问题的回答是侨务公共外交这一主题研究的逻辑起点，更是侨务公共外交的重点与难点。而侨务公共外交成为一种公共外交模式，可从必要性、现实性与可能性三个方面分析其原因。首先是政策层面上"侨务"与"公共外交"的对接与融合具有必要性，其次是海外华人对化解文化障碍，尤其在传递一个"真实中国"的过程中具有现实作用，最后是对华侨华人对于跨越文化障碍、顺利开展公共外交的独特优势进行理论提炼和模型构筑的可能性进行分析。本文认为海外华人尤其是华人新移民的公共外交优势主要体现在其突出的跨文化沟通能力上。

公共外交实际上是本国政府通过各种媒介与他国公众进行信息沟通与"推销真相"的过程。但事实上，由于文化差异导致信息的过滤和加工方式差异，或由于意识形态主导下的"选择性感知"，真实信息往往被遮蔽，正确信息往往被歪曲。因此，公共外交在越过边界与对方国家公众进行交流与沟通时遇到的最大障碍就是跨文化差异与意识形态障碍，因而能否有效地进行跨文化沟通是公共外交能否取得成功的关键。

跨文化交流理论主要关注的是存在文化差异的国家、组织或人群之间通过文化信息的传递从而获得对方的理解与认同，其核心问题是如何处理跨文化沟通过程中存在的文化与主观障碍，如文化符号（语言符号与非语言符号）体系差异，文化规范体系差异与文化认

---

① 李幼蒸：《理论符号学导论》（序言），北京：中国人民大学出版社 2007 年版，第 1 页。

知体系障碍等。① 因此，跨文化沟通理论主要涉及不同文化的人们之间的相互沟通。② 跨文化沟通理论认为文化具有决定信息的甄选与符号编码、解码和传导作用，因此，文化既是公共外交的操作环境，又是指导公共外交的操作程序，它时刻影响着公众的信息处理方式和事物认知模式。此外，我国符号学研究的成果主要集中在文艺批评领域，缺乏对国际关系研究应有的关注。符号学不应仅仅停留在挖掘其永恒不变的深层结构这个层面上，更需关心符号的实际操作和代码具体形成，才能避免符号学危机。③ 因此，我们从符号学视角探讨公共外交中应关注作为信息的载体而符号具体形成过程。尤其是研究信息符号的编码与解码规则及其背后的权力、身份和意识形成因素，这为深入开展侨务公共外交提供了重要的理论基础与实践指南。

假设一：符号在公共外交中对文化与信息的交流起到形塑作用。

文化是通过象征符号编码得以实现的。信息是以特殊方式组织起来并以符号为载体而出现的各种意义，并在一种以话语的语义链范围内通过符码的运作而组织起来。④ 在极端状态下，跨文化交流双方的信息编码完全不同。⑤ 因此，交流双方必须按照自己的码本与程序进行重新编码与解码，本质上这是一个重新赋予意义的过程。因而，符号如何传达意义、建构意义应是跨文化交流的根本问题。由此可知，符号具有明显的"人为性"，根据特定的目的，以特定的方式使用。因此，公共外交作为一种交流过程不仅是以信息的"编码"和"解码"为基础的符码化过程，而且也是话语形式"赋予"意义的过程。符号在公共外交中能够通过在特定符号系统与编码规则下建构一定的意义体系，形成并主导话语，进而决定公共外交的进程。因此，符号是公共外交的深层结构，信息是公共外交的表层结构。

假设二：符号构成公共外交中权力的存在方式。

公共外交中符号权力的假定有着两层含义：一是符号构成公共外交中权力的存在方式，也就是说符号是权力的载体，权力在符号化过程中形成并通过符号化交往发挥其效用；二是符号本身就是权力。符号形成的根本动力就是通过对世界的"理解"和"解释"，从而获得对世界的影响力。正是符号思维克服了人的自然惰性，并赋予人一种新的能力，一种善于不断更新人类世界的能力。⑥ 尤其在跨文化交流中，除了由于文化码本与程序不同导致的文化共享性差异之外，隐藏在编码与解码规则中的意识形态与权力因素也是导致跨文化交流障碍的一个长期被忽视的因素。⑦ 因此，在公共外交过程中，除了要掌

---

① 关世杰：《跨文化交流学》，北京：北京大学出版社 1995 年版，第 17 页。

② ［美］琳达·比默、艾里斯·瓦求纳著，孙劲锐译：《跨文化沟通》（第四版），大连：东北财经大学出版社 2001 年版，第 30 页。

③ 参阅丁尔苏：《符号学与跨文化研究》，上海：复旦大学出版社 2011 年版，第 11 页。

④ ［英］斯图亚特·霍尔著，王广州译：《编码，解码》，载罗钢、刘象愚主编：《文化研究读本》，北京：中国社会科学出版社 2000 年版，第 345 页。

⑤ 关世杰：《跨文化交流学》，北京：北京大学出版社 1995 年版，第 46 页。

⑥ ［德］恩斯特·卡西尔著，甘阳译：《人论》，上海：上海译文出版社 1986 年版，第 96 页。

⑦ 研究跨文化交流的主要理论流派，如减少不确定性理论、适应理论、信息内涵的同位调整及相应规则理论、修辞学理论、结构主义理论、社群分类与归因理论及文化冲突理论都没有对这一问题进行论述。目前国内外的研究者主要都从文化要素为支点研究跨文化交流的障碍，国外代表著作是《天声的语言》（［美］爱德华·霍尔著，何道宽译：《无声的语言》，北京：北京大学出版社 2011 年版）。国内代表人物主要是关世杰，其在这方面的代表性著作是《跨文化交流学》（关世杰：《跨文化交流学》，北京：北京大学出版社 1995 年版）。

握信息如何以符号的方式在异质文化与异质语言之间运动以外，还需要跟踪符号、语言、话语与权力、利益结构之间的关系及权力与利益进入话语的过程。

假设三：符号还具有建构公共外交过程中行为体身份的作用。

符号建构了公共外交中行为体的身份、规范与话语。符号的意义在于符号的运用。符号与身份是一种互构关系。符号构建了社会关系与身份，但身份也能塑造符号的内容与结构。符号通过其编码规则形成身份，同时身份也通过符号互动不断被再造，最终决定行为，建构现实。在信息（外在表现为历史事件或现实事件）通过语语符号传送的过程中，尤其在产生社会意义之前，它首先必须被用作一个有意义的话语，从意义上被解码。[①] 这种话语中符号化的意义转换往往因信息"来源者"与"接收者"之间社会关系、意识形态、身份结构的差异等而产生曲解。编码与解码的过程不仅是权力游戏的表征，还是一种运用符号规则建构身份的游戏。因此，身份等因素隐藏在编码和解码规则中并积极介入信息的意义转换过程中，并决定着理解和误解的程度。符号本质是一种意义构成的体系，也是一种身份形成的结构。符号是社会事实与身份的载体，展现出一个国家和民族的价值观与思维方式。因此，一个国家的公共外交不仅传播了各类信息，同时也传播了一个国家的价值观，进而增强了一国的软实力。

因此，符号在公共外交研究中具有本体论与认识论的意义。符号内生于国际体系，是国际体系的内生变量而非外生变量。符号被用来传递信息，构建权力与身份，实现交流意图。因此，符号本身就是一种政治实践，成为国际政治的一个重要内容。据此，符号总是被赋予具体的历史与现实含义，对符号的编码与解码过程就是对话语、事件、权力与利益进行编织的过程，符码或话语也往往沦为权力的镜像。符号不仅成为影响信息与文化交流的一个独立变量，而且为权力与利益写进各种话语与语言符号中表达意义进而构建身份开辟了捷径。循此理路，我们不仅要研究交流与沟通的内容，而且也要研究交流与沟通的信息的生产、流通、接收、再生产过程，因为"信息的解读过程往往镌刻着制度、政治与意识形态秩序"和"权力与利益的等级结构"。[②] 信息交流过程深嵌于一套预先安排的符码规则内。因此，从符号学角度对公共外交进行解读，反思符号与信息、文化、身份和权力的关系，关注这些交流链条上的症结，发现这些"未被理解"的规则，防止"系统地被扭曲的传播"，增强交流的"有效性"与"对等性"，加强对公共外交的深度研究。

综上所述，公共外交具有一定的主体间性，是符号与身份互构过程形成的意义，是主客观交融的社会建构。以"推销真相"为使命的公共外交的最大障碍在于作为信息载体的符号形成的码本、程序与规则的差异及潜藏在编码规则背后的权力、利益与意识形成因素对话语意义赋予的人为建构。因此，破解这一难题的关键在于找到沟通两种编码规则及信息的"生产者"与"消费者"之间的"译员"。

海外华人是侨务公共外交最重要的媒介，海外华人这个媒介有利于符号与身份和意义之间达成共识。移民散居者在推动跨国联系中的作用越来越重要，他们往往充当居住国与

---

① ［英］斯图亚特·霍尔著，王广州译：《编码，解码》，载罗钢、刘象愚主编：《文化研究读本》，北京：中国社会科学出版社 2000 年版，第 347～348 页。

② ［英］斯图亚特·霍尔著，王广州译：《编码，解码》，载罗钢、刘象愚主编：《文化研究读本》，北京：中国社会科学出版社 2000 年版，第 353 页。

祖籍国社会之间沟通的桥梁，同时促进价值观的传递与融合。[①] 移民散居者也是连接国际政治与国内政治的最重要行为体。[②] 华人不仅能跟踪到符号在异质文化与异质语言之间的运动轨迹，而且能充当连接他们之间的意义链。华人尤其是华人新移民在理解祖籍国与其居住国之间的文化差异，化解文化偏见，按照居住国文化思维方式与其公众进行沟通方面具有得天独厚的优势。华人新移民由于其出生在新中国，工作在居住国，有学历高、专业技术人员多、同时掌握中文和居住国两种以上的语言的特点，能够在融入居住国社会的同时又关心祖籍国的发展，因此他们在解开居住国内在文化"密码"与跨越交流障碍方面具有明显的优势。具体来说，他们在促进居住国对中国的理解方面能较好地充当译员（interpreter）的角色，这种译员不仅仅是语言的译员，更是一种思维方式、价值观和世界观的译员，他们能把祖国的文化轨道和其居住国的文化轨道进行"接轨"。海外华人尤其是华人新移民通过其突出的跨文化交流能力，进行文化重新编码，防止权力、利益与意识形态的渗入，传递正确信息，化解"文明的冲突"，架起两种不同内在文化国家之间沟通的桥梁，从而促进形象塑造，这也是侨务公共外交发挥效能的作用机理，即"信息发送—信息编码、解码—信息传递—信息接收—有效沟通实现"。

借鉴施拉姆的跨文化交流模式，华人新移民在侨务公共外交中的作用机理可通过模型对比得出以下两种情况：

一是政府直接面对他国公众易出现的情况（见图1）：

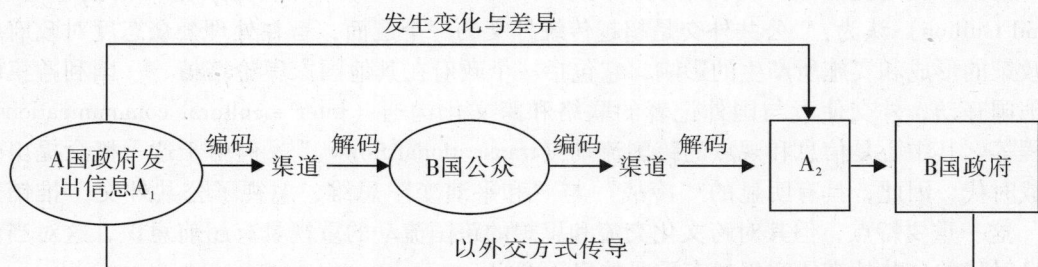

图1

二是以海外华人为译员的情况（见图2）：

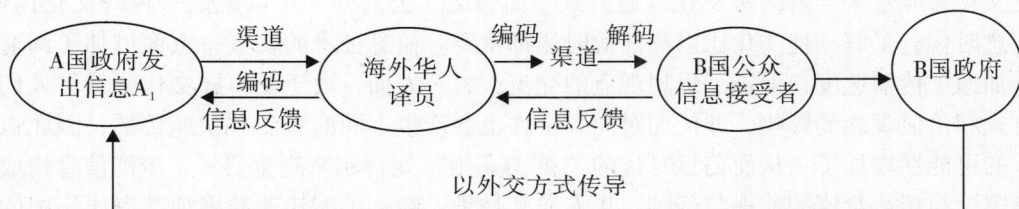

图2

---

① Moises Naim, The New Diaspora, *Foreign Policy*, 2002（131），pp. 95 – 96.

② Yossi Shain & Aharon Barth, Diasporas and International Relations Theory, *International Organization*, 2003（57），pp. 449 – 479.

在图 1 中，A 国政府通过 A 文化码本与程序编码发出信息 A_1 后，通过对外文化交流等渠道传导到 B 国公众，而 B 国公众则按照 B 文化码本与程序将 A 国传导出来的信息进行解码，从而使信息 A_1 流变成 A_2，而 A_2 成了 B 国政府做出外交决策的重要参考，并对 B 国外交政策起到了重要的误导作用，进而对 A、B 两国国家间的关系产生负面影响。在图 2 中，A 国政府发出信息 A_1 后，通过官方或民间的渠道传导给华人新移民，华人新移民则运用其跨文化沟通能力在确保意义重合的前提下防止对信息编码解码的"霸权式解读"（hegemonicc reading），即直接接受主导意识形态话语的解读方式，而尽量进行"协商式解读"（negotiated reading），即在反映受众文化心理与语言习惯的同时又尽量避免意识形态渗入的解读方式①，将信息 A_1 按照 B 码本与程序进行重新编码，这样，信息才能穿越文化与意识形态的屏障，阻止权力结构对信息的形塑，从而将真相推销出去，避免误解与冲突，进而为 B 国外交政策的制定提供正确的信息指引。更为重要的是，当 A 国发出的信息无法为 B 国理解与接收时，作为译员的华人还可以通过各种渠道进行及时的信息反馈，为国家间的交流、沟通发挥润滑的作用与提供缓冲的空间，最终实现真实且有效的信息互换，为国家事务处理与国家健康关系的建立奠定良好的基础。

二、侨务公共外交：概念特征与作用机制

公共外交的提出者、美国塔夫斯大学（Tufts University）的埃德蒙德·格里恩（Edmund Gullion）认为："公共外交是超越传统外交的一个层面，旨在处理公众态度对政府外交政策的形成和实施所产生的影响，它包括一个政府在其他国家舆论培植、一国利益集团与他国互动、外交使者与国外记者的联络和跨文化沟通（inter - cultural communications）过程等。其中心是信息和观点的跨国流动（transnational flow）。"② 但由于这一概念提出于冷战时代，因此，具有明显的"冷战"与"和平演变"思维，忽视了公共外交"推销真相"这一重要特点，但其对跨文化交流和思想的跨国流动的重视具有超前意识，这对当前信息时代的公共外交研究仍然有重要的启示意义。

公共外交的深层假设认为：不同国家之间的文化差异带来交流与理解的障碍，并且这种障碍将外溢到外交领域，对国家利益和国家形象带来负面影响，因此需要通过与不同国家的公众进行交流与互动来消除这种障碍。公共外交本质上是一种旨在塑造国家形象，消除由文化差异带来误解的跨文化沟通方式。简言之，公共外交可以说是一种跨文化沟通。在信息时代，了解其他文化比以往任何时候都重要。信息技术的发展一方面增加了沟通渠道，加速了传播速度，促进了思想观点的交流；另一方面，由于受不同文化背景下人们思维方式和价值观念的影响，即使面对同一事件也会产生不同的看法并快速传播，因此也使误解的可能性增加了，从而信息时代的"推销真相"变得越来越重要了，澄清信息构成了影响舆论与塑造价值的前提与基础。华人尤其是华人新移民能快速精确地掌握居住国的信息变化规律与编码规则，为把握"他国"的信息充当"译员"与"快递"的角色。这就

---

① 参阅 Stuart Hall, Encoding/Decoding, Stuart Hall, Dorothy Hobson, Anthdrew Lowe, Paul Willis, *Cultural*, *Media*, *Language*, *eds*, London：Hutchinson, 1980, p. 130.

② 引自塔夫斯大学爱德华·默罗公共外交研究中心网页，"What is public diplomacy", http：//fletcher. tufts. edu/Murrow/Diplomacy/2012/08/23。

促使海外华人尤其是华人新移民与公共外交进行有机结合，这是侨务公共外交的前提与基础。

而"侨务"与"公共外交"之所以能有机对接还根源于两者实践内容的文化性。由于中华文化构成海外华人的生存方式，因此，不管是"侨务"还是"公共外交"都离不开对文化符号的关注。综上所述，本文认为侨务公共外交是中国政府尤其是具有中国特色的"五侨"系统通过政治、经济和文化手段动员海外华人与居住在外国的中国侨民资源，运用文化交流等手段，经由传播、网络、媒体和公关等方式，"把一个真实的中国推销给世界"，减少由文化差异造成的其他国家政府和公众对中国产生的错误观念，从而通过外国公众舆论塑造中国国家形象和提高文化软实力，并最终为我国外交政策目标的成功实现提供良好的外部生态环境。

从作用机制看，理想的侨务公共外交要达到这样一种良性循环：中国中央政府（国务院侨办等"五侨"部门）自身或者委托地方政府、个人和民间团体通过传媒合作、文化和教育项目交流、经济和科技合作等方式与海外华侨华人形成良性的互动，争取和拓展更多的华侨华人对华呈现亲近感和认可度（见图3）。在这种民族文化认同的作用下，通过文化艺术活动、社团活动、节日庆典和一系列必要的族际沟通等内容方式向当地公众介绍中国的真实情况和政策理念，传播中华文化；在此基础上，形成一种有利于中国国家形象的公共舆论，借以间接影响到居住国政府的政策决策，终而改善对华政策与形象认知。

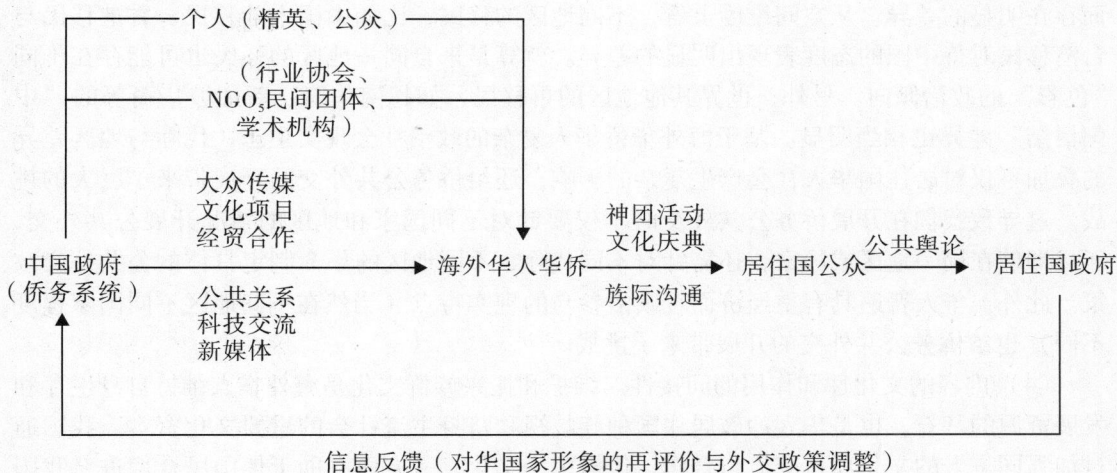

图3 侨务公共外交的作用机制

从上述分析可知，侨务公共外交相对于公共外交主要具有以下四个重要特征：

（1）主体多极化和中心多元化。依据传统公共外交观点，侨务公共外交首先是"外交"，因此，其主体首先是中国政府涉侨部门和组织。其中核心部门是"五侨"系统，即全国人大华侨委员会、全国政协港澳台侨委员会、国务院侨办、致公党和中华全国归国华侨侨眷联合会。华侨华人（尤其是华人新移民）、华人社团、华资企业等非国家行为体直接与居住国民众和政府打交道，他们在传递信息、传播中华文化及中国国家形象方面的作用极为重要，在侨务公共外交中处于中心地位。此外，海外华人一方面已加入他国国籍，成为他国公民，成为公共外交的直接对象与受众，但另一方面仍然保持对中华文化与华人族裔身份的认同，关心祖籍国的发展与建设，愿意为中国崛起贡献一分力量。从这个意义来看，海外华人又是公共外交的主体。海外华人在侨务公共外交中既是主体又是受众。新公共外交的出现对传统公共外交产生较大冲击，这无疑也将对侨务公共外交形成影响。因此，随着国内公民社会的成熟，侨务公共外交的模式将从政府引导下的海外华人与国外公众的互动模式发展到国内公众与海外华人和外国公众的互动模式。

（2）活动的跨国化与互动的多重化。冷战后世界政治和移民呈现跨国主义新趋势，华人新移民必将成为华人的发展趋势，通过其跨国活动与跨国网络，实现华人新移民与祖籍国和居住国的国家与公众之间的多重互动。海外华人通过其与祖籍国人民、机构甚至政府的多渠道联系，也能对国内舆论与政治、经济和文化等各方面产生重要影响。侨务公共外交"实际上是一种双向性与多重性的国内政治与国际政治的互动、中国政府与目标国社会公众的互动、中国政府与海外华侨华人的互动、海外华侨华人与其居住国社会公众的互动"[1]。并且海外华人的跨国活动，开始超越民族国家与国际关系的疆界。因此，侨务公共外交不能被简单看作传统外交的派生或附属，并日益彰显出其自身独特特征。

（3）时空的差异性与身份的复杂性。王赓武根据历史时段将海外华人分为：1850年前的华商型；1850年至20世纪20年代的华工型；20世纪20年代至20世纪50年代的华侨型；20世纪50年代以来的华裔型。[2] 此外，从代际维度上看，华人在第一代移民的基础上出现了第二代、第三代及以下移民。不同代际的移民在中华文化与中国人身份意识方面存在明显的差异。从空间维度上看，不同地区的移民，比如中国大陆移民、香港移民与台湾移民对待中国的态度表现出明显的差异。就算是来自同一地区的移民也可能存在不同"色彩"的政治倾向。另外，世界其他地区的再移民，如越南华裔、新加坡华裔等的"中国情结"差异也相当明显。基于海外华侨华人复杂的政治社会现实生态，代际与地区差异的叠加不仅对居住国华人社会产生复杂的影响，还给侨务公共外交的开展带来了巨大的挑战。这导致我们在开展侨务公共外交时不仅要针对不同国家和地区的情况开展公共外交，而且即使在同一地区或国家，还需针对不同代际、不同地区的华裔制定具体的公共外交政策。此外，华人普遍具有重经济而轻政治参与的现实特点（当然在不同地区不同国家程度不同）也给侨务公共外交的开展带来了挑战。

（4）内容的文化性和作用的间接性。维护和振兴族群文化是海外华人维持自身生存和发展资源的基石，也是华人冲破居住国种族歧视和跻身主流社会的重要文化资本。我国通过加强同华人的文化项目交流与合作，传播中华文化，一方面有助于他国民众增进对我国"和合文化"的理解，另一方面有助于强化华人群体的文化认同感从而提升公共外交的可持续性。借助共有的文化资源和手段强化对他国民众的信息传播和文化交流，增进中国与他国民众的良性互动。从侨务公共外交作用机制图可以看出，侨务公共外交首先由中国政府通过文化交流等方式，将信息传播给华侨华人，华侨华人再通过媒体、报刊和网络等方式影响居住国的公众舆论，进而通过公众舆论影响居住国政府的外交决策。因此，侨务公共外交具有明显的间接性。

---

① 金正昆、臧红岩：《当代中国侨务公共外交探析》，《广西社会科学》2012年第5期。
② 王赓武：《中国与海外华人》，台北：商务印书馆1994年版，第5~12页。

总之，海外华人与公共外交既有同构契合性，也有异质冲突性。这种同构契合性主要体现在海外华人大都具有中华文化认同与华人族裔的身份认同上，而异质冲突性主要体现在中华文化认同与中国认同二元分化上。一些海外华人会在中华与中国之间做出区分，"中华文明博大精深、充满魅力，但中国却是那个'问题丛生'的'沉睡的巨龙'"①。这种异质冲突还体现在海外华人的多元性与复杂性上。由于历史与政治等原因，华人中不仅存在知华派、亲华派，还存在反华派。但随着中国的崛起，社会调查显示大部分华人（以美国华人为例）对中国政府当前的表现还是持积极与乐观的评价的，并且大部分海外华人通过社会交往、探亲、侨汇、华人媒体与网络等方式与中国保持密切的交往。② 因此，要实现海外华人与公共外交的异质冲突性向同构契合性转化，亟须进一步改善中国的国家形象，激发华人的"中国意识"。在加强政府引导的同时，更要加强侨务公共外交民间基础的培育。

综上所述，侨务公共外交的四个维度（四维）可概括为：核心是以华人为媒介，促进国家间的信息与文化交流，同时促进华人的中华认同与中国认可；第一要义是减少对崛起中的中国的猜忌与敌意，减少和防止一些不实与负面舆论对中国国家形象的影响，超越"文明的冲突"；基本要求是"推销一个真实的中国"，强调信息的真实性与客观性，防止西方对中国形象的"霸权式解读"，警惕殖民主义、后殖民主义话语的新"马甲"；根本方法在于研究海外华人复杂的政治社会生态，有机结合华侨华人与公共外交，挖掘海外华人资源，发挥其桥梁纽带作用。

三、侨务公共外交：效用函数与核心变量

1. 侨务公共外交的效用函数

侨务公共外交的效用函数取决于海外华人参与公共外交的动力、能力与机会三个变量的组合。

动力主要取决于海外华人身份认同、祖籍国对其海外利益的保护和居住国的移民政策及社会接受程度。研究国际移民的著名学者、普林斯顿大学移民与发展中心的教授亚历山德罗·波茨（Alejandro Portes）认为移民迁出祖籍国的过程及在居住国的社会接收程度决定了移民跨越国界参与祖籍国事务的开始、力度及特点。③ 此外，身份认同构成了华人参与公共外交的深层动力（下文有详细论述）。因此，华人的身份认同、现实利益和居住国的移民政策和社会接受程度是华侨华人参与公共外交的分布在不同层面的动力因素。

机会主要取决于居住国与祖籍国的关系、居住国政治的可参与性、文化的开放性、社会的包容性。一般说来，如果居住国公民社会较为成熟，文化呈多元性并且融合能力较强，族际关系和谐并且有移民经历的历史、社会呈现多民族共存的状态，那么公共外交参

---

① 陈雪飞：《如何加强公共外交——建立"内引模式"机制，拓展公共外交深度》，《中国社会科学报》，2011年5月31日。

② Pei - te Lien, Chinese American Attitudes toward Homeland Government and Politics: A Comparison among Immigrants from China, Taiwan, and HongKong, *Journal of Asian American Studies*, 2011, Vol. 14, No. 1, February, pp. 1 - 31.

③ Alejandro Portes, Cristina Escobar, Alexandria Walton Radford, Immigrant Transnational Organizations and Development: A Comparative Study, *International Migration Review*, 2007, Vol. 41, No. 1, Spring, pp. 242 - 281.

与机会大。此外，在全球化背景下，人口流动的规模与特征、祖籍国与居住国外交关系及居住国的政策环境也是影响公共外交参与机会的重要因素。

能力取决于华人在居住国的社会资本与社会地位、意见领袖与政治精英的作用、华人社会网络等。牛津大学研究国际移民的著名学者史蒂文·沃特维克（Steven Vertovec）教授认为信息和资源在移民社会网络流动的广度、强度和速度结合在一起从根本上改变了移民参与祖籍国事务或进行跨国活动的方式。① 而华人社会地位与社会资本则决定了华人在社会网络中节点的位置，华人在社会网络中节点的位置则很大程度上决定了其参与公共外交的能力。

因此，如果海外华人具有强烈的中华文化认同感并且形成了建立在共同观念基础上的华人社团与社会网络，居住国又具有成熟的公民社会并且与中国关系友好，那么侨务公共外交的效果将达到最大化；反之，效能呈下降趋势。② 从长远来看，将公共外交与华侨华人的生存与发展甚至华侨华人居住国的发展联系起来，超越利益与零和思维，这将是侨务公共外交的持久生命力所在。

2. 侨务公共外交的核心变量

如果说侨务公共外交效用取决于华人参与公共外交的动力、能力与机会三组变量的组合，那么海外华人的华人身份认同就是决定侨务公共外交成败的核心变量。

冷战结束后，随着人口跨国加速流动，移民对世界政治与国家发展的作用日益彰显。因而移民的祖籍国与居住国都视移民为其重要的政治与经济资源，都在加强与移民的联系和沟通，尤其是祖籍国通过双重国籍及其他各种优惠政策吸引移民参与祖籍国的事务。因此移民的身份问题也日益凸显出来。而身份不仅是一个生成的过程，更是一个社会与国家建构的过程。对认同建构过程与要素的剖析则为加强华人身份认同提供思路与依据。认同的建构所运用的材料来自历史、地理、生物等学科的知识，来自生产和再生产的制度，来自集体记忆和个人想象，也来自权力机器和宗教启示。③ 据霍尔对民族文化的研究，"中华想象共同体"可以在三个层面引起华人共鸣："唤起对过去的记忆；激发今日共存的渴望；保持民族传统的不朽。"④ 据此，笔者认为华人身份认同主要透过以下三个要素的历史互动并将其内在化而形成。

（1）原生特质要素。身份认同是从最初的自我认同开始的，从行为体"内部出发的"。身份认同首先是指拥有共同的经历、传统、语言、种族和地缘等原生性要素基础之上不同个体之间所产生的一种天然的亲近感。选择身份的可能性取决于个人的特点与外部环境，这些将决定何种可能性是向我们开放的。⑤ 因此对于华人来说，地缘、亲缘和在异

---

① Steven Vertovec, Migration Transnationalism and Modes of Transforamtion, *International Migaration Review*, 2004, Vol. 38, No. 3, Fall, pp. 970 – 1001.

② 关于侨务公共外交效用函数中的三组变量的提出参考了 Yossi Shain and Aharon Barth, Diasporas and International Relations Theory, *International Organization*, 2003, 57, Summer, pp. 449 –479.

③ ［美］曼纽尔·卡斯特著，曹荣湘译：《认同的力量》，北京：社会科学文献出版社 2004 年版，第 6 页。

④ Stuart Hall, The Question of Cultural Identity, Stuart Hall and David Held and Tony McGrew, *Modernity and Its Futures*, *eds*, Cambridge：Polity Press and Open University, 1992, p. 296.

⑤ ［印度］阿马蒂亚·森著，李风华等译：《身份与暴力——命运的幻象》，北京：中国人民大学出版社 2009 年版，第 5 页。

国的共同经历等原生因素无疑是构成身份形成的原始材料。

（2）社会建构要素。身份认同涉及自我认同与社会认同两个相互依存的维度。身份不仅是生成的，还是被建构的，"从外部训出的"。因此，历史与文化等因素在建构身份过程中发挥着极其重要的作用。在原生特质要素基础上，华人通过"异国相似的历史记忆的重塑和发酵"① 与对文化符号的共同寻求，促进"想象共同体"的形成，进而形成跨国族群认同。另外，相对于传统的华人报刊、社团、电视与电台，卫星通信与新媒体的出现将更有利于华人身份认同的构建。新媒体和卫星通信将使全球华人交往超越国家地理边界，形成分享共同观念、在异国经历的网络论坛、聊天室等华人公共空间，并在此基础上促进跨国华人公共社区的形成。在这些公共空间里，利益集团、非政府组织、社会运动和各种文化与专业团体将大量形成。② 这些依托新媒体而形成的跨国交往与跨国华人公共社区将成为华人身份形成的新轨道。

（3）现实催化要素。现实利益是将身份认同中的个人认同与社会认同的接合要素。身份在历史当中不仅受到文化的塑造，而且共同的利益更易形成身份认同。中国崛起作为催化剂，使华人在文化传统与社会心理层面产生向成功行为体靠拢的化学反应与现实受益。在中国崛起带来的民族复兴的刺激下，华人的对华身份认同出现了强化趋势。尤其是以新移民为主体的海外华人对祖籍国中国的认同由此呈现出一种新民族主义的动向，并且新移民认为华人应在实现中国经济发展、文化繁荣，维护主权与领土完整方面发挥作用，同时他们也可以从中国崛起中获益。③ 大多数华人新移民积极参与跨国活动（主要是祖籍国活动），主要目的是寻求更好的、更广阔的创业和就业机会，以提高个人和族群在移居国的社会地位，进而融入主流社会。④

海外学者已经开始关注国家内部的身份认同构造，通过对散居者（diaspora）的跨境实践及其对祖籍国主权和外交的影响进行考察，把国家认同与民族认同区分开来。⑤ 亚当森认为，温特由于过分关注狭隘的"国家中心论"议程而限制了建构主义的学理分析与解释性视角。因为他将主权、社会与领土等国家构成元素合并成一个单一的认同单元，并宣称"国家也是人"。这种将国家"拟人化"的处理阻断了建构主义对一系列跨国实践的深入研究，因而阻隔了对国际体系深层次结构变化的动态分析，或排除了若干对于国家中心

① 柴玲：《论海外华人的中国认同》，《国际社会科学杂志（中文版）》2010 年第 1 期，第 68 页。

② Chris Ogden, Diaspora Meet IR's Constructivism: An Appraisal, *Politics*, 2008, Vol. 28, No. 1.

③ Hong Liu, New Migrants and the Revival of Overseas Chinese Nationalism, *Journal of Contemporary China*, 2005, Vol. 14, p. 315.

④ 周敏、刘宏：《海外华人跨国主义实践的模式及其差异——基于美国与新加坡的比较分析》，《华侨华人研究》2013 年第 1 期。

⑤ 民族是一个历史范畴，在历史上依次表现为从部落、种族、族群到国族；沿此逻辑，民族认同一词具有广义和狭义之分。前者指人民以某一国族作为归属对象的认同；后者指各民族成员对于本族群身份的认同以及其他国家类似族体单位成员对于本族身份的认同。近年来，国内学者对于狭义上的"民族认同"研究倾向于冠以"族群认同"，与欧美学界的"ethnic identity"相对应。有鉴于"族群"概念的广泛性和流动性，出于谨慎起见，政府倾向于使用"民族认同"。具体可参见袁娥：《民族认同与国家认同研究综述》，《民族研究》2011 年第 5 期，第 95 页。所以，本文为了统一行文，笔者主要从国家认同和民族认同这两个维度考察华人认同的变化及其实践，由于民族认同包含民族文化属性，所以本文将"文化认同"归入"民族认同"这一认同归属中以方便变量的分析；而本文在侧重分析海外华侨华人的民族文化符号和民族意识时，也用"民族文化认同"凸显民族文化属性的重要性；其中，国家认同对应"state identity"，而民族认同则对应"national identity"。

框架以外的增长性困惑与政策关注的经验性研究。在亚当森看来，尽管国家成为国际政治的主要行为体，但是当前世界里各行为体的集体认同正趋于多元化，而非同质化。[1] 于是，克里斯·奥格登和刘宏等学者将海外华人新移民纳入"散居者"的概念范畴，将散居者对祖籍国外交政策的认知程度及散居者在祖籍国外交价值的认知两要素归入"身份认同"范畴，从历史与现实两个维度考察海外华侨华人的民族认同对祖籍国外交的影响。[2]

在全球化背景下，多民族国家认同呈现出开放化和竞争化的趋向，开始出现一些替代性认同。[3] 国际移民的跨国流动及其表现出的跨国民族主义有时也产生一种"去边界化"和"再领土化"（re－territorializing）的效应，它以一种质疑同质化、单一性的跨国移民方式出现。[4] 得益于全球化时代便利化的交通与通信方式，它一方面为民族共同体成员进行经济与文化交往提供了网络空间，一方面又方便了华人的跨国流动。这种虚拟空间的互动和可流动实体空间的迁徙，使得这些华人散居者逐步淡化自身的国家认同；然而基于族性和祖籍国中国经济文化的辐射力，华人的民族认同却不容易蛰伏。也即是说，全球化的加速发展使华人的跨国流动加快，原有的单一性和固定性的国家身份认同在松绑。在跨国领域里，海外华侨华人的民族认同与国家认同重合性开始出现分离。这具体表现为：一是通过虚拟网络或各类社团组织在华人群体内部进行文化沟通，并借以凝聚华人精英关注和讨论中国的外交和国家形象；[5] 二是在跻身居住国主流社会的进程中，通过捍卫民族经济文化权益以抗击来自主流社会的歧视，并从中华民族复兴的态势中寻获集体自尊；三是在追求自我实现的同时推动中国与居住国双方的经贸与科技合作。

在全球化背景下，跨国流动的海外华侨华人具有了"多重认同"。在明确了国家（政治）认同的同时，其民族文化认同也趋于上扬。有鉴于此，海外华侨华人与祖籍国侨务公共外交的认可与互动，从国家认同角度可以客观把握海外华侨华人对政治身份与公民权益的自我定义，它占据多重认同因素中的主导地位；此外，它通过民族认同评价华人族群同居住国其他民众或其他民族的互动状况以及对中华文化的切实态度。

四、侨务公共外交：开展策略

首先，侨务公共外交的目标不再局限于直接的国家间权力博弈和政策影响，而是扩展到国家及其民众主体间文化价值观等非物质因素层面的观念互动和共识达成。为此，通过文化手段以激发中国海外华侨华人精英的民族认同和情感意识，有助于发挥其在中国侨务公共外交中的中坚和桥梁作用，进而实现国家身份的理想建构。海外华侨华人难以割舍其民族认同。在近现代历史上，海外华侨纷纷积极支持中国革命和抗日。为了祖籍国的安

---

① Fiona B. Adamson & Madeleine Demetriou, Remapping the Boundaries of "state" and "national identity", Incorporating Diasporas into IR Theorizing, *European Journal of International Relations*, 2007, Vol. 13, No. 4. pp. 494.

② Chris Ogden, Diaspora Meets IR's Constructivism: An Appraisal, *Political Studies Association*, 2008, Vol. 28, No. 1, p. 3；刘宏：《海外华人与崛起的中国：历史性、国家与国际关系》，《开放时代》2010 年 8 期，第 86～88 页。

③ 戴晓东：《全球化视野下的民族认同》，《欧洲研究》2006 年第 3 期，第 32 页。

④ Andrea Louie, Re－Territorializing Transnationalism: Chinese American and the Chinese Motherland, *American Ethnologist*, 2000, p. 662.

⑤ Ding Sheng, Digital Diaspora and National Image Building: A New Perspective on Chinese Diaspora Study in the Age of China's Rise, *Pacific Affairs*, 2007－2008, Vol. 80, pp. 644－645.

全，他们在海外组织文化宣传工作，慷慨捐款捐物，甚至直接参与革命和抗战。20 世纪 50 年代之前，在海外谋生的华侨通常以侨汇和捐赠形式支持中国侨乡建设。20 世纪 50 年代前后，东南亚地区民族主义运动风起云涌，主体民族立国的民族主义情绪同华侨的中国民族主义情感发生了碰撞。在冷战时期，随着国籍问题的外交处理，华侨纷纷在政治上效忠于居住国，从而实现了"华侨社会"向"华人社会"的转型。尽管如此，政治认同的变化并未泯灭华人的原生性认同——基于捍卫自身民族生存资源与权益的民族认同。① 在这种民族认同作用下，在中国的现代化建设时期，海外华侨华人以投资办厂、侨汇和慈善等形式建设侨乡，传播先进技术与管理经验以推动中国对外文化交流和科技教育的发展，并维护祖（籍）国主权统一与领土完整。在全球化背景下，海外新华侨群体的崛起改变了华人社会的结构。活跃在北美、欧洲等地区的华人精英；凭借其先进的知识技能，以高端移民的身份融入主流社会。在中国崛起的政策感召和经济文化利益辐射下，他们重新接续起中国与海外华人社会的互动联系。他们敢于在海外公开场合表达其对于中国的民族感情，关注和讨论优化中国国家形象的策略路径。其具体表现为：维护中国领土统一，反对"台独"势力的分裂行径，声援海外保钓运动；保卫奥运圣火，捍卫中国的国家形象和民族尊严；同中国媒体进行文化产业合作，承办中华文化展览会；华人社团和侨领接待中国的招商引资工作，承办侨务论坛。可见，在特定的民族文化意识以及伴随跨国商务产生的经济利益驱动下，海外华人的民族意识（中华意识）趋于上扬。这种民族认同与意识情感主要表现为渴望并促进祖籍国民族团结、强盛和繁荣。②

其次，侨务公共外交注重海外华人精英和华人社团等非国家行为体对共有观念和国家身份的建构作用。得益于交通和网络技术的不断发展，以留学生和技术移民为主体的海外华人一方面通过网络信息密切了解祖籍国中国的政策走向，另一方面借助网络社区拓展华人关系网络。此外，海外华人社团一方面加强同中国社团组织的联系，另一方面借助互联网技术拓展华商网络和业务范围。在中国发展对外交往过程中，这些华人精英团体的沟通桥梁作用愈发凸显。由美籍华人名流组成的"美国华裔百人委员会"（简称"百人会"），自 1990 年成立以来，一方面推动华人参与美国的公共生活，为华人争取平等权益；另一方面又致力于推动中美两国间的经贸、教育与科技往来，并推动美国政府重视发展对华友好关系。③ 中国旅美社会科学教授学会（ACPSS）汇聚了众多美籍华人学者，这些学者本着"加强美国华人学者知识体系"和"支持中国的改革和对外开放"的宗旨目标，经常在网络上发表有关中国崛起的外交与国家形象话题；此外，也定期在海峡两岸和香港举办研讨会，深入研究中国的现代化和中美关系问题，为中国学者在中美战略对话中的表现做出了贡献。④ 因此，侨务公共外交追求广泛性主体间松散的沟通协作关系，即由国家政府作为主导，强调国家政府与华人社会精英团体间的沟通以达致身份的趋同。基于此，中国政府在区分海外华侨华人国家认同与民族认同的基础上，借助"五侨"和各地侨办、民间

① 陈丽娟：《华侨·华人·中国民族主义》，《读书》2004 年第 5 期，第 17～22 页。

② 吴前进：《冷战后华人移民的跨国民族主义：以美国华人社会为例》，《华侨华人历史研究》2006 年第 1 期，第 24～25 页。

③ 沈燕清：《百人会与美国华人社会》，《华侨华人历史研究》2004 年第 1 期，第 30～32 页。

④ ［美］吴宁华著，余宁平等译：《改善大陆社会状况和美中关系：四个由华裔美国人领导下的跨国协会个案研究》，载孔秉德、尹晓煌：《美籍华人与中美关系》，北京：新华出版社 2004 年版，第 228～234 页。

团体的力量大力开展侨务工作。在科技教育方面，中国政府鼓励和吸引海外华侨华人人才以多种形式"为国服务"，启动"千人计划"和"春晖计划"等政策措施引进高层次华人人才进而实现中国发展战略目标；[①] 在社会与文化方面，通过民俗文艺活动推动侨乡的招商引资工作，并举办海外华人联谊会和夏令营以维系海外华侨华人的民族感情纽带。从结果来看，这种主要以科技文化为手段，强调民族文化情感沟通的互动方式，确实发挥了海外华侨华人在增进中国国家利益方面的"软实力"作用。考虑到新时期海外华侨华人发展新动向和公共外交对中国和平发展战略的功效，这种借助民族认同推进侨务公共外交的战略被列为"十二五"期间侨务工作的重点内容。

最后，侨务公共外交也需要推动华人社会内部以及族际沟通的和谐发展。克拉托赫维尔认为，人民正是通过交流中的争论、说服、获取同意推动着政治规范的形成与改变。海外华侨华人内部的沟通以及同居住国其他族群民众的互动会逐步形成一种共有观念；而这种观念将形塑和改变海外华侨华人及其居住国民众对中国外交政策的认知，所以人际良性互动尤其是族际间的和谐沟通有助于架起中外间友好的沟通桥梁。以日本华人为例，对那些已经取得永久居住权或归化入籍但依然受到歧视的日本海外华人新移民，居住国制度环境的"压抑"促使他们诉诸民族认同以求得集体自尊。他们不甘心因为居住国制度的约束而长期处于边缘化的社会位置，希望祖籍国强大以赋予其在居住国更高的政治地位；同时，他们试图通过发挥双语和跨文化沟通技能在日本跨国公司中实现职业生涯晋升，进而跻身主流社会。

华侨华人身份认同特点为侨务公共外交指明了策略方向与着力点；而随着侨务公共外交理论研究和实践的深入，它又涉及民族认同、族际间认同等"类属身份"概念的学理分析。作为建构主义和侨务公共外交的理论嫁接点，身份认同的深度研究一方面提醒了主流建构主义关于国家身份认同的内部建构的重要性，尤其是加强对"类属身份"及其作用机制的研究；另一方面又为当下中国侨务公共外交的具体实施指明了路径和办法。

国家认同与民族认同是一对既统一又冲突的矛盾体。在崛起的中国经济文化辐射源作用下，海外华侨华人的民族文化趋于上扬。这容易导致居住国偏执于这对矛盾体中冲突性的一面。因而，如何平衡把握海外华侨华人的政治认同与文化认同两者的关系，加强该群体对中国的民族文化认同，成为有效实施侨务公共外交的关键。对此，我国必须促进海外华侨华人社会的和谐，推动其融入主流社会以获取平等的公民权并充分参与居住国的公共生活，进而维系海外华侨华人民族认同与国家认同的价值共识和相互依赖关系。[②] 与此同时，因为符号在建构身份中的重要作用，通过文化符号来探索侨务公共外交的具体实施方法是极其重要的思路方式。安德森也认为，民族共同体都是想象出来的，而语言文字、利益驱动下精英塑造的教育体系以及博物馆等文化符号是塑造民族想象的重要手段。[③] 循此理路，笔者提出如下政策思路：

第一，中国政府应该培育和引导民间组织，发挥意见领袖和各类民间团体在联动沟通海外华人社会的影响力。中国政府应建立同海内外侨务组织、社团、媒体和企业等组织的

　① 刘宏：《海外华人与崛起的中国：历史性、国家与国际关系》，《开放时代》2010 年 8 期，第 87 页。

　② 类似观点参见高永久、朱军：《论多民族国家中的民族认同与国家认同》，《民族研究》2010 年第 2 期，第 35 页。

　③ ［美］本尼迪克特·安德森著，吴叡人译：《想象的共同体：民族主义的起源与散布》，上海：上海人民出版社 2003 年版，第 170～201 页。

联系，通过设立基金会、建立协会和举办联谊会等形式，搭建侨务公共外交的沟通平台。

第二，挖掘和凝聚中华民族核心文化价值，善用网络空间协同华人精英传递中国的"和合"文化理念。通过网络联动海外华人精英，以此实现观念互动，进而共同传播中国的传统文化理念。

第三，根据海外华人社会的发展新动向和对华认同因素对海外华侨华人群体进行细分，探寻侨务公共外交的中坚力量。切实发挥华侨与海外华人新移民在侨务公共外交战略中的中坚作用，尤其是借助留学生与技术移民为代表的华人精英在国际信息技术领域中的优势地位，增进中国与居住国的友好关系。

第四，加强科技交流与文化项目合作，汲取先进文明成果。一方面在引进海外技术移民和留学生到中国创业和项目研发的同时，通过论坛、沙龙和研讨会等形式了解华人精英对中国发展和国家外交形象的宝贵意见与建议；另一方面改善孔子学院的办学质量和模式，围绕求学创业、族群相处和社会责任等话题，定期邀请海外华人精英到孔子学院开坛讲学，以加深华人和其他民众对中华文化的了解。

第五，丰富民俗庆典和文化寻根活动，加强海外华人及其子女对中华文化的认知。加强同各华人社区各界侨领的联谊和交流，推动民间团体到华人社区开展承载中华文化符号的民俗节庆活动，或开展夏令营等文化寻根活动，巩固和提升海外华人对中华文化的认知。

总而言之，侨务公共外交对中国对外关系的顺利开展、国家形象的"真实"传播都有着极其重要的意义。因此，通过对侨务公共外交的概念特征、理论内核、作用机制与效用函数进行深入分析，为侨务公共外交的有效开展提供政策思路，这既能塑造良好中国形象，又是服务于中国外交战略开展的必然要求。

课题负责人：张振江，暨南大学华侨华人研究院教授
课题组其他成员：隆德新、林逢春

转型时代的跨国网络与粤东侨乡

——以广东梅州南口侨乡村为例

一、导 论

中国东南沿海各地，散布着为数众多的侨乡。在这些地区，几乎家家户户都能多多少少找出一些"海外关系"，这不仅是因为这些地区濒临海域，海路移民古已有之，更因为这些区域特殊的人文地理背景，以及长时段的海外交流，使之形成了一个跨越疆界的文化地带，通过跨国网络，这些区域内的人、物以及资本、信息不断地进出往来，改变着当地社会的生活、形态与风貌。小到家中舶来的锅碗瓢盆，大到"中西合璧"的碉楼、华侨屋等人文景观，以及"居"与"游"的耕读传统，或多或少都留下了地方社会与海外交流的印迹。

侨乡村位于梅县西南部，隶属南口镇，东临大埔，南连丰顺，北接蕉岭，西北则与平远接壤，整个地区地处赣南、闽西和粤东交界处的客家地区，受制于山区相对闭塞的自然环境，经济发展也受到相应影响。从农业经济而言，山多田少是该地区自明清至今都面临的困境。为了充分利用土地，侨乡村很早就开始种植双季稻，冬收后会种植豆类、花生等。分布于围龙屋周围的小块旱地则一般种植蔬菜。侨乡村民在麓湖山中拥有面积广大的山林，松、杉、竹等种类繁多，但从过去到现在，林业开发都不是侨乡村的主流生计方式，甚至可以说基本没有得到发展。一方面，这与当地人的山林与水土保持意识有关；另一方面，山林的开发可能会影响山内祖宗坟冢的风水，出于忌讳，不愿开发。

相对梅州其他山区，侨乡村农业生产的自然条件较为优越。地处山脉之间的河谷之地，面积虽然谈不上大，但地势颇为平坦。再加上寺前和高田两自然村均依靠麓湖山而布局，农田即在屋前，不论是灌溉引水还是沤粪施肥，都较为便利。地处山坡相阻之地的塘肚村情况稍差，由于受制于地形，塘肚村只有极少一部分水田处于平地之中，为了扩大耕地面积，就只能向山坡扩展，即开垦梯田。凭借较好的气候和水利条件，三地的粮食生产所受干扰不大，但倘若侨乡村全村人口都依靠农耕为基本生计方式，人多地少的问题依然存在，这也是清代、民国时期乃至改革开放后，侨乡村大多数人选择外出打工的根本原因。当然，长期迁徙中形成的生存心态，也对其外出谋生的观念与行为产生了重要影响。

出走南洋，以青壮男性为主，他们年龄为十六七岁，在家乡接受过一些最基本的教育，能识字计数，会用算盘算账，但也有部分村民就是贫苦出身，没有接受过教育。事实上，很多人最初连下南洋的路费都拿不出来，但还是可以去海外。有的直接是由亲戚帮带出去，有的则是南洋一带的工厂为招收华工愿意为工人垫付路费，在随后三年内的工钱里面扣除。年轻人在海外打工非常艰辛，除生活开支外，每年剩余的钱只有逢年过节时的红包。在辛苦了几年之后，他们中的一部分人可能有机会开创自己的事业，从小商小贩开始，一点点扩大经营；当然，仍然有一部分人可能一直都辛辛苦苦地给别人打工。

一、改革开放后的海外关系与侨乡

改革开放开始后，地方社会经济发生了翻天覆地的变化，多种经营模式改变着农村地区的生计方式，摆脱土地的束缚，向外流动再次成为侨乡村村民发展的重要途径。随着侨乡村经济的不断发展，人民的生活水平不断提高，与海外重新恢复联系，华侨华人在隔断数十年之后得以返乡省亲。而时局的变化，以及双方的再次接触，也使彼此的认识发生着微妙的转变，进而影响着两地之间的往来与互动，同时也改变着彼此对海外关系、侨乡亲情的认知与实践。

（一）自力更生：流动、多种经营与社会转型

"文革"之后，中国经济已处于崩溃边缘。1978 年 12 月，中国共产党召开十一届三中全会，拨乱反正，抛弃了"以阶级斗争为纲"的路线，决定把全党工作的重点转移到社会主义现代化建设上来。从此，中国走上改革开放的道路。20 世纪 80 年代，随着改革开放后的政策调整，侨乡村迎来了新的变化。家庭联产承包责任制带来了农业生产的自由与活力，而对于习惯向外奔走的侨乡村村民而言，更重要的是村民不再完全受制于土地。以往劳动力流动以及工商业活动受到严格限制，80 年代后，这种限制逐渐放开，侨乡村村民可以在镇上做些小买卖或者打工来贴补家用。而伴随着珠三角地区的经济发展，大批劳动力前往广州、深圳、东莞等城市打工，非农收入在家庭收入中的比重开始增加，侨乡村村民可以不再只靠土地过日子，生活水平也得到很大提高，具体在居住环境、生活方式等方面呈现出来。

在如今的侨乡村，几乎每家每户都有人或曾经有人在外地打工，非农业收入逐渐在家庭的经济收入中占据重要地位，有的家庭甚至已经完全脱离了农业生产。在我们调查的几个时期，只有春节时村子里最为热闹，因为在外地工作的村民纷纷赶回家乡团聚，并在农历正月初一去老祖屋祭祖；而在平时，很少能在村子里见到二三十岁的村民，因为他们大部分都在珠三角地区打工，最近的也是在梅县县城或梅州市市区工作。除了去外地打工，许多侨乡村家庭选择在南口镇上经营商铺，或在镇上的企事业单位工作，进而迁居镇上，成为城镇居民。

从村民的谈吐中，我们不难发现侨乡村先民当年奔走南洋时的印迹，与一百年前的状况非常相似。侨乡村的土地有限，总要有人出去工作才行。当然，时过境迁，随着社会的发展与物质文明的进步，侨乡村村民多已不再单单注重温饱，更注重的是谋求发展，改善生活。村民的流动，也从先前迫于生计的被动外出，逐步转变为寻求富裕的主动外出。当然，这二者也没有绝对的界限，但无论如何，流动作为一种历史经验与生存心态，又将当下外出打工的村民和当年奔波南洋的先民连接起来。如今侨乡村村民在回忆先辈经历时，也会打趣地说他们是"南洋农民工"，虽为戏谑，但在客观上反映出两者之间的某些共同境遇，比如背井离乡、身份低微、工作艰辛等。

大部分青年人外出工作，只留下老人、妇孺照看家庭，那自家田地如何处置？在侨乡

村，几乎看不到土地荒芜的现象，土地在以不同的形式和用途被使用。缘由如下：其一，土地紧缺。侨乡村可耕田面积很少，平均每人只能分到 4 分地，每个家庭最多不超过 3 亩，对劳动力的需求不算太大。其二，侨乡村主要的农作物是一年两熟的水稻，每年需要大量劳动力参与的时段相对固定，这对村民合理安排外出时间较为有利。其三，农业技术的推广应用以及农业机械化水平大幅提高，翻土、收割和脱粒都可以依靠农业机械完成，耕种不再像以往那样耗时耗力，劳动力得到极大的解放，这也为村民外出提供了必要前提。

因此，每个家庭只需少量劳动力就可以满足小规模的生产需求，但村民还是不太愿意种地。如今留在侨乡村的老人大部分出生于 20 世纪四五十年代，年岁渐老，不能也不想再种地了，"种了一辈子地了，年龄也大了，现在条件允许，实在是不想种了"，老人们通常这样回答。此外，"种地可以糊口，打工更能赚钱"，对一个普通家庭来说，一旦通过打工、经商获得的收入比重越来越大，而农业生产的收益又相对有限，种地也就不再是必要的生计方式。所以，在如今的侨乡村，很多家庭除了留下五六分地种水稻以外，其余都承包甚至让给他人耕种。由于村中常住人口很少，现在很多家庭只需要种够自家一年所需粮食即可。所以有的村民只选择种植质量较好、价钱较高的晚稻。在早晚稻间隔时间，则种植黄豆、花生等作物，大部分都是为自己制作豆腐和榨花生油所用。可见，侨乡村村民已从"靠粮吃饭"变成"选粮吃饭"，温饱已不是问题，现在更关注的是高质量的生活。

寺前村的刘女士家只有一亩田地，使用非常随意。刘阿姨每年上半年都会前往深圳的女儿家里照顾两个外孙女，到暑假才回来。离开的这段时间，土地就让给别人种植早稻。刘女士下半年在家里自己种植晚稻，但也只是种来供自己家里食用。她在家里也会养一些鸡鸭，一共三十多只。另外，家里还有一些零星的土地，如新屋与老屋之间的空地，刘女士在那里种植农作物，如红薯叶、豆角、丝瓜、芋头、花生等，也是只供自家食用。

在寺前村经营农作物加工坊的黄师傅生于 20 世纪 60 年代，家里没有华侨亲戚，他也是村里第一代外出务工的农民。他于 90 年代末回乡，用打工赚来的钱购置了以前的公社仓库来经营农作物加工，如榨花生油、脱谷等。2012 年，黄师傅又新购置了一台多功能的脱谷机，扩大经营规模，黄家同时也兼做粮食生意，就在村中收购谷物，在自家加工，再卖给村中不再从事农业的村民。黄家有差不多两亩田地，从 2011 年开始以 15 年为期承包给了另一位村民，主要是因为田地位置不好，灌溉不便，加工坊事情一忙就照顾不上。土地承包价 5 年一变，前 5 年承包价每亩 1 000 元，后 5 年每亩涨 100 元，再后 5 年再涨 100 元。

黄家的土地承包价在侨乡村已算是很高，大部分家庭承包给菜场的土地每亩只有 550 元，以 8 年为期，早期只有 300 多元。菜场规模大者如梅县家园农业有限公司，小的则有从四川和江西一带迁来的外地人所经营的菜场。从重庆来的陈女士一家就是其中之一。陈女士现在和丈夫、两个儿子及儿媳一同经营菜场。菜场面积 17 亩，都是从侨乡村各家承包而来，承包期 3 年，每年每亩 700 元。除了土地，陈家还在高田村一处围龙屋里租了 7 间屋子，供家人居住，租金一年仅 1 000 元。陈家的菜场仅种植油麦菜。油麦菜成熟期短，夏季 18 天就可以采摘，冬季则需要 40 天。菜场只负责种菜，每隔半月就有蔬菜批发商前来收购，据陈女士说，蔬菜主要供应梅州市内的超市、酒店和学校食堂。

陈家的菜场经营时间不长，全家人之前一直在大菜场打工，去年才开始自立门户。陈女士已经离开重庆在外地打工十多年，曾经在东莞的地方农场当工人，来梅州则是因为认识的老板推荐。对现在的经营状况，陈女士比较满意，尽管她表示土地承包价、菜籽、化肥以及农药的价格都在上涨，但侨乡村菜场自然条件较好，雨水充足，灌溉方便，不用再担心干旱的发生。像陈女士这样家庭承包的小型菜场在侨乡村还有三四家，也是由外地人经营。在高田村临近南口镇的地段也有大面积种植蔬菜的土地，近50亩，蔬菜品种多样，老板是江西人。菜场里有雇佣工人，并且有自己的小型货车把菜直接送到梅城集市。

由上可见，现今侨乡村村民的经济收入状况发生了显著改变。村民更多通过外出打工来致富，种地种菜仅仅是满足个人家庭的饮食需要，而非主要收益。土地通过简单的流转，或承包，或代耕，在某种程度上被商品化，被用于种植红薯叶、豆角、油麦菜、甘蔗、白兰以及罗汉松等作物。调查中也有村民表示后悔外包土地，因为有些承包商在田地上培育草皮，销售时往往把最上层的田土和草皮一同铲去："那可是最上层的土啊，最有肥力，有机物含量多，他们一铲走以后再要种地怎么办？"尽管村民这样抱怨，但他们中的大部分已经不靠甚至也不愿再靠耕地过活。这些当初连村民都养活不了的土地，现在却成为外地人谋生的依靠，当然，这也要归因于年轻劳动力的流失，土地从当年的不够耕种变成了如今的没人耕种。

在侨乡村，如今留在家里的大多都是20世纪50年代及以前出生的老人，如其子女经济条件尚可，均不会再让父母耕作。他们目前主要的工作就是在老屋帮助外出务工的子女照看小孩，生活比较悠闲。即便家里仍在耕种，只有在收割的季节，子女才会回来帮忙，有的子女工作脱不开身，则会在村里雇人帮忙收割。八月间，当我们走在侨乡村的田间地头，仅看到一些身系厚实围裙的菜场工人在辛勤劳作，快到日落之时，才会看到一些老人家手持长柄马勺，为自家的菜地浇水。这似乎也在暗示，侨乡村生计方式的转型使其越来越与一般村庄无异，而在日常收入中，也很难再看到海外华侨对侨乡家庭经济收入的直接影响，但是，当你走进侨乡，我们还是会看到，尽管形势发生了很大变化，侨乡与海外的互动依然在以各种形式继续。

（二）华侨资助：从"输血"到"造血"

就侨乡村的移民历史以及我们所涉及的研究时段而言，如果将20世纪前三十年下南洋的侨乡人划为第一代华侨，之后三十年移出的划为第二代的话，现在侨乡村的很多老人都是第一代华侨留在家乡的子女（其中也包括过继和立子），他们与海外第二代华人多为兄弟关系。改革开放之前，侨乡村与南洋之间经济差距明显，出于家庭亲属之间的义务（赡养父母、抚育儿女），海外华侨持续不断且不求回报地在经济上为侨乡村村民提供援助。从某种程度上说，跨国关系也是通过经济上的援助反映出来的。尽管书信是沟通的主要方式，但在家乡处于困难时，在物质层面的及时援助则更为实际，同时也可加深两地间的亲情。

在调查访谈中，我们感觉到，侨乡村村民更为认同那些在经济上对自己家庭有过帮助的亲戚，对这些华侨的孝敬长辈、念及祖宗的美德赞誉有加。但是，改革开放后，情况有所改变，一是侨乡村自身经济环境有所改善；二是第一代华侨多已年迈，甚至已经过世，而家乡的父母也大多离世，经济援助不再十分必要；三是东南亚本地出生的华人，其情感归属与文化认同也发生了极大的转变，与中国家乡的关系日渐淡漠，在种种因素影响之下，来自海外的侨汇开始慢慢减少。但是，减少并不意味着中断，尤其在改革开放初期，政府的推动和两地经济的明显差异仍使得大量侨汇涌入，只不过随着时间流逝，侨汇或其他形式的资助，其性质和意义开始与以往不同。如果说以往是以家庭、亲属为纽带一对一的，由优势向弱势的"输血"式的帮扶，那么，现在的华侨华人捐助则更倾向于"造血"，并从个体、家庭逐步走向教育、医疗等公益事业，其目的则是鼓励侨乡自主发展。

改革开放实行的家庭联产承包责任制让村民基本解决了温饱问题，因此，这一时期侨汇的目的在于让侨眷用来发展生产，自力更生。海外华侨不再定期地给家乡亲属寄钱，只是在回家探亲时会带一些钱物回去分发给亲友，除非家中老人依然健在，但华侨一般会考虑支持侨眷的一些发展计划，如圈地种沙田柚、在镇上建房出租等。当然，在考虑捐资时，华侨也会看重对方的人品和能力，看受助者是否孝敬父母，或者对方有没有发展规划。此外，教育也成为华侨捐资的重点，一来侨乡村历来就有华侨办学的传统[1]，二来华侨在外奋斗，也知晓教育对个人发展的重要性。高考恢复之后考上大学的侨乡村村民谢先生告诉我们，他于1978年考上大学之后，得到了来自海外的极大支持。

海外华侨华人重返故乡，对于乡间文化传统的维系，也起到至关紧要的作用。由于"文革"中一部分华侨祖坟遭到破坏，许多华侨回来之后，首要之事就是出钱嘱咐亲人把祖坟修好。潘青玉家里有亲戚在蕉岭，改革开放后，家里的海外亲属回乡省亲，想到祖堂祭拜，但发现祖堂里什么东西都没了，祖先牌位全部被毁。当时陪同他祭祖的大队书记是他同宗的亲戚，他就问书记，那些祖先牌位还能不能重新做回去。书记说可以，于是他当场就拿出三千块钱，让他们把祖先牌位重新做好，回去之后又汇钱来跟进此事。那位华侨还特意嘱咐重做牌位时一定要写繁体字："祖先都不认识这些简体字！"

此外，20世纪80年代，海外华侨华人逐渐重返故里，看到家乡亲人仍住在老旧的围龙屋中，也会捐资给他们修缮房屋或重建新房。确实，对于刚刚解决温饱问题的村民而言，建房谈何容易。在侨乡村，我们看到很多房屋一楼已经露出三合土基，木质护栏也显陈旧，而二楼却用瓷砖铺面并装有精美护栏。访问后方才得知，侨乡村80年代之后的大部分房屋都是逐步加盖而成的。因为早期设计没有考虑到以后的改变，加盖以后要么结构无法统一，要么因为加盖时扩大面积遮住天井，导致室内光线极差。之所以如此，是因为一时无法拿出那么多钱来一次修建好新楼。而在侨乡村，能不能重建新房也成为衡量一个人能力的标准，村民们普遍认为有本事的人都会自建新楼，没本事的人才会继续住在围龙屋里。在早期，考虑到改善在家父母或亲属的居住条件，一些海外华侨多会在经济上支持侨眷建房。塘肚村潘继和先生现在的宅院就是在印尼舅舅的资助下建成的。

20世纪80年代初，潘继和先生凭自己的力量修建了五间平房。后来舅舅回乡探亲时看到家里的饮水和卫生设施都不方便，饮用水需要到屋外水井中去打，屋里也没有卫生间，于是决定资助外甥扩建。潘舅把三万元人民币分三次给了他，加上他自己积攒的一万七千元，潘先生完成了整个房屋和配套设施的修建。有趣的是，在修房过程中，华侨亲戚不仅是给钱而已，他们的影响也体现在对建房设计的干预中。按照潘先生自己的扩建设想，在保留以前五间平房的基础上，按照围龙屋的"结式"向后扩建，中间留有天井，后面的五间屋子比前屋略长，天井左右则修建左右厅，这恰与传统的房屋格局和风水原理相

---

① 见本文第二部分。

似。不过，潘先生的想法没有得到舅舅的同意，潘舅希望屋子向前扩建，可以顺势利用前面平整的土地，而屋后面有一道缓坡，扩建花的人力物力较大。因为建房的大部分钱是舅舅出的，潘先生不太好坚持自己的想法，只能照对方的要求去做，现在想起，他还多少有些遗憾。20 世纪 90 年代后，潘先生自己的儿女都已成家立业，自己手头有了富余的钱，于是再重新规划，在原来的基础上做些调整，并特意在屋后修了围龙屋中特有的地标"化胎"，以强调风水对家庭兴旺的作用。

除了对家庭事务的参与，海外华侨在 20 世纪 80 年代回乡期间也热心于侨乡村的基础建设。侨乡村里无处不在的芳名录即是明证。在海外华侨的资金支持下，侨乡村兴修了不少村路、石桥以及凉亭，老祖屋和各房的围龙屋也得到很好的修缮，芳名录上记录的都是捐助者姓名、现居地与捐款金额。除了资助建设基础设施外，集体性的祭祖活动也因海外华侨的参与得以恢复。最初，侨乡村旅外的华侨华人都是直接以现金的方式来资助每次活动。2000 年后，这种方式发生了改变，他们开始采取基金运作的方式。比如，现居印尼的塘肚村人潘应辉先生，五年前归乡时在南口镇盘下一处店铺，月租金 500 元，潘先生许诺将每年的租金用于每年的祭祖活动。为此，塘肚村专门成立了潘应辉基金理事会，其成员大部分为村中长者，理事会负责管理基金，以及与海外华侨的联络，如果后者要回乡祭祖，理事会则负责一切事务。

当然，在以经济建设为中心的引导下，海外华侨华人与侨乡的互动已不仅仅是两地民众之间的事，地方政府作为一个能动者也参与了进来，并扮演了重要的角色。事实上，在改革开放之前，地方政府就已开始利用海外资源，如推行华侨政策，发放侨汇证、侨汇券等，只是形式比较间接而已。20 世纪 80 年代以后，地方政府开始积极号召和欢迎海外华侨回乡省亲、投资和捐助公益。以地方政府名义与海外华侨华人联系，获取捐助的情况也有不少，如南口中学、南口医院、体育场、安仁学校教学楼的修建，都与地方政府的号召息息相关。

但是，并非所有华侨华人都愿意和地方政府打交道，地方政府视海外华侨华人为一种资源，可以为地方争取投资和捐助。但有时这样的目的也会引起海外华侨华人的反感。曾经组织过华侨集体回乡祭祖的潘由之先生回忆，早期一些有声望的华侨华人回乡，地方政府非常重视，会安排迎接和会面，使得华侨华人需要见完官员后才能回家，有的华侨华人不太愿意接受官方的"热情"，有的甚至不愿意回乡，因为一回来难免会被动员捐款。

地方政府尽管求资若渴，但因为政治敏感的因素，他们对海外华侨华人的态度同样是非常谨慎的，甚至矛盾的，华侨一方面是一种资源，但另一方面又是一种潜在的"威胁"。潘由之先生坦言，20 世纪 90 年代时，归乡华侨在祭祖过程中需要组织从秋官第老祖屋游行到塘肚村，这种大规模的活动就引起了地方政府的注意。潘先生专门去向地方政府解释，说这只是祭祖仪式的一个部分，"没有喊口号，没有条幅，没有标语，只是从老祖屋祭完再到塘肚村去，只是路过，不是游行"，由此游行才没有被阻止。另外一次则是"大华侨"回乡，出资宴请乡亲，场地就设在安仁学校，到会者约有一千人，这引起了梅县政府的注意，在宴会开始之前，政府相关部门也是将潘校长请去解释，并且在宴会进行时派出工作人员来监督。

（三）此消彼长：交往、互动的心态变化

从 20 世纪 90 年代开始，随着中国经济的腾飞，侨乡村的经济状况得到极大的改善，东南亚地区与侨乡村经济的比较差异逐渐缩小。侨乡村村民的基本生活有了保证，华侨华人在海外也不用再为家乡亲属的生活担忧。从这时开始，侨乡村村民也感觉到，无论家庭还是公益，海外华侨华人的捐助已逐渐减少。在以前，如果侨眷在国内吃不饱穿不暖，海外华侨华人于情于理似乎都很难接受，毕竟彼此之间还存在亲属之间相互帮扶的义务和责任，加之联络不便，对家乡情况也不甚了解，因此，若有机会，海外亲属总是尽力帮忙。改革开放之后，通信、探亲不再受阻，双方交往变得普遍平常，相互之间的了解也逐渐加深，同时，互动过程也促使双方重新思考彼此的生活，调整自己的心态，改变也是必然的。

在回乡探亲，与侨乡亲戚的交往中，海外华侨华人逐渐感觉到，从 20 世纪 90 年代开始，侨乡村的亲属不但温饱已无问题，生活条件也改善不少，甚至一些村民的生活水平已超过东南亚的一般华人家庭。潘觉和先生的姑姑回乡探亲后，常常感慨中国人民生活的变化很大。在印度尼西亚，她从电视和报纸上看到，中国老百姓不再穿以前那种带补丁的衣服，穿衣款式也开始和东南亚地区同步。回乡之后，她发觉即便是一日三餐，普通人家也开始注重口味和营养，传统客家饮食中对咸、肥、烫的偏好也在逐渐改变。每顿吃饭都有剩余，这些细节在她眼里就是富裕的象征。

侨乡村村民生活方式的改变，也给潘先生的姑姑留下很深的印象。她回乡时看到留在侨乡村的中老年人常常以打麻将来消磨时间，不禁心生感慨："我们的孩子在国外辛辛苦苦地拼搏，你们现在还可以待在家里打麻将。"在此情况下，一般的海外华侨也很难再主动提出要捐钱给侨乡亲属。在他们看来，现在侨乡村村民富裕了，给多了自己拿不出，给少了又觉得有碍面子。再者，现在确实也没有这个必要，因此逢年过节，带回一些特别的礼物，反而更容易被接受。侨乡村村民也告诉我们，20 世纪 80 年代早期，如果有谁家的海外亲属回乡，便是轰动全村的大事，如果再捐赠两三万块钱，便会受到政府特别的礼遇。现在就是提出捐赠二十万，也很难引起关注。

作为互动的另一方，侨乡村村民在频繁的交往中也加深了对海外亲友的了解。以往，侨乡村村民对海外总是抱有一种想法，即"海外生活比中国好"，但在 20 世纪 90 年代后，这一想法开始逐步改变。侨乡村村民渐渐明白，尽管过去家里不断地得到海外的援助，但能在东南亚发家致富的华人毕竟是少数，大部分还是和自己一样，以打工为生，而且，他们不但工作辛苦，有时还会受到当地土著的歧视。所以，侨乡村村民对海外往家乡寄钱越来越少也较能理解，毕竟海外的日子并不好过。

即使在通信便捷的 20 世纪 80 年代，很多在海外生活困难的侨乡人都不会主动和家乡亲友联系，因为联系之后可能就意味着一笔不小的开支。有些生活条件一般的华侨华人，从来就没穿过西装，为了能够"衣锦还乡"，只在回乡探亲时才特意购置一套，而那也是他一辈子为数不多的几次穿西装的机会。另有一位华人家里算是小康，80 年代回家时捐了十万元给村里，后来因为生意不顺，担心回来又要捐钱，就再也没回来。90 年代，在潘校长主持安仁学校期间，华侨华人对侨乡的捐助热情逐渐减退，为了让学校争取到更多的华侨捐款，也不得不相应地改变策略。"修建教学楼很花钱，一下子向华侨要十几万对

方就怕了，下次就不敢再捐，另一方面总找'大华侨'也会打击到捐钱少的华侨的积极性。"于是，潘校长请一位"大华侨"带头，在华侨中集资建楼。现在安仁学校为纪念建校九十五周年修建的教学楼就是以这种方式建起的。为了鼓励个人捐款，教学楼中每间教室会以一位捐资华侨的名字命名，像潘君勉这样贡献最大的华侨，整栋教学楼都是以他的姓名来命名。可见，随着交往的加深，双方各自都在调整对对方的想象和理解，基于新的认识，双方的行为也发生了相应的调整。

此外，随着时间的流逝，两地人的心态也在默默发生着改变。毕竟，侨乡村里的中老年人大部分都生长于斯，有一些老人如潘之如、潘庆云先生，虽都是在印尼出生，但在年幼时就被带回中国，从此再没有离开。侨乡村在新中国成立后的跨国关系，主要就是这些20世纪四五十年代出生的侨乡人与海外父母和海外同辈兄弟的联络。像潘继和舅舅那样对家乡亲属非常关心的海外华侨华人也有不少。据潘继和回忆，舅舅非常注重亲情，在潘母身患重病时，潘舅专门回家陪伴老人走完生命的最后一程。为了维持与家乡亲属的关系，他每次回乡都带上自己的子女，尽管他们只会讲印尼语。潘舅原计划在家乡盖一座围龙屋，为的是可以多带子女回来居住，让他们不至于最后变成"番人"，不过这个计划因经济问题没能实现。潘先生家里现在还收藏着舅舅带回来的家庭影集，他也非常明白舅舅的意思，两家人要像一家人一样，只有多联系，多关心两边的情况，亲戚关系才不会疏远。

不过，随着这批老人的逝去，怎样把分隔两地的亲情在东南亚出生的第三代、第四代华人身上维系下去就成了一个难题。出生在锦冈围的潘先生有一位同族的弟弟，现居印度尼西亚，已年过古稀，但每隔一年就会回乡来探亲。潘先生说像他弟弟这样的老一辈人家乡观念很强，因为他的童年就是在锦冈围度过的。但他自己的亲兄妹和父亲都在印度尼西亚，兄妹中只有最年长的三位会讲客家话，年纪越小就越不熟悉家乡的情况。虽然妹妹曾经回过中国来，但因为生活不习惯，不愿意回梅县，只是住在广州和亲友见面。父亲曾经在电话里嘱咐潘先生"以后要靠你们了"，希望能把亲戚关系维持下去，可在潘先生看来，这毕竟只是父辈的美好希望，父亲去世之后，家里再也没有接过一个海外打来的电话。

对于后一辈人亲属观念的淡漠，侨乡村村民表示理解并且接受，同时很多人都承认，再过不久侨乡村和海外的关系就可能会中断了，到那时侨乡村就和周围一般村子无异。毕竟，在海外长大的同辈兄弟从小就没有中国"家乡"的概念，对于他们而言，从小成长的地方才是他们的家乡。再加上东南亚的排华运动以及各地对华文教育的限制和禁止，如今只有很少华侨华人的后代还可以讲普通话或客家话，能写汉字的更是少数。这些说着"番话"的华人就算是想要回家乡，也非常困难。潘继和舅舅的十个子女只有一个在大学里学习了中文，舅舅去世之后，每次通电话都要由他来做翻译。语言不通，成为两地沟通的最大障碍。

此外，关于家乡的观念，随着代际的更替，也在发生很多变化，锦冈围的潘先生拿外出务工的年轻人作对比，自己孙女孙子从小跟父母在梅县城长大，平日都不喜欢回乡下，问及未来的打算，也都向往城市生活，不可能再回侨乡村。同样，对于海外的年轻一代华人来说，老一辈华侨去世之后，和自己有关系的亲友都在海外工作、生活，自己在中国也没有什么产业。尽管在名义上，自己是"侨乡村迁过去的客家人"，可自己从来没到过侨乡，这样的"侨乡"，并无实际的意义，只是一个印象而已。

而新中国成立后近三十年的封闭，也导致了两地的隔阂，一系列的政治运动也让旅居在外的华侨华人对家乡的感情发生了很大变化。20 世纪 80 年代返乡的华侨华人大多认为，要不是改革开放政策，自己根本就不会有机会再看到这"半边天"，因为一系列政治运动把和自己相关的亲友、财产都"折腾"尽了，他们对此很失望，但又爱莫能助。而两地环境的改变，促使华侨华人即便在改革开放，国门大开之后，还是会考虑返乡的意义，回家乡到底做什么？对他们来说，家产已不复存在，家中长辈大多都已去世，有些生前在"文革"中还经受过歧视、折磨，家里的祠堂祖宗牌位也破坏殆尽。就此，有归乡的华侨这样问道："有父母的可以回来看父母，没有父母的可以回来祭拜祖先，但是连祖宗坟冢和牌位都没有，祖先都没办法拜，那我还回来做什么？"因此，"叶落归根"有时候仅是身处中国的人们对"背井离乡"的华侨华人产生的一种想象，事实上，回乡并不是必然，"人生何处不青山，何必马革裹尸还"，特别是一些在 20 世纪 50 年代归国的华侨，在经历了一系列政治运动之后，反而选择在 80 年代后找机会重返南洋。

对于海外华侨华人对家乡的关注与认同逐渐淡漠，侨乡村村民大多只能默默接受，但是，也有一些家庭开始主动与海外亲属联系，以期维持彼此之间的关系。从 2000 年开始，一些经济条件较好的家庭开始前往南洋走访自家的亲友，甚至在看到他们处境不佳时，还会出钱资助，用侨乡村村民的话来说就是"一下子来了个倒翻天"。对此，当事人并不觉得奇怪："他是我兄弟，他过得辛苦，那我就得帮他一把。以前我们也是这样得到别人的帮助。"高田村的谢先生，改革开放之后发家致富，前几年谢父在印度尼西亚去世，他主动飞到南洋安葬自己的父亲，并支付了一切费用。2011 年 8 月，谢先生专程飞赴印度尼西亚，组织在印度尼西亚的亲戚回乡祭祖，所有人来回的旅费都由他来承担。这些新现象的产生，也在悄然改变与重塑着侨乡村村民与南洋亲友之间已经淡去的跨国关系。

综上所述，改革开放之后，侨乡村的社会经济状况经历了巨大的变化，这其中既有侨乡人自发的改变，也有海外华侨华人的参与。跨国往来逐渐不受限制，两地之间的相互了解亦逐步加深，人们之间的互动和心态都在发生着微妙的变化。面对这些变化，双方也都有各自的反应，整体上可以用"此消彼长"来概括：一方面，侨乡村和海外不再是过去那样经济上的依赖关系，侨乡村经济通过村民的自力更生获得发展，海外华侨华人也相应地调整了他们资助的心态，侨汇、捐资虽没有完全中断，但也开始逐渐减少，并且有目的有选择；另一方面，随着老一辈华侨的离去，如何维系海内外的亲情关系成为大家关心的问题，尽管大部分家庭都是在顺其自然，静观其变，但我们也看到，一些侨乡村村民已经意识到，维系亲情不单单是海外亲属的事，而是双方都应主动地联络。

二、以侨为桥：侨乡的社会公益

侨乡村自有华侨之日起，便伴随着华侨对家乡发展的关切，从清末至今，百余年来，众多华侨华人①一直在捐资支持发展侨乡村的公益事业。从私塾性质的毅成公家塾到颇具

---

① 根据《国籍法》中的规定："华侨是指侨居（定居）在海外的，具有中国血统，保持中国国籍的人（不包含港澳同胞）。"但由于侨乡村一直以来将村中移居到港澳地区的人也视为华侨，故本文将港澳同胞也涵盖在"华侨"的概念之内。在侨乡村，村民们习惯把新中国成立前移居港澳的同胞及其后人也看成是华侨，因此在本文中，"华侨公益事业"更确切地说是包含了港澳同胞对侨乡村的各项捐助事业。

现代化规模的安仁学校，从第一所幼儿园、敬老院到华侨戏院、华侨水电站，华侨华人给予了全程的资金支持，侨乡村村民也在持续的公益事业中投入心血，出资出力。公益事业给侨乡村带来了文化上的繁荣，更重要的是，华侨与侨乡村持久的交往与互动，使得"侨"之于侨乡村村民的意义不断地生产出来。侨乡村的公益事业表现出一种开放、互助的精神，在公益事业的不断推进中，这种精神不断渗透、内化至侨乡村村民心中，最终成为侨乡人的一种生活态度。

（一）崇文重教：从毅成公家塾到安仁学校

梅州地区的客家人代代相传其祖先原本是中原望族，世代以诗书传家，之后为躲避战乱南迁，最终定居梅州。正因为这样的历史渊源，客家地区一直保持着崇文重教的传统。另外，华侨在海外经商，其中许多成功人士游历广泛，见多识广，也认识到科技和教育的重要作用，并感悟到只有兴教育、启民智，才是真正能够改变家乡、造福乡民的途径。清光绪二十八年（1902），侨乡村两位旅外侨胞潘立斋和潘祥初共同创办了毅成公家塾，以教育各房后裔子孙。事实上，塾校的创办仅仅是侨乡村海外侨胞们捐资教育的开始。

潘立斋和潘祥初是梅州南口镇侨乡村最早到南洋谋生并且发迹的华侨中的两位。南洋的经历让他们深深体会到文化知识对于经商以及立足社会的重要性。两位华侨发起创办毅成公家塾，出资聘请当地的秀才当塾师，希望族中子弟均能接受教育。除潘姓族人外，本村以及附近几个村子的子弟都可到毅成公家塾就读。至此，村中年幼的子弟不必再走远路到别处求学，等这些子弟接受完基础教育，能写会算，便可以由同乡或水客带到南洋谋生。当然，也有人选择继续去外地求学。由于毅成公家塾一开始就有华侨捐助支持，所以学费很便宜。据村中老人回忆，半年学费仅是交五块钱或几十斤米即可。因为费用不高，村里很多孩子都能上学，甚至女孩子也能有机会到学校读书。村中多位七十多到八十多岁的老婆婆，小时候都有在毅成公家塾念书的经历。

1902 年，毅成公家塾建成时为木棚瓦面建筑，空间有限，随着学校的发展，学生人数不断增多，家塾渐渐地难以容纳。1911 年，当地侨胞又出资在南口墟创建了一所学校，为纪念晋代著名文学家潘安仁，同时彰显祖荫惠泽，新学校被命名为"安仁学校"。在接下来的一百年时间里，安仁学校先后经历了扩建、合并、易名、复名重修等过程，可谓饱经沧桑。安仁学校培育了数代侨乡村村民，也见证了华侨们对故乡的百年情谊。

创办安仁学校，其目的是容纳更多学子。民国初年开始，原来的塾学式学堂发展成为一所全日制小学，学生达到 300 人。在当时，安仁学校与毅成公家塾实际上可以看成同一所学校的两个分部。毅成公家塾，人们习惯上称之为"老校"，主要容纳一至三年级的学生，而四年级以上的学生则在安仁学校就读。除了毅成公家塾及新建成的安仁学校以外，考虑到潘氏族人遍布在南口的多个村子，为方便学子就近读书，又在塘肚村设立"笃才学校"，在墟岗下设立"聚英学校"，这两所新设立的初级小学校加上原来的毅成公家塾均成为安仁高级小学的三所分校。完成改制之后的安仁学校，遵照当时教育部规定的统一课程进行授课。至此，安仁学校发展成为一所现代新式学校。

从毅成公家塾到安仁学校，华侨功不可没。但是，虽然华侨捐资建成学校，平时学校却没有固定的款项维持日常运作。为解决这一问题，1918 年，潘立斋和潘祥初两位先生在南口墟上建造了十六间店铺，命名为"永发街"①。这十六间店铺除两位创办人各保留一间外，其余十四间作为学校校产，店租收入全部充作安仁学校的教育经费。从此，安仁学校有了固定的教育经费，"永发街教育基金"也成为安仁学校的第一项教育基金。

安仁学校自创办以来，教师辛勤执教，教学质量颇高，历届小学毕业生考取省立梅州中学的比例很高。随着学校的发展，原本建立的安仁学校需要进行再次扩建，以容纳更多学生。1926年，印尼侨领潘立斋先生七十一岁大寿②，族中晚辈子弟为其贺寿。潘立斋先生奉行节俭，遂将寿宴上所得寿金全数捐给安仁学校，用于兴建教学楼。此事在《潘立斋先生荣哀录（哀启·二）》中有载："先严以时艰年荒，不愿为此劳人伤财之举。经族众再三环请，始许从节省举行。命将所聚钜金，移为建筑全族学校之费。"当时用立斋先生寿金购置各种建筑材料，由族人建造起一栋两层建筑，占地面积约800平方米。此楼沿用多年，直到1991年才因成为危房而被拆除，后来在原址新建了今天的北教学楼，但安仁学校的师生仍习惯把立斋先生捐建的那栋教学楼称为"老楼"。已退休的潘校长介绍，如今在海外很多八十岁上下的华侨小时候都曾在那栋"老楼"上过课。

民国之后，侨乡村村民大多要到十八岁上下才由同乡或水客带出洋，因此，许多学生在安仁学校念完小学之后又考到梅州中学、东山中学等学校继续读书。考取中学之后，学生赴梅城就读，因路途较远且费用较高，不是一般家庭所能承担。为了使族间子弟有接受中学教育的机会，当时有人萌生了在安仁学校创立初中部的想法。1936年，时任安仁学校的校长潘卓凡先生亲赴中国香港、日本及南洋群岛，发动潘氏宗亲捐资兴学并且得到了潘君勉（香港嘉应商会主席）、潘植我（日本侨领）等海外宗亲的大力支持。蒙各地潘氏宗亲捐资，1937年安仁学校扩建了"正楼"三层、"新楼"两层，并且充实各项教育设备，聘请初中教师。此外，还在学校附近增辟学生宿舍，以容纳来自大坪、瑶上、李坑等邻乡的学子住宿。1938年，安仁学校初中部正式开始招生。经过此次扩建，安仁学校已颇具规模，在当地及邻近乡镇中的影响力进一步扩大。安仁学校的创办与发展，全部为海外潘氏华侨及村民捐助，并没有向政府申请过任何款项。也正是因为这个原因，安仁学校一直被广大海外华侨华人视为潘氏宗族的骄傲。已退休的潘玉清老校长曾言，海外宗亲一直以来都把安仁学校看作潘氏或是侨乡村村民自己的学校，也正是因为这种情结，海外宗亲才会几十年如一日地保持着对安仁学校的关注以及捐资的热情。许多华侨华人回乡时都会再回安仁学校看看，怀旧之情，溢于言表。

从清末一直到20世纪40年代，侨乡村旅外华侨捐资教育一直没有中断。这段时期也正是华侨在南洋及日本等地区发展顺利的时期。1937年，日本全面侵华，抗日战争爆发。刚开始，战争对处于山区的梅州影响较小，国内与南洋各地依然保持联系，海外依然有大量侨汇汇入，支撑着侨乡村的生计，对安仁学校的支持也没有断绝。但是，之后由于战争的关系，局势动荡使得以往常用的两种侨汇渠道——水客往返和政府汇款受阻；同时，第二次世界大战也给南洋华侨带来了不同程度的冲击。华侨虽心系故土，却有心无力，公益事业不得已暂时中断。

1949年，新中国成立，安仁学校被改名为"南口镇中心小学"，原来永发街那十四间

①　以纪念南口潘氏二世开基祖永发公。

②　因客家人讲虚岁，七十一岁实则为七十岁，故在客家地区七十一岁为大寿。

作为校产的店铺也被当做"偿产"而被没收。"安仁"之名原为追忆潘氏在历史上的荣耀，同时也是希望借潘氏先祖之名将海内外的潘氏宗亲凝聚在一起，共同为家乡教育事业出力。因此，易名严重地伤害了华侨们的感情。潘校长曾听很多华侨说过，既然这所学校已经被收归国有，它的建设就应由国家掏钱，我们不想再管这所学校。事实上也没人敢管。在华侨心目中，学校易名，校产被没收，便已和华侨再无关系。事实也是如此，从新中国成立后到20世纪80年代初，华侨对安仁学校的捐助几近断绝。

20世纪80年代，改革开放之后，侨乡村村民与海外亲属逐渐恢复了联系和往来。1982年，印尼华侨出资几万港币修建校舍，这是改革开放后来自海外的第一笔教育捐资，但当时的捐资者的条件即是要求政府恢复原有校名，政府最终接受，安仁学校得以复名。从1987年开始，安仁学校校方①就积极和华侨联络，写信给中国香港、马来西亚、印度尼西亚的潘氏宗亲会，希望海外华侨一起帮忙，争取把永发街的校产拿回来。起初，香港的潘氏宗亲会认为安仁学校都已是政府所有，争取永发街意义不大，因此不太支持。老校长跟他们解释，永发街争取回来后，是由潘姓族人管理，学校虽然归政府，但收入还是用在教育方面，而且由潘氏族人管理，也算有个名分。之后，国家落实华侨政策，归还华侨财产，永发街店铺最终归还给潘氏族人，并由此成立"安仁学校教育促进会"，当时不敢叫"潘氏教育促进会"，担心被认为是"潘氏"私人或是宗族的，故以"安仁"称之比较妥当。

此后，仍时常会有华侨问校方，现在安仁学校到底是国家的，还是潘家的。如果是国家的，那么他们就不管了；如果还是属于潘家的，作为潘家的后人，他们能帮则帮，还是会出些心力。很多老一辈华侨华人小时候曾在安仁学校就读，因此对学校感情甚深，加之客家"崇文重教"的传统，从毅成公家塾到安仁学校，海内外侨乡人为家乡教育倾注了不少心血，有此想法也就不难理解。为避免不必要的误解，潘校长只好和他们解释说，学校既是国家的，也是潘家的。现在学校属于国有资产，学校八十多名教师每个月的工资还是需要由政府发放，但安仁学校若想有进一步发展，又离不开潘氏宗亲的鼎力相助。

事实上，潘家海外宗亲"争"的，乃是一个名分，从安仁学校建立以来，学校招收学生并无偏见，凡是侨乡子弟，均可入学读书，潘姓与他姓子弟，并无区别。在校方和海外宗亲耐心解释后，他们大多也能接受，有能力者还是愿意捐助办学。当然，潘氏宗亲在海外发展也不容易，他们自然很在意自己的捐资去向何方，用在何处。无疑，"安仁"之名得以恢复，更加提升了海外华侨华人对这所百年老校的认同，从恢复原名那一年开始，华侨捐资安仁学校的热情得到很大提高。只要校方提出需求，拟好发展方案，很快就能得到海外宗亲的回应。1987年，日本侨商三番先生个人捐资，在安仁学校内兴建幼儿园。1997年，华侨华人又捐资兴建九十五周年纪念楼。

一次，现已退休的潘老校长和南华又庐返乡省亲的潘姓华侨聊天，他问现在安仁学校还缺什么，潘校长告之还差一个图书馆，经核实后，那位华侨立即捐资十万人民币用于兴建图书馆。自创校以来，安仁学校大部分的楼房、教学设施都是华侨捐建，而且绝大部分都是潘姓华侨捐建的。20世纪90年代后，学校开始设置电脑室，当时香港的一位乡人一次捐献了几十台电脑，使安仁学校比国内很多学校都领先一步。1995年，安仁学校被评为

---

① 潘先生时任副校长。

梅州市一级学校，这与这些华侨华人的捐资息息相关。谈起此事，潘校长非常自豪："梅县所有的学校，只要是有华侨支持的，都建设得很好，硬件设施都远远领先其他没有华侨支持的学校！"

20世纪90年代，安仁学校的扩建及危房改造基本完成。2006年，南华又庐后裔潘淑容之子捐资修建了最后一栋新教学楼，并以潘淑容女士之名命名。至此，安仁学校的建筑工程已全部完工。之后，旅外华侨华人开始捐资设立奖教奖学基金，用于学校的运作以及奖励优秀教师和学生。其中，潘祥初奖教奖学金、安仁学校奖教奖学金为奖励学生的永久性奖学金。除此之外，还有潘立斋奖学金、立斋夫人奖教金、潘应熙体育奖教奖学金、潘森福艺术与自然专项奖教奖学基金、"三番学会"庆亮夫人奖教奖学金等。安仁学校前任校长潘老先生说："这些奖教奖学金，不管钱多钱少，是华侨们的一片心意，他们一直都很关心安仁的发展和教学质量。对于教师和学生们而言，这些奖项则能催人上进，争取更好的成绩。"

（二）乡村建设：华侨出资，全村出力

在侨乡村，除了在"崇文重教"的文化传统的影响下，旅外华侨华人不断捐资侨乡教育外，侨乡村在外的华侨华人也一直关心家乡的建设，一是早期华侨仍有归乡的意愿，家乡建设自是分内之事；二是乡情使然，海外华侨华人事业有成，并且在外接受了许多新事物，思想开放、灵活，他们希望能将新的生活方式带到家乡，使乡邻从中受益。20世纪50年代，在旅外乡贤潘光熙与曹金香夫妇的发动与捐助下，侨乡村建成村里第一批新式医院、幼儿园、敬老院等机构。潘曹夫妇是印度尼西亚华侨，早年在梅县教会学校读书，后来到印尼做百货生意发迹。潘光熙先生在印度尼西亚时就受中国共产党思想影响，对新中国寄予极大期望。潘光熙之子回忆其父时说："他在印度尼西亚接受的进步思想，比得过很多真正的共产党员。"

新中国成立后不久，中国驻印度尼西亚代表便组织潘光熙等人开展侨团工作。潘光熙先生为当时印度尼西亚侨团的理事。潘家人原本都在印度尼西亚，"二战"时期由于东南亚地区沦陷，社会动荡，加上几个孩子正值学龄，1941年，潘太太曹金香女士带着孩子们回到家乡，潘光熙则留在印度尼西亚照看生意。新中国成立后不久，侨乡村成立信用社，曹金香女士担任信用社主任。当时潘先生在印度尼西亚已事业有成，从印度尼西亚汇进一百多万元巨款存在信用社，为国家提供了大笔外汇。新中国成立初期，国家外汇紧缺，曹金香女士又动员村民们写信到南洋各地，动员海外华侨汇款回国，一来可以赡养家人，二来给国家提供外汇，缓解外汇紧缺的情况。而曹金香女士在信用社担任主任时，一直全力投入工作，但没有领过一分钱工资。

1950年，印度尼西亚发生排华事件，一直持续到1953年才慢慢平息。当时许多印度尼西亚华侨华人纷纷回国或者移居其他国家避难，但仍有很大一部分华侨由于各种原因没能离开印度尼西亚。潘光熙先生选择留在印度尼西亚，以印度尼西亚侨团理事身份，协助开展难侨工作。之后，他又自己出资，在印度尼西亚安置很多来不及回国的难侨，并在这一时期开始策划成立华侨联谊会，促进海外华侨华人的交流与互助。1956年，潘光熙先生回国参加全国华侨联谊总会的成立仪式，并受到国家领导人的接见。侨联的成立，进一步加强了新中国与海外侨胞的联系与互动，而潘光熙先生在海外华侨团体中影响力的提升，

也使其在以后能够顺利发动华侨华人对中国展开捐助。

与此同时，曹金香女士在侨乡村组织创办了侨乡村第一所幼儿园和敬老院。由于侨乡村里大部分年轻人都出洋谋生，即使偶尔回到国内，也只是回来娶妻或者因事短暂停留，故在相当长一段时间内，侨乡村人口大部分是由老人、妇女和儿童组成。因此，侨乡村妇女要承担大多农活、家务以及照顾老幼的责任。由于青壮年妇女要承担大量各种农活和家务，老人、小孩常常得不到足够的照顾。面对这种情况，曹女士深感有必要建立幼儿园和敬老院，以照顾村里的幼儿和老人，同时减轻中青年妇女的负担，使之能专心务农。除自己捐钱以外，曹女士还通过她和丈夫在海外侨胞中的影响力，广泛发动捐资。

第一所敬老院当时设在德馨堂，据德馨堂主人潘之福先生回忆，当时德馨堂所住人口相对较少，有较多空房，最初大概安放了近四十个床位，村里有许多老人住在这里，而没有住进敬老院的老人也经常到那里去和老人们聊天、打牌。敬老院的创办，为村里老人们提供了一个公共的活动场所，并能得到适当的照顾。敬老院所需经费都由曹女士设法募集。而侨乡村第一所幼儿园则直接设立在琛如庐，据潘从亦先生回忆，当时琛如庐每天都很热闹，许多小孩在家里跑来跑去，除政府对膳食给予一定补贴外，幼儿园的经费也是由曹女士负责的。

在创办了村中第一所幼儿园和敬老院之后，曹女士又发动创建妇产院、新式医院以及戏院等。曹女士写信到南洋，由潘光熙先生在侨胞当中筹款寄回，曹女士再负责操办具体事务。所以，在侨乡村，曹金香女士可谓家喻户晓，相较之下，潘光熙先生因长期居于印度尼西亚，反倒没妻子出名。潘从亦先生笑道："我母亲比我父亲还更厉害，更出名！"潘、曹两位先贤可谓"里应外合"，曹女士在国内发动建设，而潘先生则在海外筹资支持。他们夫妇合力为侨乡村公益事业做出了重要贡献，也正因如此，在之后的历次政治运动乃至"文革"中，潘家虽成分不好，但也因他们平时对侨乡村村民的照顾，而没有受到太大冲击。

在潘曹两人推动的众多公益事业中，南口华侨戏院、华侨水电站十分重要。在如今南口镇市场，以前曾有一栋戏院，名为"华侨戏院"。戏院始建于1962年，20世纪60年代末建成投入使用。修建戏院的计划由公社提出，当年这里是一片荒地，公社想通过修建戏院把这块土地利用起来，以丰富人民的文化生活，但苦于资金匮乏，迟迟没有动工。潘曹夫妇得知后，自己捐助了十几万，又发动广大海外侨胞捐资。现在村里六十上下的老人大多记得当年建造戏院的情况。当时，华侨对家乡事业非常热心，捐资积极，兴建戏院的资金大部分为华侨捐助，其余则为学校老师、合作社职工的捐款，方式则是从工资中逐一扣除。政府号召力强，加之建造戏院是造福百姓的事，因此，大家都积极响应，并无怨言。

戏院的修建，还得到民众的支持，中、小学学生也参与了建设。每周有两个下午会由老师组织学生去劳动，到河里捡石块，装河沙。那时工钱也不高，小工六角一天，师傅一块多一天。戏院主体由三合土（石灰、黄泥和沙子混合）砌成。最初建好时里面的椅子只是一根根杉木，两边各一木桩支起一根杉木就是一行椅子，可以坐很多人。到20世纪70年代时改成单独的椅子，约有一千四百个座位。建设戏院时，在南口驻扎的解放军部队"塔山英雄团"承担了开挖土堆、平整场地的任务。在建好内部大厅和舞台后，戏院就开始投入使用，一直到1973年戏院大门门楼修好，所有工程才算竣工，前后花了十年时间。

戏院在建设时就已被命名为"华侨戏院"，主要是出于华侨捐资的缘故，冠以"华侨"之名,与芳名碑之效用类似。南口戏院很宽敞,可容纳一千多人,所以建成之后,全镇开会和外省、本省的歌剧团来演出,全都在南口戏院。由此华侨戏院也成了南口镇的重要地标,除了逢年过节的节目会演,梅县乃至梅州其他地区要召开大规模会议,也多会以华侨戏院为会址。不过,20世纪80年代后,华侨戏院经政府转卖给地产商,最终被拆除,并在原址上建成市场。对此,许多侨乡百姓颇为不满,可是因为华侨戏院从一开始就是华侨捐助而非投资建设,其产权并不属于华侨,不存在产权争议,所以对戏院的拆除,村民也只能表示叹惋与无奈。但华侨戏院的建设和使用,已然成为南口以及侨乡村村民的集体记忆,影响着他们对历史以及海外关系的认识与判断。

与华侨戏院同一时期修建的还有位于塘肚村后山的华侨水电站,最初同样面临资金不足的问题,之后依靠华侨捐资才得以建成。侨乡村村民几乎出动全村之力建设华侨水电站,以解决当时村中的用电问题。相对戏院而言,水电站工程因为资金缺口不大,所以建设较快,但与水电站配套的水库工程则相当浩大。这个水库是靠村民自己的力量建成的,没有发动华侨捐钱。水库由瑶上、南口、荷泗三个公社合建,当时正处于人民公社时期,参加劳动的人可计算工分。水库建成之后,为充分利用水库资源,又新修了装机容量更大的坝后水电站。两个水电站建成之后,不仅解决了侨乡三村的用电问题,还有相当一部分电可以卖到外地,所收电费则作为水电站及水库的运作和维修费用以及村中其他建设费用。

华侨戏院、华侨水电站两项工程集中了当时各方面的财力、人力和物力,并在多方合作之下共同完成。海外华侨的大力捐资直接促成了这两项工程的启动,而侨乡村村民、南口镇教师及公社工作人员等都捐钱、出力,甚至连学生都参加了义务劳动。侨乡村的老人们对这两项工程都感到特别自豪,毕竟是海内外乡民合作的成果。华侨戏院直接为村民提供了一个公共场所,电影、话剧、舞蹈等戏院活动,丰富了侨乡村的文化生活,并且提高了侨乡村在南口乃至梅州地区的知名度。而华侨水电站则直接解决了村中用电问题,多余的电还为侨乡村增加了共同收入,并用于支持乡村建设。更加重要的是,两项工程的建成,也推动了侨乡村村民自身对公益事业的参与,使之不再完全依赖海外华侨的捐助。这也是侨乡村公益事业发展的一个转变,特别是改革开放后,随着侨乡村经济水平的逐步提高,生活条件的日益改善,村民对公益事业的参与度也越来越高。

总体而言,侨乡村诸多公益项目能够顺利开展,首先源于海外华侨在国内还有不少亲戚,他们与国内的联系还非常密切,对于第一、二代华侨华人而言,他们大多儿时在家乡生活,对侨乡的认同依旧强烈。其次,村中出现潘曹夫妇这样在海外事业有成,又热心家乡公益的人士,为筹备款项,推动家乡建设做出了重要贡献。最后,则是得益于侨乡村村民的全民参与。在华侨捐资的带动与影响下,侨乡村村民积极投入乡村建设之中,同时,乡村公益事业的发展过程,也是侨乡村村民与海外华侨华人加强交流与往来的过程,在此过程中,侨乡村村民对"侨"的认同,对于"侨"的意义的感知,都在各种生产实践中得到强化,而其中蕴含的公益精神,也不断地内化于心,渐渐成为侨乡村村民价值观念的组成部分。

(三)侨乡公益:传承、内化与转变

在华侨对侨乡村百年公益事业的支持中,一些具有开拓性质的公益捐助模式也被创造

出来。从创办毅成公家塾开始，到兴建安仁学校，其中都有华侨的大力捐资。但是，学校虽然建成，但缺乏日常运作的经费。为解决这一问题，1918年，潘立斋和潘祥初两位先贤在南口墟建造了十六间商铺，除两位创办人各保留一间外，其余十四间作为学校的校产，其店租收入全部充作安仁学校的教育经费。从此，安仁学校有了固定的教育经费维持学校的运作，而"永发街教育基金"则成为安仁学校第一项教育基金。

过去，侨乡村内各项事业在有需要的时候，只要联络、发动旅外华侨，华侨大多都会积极响应，但是，从发起再到华侨集资，最后寄回国内，毕竟需要一定的时间，而且也会因为时局变化而掺入很多不确定的因素，不具备可持续性，因此会造成许多不便。所以，在最近十几年里，无论是海外华侨华人，还是侨乡村村民自身，都开始倾向于把"捐助"转换为"投资"，如在镇上兴建或购买店铺，再以店铺租金支持某项事业的需要，或将捐资融入某一基金中，靠每年利息来支持乡村建设。这样一来，捐资变成了"活钱"，使得侨乡村每年均有一定的收入，开展相关建设，同时又省去了在海外华侨华人中发动和集资的时间和过程，方便许多。

当然，这其中也反映出一种让侨乡村村民担忧的趋势，那就是老一辈华侨逐渐年迈，由于身体原因，许多华侨越来越少回乡探亲，而年轻一代华人由于从小在海外长大，他们中许多人已经不能流利地讲普通话或客家话，对侨乡村的家乡观念已经越来越淡薄。毕竟，从小的社会化过程使得他们的情感归属发生了极大的改变，较之中国的家乡而言，他们更加认同于生长于斯的居住国。因此，若是老一辈华侨华人逐渐去世，这些年轻华人很可能不会再返回中国的家乡。老一辈华侨华人自己也明白这一点，所以，他们希望趁自己还有心力，设立一些能够长期为侨乡村提供收入的项目，以此来支持家乡的发展，了却乡愿。

此外，改革开放后，地方经济发展使当地很多公共设施的产权与性质发生了转变，但是，当年不少公共设施由华侨华人捐资兴建，这自然也对华侨华人与家乡的关系产生了一定的影响。南口在20世纪六七十年代修建的一批公共设施多为华侨捐资，当时，这批设施被归入公社财产；90年代时，这些设施或用地被政府出售。最先是政府把华侨戏院以一百多万的价格卖给原籍南口镇的一位旅美华侨，之后，他把戏院拆掉，并在原址新建了现今的南口市场。最初，市场大楼二楼设计为一个能容纳五百人的礼堂，以代替原先戏院的功能，但后来因为消防标准不达标而没有建成，进而卖给一家家私厂做商店之用。没有华侨戏院，村里的文化生活变得单调，加上戏院出售，村民并没有获得任何利益，村民感到非常气愤。之后，由华侨捐资，侨乡三村公社出力建设的塘肚村水电站也被转售给私人经营，配套水库也被承包出去，用于养鱼。在转售、承包中，村民同样没有获得利益，而海外华侨则因过去的捐资去向不明而感到失望，捐资热情受到打击，这也成为无法推动进一步捐资的重要原因。

自20世纪90年代开始，华侨华人对侨乡村的捐资日渐减少。国内经济迅速发展，人们生活水平不断提高，侨乡村与东南亚地区经济差异逐步减小，这是华侨华人对国内捐助减少的最重要原因。自改革开放以来，中国经济逐步发展，至20世纪90年代中期时已取得相当可观的成绩，珠三角地区的迅速发展，也为周边地区致富创造了条件，在此时期，侨乡村外出打工发家致富者不在少数。许多华侨返乡后，看到家乡亲人生活水平提高，起码温饱不愁，而且几乎家家户户都建了新楼，有的甚至比他们在国外过得还好。其实，大部分华侨华人自身在海外赚钱不易，许多人在国外其实都是靠打工或者小本经营谋生。加之 1997 年东南亚金融风暴之后，经济不景气，直接影响到他们的生活。所以，许多华侨华人回来探亲，有时反而是国内的亲戚请他们吃饭，陪他们四处旅游，情况与 20 世纪 80 年代初期大为不同。很多位村民都说他们听到海外华侨华人回来之后，感叹国内的生活比他们在海外要好很多。家乡亲人的生活让他们放心，甚至让他们感到羡慕。

目前，侨乡村的基础建设已基本不再依赖华侨捐助。侨乡村村民开始越来越多地依靠自己的力量去建设村中的基础设施。当然，对于与文化传统相关的事项，如祭祖以及修缮祖屋和祖坟等，海外华侨华人依然非常热心参与，乐于捐助。一直到最近几年还有许多华侨华人回乡祭祖或者是筹款修缮祖屋。此外，梅州地区的客家人注重风水，重视祖荫，即使在海外生活多年的华侨华人也不例外。很多旅外华侨华人认为，他们在中国的祖先坟地以及祖屋的风水会影响到他们在海外的命运，也正因如此，很多华侨回国探亲，一般都会安排时间去祖屋拜祭祖先，许多人还要去祖坟扫墓，祈求祖先保佑。因此，在最近十几年里，海外华侨对国内的捐助虽然逐渐在减少，但在修缮祖屋、祖坟方面还是相当积极，并成为联系侨乡与海外的重要渠道。

海外华侨捐助侨乡村的各项建设，发展乡村公益，已持续了近百年的时间。华侨们这种热心家乡建设的公益精神对侨乡村村民带来了潜移默化的影响。村民常言，一个人发达之后，如果不为家乡的发展做些贡献，那么即使他再有钱也很难得到别人的敬重。因此，在侨乡村，无论是国内村民还是海外侨胞，有能力者都会尽力为家乡做出贡献，把家乡建设得更好。在调查期间，我们发现，尽管来自海外的捐资逐渐减少，但村民自身的捐资多了不少，这部分资金大部分来自改革开放初期赴香港、广州、深圳以及珠三角各地打工，如今已事业有成，发家致富，定居外地的侨乡村村民。受侨乡文化传统的影响，继海外华人之后，他们开始关注家乡的建设与发展。

侨乡村的公益事业经历了百年的发展历程。对于侨乡村村民而言，发展公益事业，推动乡村建设已是被人们广泛接受和认可的事情，对此进行捐助，对他们而言是相当普遍和自然的，发动和参与各种公益事业的捐助甚至已成为一种文化传统与习性（habitus）。过去，村民更多是发动海外华侨华人捐助侨乡建设，而今，侨乡村村民自身也有能力参与到这些公益事业当中。华侨华人捐资建设的种种设施虽然已移作他用，甚至已成为历史记忆，但海外华侨华人热心乡村建设的公益精神已渐渐成为侨乡村村民认可和传承的精神品质。从村民们讲述的各种故事，以及村里各种芳名录、芳名碑不难看出，最近十多年中，越来越多的人（包括海外华侨华人、定居国内其他地方的侨乡人以及侨乡村民）参与到侨乡村的公益事业中。以往，因为经济条件的限制，公益事业大多为富裕华侨承担，他人从旁襄助，如今，侨乡村的公益事业大多依靠众人捐助和集体出力来共同完成。因此，虽然海外老一辈华侨逐渐老去，他们对于家乡的许多事业越来越有心无力，而年轻一代华人对中国家乡的观念越来越淡薄，联系也越来越少，但是，凭借着对侨乡公益精神与文化传统的认知与实践，侨乡村村民或许能够从老一辈华侨肩上接过担子，将乡村公益事业传承与发展下去。

课题负责人：段颖，中山大学社会学与人类学学院讲师

第六编　华侨文化建设

广东华侨文物保护与利用

新中国成立后，特别是改革开放以后，中国的文物保护事业发展到一个全新的阶段，1982 年 11 月《中华人民共和国文物保护法》的发布，对改革开放后新时期社会主义现代化建设中的文物保护工作起到了重要的指导作用。随后，国家在 2002 年、2007 年和 2013 年又分别三次对该法进行了修订。作为我国最大的侨乡和侨务大省，广东省在文化保护和利用方面做了大量工作，比如广东省在 2008 年第十一届人民代表大会常务委员会第七次会议通过了《广东省实施〈中华人民共和国文物保护法〉办法》，为文物保护工作提供了地方性的法律支持。但我们认为，广东华侨文物保护和利用还有大量工作要做，应当跳出单一文物保护的窠臼，把华侨文物保护与利用工作作为战略工程来抓，要在政府主导的框架内有计划、有步骤地实施。

一、广东华侨文物保护与利用的重要意义及存在的问题

广东是中国第一大侨乡，分布在世界 100 多个国家和地区的广东籍侨胞约有 3 000 万，占全国华侨华人的 2/3；按行政区划计，广东地级市有 80% 为侨乡；按土地面积计，侨乡占全省总面积的 72%；按人口计，归侨、侨眷人数有 2 000 多万，侨乡人口约为全省总人口的 75%。伴随广大华侨华人和归侨侨眷在一定历史时期内生产、生活和其他社会活动，产生和保存了大量的华侨文物。

华侨文物记录了先辈们的物质文化活动，是一种无价的资源。华侨文物既保存了一般文物的性质，其"侨"字特色又提升和拓展了一般文物的价值和作用。作为一项系统工程，华侨文物的保护与利用工作将在文化大省建设、历史文化遗产保护、文化生态保护、文博事业发展等方面起着举足轻重的作用。

第一，华侨文物保护与利用，是国家文化遗产保护工作的一部分。我国文化遗产是各民族智慧的结晶，蕴含着中华民族特有的精神价值、思维方式和想象力，体现着中华民族的生命力和创造力。保护文化遗产，保持民族文化的传承，是维护世界文化多样性和创造性，促进人类共同发展的前提，中国政府一贯重视文化遗产的保护。2005 年，国务院颁布了《国务院关于加强文化遗产保护的通知》，将文物保护工作的意义提高到一个新的层面。华侨文物中的一些近现代重要史迹，历史上各时代的重要实物、文献、手稿、图书资料，以及在建筑式样、分布均匀或与环境景色结合方面具有突出普遍价值的历史文化部落（街区、村镇），均是国家文化遗产甚至是世界文化遗产的一部分。2006 年，我国政府公布每年 6 月的第二个星期六为"中国文化遗产日"。华侨文物的保护与利用的研究，对我国文化遗产保护事业的发展将产生重要推动作用。

第二，华侨文物的保护与利用，将推动广东文化大省的建设。广东是全国重要侨乡，

华侨文化史迹多、分布广、内容丰、底蕴厚、影响大。华侨文化是侨乡一道靓丽的文化风景线，在近现代广东乃至中国历史上具有重要而独特的意义。广东建设文化大省与华侨文化的建设与弘扬分不开。广东省委、省政府十分重视保护和发展华侨文化、侨乡文化。2010 年，《广东省建设文化强省规划纲要（2011—2020）》的出台，更是首次提出了"建立华侨文化生态保护区"、"建设我国重要的华侨华人文化交流中心"等任务和目标。目前，华侨文化遗产、华侨文化景观、华侨文化生态保护和建设的呼声很高，在这些保护和建设工作中，华侨文物的保护工作是核心。因为文物是文化的重要物质载体，没有华侨文物的存在，华侨文化遗产、华侨文化景观、华侨文化生态保护和建设将无立足之本和核心亮点。加强对华侨文物的保护与利用的研究，在广东文化强省、华侨文化生态保护区的建设中有着重要的地位和作用。

第三，华侨文物的保护与利用，将促进"粤侨精神"的弘扬与传承。广东人海外移民历史长、人数多、分布广。长期以来，广大粤籍侨胞在海外艰苦拼搏，始终坚持继承和发扬中华优秀传统与广东精神，积淀形成了独具特质的"粤侨精神"。例如，闯荡南洋金山到异域谋生，体现敢为人先的精神；披荆斩棘垦荒、开矿、修铁路，体现刻苦耐劳的品质；开餐馆、办商店、设工场、辟农场，描述务实创业的品格；设庙宇、开学堂、办报馆，阐述崇文重教的文化传统；成立社团、守望相助，表达团结重义的精神；扶持辛亥革命、投身抗日洪流，表现海外赤子的爱国主义情怀；投资侨乡建设、捐办公益事业，体现念祖爱乡的情结；寄批汇款、赡养眷属，表明尊老爱幼、笃诚守信的伦理道德规范。简言之，敢为人先、刻苦节俭、务实创业、崇文重教、团结守信、爱国爱乡、念祖爱亲的广东华侨精神在华侨文物中得到较全面的诠释与解读。

第四，华侨文物的保护与利用，对于增强祖籍地的影响力、凝聚力、向心力具有重要作用。华侨文物所蕴含的历史积淀与其中的文化基因及其含量，或恢宏，或细微，均反映出华侨先辈们艰苦奋斗的历程和爱国爱乡的情怀，通过华侨文物的保护、利用以及宣传推广工作，能够促进海内外炎黄子孙的民族文化认同感，激发广大华侨华人爱国热情和"寻根"意识，并建立起祖（籍）国与华侨华人密切联系的纽带。

第五，华侨文物的保护与利用，有利于"文化搭台，经济唱戏"的文化产业开发，在保护华侨文物基础上发展华侨文化旅游产业，挖掘广东省特色旅游资源，打造旅游优势品牌，促进经济发展。

目前，虽然学界对文物保护工作的开展和相关研究已经成果颇丰，但对华侨文物保护与利用的研究还不多。理论研究的匮乏，与当前各项华侨历史文化保护和弘扬活动的强劲势头形成了明显的反差。而这种反差将严重影响以上工作的顺利开展。因此，"华侨文物保护与利用研究"具有十分重要的现实意义。本项目将对华侨文物的定义、特点、作用、保护开发现状、存在问题及解决思路做全面的梳理，旨在为华侨文物保护与利用的工作和研究提供序化的信息和发展思路。

二、华侨文物的定义与特点

（一）华侨文物的定义

文物与华侨文物是两个不同的概念，它们既互相区别又互相联系。根据马克思主义辩证法关于矛盾的普遍性与特殊性原理，我们要正确理解华侨文物，必须先准确回答"何为文物"这个问题，然后再分析文物与华侨文物的区别和联系。

1982《中华人民共和国文物保护法》颁布之后，国家对文物的范围有了明确的界定，随着对该法的三次修订，关于文物的界定越来越明确。据 2007 年修订的《中华人民共和国文物保护法》第二条，对保护文物的范围作了明确规定："在中华人民共和国境内，下列文物受国家保护：

（1）具有历史、艺术、科学价值的古文化遗址、古墓葬、古建筑、石窟寺和石刻、壁画；

（2）与重大历史事件、革命运动或者著名人物有关的以及具有重要纪念意义、教育意义或者史料价值的近代现代重要史迹、实物、代表性建筑；

（3）历史上各时代珍贵的艺术品、工艺美术品；

（4）历史上各时代重要的文献资料以及具有历史、艺术、科学价值的手稿和图书资料等；

（5）反映历史上各时代和各民族的社会制度、社会生产、社会生活的代表性实物。"

由此可以明确：第一，文物一般具有历史、艺术、科学三个方面的价值。具体到每一件文物，不一定都具有三个方面的价值，但至少要具有其中一个方面的价值，否则就不能称其为文物。第二，文物应是反映历代社会制度、社会生产、社会生活、文化艺术、科学技术等方面的有代表性的实物。各个方面的文物之间具有广泛而密切的联系。

至此，文物的定义可以概括为：文物是人类社会活动中遗留下来的具有历史、艺术、科学价值的遗物和遗迹。[①] 也可以说，它是历史上物质文化和精神文化的遗存，具有历史、艺术、科学的价值，是重要的文化遗产。

华侨文物不仅包括华侨社会活动中遗留下来的具有历史、艺术、科学价值的遗物和遗迹，而且包括与华侨历史活动有关的纪念性和代表性的实物。因此，本项目组对华侨文物的定义是：华侨文物是华侨群体在一定历史时期内生产、生活和其他社会活动过程中遗留下来的遗物、遗迹以及与之直接关联的具有重要纪念意义和教育意义的实物。具体来说，主要有以下五种：

（1）华侨所建造的具有历史、艺术、科学价值的代表性建筑物，如名人故居别墅、碉楼、骑楼、私家祠堂和园林。

（2）华侨捐建的具有纪念意义的建筑，如中山纪念堂、十九路军抗日阵亡将士陵园、三灶岛"万人坟"遗址、市立中山图书馆旧址、台山县立中学、甄贤社学旧址、美洲华侨纪念堂等。

---

① 肖花、刘春年：《文物信息资源分类与特征分析》，《现代情报》2012 年第 10 期。

（3）与华侨历史活动、革命功绩和著名人物有关的近现代建筑或遗址，如黄花岗七十二烈士墓、华侨五烈士墓、旧金山华侨千人墓、新宁铁路北街站、南华置业公司旧址、冰玉堂、新会金牛山华侨义冢墓群。

（4）在建筑式样、分布或与环境景色结合方面具有突出特色和华侨文化内涵的建筑群，如汀江圩华侨近代建筑群（梅家大院）、聚龙村民居。

（5）与华侨历史和生产生活有关的重要实物、代表性实物、文献、手稿、图书资料。

（二）华侨文物的特点

华侨文物作为文物的一个组成部分，它首先具有作为文物的普遍性，同时又含有区别于一般文物的特性，即突出它的涉侨含义。华侨文物的特殊性表现在以下四个方面：

（1）华侨文物大多是近现代文物。以中国古代史和中国近现代史的分期为依据，文物分为历史文物和近现代文物。按目前掌握的情况看，不管是可移动文物还是不可移动文物，华侨文物大多产生于1840年以后，属于近现代文物。1840年以前的古建筑和古遗址少、古物件少。与历史文物重质地、重用途相比，华侨文物主要重经历、重社会关系。

（2）华侨文物与中国近现代革命史联系紧密。广东华侨与广大海外华侨一样，虽身在异国，但时刻关注祖国和民族的命运。在中国近现代史上的很多重大历史事件和革命活动中，海外华侨都与祖国和人民同呼吸共患难，积极支持和参与祖国的革命与政治活动，从而留下了很多反映历史活动的重要实物。各种类型的华侨文物串起了这些光荣历史，是历史的最好见证。

（3）华侨文物分布广泛。由于华侨先辈的足迹遍布全球，华侨文物也分布于全世界。如颜斯综在《南洋蠡测》中说道："新忌利坡（即新加坡）有唐人坟墓，记梁朝年号及宋代咸淳"；清光绪十一年（1885）马来亚侨领陈旭年修建的"资政第"的大宅，被新加坡政府列为受保护的古迹，还以它为主题发行纪念邮票，向全球发行；其他诸如安葬了19世纪60年代来到新西兰的114位华侨遗骨的新西兰达尼丁华侨历史墓地、美国圣荷西华工公墓、澳大利亚墨尔本金矿博物馆中展出的华工采矿的工具等。华侨遗存在国内的华侨文物更是不胜枚举。这些充分说明了华侨文物的跨地域性。由于海外华侨的特殊生活背景，被居住国的文化融合和同化自然要反映在各种类型的华侨文物上，因此，很多华侨文物还体现出中西文化交融的异域性。如建筑风格各异的碉楼，有传统屋顶式、仿意大利穹隆顶式、仿欧洲中世纪教堂式、仿中亚伊斯兰教寺院穹顶式、仿英国寨堡式、仿罗马敞廊式、哥特式、折中式、中国近代式等，林林总总，堪为世界建筑文化博览馆。

（4）华侨文物私家性强。较之其他文物，华侨文物的私家性特征明显。绝大部分华侨文物都与华侨家族历史和个人经历有关，如故居、墓穴、合同、侨批、口供纸、证明、证件、收据等。

三、广东华侨文物的类型

依据国家对文物的分类，广东省华侨文物也分为可移动文物和不可移动文物两大类。分布地区主要集中在广州地区、江门五邑地区、潮汕地区和梅州地区等传统侨乡。文物作为一种特殊资源，在政治、经济、文化等方面的作用日渐显现。

（一）不可移动文物

"不可移动文物"（或称古迹、史迹、古化古迹、历史遗迹），是先民在历史、文化、建筑、艺术上的具体遗产或遗址。

（1）法定文物保护单位。具体又可分为全国重点文物保护单位、省级重点文物保护单位、市级重点文物保护单位。例如，孙中山故居于1961年被列为全国重点文物保护单位；三灶岛"万人坟"遗址于1983年被列为广东省文物保护单位；华侨五烈士墓于1983年被列为广州市文物保护单位。除了已经被纳入文物保护单位的华侨文物，还有一些华侨文物被列入登记保护的文物单位，如伍廷芳墓、德仔楼、塔影楼、东皋大道侨房建筑群等。

（2）虽未定级但确有历史文化价值的古建筑、纪念建筑物、民房、遗址遗迹，能反映城乡发展的代表性建、构筑物等。如许雪秋故居。

（3）历史文化风貌地段（历史风貌保护区、历史建筑群等）。如开平的赤坎旧镇建筑群、台山的汀江圩华侨近代建筑群、广州的聚龙村民居等。①

（二）可移动文物

"可移动文物"指馆藏文物（可收藏文物），主要类型包括与华侨历史活动和生产生活有关的重要实物、代表性实物、文献、手稿、图书资料等。更多的华侨文物仍分散在乡野，容易"藏在深闺人不知"。其中，可移动文物是广东华侨文物的主要部分。

（1）重要实物。重要实物是指与重大历史事件、革命运动和重要人物有关的、具有纪念意义和历史价值的纪念物遗存。例如，毛泽东主席给华侨领袖司徒美堂先生的亲笔信；孙中山先生签发给华侨的委任状；孙中山用过的打字机；致公堂证章、会员证；中华革命军军服的纽扣；抗日战争时期宋美龄到海外筹款收到捐款之后写有其签名印鉴的收据；蔡廷锴将军在美国游历时赠给华侨的手书；著名侨领司徒美堂遗物；华裔飞虎队队员当年穿过的军装，戴过的臂章、肩章、军帽，荣获的奖章、徽章；卖瓜子救国的广东新会华侨郑潮炯当年卖瓜子所用的布袋和所穿的两件衣服；新宁铁路的股份、会员等凭证；"二战"时期华侨参加美军抗击法西斯侵略时所穿的军服和获得的奖章；"南侨机工"的纪念章、驾驶执照、证明书以及1950年在美国出生的"五星红旗"等。

（2）代表性实物。代表性实物是反映华侨历史活动中使用过的具有代表性的生产工具、生活用品等。例如，广东华侨博物馆收藏的猪仔钱、金山箱，广东三水县籍华侨妇女在新加坡从事建筑粗工时围带的"红头巾"；台山博物馆收藏的抗日战争期间华侨捐赠的铁炮、飞机；广东中山博物馆收藏的一百多年前华侨淘金时得到的金沙；广东梅州华侨博物馆收藏的华工参与建造的美国至加拿大太平洋铁路中的一节铁轨等。此外，还有华工们创业用的铁刨、两头锄、斧头、铁铲、畚箕；华侨侨眷们的唐装衫、古老照相机、火水灯、熨斗、斗木工具、剃头刀、菜刀、坤甸床、留声机等生产和生活用具。

（3）华侨民间文献。华侨民间文献是华侨文物中的重要组成部分，华侨民间文献与华侨历史紧密相连，是最直接的历史凭证。例如，口供纸、侨批、契约合同（卖猪仔合同）、各类华侨证照（居留证、华侨护照、国籍证明、出入境证明等）、华人社团会费收据、会

---

① 2002年的修订案还增加了关于国家历史文化名城和历史文化村镇的保护内容，扩大了文物保护的对象。

馆文献、华侨捐款收据、华侨置业投资的证券（地契、房契、股票）、华侨家书、华侨老照片、革命债券等。这些民间文献具有多重价值，是研究海外移民史、中国革命史、专门史等领域的重要资料。五邑华侨博物馆收藏的清末年间华侨从海外寄钱回五邑的账本，就属于国家银行博物馆的镇馆级文物，对中国银行史研究有着重要价值。

（4）图书资料、手稿。华侨文物中还包括一些晚清时期的华文报刊、民国初期的侨刊乡讯等弥足珍贵的图书资料。例如，由美国华人社团"美洲同源总会"创办的从1924年创刊至2006年停刊共84年来3万多份的《金山时报》，可谓广东华侨博物馆收藏的研究近现代华侨华人历史，尤其是研究美国粤籍华侨华人历史和美国华文报刊新闻史的"镇馆之宝"。华侨文物中还包括华侨名人的手稿，如孙中山、陈嘉庚的手稿。在大洋彼岸的美国芝加哥孙中山纪念馆还珍藏了上百件孙中山先生的手稿和历史图片。南京孙中山纪念馆、广东中山市孙中山故居纪念馆均有孙中山手稿的收藏。陈嘉庚的手稿则在福建厦门的陈嘉庚纪念馆现身。除了文物收藏部门外，很多珍贵的华侨名人手稿被民间收藏家收藏，如孙中山用毛笔书写的记录"庚子首义"全过程的珍贵手稿，就由广东民革党员罗林虎收藏。

与不可移动文物相比，可移动文物的类型和数量更多。同时，因为其形态信息直观丰富而更容易被体味和接受，其研究空间也更为广阔。但因其具有分散性和隐蔽性的特点，对其发现和收集保护存在困难。

四、广东华侨文物保护与利用现状

（一）取得的成绩

1. 华侨文物保护与利用的外部环境不断优化

在改革开放至今的30多年里，中国的各项事业进入了一个快速发展的时期。中国的文物保护事业也得到长足的发展。1982年，第五届全国人民代表大会常务委员会第25次会议通过了《中华人民共和国文物保护法》。这部法律弥补了1961年《文物保护管理暂行条例》的缺陷和不足，不仅明确了受保护文物的类别，而且对文物保护单位制度和文物分级制度也有了更为明确的规定。2002年和2007年，又对该法律进行了修订。2002年修订案将原来的"重要的革命文献资料"改为"历史上各时代重要的文献资料"，这标志着文物这一概念已经逐步脱离了阶级属性，回归其社会历史属性。除此之外，2002年的修订案还增加了关于国家历史文化名城和历史文化村镇的保护内容，扩大了文物保护的对象。2007年的修订案进一步明确了我国文物保护工作的保护对象，对我国文物保护事业具有重要的指导作用。

与此同时，许多全国和地方性的法律条规也不断颁布，各项文物法规制度不断健全。《广东省实施〈中华人民共和国文物保护法〉办法》于2009年3月1日起正式实施，之后，广东省先后制定印发了《广东省重点文物保护专项补助经费管理办法》、《广东省举报文物犯罪奖励办法》、《广东省文化厅文物保护工程工作规程》、《广东省文物保护专家委员会工作规程》、《广东省文物征集专项资金管理办法》等规章制度。

作为广东省省会，广州市的文物保护工作也处于先进地位。广州市曾于1956年、1982年和1999年分别进行了三次文物普查，在市辖区内公布了219处市级以上的文物保护单位和 159 处登记保护文物单位。2003 年，广州正式启动了第四次全市文物普查。此次普查准备充分、工作到位，拾起众多"遗珠"。在此基础上，2009 年，厚厚 14 大本，包含 4 334 条文物线索，堪称广州有史以来最全的一张"藏宝图"——《广州市文物普查汇编》正式出版。

"十一五"期间，广东省文物保护经费投入有较大增长，省级以上财政共投入不可移动文物保护专项经费 13 431 万元（其中，中央财政补助 6 458 万元，省财政投入 6 973 万元）。各级地方财政对文物保护工作的投入也有较大幅度的增长。①

2. 确定了一批华侨文化史迹作为保护对象

在不断完善文物保护法律法规的同时，全国共进行了三次全国性的文物普查工作。第三次全国文物普查从 2007 年 6 月至 2011 年 12 月，工作成绩显著。广东省第三次文物普查结果显示，广东省不可移动文物已有 3.7 万多处，其中新发现文物点 2.7 万多处，不可移动文物登记总量全国排名第六。② 截至 2010 年底，广东省共有全国重点文物保护单位 66 处，省级文物保护单位 405 处，市县级文物保护单位 2 634 处。③ 全国文物普查的热潮，同时带动和促进了广东省华侨文物的专项普查工作。广州市侨务办公室分别于 2003 年、2004 年组织人力与有关部门摸查华侨人文史迹"家底"，初步整理出 150 多个华侨人文史迹，其中具有一定代表性和观赏性的华侨人文景观有 60 多处，并挖掘出一些鲜为人知的宝贵历史资料。④

广东开平市在"开平碉楼与村落"申报世界文化遗产的 8 年中，对全市中西合璧的华侨建筑——碉楼进行了三次普查。普查结果显示，目前开平现存碉楼（已登记在册的）1 833座：1911 年以前和 1938 年以后建造的有 343 座，占 18.7%；1912—1937 年建造的有 1 490座，占 81.3%。⑤

在对广东著名华侨乡梅县的文物普查中，摸清在该村汇集的清末民初由"海客"回乡兴建的客家围龙屋共 34 座。有专家认为，侨乡村的围龙屋建筑群是梅州地区迄今为止发现的最密集、保存最好的建筑群落，与开平碉楼遥相呼应，成为广东省旅游大格局中的"东有开平碉楼群，西有梅县围龙屋"的双子星座。⑥ 其中，广东梅州的季立居，为 1913年旅马来西亚华侨熊氏应贤公由马六甲返乡购地建成。季立居祖祠合一，古朴典雅，建筑设计合理，体现了客家人聚族而居、敦亲睦邻、和谐融洽的生活形态，对于研究梅州城区客家传统民居建筑文化具有很高的价值。2012 年，季立居被广东省文物局评选为省第三次全国文物普查"十大新发现"之一。⑦

文物保护单位申报办法有所改革与突破。自 2011 年第六批广东省文物保护单位评选后已经鼓励跨级申报。有重要价值的文物保护单位不必按县（区）市省国家逐级申报，可以直接申报。广东省文物保护单位"容闳故居"，之前都不是市级文保单位，属于跨级申报。

---

① 《广东省文物事业"十二五"规划》，粤文物〔2011〕189 号。
② 《全省第三次全国文物普查工作总结电视电话会议召开》，南方网，2011 年 12 月 29 日。
③ 《广东省文物事业"十二五"规划》，粤文物〔2011〕189 号。
④ 《广州成为最大侨乡都市》，《人民日报》（海外版），2006 年 1 月 27 日。
⑤ 张复合、钱毅、杜凡丁：《开平碉楼：从迎龙楼到瑞石楼——中国广东开平碉楼再考》，《建筑学报》2004年第 7 期。
⑥ 《专家呼吁我省建设华侨文化生态保护区》，广东侨网，2011 年 8 月 8 日。
⑦ 《广东文物普查"十大新发现"揭晓 "季立居"上榜》，《梅州日报》，2011 年 7 月 12 日。

3. 积极申报优秀历史文化遗产，提升华侨文化的地位和作用

（1）申报世界文化遗产。1972 年 11 月，联合国教科文组织通过了一项《保护世界文化与自然遗产公约》，将参加公约缔约国在世界范围内被认为具有突出意义和普遍价值的文物古迹、自然遗产、文化景观列入《世界遗产名录》。1985 年 11 月，全国人大常委会批准了我国参加联合国教科文组织《保护世界文化与自然遗产公约》，有力地促进了中国文物保护事业的发展。从 1986 年中国政府申报长城、北京故宫、周口店"北京人"遗址、泰山、敦煌莫高窟和秦始皇陵等进入名录以来，经过历年申报批准，截至 2009 年 6 月，我国共有 38 遗址处被列入《世界文化遗产名录》。[①] 广东省抓住"申遗"机遇，积极组织世界文化遗产的申报工作。江门市政府组织"开平碉楼与村落"申报项目组，历时 8 年，终于申报成功，"开平碉楼与村落"成为 36 个中国世界文化遗产之一。

2008 年，作为珍贵民间文化遗存的潮汕侨批，与五邑银信、梅州侨批联袂，以"广东侨批"的名义向国家档案局申报国家档案文献遗产，并于 2010 年 2 月成功入选《中国档案文献遗产目录》。

2013 年 6 月 19 日，在韩国光州召开的联合国教科文组织世界记忆工程国际咨询委员会第十一次会议上，由福建和广东两省联合推荐并由国家档案局申报的"侨批档案"顺利通过评审，成功入选《世界记忆名录》。

申报优秀历史文化遗产工作，在更大范围、更宽领域、更深层次起到了《文物保护法》的宣传作用。如果说文化遗产在"申遗"成功前是在国内范围引起关注，那么"申遗"成功之后就在世界范围内引起关注，并接受世界遗址委员会的监督。这样，文化遗产既在更大范围得到宣传推介，也在更高层面得到保护和监督。[②] 实践证明，"申遗"的过程就是在更大范围宣传《中华人民共和国文物保护法》的过程，这个过程让《中华人民共和国文物保护法》走进千家万户，使千家万户增加了保护世界遗产的意识。[③]

（2）积极申报中国历史文化名镇和名村。在 2002 年新颁布的《中华人民共和国文物保护法》中，提出了历史文化街区和村镇的概念，即"保存文物特别丰富并且有重大历史价值或者革命纪念意义的城镇、村庄"，并将其列入不可移动文物保护的范围。这标志着文物保护体系由"点状"保护向"线状"保护和"面状"保护拓展。2003 年，建设部和国家文物局联合公布了第一批中国历史文化名镇（村），至今已经进行了共五批的评选。第六批中国历史文化名镇名村的申报工作已经在 2013 年 1 月启动。据目前的评选结果，广东省 10 个全国历史文化名镇中，开平市赤坎镇、大埔县百侯镇因浓郁的侨乡文化底蕴而榜上有名；广东省 15 个全国历史文化名村中，广东省开平市塘口镇自力村、广东省中山市南朗镇翠亨村、广东省恩平市圣堂镇歇马村、广东省汕头市澄海区隆都镇前美村等也因侨乡特色而获得殊荣。在这些中国历史文化名镇/村中，中西合璧的碉楼、骑楼、名人故居、祠堂、民居、商铺等著名华侨文物无疑为项目的申报增添了浓墨重彩的一笔。

① 郑滨：《1860—2009 年中国文物保护历程研究》，厦门大学硕士学位论文，2010 年。

② 《申遗成功有何好处？》，《生活日报》，2010 年 8 月 7 日。

③ 张春雨：《浅谈世界遗产地的综合效益》，中国文物网，http：//www.wenwuchina.com/episteme/list5/detail30/23048.html。

4. 因地制宜，创新华侨文物管理方式

文物管理是文物保护与利用的重要工作。由于一些华侨文物的私家性的特点，对传统文物的管理模式需要创新。广东在这方面已经取得了宝贵的经验。经过多次调研论证，创造性地提出了碉楼"托管"的设想。即业主将碉楼和别墅委托给政府管理，期限是50年，政府负责维修整治的费用，负责使用管理。如果获得收益，将从旅游门票中提取一定比例返回给业主，以体现其资源使用的价值。这就是后来受到联合国世界遗产专家和国家文物局高度肯定的"托管制"。继"托管制"后，2011年，开平市出台了《关于已托管的碉楼与村落认养管理办法（试行草案）》，鼓励民间人士"认养"碉楼。18周岁以上的公民或拥有合法主体的单位，只要花30万~50万元，就可以认养一座或大或小的碉楼。认养者在认养期间享有碉楼房屋的使用、养护、监护和冠名等权利，认养时间最长为30年。2011年12月31日，广东省开平碉楼认养大会隆重召开，推出的首批32座待认养的碉楼中，20座被热心的企业与个人认养。① 虽然"托管"、"认养"等方案还需在实践中调整和完善，今后的路漫长而艰巨，但无疑为不可移动华侨文物特别是具有私有产权的华侨文物的管理、开发与利用，进行了有益的探索。

5. 以华侨文物为中心打造华侨文化景观

随着华侨文物保护体系"点"、"线"、"面"的立体化，广东省一些地区已经注重以华侨文物为中心，进行华侨文化景观的建设。作为世界文化遗产碉楼与村落的杰出代表，自力村保存了融合中国传统乡村建筑文化与西方建筑文化的碉楼原貌，与当地优美的自然风光融为一体，构成了独特的人文景观，极具旅游观赏价值。2009年，自力村游客量达26.9万人次；旅游业的发展进而促进了当地的经济发展。有调查显示，自力村42%的家庭中有人从事旅游业，63%的年家庭收入在5万元以上。伴随着"广东人游广东"、"2006中国乡村游"等活动的开展，开平碉楼群、台山梅家大院、恩平歇马举人村、梅县华侨围屋联芳楼、珠海梅溪牌坊旅游区、澄海"岭南第一侨宅"等景点已被初步开发。例如，开平赤坎古镇成了影视拍摄基地；中山市对孙文路华侨建筑进行修缮；江门市、台山市也对城区侨房较多、历史较长的骑楼群进行了修缮保护和开发利用；惠州市惠阳区从2011年起每年投入1 000万元专门用于客家围屋保护；广州市荔湾区近年对华侨建筑群聚龙村进行了整体修缮，并改造周边环境，使该村成为休闲旅游景点。② 这些华侨文化景观的打造，在保护华侨文化生态、宣传华侨历史、弘扬华侨精神的同时，也促进了旅游、商业、文化的发展。

6. 华侨博物馆纷纷建立，华侨可移动文物的收藏受到重视

华侨博物馆是专门收藏、展览有关华侨（可移动）文物的专门机构。随着国家综合实力的不断提升，海外华侨与祖国的联系不断加强，华侨博物馆成为近年来文博事业的一朵奇葩。目前全国华侨博物馆有十多家，多分布在中国南方的传统侨乡，地域特点比较明显，反映的是不同地域、不同时期其海外乡亲与祖国的联系。其中，广东华侨博物馆数量最多。作为著名侨乡，广东各地已建成的、开放的、以陈列华侨历史文物为主的博物馆已增至8家，它们分别是：开平华侨博物馆（1985年开馆）、台山博物馆（1988年开馆）、

---

① 《开平碉楼认养　重在"养"字》，《江门日报》，2012年1月3日。
② 参见林琳：《关于广东建设华侨文化生态保护区的思考》，《华侨与华人》2011年第2期。

揭东华侨博览馆（1997 年开馆）、梅州华侨博物馆（1999 年开馆）、台山海宴华侨农场印尼归侨家庭博物馆（2002 年开馆）、汕头侨批文物馆（2004 年开馆）、江门五邑华侨华人博物馆（2005 年开馆）、广东华侨博物（2009 年开馆）①。另外，拟建设中的还有广州华侨博物馆、中山华侨博物馆、潮州华侨博物馆和广东南海九江侨乡博物馆。

除各级华侨博物馆外，在广东省博物馆、广东省档案馆、暨南大学图书馆、中山市香山商业文化博物馆、珠海斗门兆珍博物馆内亦有华侨文物展示。

（二）存在的问题

1. 文物保护机构力量薄弱，人员整体素质不高

广东是全国（除海南外）省级文物行政人员编制最少的省份，同时处于历史上省级文物行政人员编制最少的时期。目前，广东省文物局仅有人员编制 5 人，长期靠借用或聘用人员维持正常管理。部分地级市没有设立文物科，很多县、区没有文物专职干部，无法保证当前文保工作的需要。同时，广东省文博队伍人员整体素质不高，专业人才缺乏，在广东全省的文博队伍中，从事文物维修、养护的专业技术人员匮乏，没有一个获得资质的文物维修设计的事业机构，也没有拥有资质的文物保护规划设计部门。文保机构不健全和人员素质不高，造成依法行政、依法管理工作的效果受到削弱，很大程度上影响甚至降低了全省文保事业的发展。

2. 文物保护"五纳入"② 未能有效落实，文物保护经费严重不足

到目前为止，广东省文物保护的资金（包括华侨文物）主要是政府投入。以广州市为例，广州市文物保护每年的财政经费是 500 多万，但市级文物保护单位 500 多处，每个文物保护单位能摊上的资金就十分有限。同时，由于经费短缺，无力招聘专职保护人员，导致县（市）级文物保护单位长期处于无人看护状态，更不用提、也不敢想象在保护区安装探测、监控、报警设施，实现技防、物防和人防相结合的安全防范体系。文物保护经费短缺问题必然涉及华侨文物。很多华侨文物的维护保养问题矛盾突出，就连让广东人引以为荣的世界文化遗产"碉楼"也面临经费保护的捉襟见肘。从 2000 年到 2007 年，经过了 8 年努力，这个五邑侨乡的华侨历史文化核心保护项目，终于成功申报世界文化遗产，它成为广东省第一个、中国第三十五个世界文化遗产项目，这曾让 1 亿多广东人欢欣鼓舞，让海外五邑华侨华人奔走相告。但 4 年后，侨乡碉楼的保护竟成为一个沉重的包袱。由于资金不足，整体碉楼的维修整治进展缓慢，而省内其他更广大区域，系统保护工作尚未开始，一切无法落实。文物保护经费不足制约了广东省文物保护工作的有效开展。

3. 缺乏相应的法规和制度保障

作为全国最大的侨乡，广东省除了《广东省开平碉楼保护管理规定》外，还没有针对华侨文物保护与利用的政策出台，甚至相关的专行条例都没有。目前对华侨文物的保护管理参照国家和省市《文物保护法》的有关规定执行。现行的《广州市文物保护管理规定》

---

① 吴行赐：《弘扬华侨精神为己任——广东各地华侨博物馆述评》，《华侨与华人》2011 年第 1 期。

② 1997 年，国务院发布《关于加强和改善文物工作的通知》（国发〔1997〕13 号），要求各地、各部门将文物保护纳入经济和社会发展计划，纳入城乡建设规划，纳入财政预算，纳入体制改革，纳入各级领导责任制，把各级政府保护文物的责任进一步具体化。但"五纳入"工作普遍未有效落实。目前文物保护方面经费不足是普遍问题。

（以下简称原《规定》）颁布于1994年，随着时间的推移和形势的发展，其立法依据《中华人民共和国文物保护法》分别于2002年和2007年进行了两次修改，现行的《广州市文物保护管理规定》在许多方面已不适应广州市文物保护工作的开展和需要。遗憾的是，在2012年10月由广州市人大常委会通过的《广州市文物保护规定（草案表决稿）》中，仍然没有涉侨文物保护的内容。

4. 人为毁坏现象严重，文物安全形势十分严峻

虽然华侨文化遗产数量丰富，但许多有价值的华侨文物正面临厄运。特别是一些暂未列入文物保护计划的华侨文物，遭到破坏和挪为他用的现象屡屡发生。东山彩园曾是广州华侨所建庭园中最大、最好的，1978年时还有三个大庭院，现在已残留无多。[①] 广州南华西天庆里赫赫有名的百年青砖屋——冯家大宅被改成养老院，大宅结构尽改，院落、古树、凉亭、莲塘尽毁，让人痛心不已。[②] "冯家大宅经历百年风霜依然屹立不倒，到头来却遭人为毁掉，绝对是对历史的亵渎"。冯家大宅的改造遭网友痛斥。再如"潮汕民国第一人"许雪秋的故居[③]，现已变成了出租屋。凋敝凌乱，残败不堪，里里外外电线、天线交错盘结，任意添加的厨灶将多处屋角、门扇熏黑甚至烧毁，而正厅更是成了垃圾堆放点，连屋顶梁柱都被盗锯了近半。[④] 目前，除了少量的重点文物保护单位受到重视以及保护与利用工作开展得较好外，绝大部分的文物保护处于勉强维持抑或自然衰败的状况，自然与人为毁坏的现象十分严重。花山镇是花都区内著名的侨乡，其中洛场村的华侨楼群最为闻名。这些建筑均为两层以上结构，建筑除了外表遭受风雨洗礼而略显斑驳外，里头大多也已残破不堪。如其中的活元楼，虽然楼房外挂上了"花都区登记保护文物单位"的铭牌，但楼房大门敞开，大包小包的杂物被摆放在内；紧挨活元楼的"澄庐"也是毫无遮掩，任何人到这里都可沿着屋内木梯在这座三层建筑里头自由走动；而民国时期由华侨斥资在村内兴建的"修业学校"，如今也已被一间电力培训学校征作学生饭堂之用。[⑤] 在潮州市潮安县，国家文物保护单位从熙公祠（华侨文物）的精美石雕竟然被不法份子偷走，后来经当地政府和公安部门及时追查，才使这两块价值连城的"国宝"石雕免遭被偷运国外的厄运。[⑥]

5. 文物保护意识淡薄，依法行政的执行力度不够

《中华人民共和国文物保护法》是目前我国文物保护的国家法律，但在地方文物保护工作中，以权代法、以言代法现象依然存在。如县级文物保护单位台山新宁火车站是由旅美华侨陈宜禧于1906年创建的，是当时全国最长的民办铁路的候车室。在未经依法批准

---

① 《几多华侨史迹颓败无人知》，《羊城晚报》，2006年2月12日。

② 夏令：《冯家大院沦为仓库养老院》，《信息时报》，2012年2月14日。

③ 许雪秋，是近代华侨资本家，资产阶级革命家，民主革命党人。策划和领导了1907年潮州大地上丁未黄冈起义。该起义震动清廷、震惊海内外，被史学界称之为辛亥革命"前奏"。许雪秋出身于华侨富商家庭，却放弃优裕的生活，立志反清而不顾身家性命，百折不挠，至死不渝地为革命铤而走险，其爱国精神令人敬仰。为了表彰许雪秋的革命功绩，何香凝曾亲笔为其题词："先烈之血，主义之花"。

④ 《革命先驱许雪秋故居日渐破败》，《潮州日报》，2011年10月10日。

⑤ 《穗花都隐藏华侨宝藏风烛楼群亟待保护》，中国新闻网，2010年10月10日。

⑥ 《文物普查清查广东文物家底》，《南方日报》，2009年6月14日。

的情况下，由个别领导下令把它拆掉了。① 按照《中华人民共和国文物保护法实施条例》第八条规定："设区的市、自治州和县级文物保护单位自核定公布之日起 1 年内，由核定公布该文物保护单位的人民政府划定必要的保护范围，做出标志说明，建立记录档案，设置专门机构或者指定专人负责管理"。但很多文物保护单位的"保护范围"都没能及时划定。由于没有及时做出必要的保护范围，"金牛山华侨义冢墓群"的生存空间正在被附近的工业园区占据，挖土机正在蚕食周边土地，义冢所在的山头也被整整切去半个，正遭受严重的开发建设性破坏。据悉，江门市自 1983 年公布第一批市级文物保护单位至今，共公布 6 批市级文物保护单位，但由于各种历史原因，至今所有市级文物保护单位均未划定保护范围。即使是授予了文物保护单位的文物，也缺乏有力的保护措施。在各方利益的挤压之下，文物部门声称"力量有限"。

6. 整体性宣传不到位，社会影响力不够

首先，由于对《文物保护法》的宣传不到位，人们的文物保护意识淡薄，未形成全民依法保护文物的氛围，导致各地文物不同程度遭到破坏。其次，针对华侨文物历史内涵的宣传也非常不够。广东省多数涉"侨"史迹不为人熟悉。很多涉"侨"文物连基本的简介说明都没有。即使是一些声名远播的招牌景点，了解其华侨历史渊源的人也不多，有的甚至被人为淡化。以陈兰彬故居为例，陈兰彬（1816—1895）晚清大臣、学者，首任中国驻美公使。同治十一年（1872），陈兰彬率领从广方言馆毕业生中挑选出来的 30 名幼童赴美国留学。次年，受命前往古巴调查华工情况，迫使西班牙当局于 1877 年签订《会订古巴华工条款》，对华工进行保护。陈兰彬曾被正式任命为驻美国、西班牙、秘鲁三国公使。在任期间，继续深入了解侨工情况，关怀侨胞工作生活，多次向侨居国交涉、抗议，以保证华侨利益，深受华侨爱戴。但在陈兰彬故居的说明中，陈兰彬在华侨史上的作用和贡献只字未提。再如，2007 年，由广东社科院牵头，对广东省历史人文资源进行了调查分析，形成令人瞩目的《广东省历史人文资源调查报告》，受到时任省委书记张德江的高度赞扬。其中 1 300 余个"广东省历史人文资源要录"② 中，有大量的涉侨文物。但遗憾的是，其内容中关于涉侨的介绍不足 10 个。

由于宣传不到位，造成华侨文物整体社会影响力不够，保护意识不足也在所难免。

7. 多头管理，保护和监管乏力

华侨文物管理不仅与建设、规划、国土、房管、公安、民政、旅游、环保等部门有联系，还与侨务、外事、统战等部门有联系。由于各部门职责界定不明确，行政隶属关系不同，经济利益不同，普遍地存在文物保护管理体制不顺、多头管理的问题。以广州市（华侨）文物保护单位为例，其文物有的属文化部门管理，有的属市政园林局管理，有的属私人物业，有的属村集体，有的属宗教部门。例如，孙中山故居属中山市文化广电新闻出版局管理；中山纪念堂属市园林局管理，而部分华侨名人故居则属于私人物业。由于管理体制不同，在对待文物保护与利用问题上明显表现出不同思路和做法。位于汕头澄海区的樟林港，在明末至清代的广东省曾发挥过极为关键的经济作用，其历史价值长期以来并无异

---

① 杨冰：《基本建设对文物破坏不容忽视》，《南方日报》，2001 年 4 月 9 日。
② 见梁桂全主编：《广东历史人文资源调研报告》，北京：社会科学文献出版社 2008 年版，资料汇编部分。

议。一直以来，最困扰人们的是樟林古港的定位：旅游局认为应该朝着旅游的方向挖掘；建设厅认为应该做好维护、保护工作；博物馆认为古港很有考古价值……定位未明，樟林港保护开发计划迟迟未定，诸多文物古迹在这样的等待中自生自灭。更多的华侨文物则因为城市规划建设而销声匿迹。位于江门市新会区会城大新路"太古城"商业城背后的民国冈州中学旧址，是难得的华侨文物建筑，其创办于1905年，由新会华侨与港澳同胞捐款建成，开新会华侨捐资办学之先河。但已于2010年被城建规划部门列入新会区"三旧改造"项目，在2011年11月被拍卖给某开发商，并于2012年遭拆毁。

8. 可移动文物的收藏和利用尚不规范

对可移动文物的保护和利用的重视程度不够，这不仅是广东省的问题，目前在全国范围内也一样。全国三次文物普查的对象都是不可移动文物，其实，相对于不可移动文物，可移动文物的数量和类型更多，但因其分散性、隐蔽性以及私家性的特点，更容易"藏入深闺人不知"。目前，广东省虽然有众多博物馆收藏可移动华侨文物，但也存在一些需要引起重视的问题。主要问题有以下两个：

第一，藏品收集杂乱；代表性文献少。目前，华侨博物馆文物收集主要靠各界人士捐赠，通过捐赠可以弘扬海外侨胞的爱国精神，有利于联络感情和节约经费，当然是比较好的办法，但仅靠捐赠，问题也凸显。捐赠的物品中，很多是华侨及其家族使用和保留的一般性物品、复（印）制品。还有一些是华侨捐赠的不属于华侨文物性质的藏品，比如陶瓷、玉器、绘画等。目前，华侨博物馆征集文物的渠道以捐赠为主，捐赠物品的价值高低不一。有些物品弥足珍贵，而有些则与文物还搭不上边。总之，通过捐赠渠道征集来的反映重大历史事件、革命运动或者与著名人物有关的以及具有重要纪念意义、教育意义、史料价值的代表性华侨文物不多，各博物馆的所谓"镇馆之宝"分量不足。

第二，收集渠道单一，"遗珠"散落民间。随着民间收藏热的兴起，大量有价值的华侨文物散落民间。据了解，目前广东侨乡地区仍有大量的华侨可移动文物被私人收藏，其中不乏"卖猪仔"合同、"致公堂会员证"等晚清时期的具有重要代表性的华侨文物，但这些文物的征集需要大量的经费投入，而非仅仅靠捐赠可取。每年地方政府用于征集华侨文物的拨款十分有限。著名侨乡江门市，政府每年从财政中拨给市博物馆征集文物的款项有10万元，[①] 虽杯水车薪，但已经是很不错的了。

六、侨务部门在广东华侨文物保护与利用工作中的作用

以上虽然归纳出华侨文物保护工作中的很多问题，但是，最主要问题还是认识上的问题，总体上说，广东华侨文物保护工作"虚大过于实"，形成"三多一少"的现象：各级领导的批示和讲话多，各方的提案和建议多，各类的调研活动多，但可操作性的动作少。绝大部分的提案、建议、规划和呼声大多是"纸上谈兵"，很难落实。如果说文物保护问题是全国性的普遍问题，那么，作为全国第一大侨乡，广东是否有责任在华侨文物保护与利用工作中做出表率和贡献？即使仅从本省文化大省建设的角度看，增强华侨文物的保护

---

① 参见《侨乡文物管理》，广东省人民政府网站，http://www.gd.gov.vn/gdgk/inwh/qxwh/200709/t20070927_21300.htm。

意识也是当务之急。因此，广东华侨文物保护与利用的主要思路，首先是要将文物保护工作作为一项战略工程来抓，增强文物保护的意识。认识到位了，各级领导重视了，很多相关问题就会迎刃而解。思路决定出路，提高战略认识是加快广东华侨文物保护与利用的首要条件。

侨务部门作为华侨事务的职能机构，在华侨文物保护与利用工作中应当充分发挥主导作用，主要建议如下：

（一）组织实施和促进一些基础工作的开展

1. 在全省范围内开展华侨文物的摸查登记

对华侨文物进行摸查调研，是做好华侨文物保护与利用工作的前提。目前，广东省华侨文物的统计主要基于全国文物普查的数据，但华侨文物与一般文物相比有其自身的特点和价值，有些华侨文物虽然暂未列入文物普查的范围，但在华侨史上有十分重要的意义。特别是一些隐藏在民间的可移动文物，还没有进入文物普查的计划。

目前广东省还没有开展全省范围内华侨文物的摸查登记，但这是一项十分重要的基础工作。侨务部门应会同文物部门一起，在全省范围内对华侨文物进行清点、记录和整理，全面调查并了解全省相关涉侨文物的数量、类型、分布、年代、面积、环境情况、保护与利用现状，形成调查报告，为加强涉侨文物的保护和利用提出建议与意见。在调查摸底前，先要做好案头的准备工作，制定统一的标准和规范，方便调查摸底工作的进行。

2. 推动华侨文物保护与利用的法制建设

在《中华人民共和国文物保护法》的基础上，尽快制定具体的广东省华侨文物保护的专项细则。在这方面，一些省市的相关经验可供借鉴。2009 年 8 月，福建省人民代表大会常务委员会颁布施行了《福建省文物保护管理条例》，该条例对 1996 年的《福建省文物保护管理条例》进行了修订，特别增加了"涉台文物"的章节，对涉台文物定义、保护原则、政府及相关部门具体保护工作职责等都作了明确规定。2011 年 7 月，福建省人民政府又与国家文物局共同成立了福建省涉台文物保护工程领导小组，由国家文物局局长单霁翔为组长，福建省副省长陈桦为副组长。[①] 福建省将涉台文物的保护提升到事关祖国统一大业的高度。目前，福建省共登记不可移动涉台文物 1 515 处，占大陆涉台文物登记总数的 80% 以上。各级政府已投入涉台文物保护和维修专项经费，分期分批抢救维修一批重点文物。

3. 加强关于华侨文化遗产的学术研究

华侨文化遗产研究的现实性很强，其在传统学科与现实之间架起了一座桥梁，不仅为华侨史研究提供新的、鲜活的文献资料，更提出一些新的课题，引发我们对华侨历史本质特征的进一步思考。目前，华侨文化遗产研究是华侨华人研究领域的薄弱环节，有关学术成果寥寥无几。广东省一直以来就是全国华侨华人研究的重镇，华侨华人研究历史悠久、实力雄厚。2011 年，由广东省侨务办公室与中山大学、暨南大学联合设立的"国务院侨务办公室侨务理论研究广东基地"正式成立，同时挂牌"广东侨务理论研究中心"。这是

---

① 《福建省人民政府关于成立福建涉台文物保护工程领导小组的通知》，闽政文〔2011〕278 号。

目前广东省唯一一个国家级侨务理论研究基地。广东基地将在国务院侨务办公室的指导下，以广东省内专家学者为主要依托，整合省内外、海内外华侨华人研究和侨务理论研究方面的人才资源，搭建一个起点高、基础实、开放性的侨务理论研究平台。借此平台，华侨文化遗产的学术研究也应该就势展开。尽管如此，当前有些很现实的问题成为在华侨文物保护与利用工作顺利展开的瓶颈，应该进行针对性研究，比如私有权与管理权的矛盾、所有权与经营权的矛盾，具体如下：

（1）私有权与管理权的矛盾。广东华侨文物很多属于私有或集体所有的非国有文物，因此，私有产权特征和国家遗产保护之间的复杂性，使非国有文物管理变得更加特殊。特别是2007年《物权法》颁布以来，私有财产得到尊重，非国有文物所有权与管理权之间的矛盾更为突出。非国有文物的所有人，不但要按照《中华人民共和国文物保护法》的规定，负责修缮、保养不可移动文物，同时必须遵守不改变文物原状的原则，负责保护建筑物及其附属文物的安全，而且在转让、抵押时也作了种种规定。这一切都说明了非国有文物建筑一旦公布为文物保护单位，其所有权的性质已经发生变化，一方面它是私有或集体财产，另一方面它又是社会公有的，属于全社会共同的物质文化遗产。在这种情况下，很多非国有不可移动华侨文物的所有人不愿意将自己的物业作为文物保护单位申报。

另外一种情况也让人很纠结。《中华人民共和国文物保护法》第二十一条规定"非国有不可移动文物由所有人负责修缮、保养"。但缺乏统一规划的、由所有人自行负责的修缮保养往往只重视个体的维护效果，忽视与周边环境的协调。2002年，被列为广东省文物保护单位的"梅家大院"，近年来对有些洋楼进行了装修，但装修后的洋楼改变了原来的构造和风格，与梅家大院华侨洋楼建筑群的整体风貌格格不入。若长此以往，梅家大院华侨洋楼建筑群将不伦不类，暗淡无光。

（2）所有权与经营权的矛盾。广东以华侨文物为中心打造华侨文化景观已经初见成效，在"两权分离"上也作了一些有效尝试。例如，自力村碉楼群、马降龙碉楼群、锦江里碉楼群、赤坎影视城、南楼、开元塔、潭江游等景区，现在已由广东开平碉楼旅游发展有限公司经营管理。该公司自2010年6月正式挂牌运作以来，在开平市委市政府的正确领导下，对内强抓旅游设施配套和服务质量提升，对外狠抓品牌打造和市场营销，取得了有目共睹的成绩。它不仅成功建设了开平碉楼文化展示区，提升了世界遗产展示管理水平，而且积极与香港、澳门开展"一程多站"线路互动，成为粤港澳旅游合作的新亮点。开拓创新借助《让子弹飞》等影视作品开展特色营销，成功开拓国内市场，被业界评为"2011年度旅游营销十大经典案例"之一。所有这一切，都得到了国家旅游局和广东省旅游局的肯定和鼓励。2011年12月，广东开平碉楼旅游发展有限公司获得"全国旅游系统先进"称号。①

但是，广东开平碉楼旅游发展有限公司的成功案例，并不代表"两权分离"的模式已经成熟。目前有专家坚称，所有权与经营权分离有悖于《中华人民共和国文物保护法》。另外，很多不可移动华侨文物产权仍属私有或集体所有，在所有权与经营权问题上仍未寻找出一条两全其美的办法。据调查，广东开平1 833座碉楼中，只有37座由政府托管。被称为"开平第一碉楼"的瑞石楼留在国内的产权人干脆私自对游客收取参观费用，每人

---

① 《广东开平碉楼旅游发展有限公司喜获全国先进》，中国江门网，http://www.jmnews.com.cn。

20 元，使瑞石楼成为目前唯一以私人收费接待参观游览的开平碉楼。

（二）积极探索建立华侨文物保护新体制

1. 牵头成立广东省华侨文物保护与利用领导小组

华侨文物的保护应该建立政府主导、社会参与的有效合作机制。为加强华侨文物保护与利用的组织领导，理顺管理渠道，较好地解决"政出多门"的问题，建议由侨务部门牵头，成立广东省华侨文物保护与利用领导小组，由侨务、文物、旅游、城建、规划、园林、设计等部门的人员组成，由政府直接领导，借助政府的特殊功能，理顺各部门之间的关系，加强部门之间的协调工作，发挥合力，以局部利益服从整体利益，对文物的开发与保护实施全面有效的管理。其主要职能包括：

（1）负责制订华侨文物保护、开发和利用的总体规划，将它纳入本地区文化经济建设和社会发展规划之中，并制订规划的实施方案，分步实施。

（2）发展本地区华侨文物保护、开发和利用，保证其所需经费的资金投入。

（3）加强有关华侨文物保护开发的宣传教育，增强社会的文物保护意识。

（4）组织和培养一支华侨文物保护开发的专门人才，大力开展科学研究。

（5）统筹协调解决华侨文物保护利用中的问题。

2. 筹建华侨文物保护与利用专项基金

毫无疑问，华侨文物保护与利用仅靠政府拨款是不够的，多渠道筹措资金，利用民间资本，鼓励个人和企业投入华侨文物的保护，是改变现行资金投入比例和投入机制的一个有力举措。可以争取立项的基本途径主要有：

（1）中国文物保护基金会专项基金。中国文物保护基金会是 1992 年经中华人民共和国民政部登记注册的社团法人，并由国家文物局主管的公募性文物保护基金组织。中国文物保护基金会致力于中国文物保护事业。其宗旨是：筹措文物保护基金，资助文物保护项目，传承优秀的民族传统，弘扬悠久的历史文化，为社会的政治文明、物质文明和精神文明建设作贡献。2009 年，"开平碉楼与村落专项基金"作为中国文物保护基金会直属专项基金组织，经国家文物局、国家民政部审批，正式注册成立。该专项基金以世界文化遗产"开平碉楼与村落"为依托，弘扬爱国主义精神，旨在动员海内外关心和支持中国文物保护事业的各界力量，对开平碉楼与村落进行积极保护，推动中国华侨历史文化保护事业的发展。

（2）中国华侨公益基金会专项基金。该基金会于 1992 年成立，是全国性公募基金会，独立的基金会法人，是对侨界国内外企业、个人捐赠资金进行管理的民间非营利性组织，也是带"中国字头"的全国唯一涉侨基金会。其登记管理机关是民政部，业务主管单位是中国侨联。华侨基金会下设 4 只不动本专项基金、16 只动本专项基金，内容包括救助老人、奖学助教、弘扬文化、青年发展、足球事业、国粹艺术、对外交流、环境保护等。该基金会目前已经设立了"侨爱心 365 基金"、"华侨华人慈善文化传播基金"、"华侨足球公益基金"、"侨心教育慈善基金"、"山东华侨公益基金"等涉侨专项资金。广东华侨文物保护符合该基金会公益活动的业务范围，因此可尝试向该基金会申请"华侨文物保护与利用"专项基金。

（3）中国华夏文化遗产基金会专项基金。中国华夏文化遗产基金会，是我国文化遗产发现研究、保护的社会组织之一。于 2007 年 8 月 28 日在民政部正式注册登记，以"唤醒公民保护文化遗产的意识及责任，配合政府调动民间力量修缮和保护中国文化、历史遗迹，推动社会发展和经济建设"为宗旨，以"取之于民、用之于民、造福人类"为原则而成立。文化部为其业务主管单位。现设立的专项基金有酒文化专项基金、古籍专项基金、唐卡文化专项基金、中医药文化专项基金、少数民族文化专项基金等。

（4）海外华人私人基金会。在中国改革开放的进程中，海外一些声名显赫的基金会为中国的公益事业不遗余力，其中不乏祖籍为广东的创办人。如李嘉诚基金会、曾宪梓基金会、霍英东基金会等，他们是海外华人介入中国改革开放最早、影响最大的人，为国家兴旺和民族富强投入自己的财富、心血和精力，在实现祖国现代化之路的努力中做出了巨大的贡献。李嘉诚基金会的使命，是推动社会建立"奉献文化"本质的力量。基金会主要捐款予教育、医疗、文化及其他公益事业，文物的保护是其文化事业捐款的重要内容。争取这些海外华人个人或企业基金会的支持，广东应具有得天独厚的优势。

（5）其他渠道。2013 年"两会"期间，广东籍政协委员、广东省侨联副主席李崴提出方案，设想争取由国家某一银行牵头，成立"华侨历史文化开发保护基金"，筹集公益保护资金。这也是筹募华侨文物保护与利用资金的一个思路。

广东拥有上千万的海外侨胞和归侨侨眷、资本雄厚的侨资企业以及大量的有志于公益事业的热心人士。根据"谁投资，谁受益"的原则，鼓励社会资本参与，积极发动海内外华侨、归侨和侨眷捐赠，充分利用这些侨力资源优势和民间力量，建立更大、更强的华侨文物保护资金的投入平台，指日可待。

（三）加强华侨文物的宣传与推介

1. 加强华侨文物保护事业的宣传

针对社会上华侨文物保护意识薄弱的现象，应加强华侨文物保护事业的宣传。借助每年的 11 月 19 日《文物保护法》颁布纪念日这个平台，开展形式多样、内容丰富的华侨文物保护宣传活动，加强文物法规和知识理念的宣传教育和普及推广力度，提升社会各界对华侨文物保护的认知度和参与度，构建全社会共同努力保护文化遗产的良好环境。海外联谊是侨务部门的重要工作，通过多种渠道向海外进行推介，鼓励、协助或邀请华侨华人、社团回国参观考察。在海外华侨华人联络联谊活动和各种接待活动中，有意识推荐引导客人参观考察涉侨文物，并将一些重要的"涉侨文物保护单位"纳入涉外旅游接待定点单位。

2. 加强华侨文物主要内涵的宣传

加强华侨文物主要内涵的宣传是当务之急。如果华侨文物中的基本内涵都不能被人了解或熟知，那便枉谈华侨精神和华侨文化精髓的普及和弘扬了。因此，这方面的工作必须改进和加强。侨务部门应组织专家和知情者，对涉侨文物的背景作细致的调研和考察，在所有涉侨文物如华侨名人故居、华侨革命史料或事实物、华侨历史重要的遗迹遗址等的介绍中，增加涉侨背景的介绍。要让世人不仅知道哪些文物是华侨文物，而且清楚这些文物为什么是华侨文物。需要注意的是，目前现有的文物保护单位中，有些涉侨的背景和影响是显性的，如黄花岗七十二烈士墓、华侨五烈士墓等；有些则是隐性的，如五仙门电厂。

这些与华侨有着隐性联系的文物还有很多,有待发掘、考证和宣传。

侨务的文宣部门应将华侨文物的宣传列入工作规划,组织出版华侨文物文史资料、宣传图册;组织编写通俗的、故事性的华侨文物乡土教材;拍摄华侨文物宣传片;开辟华侨文物宣讲专栏等,利用多种形式的宣传手段,让华侨文物及其内涵的精华普及大众、深入人心。

3. 办好华侨博物馆

广东华侨华人、归侨侨眷众多,华侨文化和侨乡文化积淀深厚,是中国最大的侨乡和侨务大省,在全国侨务工作中的地位举足轻重。华侨博物馆作为一个公共文化的社会教育机构和活动场所,负责收藏、研究、保护、展示华侨文化遗产,在承担着华侨华人历史文化传承重任的同时,还是开展和促进侨务工作的有效平台。广东华侨博物馆开馆以来,广东省侨务办公室把华侨博物馆作为接待基地,安排许多来访团组到博物馆参观。海外华侨华人在华侨博物馆睹物思情,流连忘返。华侨博物馆可以说是华侨的精神家园和华裔寻根的基地。为了将华侨博物馆建设得更好,本项目针对目前华侨博物馆存在的一些问题提出以下建议:

第一,要突出主题博物馆的特性。华侨博物馆是一个主题博物馆,因此它的藏品应该与华侨华人的历史活动密切相关。博物馆在收藏文物的时候,应该将华侨文物和华侨所捐赠的文物区别开来。华侨所捐赠的文物中,有些是华侨文物,而有些则不是。例如,美籍华人向广东华侨博物馆捐赠的唐宋时期的中国瓷器。这类文物属于古代文物,研究价值多与考古学有关,以分类研究为主,求辨伪,求断代。而华侨文物多属于近现代文物,总体上尚未达到分类研究的阶段。它的价值主要决定于它作为文物的形成过程和它的经历,决定于与之相联系的历史事件和历史人物的重要程度。将这些非华侨华人历史活动中产生的古代文物与华侨文物混搭在一起,会削弱和冲淡华侨主题博物馆的特性。建议单独建立华侨文物捐赠展室,专门展示华侨捐赠的古代文物。

第二,藏品的收集需要规范。收藏决定了博物馆的命脉,决定了博物馆的社会地位和国际影响。目前各华侨博物馆华侨文物的收藏以接收捐赠为主,这样的行为于公于私都是非常有益的。在中国博物馆历史上,私人捐赠曾对博物馆发展起重要作用。但是,在此过程中也出现了一些问题,不少人捐赠的大多是一般文物,很多甚至连等级都评不上。如果对捐赠文物都收藏,则将面临库存紧缺、管理维护资金少、人力不足的难题。因此对于公益性的国有博物馆来说,针对捐赠的藏品需要进行进一步的规范。其一,捐赠物品应当是具有重要历史意义和纪念意义的华侨历史遗物,对于一般华侨家庭用品,如果不具有代表性,则可不收藏。其二,"保真"是博物馆接受捐赠物品的前提。如果捐赠物品是复(印)制品,则可不收藏。建议建立多层次的华侨博物馆格局。除了国有博物馆外,也鼓励社区和个人建立带有地方特色且服务于特定群体的博物馆,这样,各种层次的捐赠物品可以各得其所,既保护了捐赠人的积极性,又维护了藏品的质量。

第三,征集流程科学合法。在接受捐赠的过程中,要有法律意识,当时的"两相情愿",可能导致事后"翻云覆雨"。因此,接受捐赠工作要细致和规范,要经得起法律和时间的考验。博物馆需要对每件(套)捐赠物品登记造册、出具收据,并签订书面的捐赠协议,同时颁发相关证书。南京博物院就设立了两种证书,一种是捐赠证书,另一种是收藏证书。这是鼓励收藏者捐赠文物的有效方式。这些证书是对收藏者藏品的认可,也是一种荣誉的象征。遇到一些捐赠者的特殊要求，在实践中均要依据相关法律、法规予以妥善解决。这不仅是对捐赠人负责，同时也是对华侨文博事业负责。

（四）促进"华侨文化"品牌的打造

文化品牌是城市文化软实力的重要内容和主要指标，城市竞争在一定程度上是文化品牌的竞争，必须把塑造和创建文化品牌作为一个战略举措来认识和实施。在文化品牌的打造中，城市文化的特质和作用非常重要。广东省是中国最大的侨乡，华侨文化是广东省城市文化的特质，抓住华侨文化品牌的打造，对提升广东省城市文化竞争力有十分重要的作用。

1. 设立华侨日（节）

"华侨日（节）"的设立已经不是一个新话题。2010年，广东省中山市率先宣布将每年的11月10日设为中山"华侨日"。近年来，关于全国建立"华侨日（节）"的呼声越来越高。2012年3月，在十一届全国人大五次会议期间，全国人大代表吴子婴提出，为了更好地凝聚侨心，汇聚侨力，调动广大归侨、侨眷和海外侨胞的积极性，建议在全国设立华侨日。并提议将9月5日——延安华侨第一次代表大会召开纪念日设为华侨日。

2013年3月，全国政协委员、福建省侨联主席王亚君又在全国政协十二届一次会议上提出建议，将陈嘉庚先生的诞辰10月21日，或者是毛泽东为陈嘉庚题词"华侨旗帜，民族光辉"的时间11月18日，设立为华侨日（节）。[①] 与此同时，全国人大代表郑奎城教授也向十二届全国人大一次会议提出设立华侨日（节）的建议。

广东省的人口有1亿多，经济总量占全国的1/8，并已超越新加坡、中国台湾和中国香港，成为我国人口最多、外国人士最多、经济实力最强、文化最开放的省份。广东能有今天的发展，离不开海外侨胞和港澳同胞的大力支持。因此，在广东省设立"华侨日（节）"具有更为重要的意义。侨务部门应组织专家学者、侨界的人大代表和政协委员，进行"华侨日（节）"设立的调研和申报。

至于广东省华侨日定在什么日期，本项目组建议其最好与孙中山生平及其革命活动有关。理由有以下三个：①孙中山是中国民主革命的先驱，第一个提出"华侨是革命之母"的论断，同时，在海外华侨心目中，近代中国的伟大人物当首推孙中山；②孙中山曾以华侨的身份在海外学习和工作十余年；③孙中山是祖籍广东的华侨。

2. 对华侨文物单独授牌保护

虽然很多华侨文物都被授予了国家级、省市级的"文物保护单位"，但单独对华侨文物授牌保护仍然十分必要。此举有利于华侨文化观的塑造，有利于突出和强化华侨文物与一般文物相比具有的特殊意义和价值，弥补华侨文物中涉侨背景时而被淡化的缺憾。授牌保护华侨文物也有先例。2012年6月，湖南省侨联和湖南省文物局联合为首批涉侨文化遗产授牌。与湖南地区相比，广东华侨文物从数量和种类上都超过湖南，广东地区的很多华侨文物，如司徒美堂故居、陈宜禧故居、碧滢楼、旧金山华侨千人墓、冯如故居、冰玉堂、爱群大厦、和平路侨批局、旧址新宁铁路北街站等，在华侨史乃至中国近现代史上留下深刻的印记。广东侨务部门应与文

---

① 《福建省侨联主席建议设立"华侨日（节）"引关注》，《福建侨报》，2013年3月13日。

物部门紧密联系，促进对华侨文物单独授牌保护的工作。

3. 建立广东省华侨华人爱国主义教育基地

为了缅怀海外侨胞的丰功伟绩，弘扬华侨精神，扩大社会影响，激励后人的革命斗志和爱国情怀，自 2001 年 8 月起，中国侨联先后命名了 40 个单位为中国侨联爱国主义教育基地。其中，广东省的孙中山故居、开平南楼七壮士抗日旧址、黄埔军校旧址纪念馆、蚁光炎纪念亭、叶挺纪念馆、庄世平博物馆、黄花岗七十二烈士墓园等榜上有名。

在中国侨联爱国主义教育基地的推动下，一些省市侨务部门也基于本地的实际情况，建立了省级侨务系统的爱国主义教育基地。2005 年起，福建省侨联爱国主义教育基地设立，其中包括李光前故居纪念馆、莆田学院、胡文虎纪念馆、叶飞故居陈列馆、黄乃裳纪念馆、福州市辛亥革命纪念馆等涉侨背景的机构和场馆。2012 年，新疆侨联爱国主义教育基地正式挂牌。

广东是中国近代先进思想、革命的策源地。近代以来，广大华侨为中华民族的伟大复兴和国家的建设发展做出了卓越的历史贡献。广东众多的华侨文物见证了中国苦难史、移民史、革命史，是一部爱国主义和国际主义的教科书，鸦片战争后的华侨史尤其如此。但广东省目前还没有建立省级侨务系统的爱国主义教育基地，侨务部门应该积极促进此事。

4. 以华侨文物为亮点，将人文景观资源转化为品牌优势

虽然广东省以华侨文物为依托，开发了一些华侨人文景观，但是仍存在开发层次低、很多景观局限于原生态景观展示、整体上缺乏品牌的策划和打造等问题。所谓品牌策划，即借助一定的科学方法和艺术，使资源特色在受众脑海中形成和强化一种个性化的区隔，形成统一的价值观，从而建立起自己的品牌。品牌的建立过程实质是找到一种深入灵魂、深入受众心灵的形象。以樟林古港为例，樟林古港的红头船是华侨同祖国联系的纽带，也曾经是连通中国同世界各地经济和文化交流的桥梁。红头船不仅在侨乡名声远播，而且美誉南洋。1980 年，新加坡邮政厅发行了一套"早期船只历史"的普通邮票，其中有一枚面值 1 分的图案是"广东省红头船"；泰国澄海樟（林）东（陇）区联谊会将红头船作为会徽的图案。建议樟林古港以"红头船"为着眼点，通过构思、设计、制作，宣传，盘活现有资源，进一步挖掘其文化内涵，丰富其旅游景观的载体表现形式，打造"红头船"品牌效应，并向有关部门申请"红头船"旅游专利。

5. 华侨文化生态保护区建设

文化生态保护区是指在特定区域中通过采取一系列的保护措施，修复与人们生产生活紧密相关的区域性非物质文化遗产和与之相关的物质文化遗产，并使之与自然环境、经济环境、社会环境和谐共生。加强文化生态保护区建设，推进文化生态保护工作的进一步发展，是文化遗产保护工作的重要组成部分。①

中国的国家级文化生态保护区，是根据《国家"十一五"时期文化发展规划纲要·民族文化保护》中提出的"确定 10 个国家级民族民间文化生态保护区"这一目标而建设的。2010 年，文化部颁布了《文化部关于加强国家级文化生态保护区建设的指导意见》

---

① 陈江风、顾艳玲：《文化生态保护区中的民俗生态保护臆说》，《郑州轻工业学院学报》（社会科学版）2011 年第 1 期。

（文非遗发〔2010〕7 号），对文化生态保护区建设提出了具体的指导意见。至今，国家文化部已批准设立了闽南文化、徽州文化、热贡文化、羌族文化、客家文化（梅州）、武陵山区（湘西）土家族苗族文化、海洋渔文化（象山）、晋中文化、潍水文化、迪庆民族文化、大理白族文化、陕北文化 12 个国家级文化生态保护（实验）区。

广东省对建设文化生态保护（实验）区建设十分重视。2010 年，广东省委省政府印发了《广东省建设文化强省规划纲要》，提出要"加大重点非物质文化遗产项目及其生态环境的整体性保护，建立广府文化、客家文化、潮汕文化、雷州文化、华侨文化、禅宗文化、海洋文化、少数民族文化等文化生态保护区，打造若干个国家级文化生态保护区"。关于华侨文化生态保护区具体的建设问题，专家学者也积极献计献策，如认为华侨文化最集中和典型的江门市，可以申请设立国家级的"华侨文化（江门五邑）生态保护实验区"。关于具体的建设意见，也有专家学者进行过研究探讨①，本文不作赘述，只是就华侨文化生态保护区建设补充以下三点意见：

（1）注重对文化形态实行综合保护。《文化部关于加强国家级文化生态保护区建设的指导意见》明确提出了"确定对重点区域进行整体性保护"的措施，即"要注意保持重点区域的历史风貌和传统文化生态，不得改变与其相互依存的自然景观和环境。要注重非物质文化遗产的不同项目之间，非物质文化遗产与物质文化遗产之间，文化遗产与自然环境、人文环境之间的关联性，将单一项目、单一形态的保护模式，转变为多种文化表现形式的综合性保护"。这里的整体性保护强调保护环境，提倡对多种文化表现形式进行综合性保护。在徽州文化生态保护实验区中，黄山将古村落保护与非物质文化遗产保护结合起来，通过对古民居、古祠堂、古戏台等建筑的修复，很好地保护了传统木结构营造技艺以及徽州三雕、徽州楹联匾额等一系列代表性的徽州非物质文化遗产，也对诸如徽州祠祭、徽剧、徽州民歌、目连戏等非物质文化遗产项目的生存空间进行了良性的修复。通过物质和非物质文化遗产的整体保护利用，古村落形成"幢幢有故事、村村有文化"的良好文化生态。在特定区域内，将非物质文化遗产不同项目与物质文化遗产和自然遗产进行共同保护，既能实现完整保护非物质文化遗产的初衷，又能促进文化生态和谐发展。这种在重点区域进行综合保护的探索，将为文化生态保护区实行整体性保护提供很好的经验。②

（2）注重生态环境的综合保护和建设。如果将非物质文化遗产项目比作鱼，那它们周围的环境就是水，保护好水才能让鱼活得自在。文化生态保护区建设是通过综合协调机制，营造良好的文化生态，保证以非物质文化遗产为核心的文化形态在适合的环境中生存，从而实现文化形态的良性保护和发展的。目前这一理念已被广泛认可，许多文化生态保护区也在积极营造有利于文化形态保护的氛围、空间以及更和谐的自然、文化生态环境。这方面，徽州文化生态保护区中的婺源就提出了"呵护空间、培植沃土"的思路，在保护区创建过程中，实施了自然生态保护工程、建筑徽派风格改造工程和民俗风情保护工程。在保护区禁止乱砍滥伐，保护良好的自然生态环境；新建民居必须按徽派风格建造，对县城主要街道和重点村落的非徽派建筑进行了大规模改造；鼓励支持群众依托传统节庆

① 参见林琳：《关于广东建设华侨文化生态保护区的思考》，广东侨网，2012 年 5 月 14 日。
② 赵艳喜：《整体性保护、区域性整体保护与文化生态保护区的建设》，《河南教育学院学报》（哲学社会科学版）2012 年第 4 期。

平台，开展舞板龙、扮抬阁、跳傩舞等各类民俗文化活动，每年组织大型乡村文化节活动，为婺源非物质文化遗产提供一个宣传、展示、竞技的平台。婺源这种建设思路集自然生态保护、建筑风格营造和民俗文化氛围为一体，不仅有利于快速恢复徽州文化生态，也为保护非物质文化遗产在内的文化形态提供了有利的环境和条件。

（3）注重文化生态保护与社会、经济协调发展。目前，我国文化生态保护区建设中普遍存在的一个问题是：保护区建设如果搭上政府旅游和经济社会的发展规划，就能顺利开展；如果纯粹讲保护文化生态，就会裹足不前。因此，文化生态保护区的建设只有纳入当地的社会经济发展规划中，才会有持续推进的可能。各个保护区也在积极探索文化生态保护与社会经济协调发展的途径。在梅州客家文化生态保护实验区建设中，梅州市政府提出："将有效保护与合理利用相结合，在严格保护梅州非遗项目及其传承人和环境的前提下，科学发展文化旅游产业，促进地方民生改善、文化繁荣、经济兴盛、社会和谐，实现梅州特色生态文化经济区跨越式发展。"[①] 当文化生态保护与当地社会经济发展紧密相连时，政府和民众对保护区的建设才有较高的积极性。

综上所述，随着文物保护理念的不断深化，我国的文物保护已从文物本身扩大到文物整体历史环境。2002 年《中华人民共和国文物保护法》修正案颁布以来，国家对文物保护工作的宏观视野更为宽阔，其内涵和外延都有了相应的发展和变化。以文物保护为基础的文化遗产保护、文化生态保护等工作也进一步开展。2005 年 12 月，《国务院关于加强文化遗产保护的通知》的发布，加快了我国从"文物"保护向"文化遗产"保护的进程。从重视单一要素的遗产保护，向同时重视由文化要素与自然要素相互作用而形成的"混合遗产"、"文化景观"保护的方向发展；从重视"静态遗产"的保护，向同时重视"动态遗产"和"活态遗产"保护的方向发展；从重视文化遗产"点"、"面"的保护，向同时重视"大型文化遗产"和"线性文化遗产"保护的方向发展；从重视"古代文物"、"近代史迹"的保护，向同时重视"20 世纪遗产"、"当代遗产"的保护方向发展；从重视重要史迹及代表性建筑的保护，向同时重视反映普通民众生活方式的"民间文化遗产"、"世间遗产"保护的方向发展；从重视"物质要素"的文化遗产保护，向同时重视由"物质要素"与"非物质要素"结合而形成的文化遗产保护的方向发展。[②] 因此，华侨文物的保护与利用也应跳出窠臼，开拓思路，与时俱进。目前，广东省文物保护工作"雷声大"、"雨点小"，因此在政策的制定、实施、创新思路等方面，福建、湖南、江苏、上海等地已经走在了我们前面。作为我国最大的侨乡和侨务大省，广东应当把华侨文物保护与利用工作作为战略工程来抓。华侨文物的保护与利用，有很多基础工作去做，但基础工作的开展要在政府主导的框架内有计划、有步骤地实施。文物保护与利用的工作和研究，也应当跳出单一文物保护的窠臼，在更大、更宏远的规划中讨论。

课题负责人：徐云，暨南大学华侨华人文献信息中心副研究馆员
课题组其他成员：易淑琼、景海燕

---

① 乌丙安：《文化生态保护区建设应有科学思路》，《中国文化报》，2012 年 1 月 6 日。
② 单霁翔：《我国文化遗产保护的发展历程》，《城市与区域规划研究》2008 年第 3 期。

隆都侨乡文化生态保护区建设研究

2005 年，我国颁布了《国务院办公厅关于加强我国非物质文化遗产保护工作的意见》，全面启动了非物质文化遗产保护工作。2007 年，为了加大非物质文化遗产的整体保护，我国启动了国家级文化生态保护实验区建设工作。截至目前，我国已经批准建立了 15 个国家级文化生态保护实验区，其中客家文化生态保护实验区就落户广东梅州。2010 年，我国颁布了《文化部关于加强国家级文化生态保护区建设的指导意见》，对国家级文化生态保护区建设做出了具体的规定。2011 年，我国颁布了《中华人民共和国非物质文化遗产法》，非物质文化遗产整体性保护正式列入法规条文之中。

2010 年，广东省委省政府在《广东省建设文化强省规划纲要（2011—2020）》提出了要建设广府文化、客家文化、潮汕文化、华侨文化等八个文化生态保护区，以求系统地保护岭南文化生态环境。2011 年，中山市正式通过了《中山市非物质文化遗产保护与利用发展规划纲要（2011—2020）》，提出在中山建设文化生态保护实验区的设想。

广东省中山市沙溪镇一带历史上被称为"隆都"，是珠三角著名的"华侨文化之乡"，拥有丰富的物质文化遗产和非物质文化遗产（简称"非遗"）资源和良好的文化生态系统。在城市化和现代化迅猛发展的背景下，建设侨乡文化生态保护区，一方面有利于保护当地文化资源和文化生态系统，促进当地文化健康和可持续发展；另一方面对广东省省级文化生态保护区建设具有先行先试的意义。

关于文化生态保护区建设的研究，目前尚处在起步阶段。[①] 学界就文化生态保护区建设的基本宗旨、原则和方法等宏观问题已达成共识，但是针对具体专题性文化生态保护区建设的微观研究，除了各地所做的文化生态保护区规划外，系统全面的研究尚未展开。

本课题组通过大量查阅隆都地区史料典籍，运用实地调研、横向案例比较等方法，系统梳理了隆都地区的各类遗产资源，包括自然遗产、物质文化遗产及非物质文化遗产资源，分析了这些文化资源内在关系及其生态系统特征，并结合中山市建设国家历史文化名城要求及隆都区文化建设实际情况，明确提出了建设隆都侨乡文化生态保护区的必要性、可能性、目的和方案等，为将来制订详细的隆都文化生态保护区建设规划奠定了基础，也为隆都侨乡文化的保护和可持续发展提供了对策。本课题是对隆都侨乡文化生态保护区建设的专题研究，希望在一定程度上是对文化生态保护区建设研究的补充和完善。

---

① 相关研究参见：王文章主编：《非物质文化遗产概论》，北京：文化艺术出版社 2006 年版；卞利：《文化生态保护区建设中存在的问题及其解决对策——以徽州文化生态保护实验区为例》，《文化遗产》2010 年第 4 期；宋俊华：《关于国家文化生态保护区建设的几点思考》，《文化遗产》2011 年第 3 期；刘魁立：《文化生态区问题刍议》，《浙江师范大学学报》2007 年第 3 期。

一、隆都侨乡的自然与历史文化资源

（一）隆都侨乡的历史沿革与区域环境

广东省中山市沙溪镇一带历史上被称之为"隆都"（包含今沙溪镇、大涌镇和横栏镇的一部分），全镇总面积55平方千米。辖15个村民委员会和1个居民委员会，户籍人口6.1万人，非户籍人口8万多人。是珠三角著名的"华侨文化之乡"，有8万多的华侨港澳台同胞旅居39个国家和地区。在隆都地区，保留着大量的与华侨历史渊源深厚的明清牌坊、祠堂庙宇、历史名胜等物质文化遗产，以及保留有鹤歌、鹤舞、龙舞、凤舞、醒狮舞、二月十二大王诞习俗、三月三北帝诞习俗、四月八民间艺术大巡游习俗等对广大侨胞起着重要维系作用的非物质文化遗产。同时，还有广受侨胞欢迎的传统饮食习俗，在旅居世界各地侨胞中有着顽强生命力的音韵独特的隆都话等。

隆都作为中山市辖地，汉元鼎六年（前111）属南海郡番禺县地；晋咸和六年（331）属东官郡地；隋开皇十年（590）属宝安县；唐至德二年（757）属东莞县；南宋绍兴二十二年（1152）属香山县，归广州府所辖，沿至元、明、清；1925年属广东省中山县；1949年后，先后属珠江、粤中、佛山地区；1953年3月12日后属石岐市（省辖市）；1959年3月20日归中山县；1983年12月22日后属中山市（县级）；1988年1月7日后属中山市（地级市）。

隆都位于市境西部，东与石岐城区接壤。2000年12月，析出西河小区2.6平方千米土地归城区管理。西南邻大涌镇，西接横栏镇，北连东升镇坦背、西区沙朗，南与南区隔岐江河并与中山二桥、三桥相通。总面积55平方千米。境内地势南高北低，丘陵与平原各半，东南和中南部为丘陵台地，一般海拔为20多米。主要山冈有凤凰山、码头山等。位于南部的凤凰山海拔为64.3米，为全镇最高点。北部和西部为冲积平原，河涌交错，岐江河、狮滘河流经境内。按2005年人口普查，侨乡隆都的核心区域沙溪镇户籍人口为61 332人，其中男性29 750人，女性31 582人。以汉族为主，并有回族、苗族、壮族、满族、侗族、畲族、土族、仫佬族、土家族、瑶族10个少数民族。

（二）隆都侨乡的自然遗产资源

隆都的自然遗产资源主要包括狮山海蚀遗址和大石兜村虎逊岩，此外还有烟管山。

（1）狮山海蚀遗址。狮山，又称狮峰，位于沙溪镇圣狮村西面，因其状如蹲伏的狮子，故称狮山，是广东省保存完整的典型的古海遗迹。明、清之时，已被作为旅游、观览景点。

狮山是省内罕见的古海遗迹，极具科学研究价值。它海拔为29.4米，由中生代白垩纪红色砂砾岩构成（沙溪镇内一百多个小山丘，均为白垩纪的侵入岩——花岗岩所组成，仅狮山和员山为红色砂砾岩）。

据考察研究推测，狮山海蚀遗迹最低一层（下层）距今3 000～5 000年；较高一层（上层）海蚀遗迹（所处海拔为25米左右）形成年代则更早、更古老，距今数万年之久。

狮山海蚀遗迹形成的地形部位是在山的西北坡，可推断得知，狮山的西北方曾有过广阔的古海湾,海水波浪作用的主导方向是来自西北方,过去珠江口外的伶仃洋比现在的伶仃洋范围要大得多,中山市境内大部分冲积平原地区都是古伶仃洋的一部分,而狮山则为古伶仃洋中的岛丘。

(2)大石兜村虎逊岩。虎逊岩又称观音岩,位于隆都大石兜村,是沙溪镇著名的风景名胜。虎逊岩是天然古迹,宋时已名传于世。到清代,游人众多,是香山境内为数不多的一大自然景观,成为人们旅游、参观、登高、赋诗的一个天然胜境。

(3)烟管山。烟管山又称象山,位于今圣狮村东面村口处,方圆5公顷,峰高近40米,是圣狮一带的最高点。烟管山旧名封侯山,明、清时代曾在此设立烽火台,如有军情,日则举烟,夜则燃火,以作报警。明洪武四年(1371),屯山驻扎屯兵,并于山咀设立关卡,检查船只,观察敌情,烟管山成了军事要地。今天的烟管山,荔枝遍植,碧树成林,是一个旅游好去处。

(三)隆都侨乡的物质文化遗产资源

隆都有着极为丰富的物质文化遗产资源,包括古塔、古牌坊、古桥、古码头、古庙宇、古祠堂等(详见表1、表2、表3),这些保留至今的古建筑,大多与海外侨胞渊源深厚,或由华侨捐资兴建,或由侨胞出资修缮,更重要的是,这些古建筑是旅居世界各国的隆都华侨认祖归宗的重要载体。

表1 隆都古塔、古牌坊、古桥资源简表

序号	名称	简介
1	龙瑞村豀角古塔	建于明万历年间,是沙溪现存的唯一古塔,1989年被列为中山市文物保护单位
2	龙瑞村探花及第牌坊	位于龙瑞村学府大街,是中山市规模最大的牌坊,是广东省文物保护单位
3	圣狮村百岁牌坊	两座牌坊皆建于清代,一座是为表旌彭藻文与其妻杨氏夫妻同登百岁,另一座是为表旌阮维光百岁寿星
4	豀角百岁牌坊	位于现豀角云汉村乔津街,正面用麻石阳刻"百岁流徽"四字,背面为麻石阳刻"昇平人瑞"四字
5	涌边村杜婆桥	位于沙溪镇涌边村龙澳街,横跨六乡涌,是中山地区保存较完整的宋代古石桥之一
6	涌头村马桥	马桥始建于宋末,村人马氏建,为木桥。后经旅居澳大利亚的李天晓独资改建成钢筋水泥结构
7	隆都码头	位于岐江河东西两岸,岐江桥北不远处
8	濠涌码头	位于濠涌村南面岐江河边,钢筋水泥结构

表 2　隆都（沙溪镇）古庙宇资源简表

序号	名称	简介
1	圣狮村洪圣殿	占地面积 1 800 平方米，建筑面积 578 平方米，是每年"四月八"民间艺术大巡游的起步点
2	北帝庙	北帝庙供奉的神祇是北帝，沙溪镇内多条村建有北帝庙或供奉北帝
3	文昌庙	沙溪镇内，规模比较大的文昌宫为龙瑞村文昌宫、象角村文帝殿、婆石村北极殿右偏殿主祀文昌、大兴坊文武庙则文昌与关帝合祀
4	龙瑞村文昌宫	坐西北向东南，建筑面积为 451 平方米，硬山式顶建筑
5	观音庙	大兜村虎逊岩上有观音庙，岩亦以庙名，故又称观音岩，此观音庙历时较久；龙瑞村、象角村、涌头村均有观音庙；云汉村供奉观音大士之庙称妙高堂；庞头村三圣宫主龛供奉观音。涌边村洪圣殿、永厚村洪圣庙、圣狮村洪圣殿、港头村洪圣殿均于偏殿供奉观音
6	天后宫	沙溪镇内，钱山村、石门村、申明亭村、云汉村均有天后宫，濠涌村则以圣母殿名之。兼祀天后的庙宇有圣狮村洪圣殿、隆圩村洪圣庙、永厚村洪圣庙、沙平祖庙、龙头环村圣帝殿、永厚环村公王殿等
7	康公庙	康真君庙，俗称康公庙，供奉康真君。沙溪镇的石门村、上亨村有康真君庙。此外，云汉村凤岭车大元帅庙亦供奉康真君
8	财帛星君庙	财帛星君主财，沙溪的庙宇内供奉财帛星君神像者亦较多
9	龙母庙	沙溪镇的云汉村凤岭和大石兜村虎逊岩有龙母庙，涌边村洪圣殿偏殿祀龙母，龙头环洪圣殿也供奉龙母
10	玉皇殿	中国民间传说中崇奉的最高等级之神是玉皇大帝，云汉村凤岭玉皇殿，主祀玉皇大帝
11	车大元帅庙	云汉村凤岭有车大元帅庙，石门村有康真君庙、婆石村北极殿亦供奉车大元帅
12	武侯庙	沙溪岭后亨村原有武侯庙，后倾圮。而位于港头村东面沙溪祖庙也与纪念诸葛亮有关联
13	牛王庙	龙聚环村龙环古庙主祀牛王。沙溪镇境内奉祀牛王的庙宇尚有：圣狮村洪圣殿、涌边村洪圣殿、厚山村洪圣殿、永厚村洪圣庙、濠涌村龙王古庙、婆石村北极殿、塔园村北帝庙等

表 3　隆都古祠堂资源列表

序号	名称	始建时间	地址
1	谿角刘氏宗祠	不详，2008 年重修	龙瑞村北洲街
2	濠涌村方族保赤祠	1893 年	竹林街
3	敦陶村方族桥泉公祠	1907 年	敦陶村和平下街
4	秀山村萧族耕云公祠	1722 年	秀山中街
5	秀山村萧族云乔公祠	不详	秀山中街南巷 8 号
6	沙平村隐贤黄公祠	不详	沙平上街 22 号
7	大石兜村高族参平公祠	不详	大石兜村河清巷 5 号
8	豪吐村云峰高公祠	不详	豪吐村中心大街 17 号
9	庞头村郑公祠	不详	庞头大街
10	坎溪村童仙祖	不详	坎溪村中穌里
11	龙聚环村心乾刘公祠	1895 年	龙聚环村正街
12	龙头环村王氏大宗祠	不详	龙头环上街 93 号
13	龙头环村宝环杨公祠	不详	龙头环村宝环街 33 号
14	龙头环村周氏大宗祠	1896 年重建	龙头环村上街
15	龙头环村刘氏大宗祠	不详	龙头环上街三巷
16	林边塘村冯氏大宗祠	不详	林边塘正街 12 号
17	钱山村郑氏宗祠	不详	钱山村中街 16 号
18	上亨村秀陵冯公祠	不详	上亨村正街
19	厚山村张氏大宗祠	1882 年	厚山村清河街 33 号
20	厚山村广悌张公祠	1914 年	厚山村清河街 49 号
21	厚山村泗悌张公祠	1890 年	厚山村清河街 45 号
22	塔园村元洞黄公祠	不详	塔园村港园大街 26 号
23	港头村胡氏宗祠	不详	港头下大街
24	涌头村李公祠	不详	涌头村中大街东中一巷 2 号和 3 号
25	涌头村张公祠	不详	涌头村东大街第一巷 40 号
26	涌边村乔东李公祠	不详	涌边下街 19 号
27	岗背村陈公祠	不详	岗背村月山街附近
28	婆石村慎始陈公祠	不详	村口右侧北极殿旁

　　上述有形的自然遗产及物质文化遗产资源，对于隆都文化生态保护区的建设具有重要作用。但是，能否对该地无形的传统习俗、传统舞蹈、饮食文化等非物质文化遗产进行有效保护，为当地民众营造一个有利于传统文化传承发展的文化生态，才是文化生态保护区建设成功与否的重要参考指标。

（四）隆都侨乡的非物质文化遗产资源

非物质文化遗产是人类群体、集体或个人所创造并由后代通过精神交流方式传承的活态的精神财富。隆都侨乡的非物质文化遗产主要表现为传统习俗、传统饮食、传统歌舞和方言等类型，它们是隆都海内外乡亲世代传承的活的文化形态，也是隆都百姓自我认同、自我发展的文化符号和文化基因。（详见表4）

表4　隆都侨乡的非物质文化遗产资源

传统习俗		传统饮食	
序号	名称	序号	名称
1	大王诞	1	隆都九大簋
2	三月三	2	沙溪扣肉
3	四月八	3	沙溪凉茶
传统歌舞		方言	
序号	名称	序号	名称
1	木龙舞	1	隆都话
2	金龙银龙舞		
3	狮子舞		
4	鹤舞		
5	鹤歌		
6	凤舞		

二、隆都侨乡文化特征及其价值

（一）隆都文化特征

1. 隆都文化的显著特征是侨乡文化

沙溪镇是著名的侨乡。隆都的历史文化，无论是古塔、石牌坊、古桥、古庙和古祠堂，还是传统的民俗信仰和饮食，都是海内外隆都人共同创造和传承的，是海内外隆都人自我认同的重要标志，也是他们与故乡联系的重要纽带。

南宋景炎二年（1277）十月，宋端宗被元兵追赶，驻跸香山，沙涌人士马南宝献粮饷军，并招募四乡青壮者勤王。隆都豪吐村人高添积极响应，率领青壮者参加，被授宣义郎，召拜提调参军、升枢密使，追随宋帝至碙州，不幸殉国。次年祥兴二年（1279），宋朝覆灭，随行将士除阵亡者外，不少漂流逃亡海外，此为最早记载隆都籍人士出国谋生者。

清道光（1821—1850）期间，列强瓜分中国，清朝逐步没落，中国沦为半殖民地半封建社会。清朝腐败无能，官吏贪赃枉法，土豪地主欺压盘剥，农村破产及失业者日益增多。在本地谋生极端困难的情况下，他们纷纷想方设法谋求生路，不惜离乡背井，漂洋过海，以"卖猪仔"或合约雇佣形式出国，近者立足于南洋群岛或东南亚国家，远者即到达南北美洲和大洋洲各地。清咸丰三年至同治十三年（1853—1874），驻香港、澳门的外籍人口贩子，公开设立"招工馆"，以招工为名大量拐骗华工，作为苦力贩卖运往加勒比海地区和南北美各地，以此赚取高额利润。由于拐骗的华工被剥夺了一切人身自由，形同牲畜，所以被称为"卖猪仔"，而"招工馆"也就被称为"猪仔馆"。1865 年，澳门就设有"猪仔馆"8~10 家，至 1873 年，仅葡萄牙、西班牙、荷兰三国在澳门开设的"猪仔馆"就有 300 多家，从事苦力贸易的人口贩子有 3 万~4 万人之众。据 1874 年葡萄牙政府公布的文件统计，1865—1873 年，仅从澳门出口的苦力总数有 182 000 多人，其中运往古巴的共计 346 航次，有 946 00 多人；运往秘鲁的有 83 100 多人；其余地区 300 多人。所载华工以中山东、西两乡破产农民为多。西乡亦即后来的隆都地区。清同治十二年（1873），本县武备废弛，盗匪丛生，到处掳掠，地方陷入无政府状态。两广水师提督方耀祠借回乡祭祖之名，行"剿匪"之实，西乡特别是濠涌村一带群众，深恐株连，纷纷逃避，因悉加拿大温哥华埠准许华人入境，乃多走避于温哥华。

华侨出国高潮大致可分为四次。第一次是美国于 1845 年在三藩市发现金矿以及修筑横贯美国东西部的大铁路，由于劳工严重不足，以"卖猪仔"形式和合约雇佣形式大量招募吃苦耐劳的华工。第二次是在 19 世纪 50 年代英属澳大利亚在雪梨（悉尼）附近地区新发现金矿，亦曾以同样的形式大量招募华工，故流传至今，仍有不少人把凡出国者皆称为"趁金山"。清光绪末年，英属东南亚的河歪埠因大量采掘战略物资钨矿，招募大量华工前往开采，隆都各村前往者甚众，仅沙溪镇象角村就有近百人之多。同时，英国殖民者在东南亚大量种植橡胶，又大量招募华工前往开垦种植。第三次在抗日战争胜利后的 1946 年至 1949 年底，华侨经过战争与家人隔绝多年后，大批回国与家人团聚，不少年老者回乡置业安居，以度晚年，同时将子女遣送出国，承顶居留名额。有些较有经济基础的即回国带直系亲属一起出国定居或遣送子女出国求学。第四次是我国改革开放的 1984 年以后，因不少国家放宽了移民限制，华侨纷纷回国办理直系亲属、旁系亲属移民手续出国定居。在此四个阶段内，不少人又以经商、投资、留学、顶替、继承财产等名义出国。

板尾园村徐任棠，1854 年便当水手，长期航行于香港与美国之间。在 19 世纪三四十年代，澳大利亚爱德礼、达尔文、雪梨和板斯，都有隆都人的足迹，他们已来此为农场主做工。象角村阮祖裕便是最早到达尔文的隆都人之一。北昆士兰州坚士，很早就有隆都人在那里谋生。距坚士几百英里的珍珠埠，谿角村人刘昆来很久以前就在那里经营杂货店，后其子玉廷继承父业，颇有成就。1883 年，涌头村李临春在澳洲雪梨（悉尼）唐人街 84号创办"广和昌"华洋杂货店，不久兼营金山庄，专门从事与华侨往返及汇款的业务，是当地华侨最早开设的店铺之一。1887 年，岗背村陈滚在檀香山创办"义合肉店"，以后发展为"思乔（CQ）义合公司"，开办牧场、屠场、制木器具、酿造啤酒、买卖地产等行业，成为第二次世界大战前美国檀香山最大的华侨企业。1889 年，龙头环村周崧由其四叔父带挈赴美，后于 1901 年在加州委利贺埠创办"生利公司"，后扩大资本，改名为"中国服装公司"，后再易名"中兴公司"，以后逐步发展，扩大到各地分店 55 间，另在檀香山开设分店 4 间，最先成为美国华人社会的百万富翁，"中兴公司"亦成为美国华资企业的佼佼者。

而更多的华侨出国后，只是给矿山、农场主做佣工，从事耕种、采矿、筑路等繁重的体力劳动工作。雇佣合约期满后，华侨们除到各地佣工外，多数从事种植菜园、种橡胶、种甘蔗等，稍有积蓄，便从事洗衣、卖水果、卖菜、卖布，开小杂货店、小餐馆等小本生意。他们无不刻苦耐劳，勤奋学习，力图摆脱异国的歧视与低下的生活环境，努力进取，自强不息。特别在培养和教育下一代方面，始终贯注了中华民族爱国爱家、互相帮助、艰苦奋斗的优良传统。现在，旅居世界各地的隆都华侨及华裔，不少已经取得了很大的成功，涌现了无数著名的工商企业界专家、学者和名流，有些还晋身于旅居国的军政界。如原籍云汉村的刘国英，曾任美国加州圣克拉门托美国空军后勤中心司令；祖籍龙聚环村的刘威廉，曾任澳大利亚联邦参议员；祖籍濠涌村的方宇文，曾任美国三藩市列治文警察局局长；祖籍岗背村的陈美丽，曾任美国驻中国广州领事馆领事等，还有大批隆都华侨成了学者、专家、教授、律师等。他们所取得的成绩和所做出的贡献，得到当地政府的认可与尊重。多数国家感到华侨的贡献，允许他们入籍而成为旅居国的正式公民。

2. 隆都侨乡文化具有宗族性和系统性

隆都文化既然是一种侨乡文化，便具有强烈的宗族系统性。隆都文化的宗族性和系统性主要表现在以下几个方面：

一是隆都人宗族观念强，重视宗祠建设和宗族祭祀活动，如前文所述，在隆都地区存在大量的宗祠和古庙，这是隆都人重视宗族活动的重要见证。而在隆都人的传统习俗活动中，无论是神诞祭祀还是歌舞、饮食等活动，往往以特定宗族为主体。

二是隆都人家乡观念强，隆都人无论走到哪里，都不会忘记家乡，他们对认祖归宗有着强烈的认同感。蔡锦楷是第一个回乡办企业的隆都旅外乡亲。他是沙溪永厚环村人，1908 年，他从美国回乡，在县城办起了香山砖厂。他将美国当时最先进的技术引回家乡，使香山制砖厂成为拥有中国第一条轮窑的工厂，结束了当时中国落后的烧砖技术，香山制砖厂的产品全部出口，而永厚环村的中青年全都到香山制砖厂当技术工人。抗日战争期间，香山制砖厂停办，工人各散东西。新中国成立后的 1954 年，当年在香山制砖厂工作的厚环村民，全部被请回到砖厂当技术工人。蔡锦楷也是最早回乡捐资办学的热心华侨，1908 年，他在回乡办工厂的同时，将家乡原有的"卜卜斋"、"私塾"等小型学堂合并为一所较有规模的"同志小学"，改变村中小孩只能到"卜卜斋"、"私塾"读四书五经的教育状况，将历史、地理、音乐、美术等课程也引入学校，使之成为新型学校，对培养村中新一代起到重要作用。"同志小学"一直到 20 世纪 40 年代中期抗日战争沦陷时期才停办。抗日战争胜利后，蔡锦楷复办"同志小学"，全部教师的工资由他支付。

三是隆都人祖国观念强。在辛亥革命期间，不少隆都人追随孙中山先生，积极投身民主革命的洪流中，为国家、民族而奋斗。孙中山曾说："隆都人有特性，富革命思想。"隆都的革命先驱中，华侨占了很大的比重。遍布世界各地的隆都华侨，以侨居南洋者为最多。孙中山多次到这一带宣传革命，得到了当地华侨极大的援助；欧美特别是北美，华侨也同样地给予孙中山以极大的援助。在辛亥革命整个历史阶段，从 1895 年 10 月第一次武装起义（广州起义）到 1911 年 10 月武昌起义，几乎每一次起义都离不开海外华侨的大力支持。辛亥革命成功后，孙中山领导每一次革命斗争仍然离不开华侨的支持。华侨既出钱也出力，为孙中山领导的民主革命做出了重要的贡献。在孙中山发动的十次武装起义中，都有华侨参加，有的还以华侨为主力。如檀香山兴中会成立后，为培训武装起义人才，孙中山组织华侨兵操队，其中有香山华侨李杞、侯艾泉、许直臣、程度臣、宋居仁、陈南、陆灿等人参加。孙中山领导第一次广州起义时，不少华侨就从海外赶回来，亲自参加起义，如香山的宋居仁、李杞、侯艾泉、陈南等，其中李杞和侯艾泉就是隆都人。是广大隆都华侨在物质上、精神上、行动上给予孙中山和革命党人以最大的支持，从而帮助孙中山推翻了统治中国两千多年的封建帝制的。

四是隆都人生命观念强。生、老、病、死是人生必经阶段，昔日时势动荡，国家贫穷，没有能力为百姓提供必要的社会保障。隆都地区的"长生会"就是在这种时势下产生的产物。人们本着自愿、互助的原则，每年供一些银两作为长生会的基金，等到会员寿终时，长生会即发一些帛金让亲属料理后事。当年沙溪隆都地区的百姓生活十分艰苦，上交到长生会的银两极其有限，而旅居海外的华侨也十分关心家乡的福利，积极为长生会捐款。其中，沙溪庞头村的长生会，就得到美国和巴拿马等地华侨的长期资助。

（二）隆都侨乡历史文化的价值

1. 海内外隆都人自我认同的重要符号

隆都的自然遗产、物质文化遗产和非物质文化遗产是隆都历史文化的核心，也是海内外隆都人自我认同的重要符号。

如隆都现存的宗祠，既是本地隆都人祭祀祖先、教育后代的重要场所，也是海外隆都人回乡祭祖、共叙乡谊的地方。在宗祠中所进行的祭祀活动、歌舞表演活动，都与宗族文化的传承与教育密不可分，是海内外隆都人文化认同的重要内容。除了本地的宗祠外，海外的隆都人还在各自生活的地方建立同乡会。很多同乡会还设有祠堂，将祖先的牌位供奉其中。比如新加坡市区内的中山会馆，就有供奉祖先的祠堂。祠堂建在会馆的其中一层楼，华侨家中如果有长者仙逝，就做一个神位牌供奉在祠堂里，因为地方窄小，神位牌日积月累放不下了，最先供进来的神位牌就拿去焚烧，然后将神位牌上长者的姓名刻在祠堂的石碑上，永志纪念。这些同乡会祠堂与故乡的祠堂一样，都是隆都人传承文化遗产、实现自我认同的重要的文化空间。

除了宗祠及其相关的宗祠文化活动外，隆都方言也是隆都人实现文化认同的重要载体。方言是一个地方文化传统的集中体现，隆都方言则是世界的一种语言。因为隆都华侨分布在世界各国，所说的语言不尽相同，但是，隆都人顽强地将隆都话传承下来。隆都华侨的家庭都有这么一条家规：无论在外头说什么语言，回到家中一定要讲隆都话。因此，改革开放之后，很多隆都华侨的后裔回国认祖寻根，他们不认识汉字，不会说普通话和粤语，但是；他们会说隆都话，因此，也能很顺利地找到家乡和亲人。从20世纪初到五六十年代，香港深水埗的福荣街、基隆街、美洲街一带都是隆都人的聚居地，他们将家乡的纺织、制衣等技艺带到这里来，在这里织布、卖布。因此，隆都话在这带区域大行其道。只要说隆都话，开店卖布的店主肯定会热情地招呼老乡进来喝一杯茶，歇歇脚，一叙乡情。

2. 隆都地区社会建设的重要资源

隆都地区的历史文化，不仅是隆都地区社会发展的直接资源，是隆都文化产业发展的重要基础；而且是隆都地区社会发展的间接资源，是吸引华侨投资的重要条件。

近二三十年来，随着华侨政策的落实，华侨回家乡投资经商、慈善捐助、探亲访友十分频繁，沙溪侨捐项目遍布医疗、卫生、文化、教育、经济等方方面面，创下了多项第一。隆都华侨在沙溪投资创建了中山市第一间"三来一补"中外合资企业；每年的中山市慈善万人行，隆都华侨历年捐款金额名列全市各镇区第一位，累计捐款超过 1 亿元；隆都华侨黎灿、卢伟硕、王立文、林余宝珠、林建名等数十人成为中山市荣誉市民，隆都华侨为家乡建设做出了巨大贡献。

据统计，改革开放以来，沙溪镇共接受海外侨胞和港澳同胞捐款捐物累计折合人民币1.45 亿多元，侨捐项目共 447 项，有 12 位沙溪籍或在沙溪投资办厂的旅港澳乡亲荣获中山市荣誉市民。

1926 年出生的黎灿是沙溪港园村人，曾任香港黎明金属有限公司董事长。1963 年，他在香港白手起家办起了一家五金厂。1974 年，他将五金厂改名为黎明金属有限公司，专门生产时装、手袋、皮带、鞋类上的五金配件，由于他为人务实，经营有道，公司在多年间从一间小厂发展成为拥有亿元资产的大公司。20 世纪 80 年代，黎灿率先回家投资办厂，累计至今，他已在家乡投资 3 000 多万元。与此同时，黎灿还时刻关注家乡的各项建设，不断为中山等地的公益事业捐输，涉及老人福利、医疗卫生、红十字助困、赈灾救灾等，尤其对教育事业建树良多。同时，他的慈善足迹遍及祖国大江南北，累计向祖国各项公益事业捐款逾 2 000 万元。2010 年，黎灿成为广东省侨务办公室和广东南方电视台主办的年度华语世界最具影响力的公益品牌活动"2010 南方·华侨慈善盛典"十大获表彰的慈善人物之一。

林百欣、林余宝珠伉俪，自 20 世纪 80 年代回家乡捐建隆都医院开始，对家乡的关爱从不间断，创办了宝珠工业村和鳄鱼恤（中山）有限公司，捐资兴建了宝珠路、新沙溪中学、沙溪体育馆，关心家乡医疗教育、支持家乡经济发展，累计捐款 1 268 万元，为家乡建设做出了重大贡献。

林建名是林百欣、林余宝珠的儿子，他对家乡怀有深厚感情，从父母手中接过慈善的接力棒，从 2006 年捐资 400 万元兴建新沙溪中学为起点，短短几年，就为沙溪镇社会福利基金累计捐款 735 万元（统计至 2009 年）。

王立文、欧阳洁如伉俪当年将香港同胞支持家乡铺设水泥路、公路的筹款办公室设在自己的办公室内，为家乡的道路建设劳心劳力。同时，王立文还是沙溪龙山中学奖教学基金会的创始人之一。他还积极捐资兴建沙溪理工学校。20 年来，他们为家乡修路、建校乐此不疲。他们为沙溪镇社会福利基金累计捐款 437 万元（统计至 2009 年）。

担任澳门中山同乡会会长的卢伟硕先生也十分热心家乡公益事业，他对家乡教育的关心几乎遍及沙溪各个学校，还捐建了卢乃森文化楼、卢园等，关心家乡五保户的生活。他为沙溪镇社会福利基金累计捐款 735 万元（累计至 2009 年）。

陈耀星热心家乡公益事业，先后资助了沙溪镇公路、隆都医院、理工学校体育馆、龙山中学教师宿舍大楼的建设，赞助了沙平学校奖教奖学基金，捐资兴建沙溪体育馆中心、陈伯成游泳池。多年来，他为沙溪镇社会福利基金累计捐款 308 万元（统计至 2009 年）。

阮辉长期关注家乡的发展，创建了"圣码田"休闲服装品牌，为沙溪创建中国休闲服装名镇而出力。他捐建了龙瑞卫生大楼等，为家乡社会福利事业踊跃捐输，为沙溪镇社会福利基金累计捐款 190 万元（统计至 2009 年）。

胡仁华、肖少瑜伉俪积极支持家乡建设，在家乡投资兴办了雅丽电脑绣花有限公司。同时，他们十分关心家乡的教育卫生事业，捐资建设沙溪理工学校、沙溪中学、沙溪中心小学和隆都医院，并热心参与沙溪镇的各项慈善活动。他们为沙溪镇社会福利基金累计捐款 123 万元（统计至 2009 年）。

陈志绑早年回家乡创办了金纱制衣厂，每一年的家乡慈善捐款，他都踊跃捐输，为沙溪镇社会福利基金累计捐赠 118 万元（统计至 2009 年）。

萧顺轩是沙溪镇秀山村人，他早期无偿为沙溪公路岚霞路段降坡，同时，兴办了秀山工业大楼，还积极支持家乡办学，捐资兴建了新虎逊小学教学楼，每年资助秀山大学生，20 多年不间断。他为沙溪镇社会福利基金累计捐款 100 万元（统计至 2009 年）。

另外，香港中山隆镇同乡会的旅港乡亲也倾力支持家乡建设，用情用心在家乡兴办星罗棋布的侨资企业，捐建众多的学校、医院等公益项目，福泽隆都百姓。近 20 年来，香港中山隆镇同乡会为沙溪镇社会福利基金累计捐款 100 万元（统计至 2009 年）。

澳门中山隆都同乡会的旅澳乡亲心系家乡，无私捐助，造福桑梓。近 20 年来，澳门中山隆都同乡会为沙溪镇社会福利基金累计捐款 54 万元（统计至 2009 年）。

三、隆都侨乡文化生态保护区建设可行性分析

（一）当前隆都发展文化生态保护区的制约因素

1. 当地政府缺乏统一保护规划

虽然隆都地区有着深厚的历史文化底蕴和众多的华侨文化资源，但是，对于如何建立隆都侨乡文化生态保护区这一课题，目前当地政府还没有提上议事日程，更缺乏一个长远的保护规划，无论是财政投入、立项审批、用地、人员配置还是优化人文环境等方面，都还没有做出统一的规划，致使建设隆都发展文化生态保护区面临困难。

2. 各部门保护职责不明确

对于如何保护隆都地区的历史文化，当地的文化、财政、规划、国土、城建、教育等职能部门还缺乏必要的协调沟通，没有落实各级部门保护和发展的职责，没有明确规划方案的实施责任。各部门保护职责不明确，不但影响了隆都文化生态保护区项目的立项等，更导致各部门之间互相推诿责任，使很多急需保护的历史遗存的自然和人文生态环境没有得到应有的保护。

3. 对华侨房屋保护不力

在隆都地区的各个村落，至今还保留着许多当年华侨回乡建设的房子，这些房子形格别致，还有大量灰雕、石雕、木雕等，成为当地的一大建筑风格。这些侨房，凝聚着海外华侨的心血和汗水，也是华侨认祖归宗的重要场所。目前，在沙溪镇的水溪村、板尾园村、江背村、龙聚环等村落，都仍见有很多侨房，特别是在涌头村，更是有大片的侨房保留至今。但是，当下侨房的保护面临很多问题。城镇化建设的加快，使侨房的"生存空间"越来越窄小，许多原来很有规模的侨房，随着周边新建筑物的崛起逐渐被包围在其

中，这很不利于侨房的保护。另外，年久失修，致使侨房越来越破败。加上侨房的主人大多在海外，侨房长期关闭而不通风，家具陈设等发霉腐烂，建筑主体也受到严重侵蚀。所有这些因素，都导致隆都地区的侨房受到破坏。

4. 部分侨房移作他用

在隆都地区现存的侨房中，有一部分移作他用，损坏了侨房的面貌。在沙溪镇，随着当地居民居住条件的改善，很多华侨后人居住的侨房现在都变成了出租屋。入住者不珍惜不爱护侨房，卫生条件、消防条件都令人忧虑。更有甚者，侨房里一些珍贵的红木家具等被不法之徒逐渐偷走，使侨房的损害程度加剧。

5. 保护资金不到位

近年来，随着我国开展大规模的文物普查，沙溪镇一批具有历史文化价值的侨房被列为不可移动文物。根据《中华人民共和国文物保护法》的有关规定，被列为不可移动文物的侨房，在维修和拆建时，要报文物管理部门审批。但是，因为不可移动文物还没有达到文物的级别，目前国家财政还没有发放相关的维修补贴。因此，对侨房保护作用还没有显现出来。保护资金不到位，使侨房保护政策难于落实。

（二）当前隆都发展文化生态保护区的有利因素

1. 国家和地方政府相关政策的支持

《国家"十一五"时期文化发展规划纲要》明确提出，要"确定 10 个国家级民族民间文化生态保护区"。截至目前，我国已设立闽南文化生态保护实验区、徽州文化生态保护实验区等 15 个国家级文化生态保护实验区。设立国家级文化生态保护实验区，以非物质文化遗产为核心，加强文化生态保护，对于推动华侨历史文化生态区的整体性保护和传承发展，维护文化生态系统的平衡和完整；对于提高海内外乡亲的文化自觉，建设中华民族共有精神家园，增进民族团结，增强民族自信心和凝聚力；对于促进经济社会全面协调和可持续发展，具有重要的意义。

此外，《中华人民共和国非物质文化遗产法》明确规定："对非物质文化遗产代表性项目集中、特色鲜明、形式和内涵保持完整的特定区域，当地文化主管部门可以制定专项保护规划，报经本级人民政府批准后，实行区域性整体保护。实行区域性整体保护涉及非物质文化遗产集中地村镇或者街区空间规划的，应当由当地城乡规划主管部门依据相关法规制定专项保护规划。"

中共广东省委和广东省人民政府在《广东省建设文化强省规划纲要（2011—2020）》中，也提出了要建设华侨文化生态保护区的想法。由此可见，随着各方面政策的日渐完善，建立文化生态保护区是可以得到国家和地方政府的政策支持的。

2. 华侨港澳台同胞对隆都历史文化的认同需求

沙溪镇是中山市重点侨乡，有 8 万多的华侨港澳台同胞旅居 39 个国家和地区。华侨港澳台同胞对家乡文化的认同，体现在他们对于家乡事业的支持。隆都旅外华侨扎根侨居国的同时，不忘反哺乡梓，素有荣归故里、爱国爱乡的传统。早在 20 世纪初，隆都旅外华侨就为家乡捐资办学，施药办医，赈灾济贫，修桥整路。改革开放 30 年来，隆都重点区域沙溪镇共接受海外侨胞和港澳同胞捐款捐物累计折合人民币 1.45 多亿元，侨捐项目共447项，有12位沙溪籍或在沙溪投资办厂的旅港澳乡亲荣获中山市荣誉市民。

海外华侨和港澳台同胞对于家乡文化的认同以及对于家乡事业的支持，为系统地建设侨乡文化生态保护区奠定了坚实基础。一方面，华侨港澳台同胞可参与到侨乡文化生态保护区的建设中来，通过资金或者项目援助等途径，协助文化生态保护区的建设；另一方面，建设侨乡文化生态保护区，为当地百姓乃至海外华侨和港澳台同胞营造一个家乡传统文化存续良好的人文生态，同时也能满足他们对故土家乡的情感需求。

（三）建立隆都侨乡文化生态保护区的对策

1. 高屋建瓴，做好隆都侨乡文化生态保护区的规划工作

按照《广东省建设文化强省规划纲要（2011—2020）》的精神，广东省要实施"岭南文化遗产保护与开发工程"，要"推进文化生态保护区建设"，要"设立广府文化、客家文化、潮汕文化、雷州文化、华侨文化、海洋文化等生态保护区"。作为具有浓厚华侨历史文化特征的隆都地区，做好规划是建设隆都侨乡文化生态保护区的首要环节，也是确保隆都侨乡文化生态保护区建设顺利开始和可持续发展的基本保障。

文化生态保护区建设是以文化的系统性和区域性为前提的，隆都侨乡文化具有这样的特点，也具有开展文化生态保护区建设的必要性和可能性。但是，如何结合隆都侨乡文化生态自身规律、当下存在的问题及未来发展趋势来规划，如何从协调隆都地区文化遗产保护与社会发展的关系来规划，如何从文化本地传承与跨区传播的关系来规划，如何从隆都当地百姓的生活发展需求和海外华侨寻根问祖的需求出发来规划，如何在借鉴国内外成功经验和做法的基础上突出隆都文化的特色和优势，如何充分发挥隆都文化的自我修复和再生能力，如何处理隆都文化保护中的自然公平、代际公平、文化公平等观念等，这些都是在规划中必须面对的问题，也是规划中必须认真处理的原则问题。因此，高屋建瓴地做好隆都侨乡文化生态保护区的规划工作，是建设侨乡文化生态保护区的首要工作。

2. 深化调研，做好隆都侨乡文化历史资料的收集和整理

第一，建立隆都侨乡文化资源档案库。根据建设侨乡文化生态保护区的整体规划，在此前调查的基础上，继续对隆都侨乡文化资源包括物质文化遗产、非物质文化遗产、自然遗产、人文遗产等开展深入细致的调查，对包括历史渊源、文化价值、文化特色、保护范围、传承范围、传承人、保护措施等相关调研资料，按照"统一软件、统一目录、统一分类、统一格式、统一质量"的工作标准，建立各类历史文化资源的文字、图片、典籍、声音、视频等的档案和多媒体资源库，实现资源网络化、共享化。

第二，做好隆都侨乡文化典籍出版工作。要在近年来沙溪镇文化部门已经整理素材拍摄了百集大型电视纪录片《百年隆都》，出版了《沙溪民间艺术》、《沙溪访古问俗》（上下册）、《沙溪饮食与沙溪凉茶》等历史典籍的基础上，加大辖区内侨乡历史文化资料的整理和搜集，继续撰写和出版《隆都历史文化名人》、《追随孙中山革命的沙溪人》等历史典籍。

第三，出版《隆都非物质文化遗产系列丛书》。另外，要争取得到上级部门和社会的资金支持，对隆都辖区内丰富的非物质文化遗产进行系统的记录，撰写和出版《沙溪四月

八》、《隆都三月三》、《沙溪鹤舞》、《沙溪鹤歌》、《沙溪传统饮食习俗》等《隆都非物质文化遗产系列丛书》）。

3. 强化宣传，做好隆都侨乡文化的展示和传播工作

沙溪镇文化部门在收集历史资料整理上，建设了沙溪历史文化展览馆，受到了海内外乡亲的欢迎，香港隆都同乡会不断组织乡亲回来参观，乡亲看到展览后都感到非常的亲切和感动，香港隆都同乡会等还要求将展览复制到香港去，在香港同乡会的会址里进行展览，让更多的乡亲了解家乡的历史文化。这些可以作为成功案例加以推广。同时，要加强做好以下各项工作：

第一，在申明亭村建立隆都鹤馆。沙溪镇还有很多村落，可以利用旧祠堂筹建有关历史文化方面的展示馆，比如省级非物质文化遗产名录沙溪鹤舞的诞生地申明亭村，利用村中的杨氏宗祠这一个大祠堂设立"鹤舞展示馆"，将有关鹤舞的道具收集整理在这里进行陈列，同时，将有关鹤舞的历史渊源、项目特色、传承谱系、活动资料等进行图文并茂的展示，并利用祠堂的中庭等空地，请传承人对村中青少年进行鹤舞传承活动，使鹤舞这一极具隆都特色的民俗文化在侨乡得到发扬光大。

第二，在圣狮村建立民俗展示馆。作为极具隆都民俗文化特色的圣狮村，可以利用村中20世纪50年代"大跃进"时期规划修建的生产队部旧址，以实物展示、图片文字、视频音像等展示手段，将圣狮村特有的省级非物质文化遗产名录"四月八民俗"作为主题，修建一个民俗展示馆，将该村的金龙舞、银龙舞、木龙舞、金凤舞、醒狮舞等进行立体展示。

第三，在濠涌村建立历史名人馆。濠涌村历史上华侨名人辈出。在这个村可以利用华侨历史名人资源筹建"历史名人馆"等，以场景还原布置、生活实物展示，以及老照片、旧剪报等为展示资料，立体展示村中历史名人在推动社会发展方面所做出的建树。

第四，在祠堂建立侨乡文化的传播阵地。隆都地区建有大量的祠堂，这些祠堂大多处于年久失修状态。利用旧祠堂建立华侨历史展示馆，可以通过对旧祠堂的修葺等，使展示馆有充分展出的场地；与此同时，展示馆的举办也使旧祠堂得到了有效的维护，有了人气的进入和空气的流通，对旧祠堂的保护将起到积极的促进作用。

4. 采取措施，做好侨乡历史文化资源抢救性保护工作

随着城镇化建设速度的加快，城镇拆迁速度越来越快，隆都地区的侨乡历史文化资源正在迅速消失。为了抢救这些珍贵的历史文化资源，隆都地区的政府和社会各界都要采取富有成效的措施扭转这种局面。

第一，举办摄影大赛留住隆都侨房的原貌。随着华侨长年在海外生活，村中年轻人出外打工，乡村老龄化日趋严重，隆都地区的残旧侨房、祠堂因年久失修而面临被拆迁改建的危险。为留住隆都地区侨房的原有面貌，沙溪镇侨联与沙溪镇摄影家协会联合举办以侨房为主题的摄影大赛，出版一本沙溪侨房摄影集，用镜头留住沙溪侨房的真实历史资料。

第二，由政府出资对侨房进行维护。沙溪镇龙瑞村用70万元向村中旅居加拿大的华侨买下侨房作为华侨博物馆的场馆，这一做法值得鼓励，同时，市文物管理部门制定相关措施，争取得到上级部门批准，对包括侨房在内的不可移动文物给予必要的维修补助，让侨房保护真正能落实。

第三，为非物质文化遗产申报名录。针对辖区内丰富的隆都非物质文化遗产资源，当地政府连同非物质文化遗产保护部门，将有代表性的非物质文化遗产项目申报市、省和国家级非物质文化遗产代表作名录进行有效保护。

第四，建立非物质文化遗产传承基地以进行有效传承。通过在申明亭村建立"沙溪鹤歌鹤舞传承基地"，通过对传承人进行必要的补贴，由传承人在传承基地定期向青少年开展鹤歌鹤舞核心技艺的有效传承，使隆都地区的非物质文化遗产能代代相传。

第五，启动"非物质文化遗产传承人抢救性记录工程"。在保护隆都地区非物质文化遗产方面，启动"鹤歌鹤舞非物质文化遗产传承人抢救性记录工程"。鹤歌是隆都地区极富文化色彩的民歌，鹤舞是形态独特的民俗舞蹈。因为现代多元文化的冲击，青年人知之甚少，老一辈传承人年岁已大，再不进行详细的记录整理，鹤歌鹤舞就面临失传的状态。因此，以声音、视频、文字、图片等多种手段，对掌握鹤歌鹤舞核心技艺的传承人进行记录，将鹤歌的谱系、声韵、调式，对鹤舞的动作、套路、习俗等进行详尽的记录，使鹤歌鹤舞的核心资料能够保存起来，以保障鹤歌鹤舞代代相传。

第六，把文化遗产与自然环境协调起来保护。隆都侨乡历史文化资源保护是一个长期的系统工程，需要调动政府的统一规划和社会各界的积极参与，需要把物质文化遗产与非物质文化遗产统一协调起来进行保护，把文化遗产与自然环境协调起来保护。沙溪镇龙瑞村豁角刘氏宗祠群，是清代的建筑，构筑宏丽，石雕、灰雕、彩绘俱佳，集绘画、书法、文学于一体，艺术价值甚高。但经历几百年风雨后，祠堂群已受到自然和人为的摧残，加之20世纪末期又被作为看守所关押劳教人员，使祠堂建筑受到很大破坏。所幸的是2008年得到上级资金以及海外华侨的支持，在看守所搬走后，祠堂得到了重修，恢复了往日的飞檐画栋、美轮美奂。如豁角刘氏宗祠群这样的抢救性保护工程，今后还要长期在隆都地区开展，使广大海外华侨归宗认祖的重要载体之一的众多隆都旧祠堂得到有效的修葺和保护。

5. 利用传统节日，做好隆都侨乡文化生态的恢复和重建工作

一个地方的历史文化，往往在地方传统节日进行集中展示。所以，传统节日是地方文化生态系统的重要节点。通过举办传统的民俗节日，有利于隆都侨乡文化生态的恢复和重建。

第一，办好隆都地区具有代表性的传统节日。在隆都的核心地区沙溪镇，要继续利用传统节日，做好隆都侨乡文化生态的恢复和重建工作。每年农历二月廿三在圣狮村举行"大王诞"、三月三在龙头环村等举行"北帝诞"、四月初八"浴佛节"在圣狮村和象角村举行民间艺术大巡游等传统民俗活动，并将民间艺术大巡游、大型戏曲表演等文化活动进一步加强，吸引海内外乡亲从世界各地回乡参加活动。

第二，举办"侨乡民俗文化节"。为了更好地传承这些民间传统习俗，当地文化部门将选择传统习俗比较集中举行的时段，牵头举办"侨乡民俗文化节"。文化节在充分尊重习俗举办的时间、空间、形式等基础上，组织相关的摄影活动、曲艺比赛、民间舞蹈展演、书画大赛、传统高桩醒狮大赛等形式多样的文化活动，以丰富传统民俗节日的文化内涵，活跃群众的文化生活，从而增强传统民俗节日的生命力，使之成为维系海内外乡亲爱国爱乡的重要纽带。

6. 以人为本，做好隆都文化生态保护区建设补偿工作

当地民众的主体性与积极主动性是文化生态保护区建设成功的关键因素。《文化部关于加强国家级文化生态保护区建设的指导意见》就明确指出："建设文化生态保护区要突出社会公众的文化主体地位。文化生态保护区内广大人民群众的参与程度是衡量保护区建设成效的决定因素。要充分理解和尊重文化生态保护区内社会公众的意愿，增进社会公众的文化认同感和自豪感，对积极有益的民俗活动给予支持，鼓励民众积极参与非遗生产性保护、民俗节庆活动等，激发社会公众的保护意识，提升社会公众的文化自觉，充分调动社会公众参与文化生态保护区建设的主动性和创造性。"

政府在建设文化生态保护区时，应该开展深入调查，充分理解和尊重当地民众意见，不能将行政指令强加于当地民众，要充分调动民众参与文化生态保护区的自觉性和主动性。但是，要调动当地民众的积极主动性，就要坚持民众的主体性和自我选择，坚持以人为本，在隆都文化生态保护区建设中，要建立相应的生态补偿机制，对因文化生态保护区建设对民众的住房、耕地或者发展需求造成影响的，要安排专门的机构进行评估，并给予补偿。

7. 以法规为准绳，做好隆都侨乡文化生态保护区建设的法制保障工作

按照《中华人民共和国文物保护法》、《中华人民共和国非物质文化遗产法》、《文化部关于加强国家级文化生态保护区建设的指导意见》的基本精神，结合隆都侨乡文化生态保护的实际情况，制定相应的法规制度，建立相应的保护机制，确保隆都侨乡文化生态保护区建设的顺利实施。

第一，加强组织领导，确保方案实施。政府部门应牵头成立隆都侨乡文化生态保护区建设领导小组，协调文化、财政、规划、国土、城建、教育等职能部门，在财政投入、立项审批、用地、人员配置和优化人文环境等方面给予支持和保障。落实各级部门保护、发展职责。明确规划方案实施责任，确保规划项目、资金、人员"三落实"，把文化生态保护区建设工作实绩列为各级党政干部考核的一项指标。依法治理文化生态保护区建设中的违法现象。进一步规范各级各类文化单位、企业的行为，依法查处各类违法行为。

第二，贯彻落实法规和政策，改善保护环境。确保保护税收优惠和生态补偿政策的执行。积极宣传上级有关保护与产业发展税收优惠的条件、范围、类型、期限，认真执行税收优惠工作，做好文化企业的免税、减税和退税工作。拓宽华侨文化生态区内文化产业融资渠道。金融机构要加大对文化产业的信贷支持，创新贷款融资模式、信贷产品和服务方式，可在国家允许的贷款利率浮动幅度范围内给予一定的利率优惠。鼓励有实力的企业、团体、个人依法发起组建各类文化投资公司和产业投资基金。

第三，确保经费投入，提高经费使用效益。根据相关法规，将生态保护区建设经费纳入当地年度财政预算，设立专项资金，并按照"三个增长"原则，逐年提升在本级财政支出中所占比例。特别是逐年提高文化财政支出比例。完善多渠道筹措建设经费体制。充分调动社区、企业和社会各界，特别是海外华侨对家乡建设文化的积极性，动员全社会关心支持隆都侨乡文化生态保护区的建立。同时，要提高建设资金使用效益。财政和审计等部门要强化对经费的审计和管理，建立经费使用效益的监测和评估制度，不断提高经费监管的法制化程度。

四、结　语

中山市隆都地区是珠江三角洲著名的"华侨文化之乡"，有着大量与华侨港澳台同胞紧密相关的历史文化渊源、珍贵的物质文化遗产以及非物质文化遗产资源。本课题组通过对这些历史文化资源进行调查、整理、汇编成为本报告，希望能系统地梳理出隆都历史文化资源的脉络。同时，也对隆都侨乡文化生态保护区的建设提出了一个基本构想。

隆都侨乡文化生态保护区的建设是一项长期的工作。本报告对隆都侨乡文化资源、文化生态保护建设可能性及方案的分析，只是隆都文化生态保护区建设的一个开端，希望借此唤起政府、学界以及社会各界对于隆都华侨历史文化生态保护区建设的关注，共同合力，为当地文化生态的保护及发展共同出谋献策，为隆都侨乡的文化大繁荣、大发展提供坚实的支持，更为隆都侨乡的可持续发展提供强有力的文化支撑。

参考文献

[1] 联合国教科文组织《世界遗产公约》，联合国教科文组织官方网站。

[2] 联合国教科文组织《保护非物质文化遗产公约》，联合国教科文组织官方网站。

[3] 联合国教科文组织《保护和促进文化多样性公约》，联合国教科文组织官方网站。

[4]《中华人民共和国文物保护法》。

[5]《中华人民共和国非物质文化遗产法》，北京：中国法制出版社 2011 年版。

[6] 王文章主编：《非物质文化遗产概论》，北京：文化艺术出版社 2006 年版。

[7] 赵鸣：《构建区域性文化生态保护区的基本原则——以江苏连云港文化资源和文化建设作为参照系》，《淮海工学院学报》2010 年第 12 期。

[8] 卞利：《文化生态保护区建设中存在的问题及其解决对策——以徽州文化生态保护实验区为例》，《文化遗产》2010 年第 4 期。

[9] 宋俊华：《关于国家文化生态保护区建设的几点思考》，《文化遗产》2011 年第 3 期。

[10] 刘魁立：《文化生态区问题刍议》，《浙江师范大学学报》2007 年第 3 期。

[11]《香山县志》清同治七年（1868）木刻版。

[12]《香山县志》清朝乾隆年间（1736—1795）版。

[13] 盛学峰：《关于文化生态保护区建设的思考——以徽州文化生态保护实验区建设为例》，《生态经济》2009 年第 7 期。

[14] 陈海忠：《基于文化生态学的岭南文化生态保护区建设刍议》，《经济与社会发展》2011 年第 1 期。

[15] 石群勇、龙晓飞：《民族文化生态保护区建设的安全隐患及对策研究——以湖南凤凰山江苗族文化生态保护为例》，《吉首大学学报》2009 年第 1 期。

[16] 赵艳喜：《整体性保护、区域性整体保护与文化生态保护区的建设》，《河南教育学院学报》2012 年第 4 期。

课题负责人：林凤群，中山市非物质文化遗产保护中心馆员

华侨华人对文物保护作用研究

华侨华人积极参与文物保护，有利于保护中华文化遗产，有利于宣扬中华文化，有利于弘扬华侨精神，但对华侨华人参与文物保护的系统研究尚不多见。本文通过对华侨华人文物保护事迹进行调研、梳理，分析华侨华人参与文物保护的动因、作用和社会影响，并提出政策建议。

一、研究缘起、术语界定和学术综述

（一）研究缘起

1959—1964 年，祖籍广东鹤山的香港知名文物鉴藏家杨铨先生，将其收藏文物中的 5 542 件（套）捐赠给广州市人民政府。[①] 对自己走上文物收藏与保护之路的原因，杨铨先生曾回忆说："新中国成立前出土的文物不多，偶有出土便视为奇货被官僚、地主富豪们巧取豪夺，盗卖给帝国主义，真教人痛心。那时我真担心祖国文物会被一扫而空。"[②] 杨铨先生决心靠自己的力量拯救祖国的文化遗产，常对人说："我就是第二海关。"[③]

对此，郭沫若先生曾题词褒扬说："杨铨先生以四十年间的搜集捐献国家，像这种爱国主义的无私精神，十分可贵，值得我们赞扬和学习。"当时广州市朱光市长题词说："珍藏文物，献诸祖国，化私为公，宣扬盛德。"[④] 杨铨先生在祖国风雨飘摇之际，凭一己之力，数十年如一日，全力抢救保护祖国文物；国家安定之后，又将其收藏全部捐献国家，化私为公，义薄云天，实在令人感佩！

杨铨先生的义举，还向我们启示了一系列问题：迄今还有多少中华文物遗存海外？还有多少像杨铨先生一样的爱国人士在抢救流失海外中华文物？华侨华人港澳同胞收藏保护中华文物的行为，存在哪些类型？有哪些新动向？其社会影响如何？

（二）术语界定

华侨华人。据庄国土教授研究，鸦片战争以后，文献中逐渐使用"华民"或"华人"

---

① 李卓祺：《赤字有情国宝无价》，载广东民间工艺博物馆编：《杨铨先生捐献文物撷珍》，广州：广东民间工艺博物馆 1998 年版，第 2 页。

② 罗雨林：《广集国宝献神州——记香港已故文物鉴藏家杨铨先生》，载罗雨林著：《罗雨林文博研究论集》，广州：广东省地图出版社 2001 年版，第 394 页。

③ 罗雨林：《广集国宝献神州——记香港已故文物鉴藏家杨铨先生》，载罗雨林著：《罗雨林文博研究论集》，广州：广东省地图出版社 2001 年版，第 394 页。

④ 苏乾：《香港杨铨先生捐献文物补记》，《广州文史》，http://www.gzzxws.gov.cn/gzws/gzws/ml/gsws76/201207/t20120703_28927.htm。

及其派生的"华商"、"华工"等词;先用"华民",然后用"侨居"、"侨寓",进而出现比"华民"严谨的词语"侨民";最后,"华民"与"侨民"二词结合,形成"华侨"一词,用来表示侨居国外的中国人。① 吴行赐先生曾指出,国家领导人讲话时,称呼往往是"华侨华人、港澳同胞、台湾同胞",华侨华人不同于港澳同胞、台湾同胞;"侨胞"的用法比较宽泛,可以包括华侨与外籍华人;百年来,海外侨胞对祖国(祖籍国)的义捐史上,港澳同胞的捐赠占了很大的比重,侨胞义捐应包括港澳同胞的义捐。② 可见,在香港、澳门回归之前,"港澳同胞"也是"侨胞"。《中华人民共和国归侨侨眷权益保护法》(2000 年 10 月修订)第二条规定:"华侨是指定居在国外的中国公民。"综上所述,本文所谓"华侨华人",意义比较宽泛,指侨居国外的中国人,包括香港、澳门回归之前的"港澳同胞"。③

文物。文物法专家李晓东先生曾指出,"文物是人类在社会活动中遗留下来的具有历史、艺术、科学价值的遗迹和遗物。也可以说,文物是历史上人们创造的或与创造活动有关的物质文化和精神文化的遗产,具有历史、艺术、科学价值,是重要的物质文化遗产。"文物的分类方法主要包括:时代分类法、区域分类法、存在形态分类法、质地分类法、功用分类法、属性(性质)分类法、来源分类法、价值分类法等。④ 本文涉及的分类标准主要有:时代(如古代文物、近现代文物)、存在形态(如不可移动文物、可移动文物)、属性(如民族文物、中华文物、华侨文物)、来源(如捐赠文物、交换文物、出土文物)、价值(如全国重点文物保护单位、珍贵文物、一般文物)等。

本文提纲中出现的"流失海外中华文物"、"遗存海外中华文物"、"华侨文物"等概念,是按文物的属性分类。流失海外中华文物,一般称为"流失文物"。中华社会文化发展基金会抢救流失海外文物专项基金认为,流失文物是指 1840 年鸦片战争后到 1949 年新中国成立的一百余年间,因战争劫掠、不平等交易以及盗掘、盗凿等不道德的和非法的途径而流失海外的文物。⑤ 本文赞同这种界定,但概念的文字表述略有改动,作"流失海外中华文物"。遗存海外中华文物,是指除"流失海外中华文物"以外的、留存海外的中华文物。

"华侨文物"的界定还有待讨论。虽然一批著名的华侨文物,如广东开平碉楼、潮汕侨批、华侨华人支持中国革命的证照等,已经得到社会的关注和相对充分的研究,但与一般所谓的古代文物研究相比,华侨文物研究在整体上恐怕还处于起步阶段。2011 年 9 月 6日,中国博物馆协会华侨博物馆专业委员会成立,这对华侨文物保护和研究工作有重大推动作用。与之相应,专家们提出了"华侨文化遗产"的概念。中国侨联副主席乔卫先生曾表示,华侨文化遗产源于中国,衍生于海外,具有中华文化的主体特征,同时吸收海外文

---

① 庄国土:《"华侨"一词名称考》,《南洋问题研究》1984 年第 1 期。

② 张演钦:《侨胞义捐传统 世界独一无二》,《羊城晚报》,http://news.163.com/10/0516/13/66QF2T2S00014AED.html,2010 年 5 月 16 日。

③ 与"华侨华人"密切相关的还有"归侨"、"侨眷",对此本文暂不讨论。

④ 李晓东:《文物学》,北京:学苑出版社 2005 年版,第 4、78 ~ 87 页。

⑤ 牛宪锋:《浅析依法讨还历史上的流失文物》,载韩树英、罗哲文主编:《唐鸿胪井碑》,北京:人民出版社2010 年版,第 396 页。

化的合理元素，是中华文化遗产的组成部分。① 本文认为，凡与华侨华人历史相关的不可再生的历史遗物、遗迹皆属华侨文物。②

文物保护。《国家文物保护科学和技术发展"十二五"规划》指出："文物保护包括对价值的认知、保护措施的实施和经营管理，涵盖了调查、研究、评估、认定、记录、展示和传承，对文物本体的保护、维护和修复，以及对相关环境的控制与治理。"③ 侯卫东先生认为："文物保护并非简单的技术手段和仪器工具的问题，更重要的是对文物保护原则的深入理解和方法的探讨。"④ 龚德才先生指出："我国古代对古玩的鉴赏和收藏就已具有初级的文物保护意识（涉及文物的保管和收藏），其次从古代青铜器的修复、字画装裱，到古建筑的维修，从广义上说都是文物保护技术实施的过程。"⑤ 本文是在广义上使用"文物保护"这一概念，既指文物调查、认定、收藏、修复、展示等对文物本身的保护，还指对文物主权的保护，如对流失海外中华文物主张权利、力促被非法盗卖出境的中国文物回归等。

（三）研究概况

虽然文物保护在我国有着悠久的历史，作为一门学科的文物保护，现在也得到了较为充分的发展，文物保护研究的学术成果相当丰富；⑥ 但是，根据我们目前掌握的资料，还没有文章专门系统、全面地探讨华侨华人在文物保护方面所发挥的作用。下面着重从华侨华人参与文物保护的角度，对相关情况作一番简要的介绍。

第一，有关华侨华人参与文物保护的重要性和有效性的论述。国务院1997年在《关于加强和改善文物工作的通知》中提出："要努力建立适应社会主义市场经济体制要求、遵循文物工作自身规律、国家保护为主并动员全社会参与的文物保护体制。"原故宫博物院郑欣淼院长指出，社会参与"还可充分利用我国的文物优势，开展同境外有关方面的交流与合作，广泛争取国际组织、友好国家及团体、海外华人、港澳台胞对我国文物保护事业的资助和支持"。⑦ 2009年，国家文物局局长单霁翔指出，中国政府欢迎和鼓励境外友好机构和人士，包括爱国华侨华人，捐赠、归还流失出境的中国文物。在不放弃流失文物所有权的前提下，按照国际公约精神和惯例，适当考虑善意文物持有人有权得到公正合理的补偿，以促成更多的流失文物回归祖国。⑧《文物回归还需侨胞相助》指出，众多的海内外爱国人士尤其是海外华侨华人，给予了中国海外流失文物回流有力有效的支持。⑨《华侨华人助力流失海外国宝"回家"（侨界新闻视点）》报道，美国华人收藏协会希望可

① 张冬冬：《中国华侨历史博物馆9月开建征集文物已超万件》，中国新闻网，http：//www.chinanews.com/zgqj/2011/08-19/3270917.shtml，2011年8月19日。
② 据笔者了解，暨南大学徐云女士在与本文同期的项目报告中，对"华侨文物"有比较详细的论述，值得关注。
③《国家文物保护科学和技术发展"十二五"规划》，《中国文物科学研究》2011年第3期。
④ 侯卫东：《文物保护原则与方法论浅议》，《考古与文物》1995年第6期。
⑤ 龚德才：《文物保护科学与文物的科学保护》，《中国文物保护技术协会第二届学术年会论文集》，第452页。
⑥ 郑滨：《1860—2009年中国文物保护历程研究》，山东大学硕士学位论文，2010年。
⑦ 郑欣淼：《建立全社会参与的文物保护新体制》，《求是》2000年第23期，第54~56页。
⑧ 李韵：《国家文物局局长：流失海外文物回归需全民支持》，中国新闻网，http：//www.chinanews.com/cul/news/2009/11-25/1982527.shtml，2009年11月25日。
⑨ 刘琼：《文物回归还需侨胞相助》，人民网，http：//opinion.people.com.cn/BIG5/40604/3820761.html，2005年11月2日。

以在争取回收中国文物方面发挥力量，推动更多的国宝文物回流工作。① 《对"十二五"广东侨务工作的思考》指出，"十二五"期间广东侨务工作要聚侨、联侨、育侨、用侨。② 未来的侨务工作同鼓励海外华侨华人支持祖国文物保护事业的工作存在交集。

第二，华侨华人保护中华文物的事迹记录、报道及相关概况。国家博物馆、故宫博物院、保利艺术博物馆、广州博物馆、广东民间工艺博物馆（陈家祠）、西汉南越王博物馆等一大批文博机构，均有文物捐赠者的相关资料，其中不乏华侨华人保护文物的重要线索。《聚焦捐赠国宝的海外华人成推动文物回流主力军》报道，迄今世界上为保护海外中华文物而成立的第一个海外华人组织——海外中华文物保护促进会，于2010年5月2日在美国费城成立。③ 《华侨华人收藏家力促海外零散文物回归中国》对旅日华侨朱福元、英籍华人赵泰来和单声、美籍华人陈哲敬和邓芳、洪都拉斯籍华人王崇仁等保护中华文物的事迹有简要的介绍。④

中华文物的流失、分布、回归等概况。《东西方列强对我国历史文物的劫掠与破坏》，对1840年鸦片战争以来外国列强对我国文物的劫掠与破坏情况有撮要介绍。⑤ 《敦煌百年蒙难警示录》介绍了敦煌文物的流失概况。⑥ 《八国联军劫掠清宫纪实》对1900年八国联军劫掠清宫的过程有比较详细的报道。⑦ 《屠城之外的文物掠夺》、《抗战时期日本侵占中国文物述论》对抗日战争时期日军掠夺中国文物的情况有详细介绍。⑧

《国宝沉浮录——故宫散佚书画见闻考略》，对美、日等国公私藏家收藏的中国流失古代书画有所介绍。⑨ 林树中先生对海外藏中国历代名画、书法、雕塑等均有详细研究。⑩ 《有多少殷墟文物流失海外》对海外收藏殷墟文物数量居前列40家的博物馆或藏家有列表说明，并对其收藏中国文物的渠道作了分类介绍。⑪ 《子龙鼎归国始末》对青铜重器子龙鼎的流传背景和归国过程有详细介绍。⑫ 《吉金类系——海外博物馆藏中国古代青铜器》对海外收藏中国古代青铜器的博物馆有比较详细的介绍。⑬ 《中国甲午以后流入日本之文

① 任成琦：《华侨华人助力流失海外国宝"回家"（侨界新闻视点）》，人民网，http：//paper. people. com. cn/rmrbhwb/html/2008 –01/01/content_ 36417071. html，2008 年1 月1 日。

② 林琳：《对"十二五"广东侨务工作的思考》，《华侨与华人》2011 年第1 期。

③ 张红、胡美玲：《聚焦捐赠国宝的海外华人成推动文物回流主力军》，新华网，http：//news. xinhuanet. com/2010 –11/23/c_ 12805448. htm，2010 年11 月23 日。

④ 聂传清、崔亦谦：《华侨华人收藏家力促海外零散文物回归中国》，人民网，http：//art. people. com. cn/n/2013/0121/c41426 –20269327. html，2013 年1 月21 日。

⑤ 范植清：《东西方列强对我国历史文物的劫掠与破坏》，《华中师范大学学报》（哲学社会科学版）1995 年第4 期。

⑥ 方骥：《敦煌百年蒙难警示录》，《法律与生活》2000 年第7 期。

⑦ 《八国联军劫掠清宫纪实》，《中国档案报》，2002 年4 月26 日第6 版。

⑧ 陈化南：《屠城之外的文物掠夺》，《文史春秋》2006 年第2 期；韩文琦：《抗战时期日本侵占中国文物述论》，《南京政治学院学报》2012 年第5 期。

⑨ 杨仁恺：《国宝沉浮录——故宫散佚书画见闻考略》，上海：上海人民美术出版社1991 年版。

⑩ 林树中：《海外藏中国历代名画》，长沙：湖南美术出版社1998 年版；林树中：《海外藏中国历代雕塑》，南昌：江西美术出版社2006 年版；林树中：《中国历代外流的雕塑及其艺术（上、中、下）》，《收藏》2010 年第9 ~ 11 期；林树中：《海外藏中国历代书法》，郑州：河南美术出版社2009 年版。

⑪ 唐际根：《有多少殷墟文物流失海外》，《中国文化遗产》2006 年第3 期。

⑫ 谢小铨：《子龙鼎归国始末》，《中国历史文物》2006 年第5 期。

⑬ 张昌平：《吉金类系——海外博物馆藏中国古代青铜器》，《南方文物》2011 年第2 ~ 4 期，2012 年第1 ~ 3 期。

物目录》对研究流入日本之中华文物提供了重要线索。① 霍宏伟《美国宾夕法尼亚大学考古学与人类学博物馆藏中国文物调查》。②《柏林东亚艺术博物馆收藏的中国文物精品》对德国柏林东亚艺术博物馆收藏的中国文物有所介绍，其中不乏中国上古文物。③《君问归期未有期（冷眼观潮）——关于海外文物回流的考察》介绍历史上中华文物的出境通道，认为当今全球大约有 3 000 名文物收藏量在 10 000 单位以上的古董商，控制并推动着一个复杂而紧密的世界文物交易网。④

《国家海外重点珍贵文物回流工程：五年，两亿五千万元》报道中国文物信息咨询中心文物鉴定研究室主任张习武先生介绍国家专项资金在文物回流工程中的作用及部分资金分配的细节。⑤《新中国建国六十年来文物回流情况简述》对中国文物流失的原因、回流的现状、重要文物回流的市场历程等问题有所论述。⑥《中国文物的流失与回归问题研究》对中国文物非法流失的背景、方式、数量、分布状况和不同流失文物的回归渠道等进行了系统论述。⑦《追索流失文物先要摸清底子》介绍追索流失文物最近的动态。⑧

第三，华侨华人保护华侨文物的事迹记录、报道及相关概况。《侨德如山——广东华侨博物馆陈列》分移民海外、艰苦创业、文化传承等专题介绍了广东华侨博物馆部分馆藏华侨文物，其中收录的华侨文物图片精美，解说比较详细，书后附有文物捐赠者姓名，为研究华侨华人助力保护华侨文物提供了重要线索。⑨ 广东华侨博物馆网站的资讯栏目记录了历年的收藏和交流简讯，循其线索，可以搜集到更多相关的报道，如《美籍华人陈灿培向广东华侨博物馆捐赠珍贵实物》⑩、《为了侨史的传承与回归——收藏与捐赠华侨文物的故事》⑪、《著名表演艺术家于洋夫妇身体力行支持华侨文物回归祖国》⑫ 等。

华侨华人博物馆概况。据《中国华侨历史博物馆：讲述华侨自己的故事》，目前全国已经有关于国内和海外华侨华人的博物馆、纪念馆和展览馆大约三十家，比较著名的有福建的厦门华侨博物院、泉州华侨历史博物馆、长乐华侨博物馆，广东的江门五邑华侨华人博物馆、梅州华侨博物馆，江苏的南通华侨博物馆，黑龙江的黑河旅俄华侨纪念馆等。⑬据此，可以找到华侨华人保护文物的许多线索。《弘扬华侨精神为己任——广东各地华侨

① 徐森玉主编：《中国甲午以后流入日本之文物目录》，上海：中西书局 2012 年版。

② 霍宏伟：《美国宾夕法尼亚大学考古学与人类学博物馆藏中国文物调查》，《中国国家博物馆馆刊》2013 年第 2 期。

③ 吴若明：《柏林东亚艺术博物馆收藏的中国文物精品》，《收藏界》2007 年第 12 期。

④ 邵建武：《君问归期未有期（冷眼观潮）——关于海外文物回流的考察》，人民网，http：//opinion. people. com. cn/BIG5/40604/11980085. html，2010 年 6 月 27 日。

⑤ 马继东：《国家海外重点珍贵文物回流工程：五年，两亿五千万元》，《艺术市场》2006 年第 12 期。

⑥ 徐丹丹：《新中国建国六十年来文物回流情况简述》，《荣宝斋》2009 年第 3 期。

⑦ 汪喆：《中国文物的流失与回归问题研究》，中国科学技术大学博士学位论文，2010 年。

⑧ 杨樗：《追索流失文物先要摸清底子》，《中国社会科学报》，2012 年 12 月 28 日。

⑨ 王明惠主编：《侨德如山——广东华侨博物馆陈列》，北京：世界知识出版社 2011 年。

⑩《美籍华人陈灿培向广东华侨博物馆捐赠珍贵实物》，中国新闻网，http：//www. chinanews. com/zgqj/news/2010/05 - 22/2298667. shtml，2010 年 5 月 22 日。

⑪ 陈若婵：《为了侨史的传承与回归——收藏与捐赠华侨文物的故事》，中国江门网，http：//www. jmnews. com. cn/c/2007/07/06/10/c_ 910636. shtml，2007 年 7 月 6 日。

⑫ 招思虹：《著名表演艺术家于洋夫妇身体力行支持华侨文物回归祖国》，华语广播网，http：//gb. cri. cn/1321/2009/12/01/1766s2692299. htm，2009 年 12 月 1 日。

⑬ 杨子岩、马红红：《中国华侨历史博物馆：讲述华侨自己的故事》，人民网，http：//travel. people. com. cn/n/2013/0322/c41570 - 20876088. html，2013 年 3 月 22 日。

博物馆述评》对广东各地华侨博物馆有详细介绍，据此按图索骥，可了解华侨华人在广东涉侨博物馆的馆藏文物征集中所起的作用。① 《海外华人博物馆的文化动因和文化力量》对海外华人博物馆的分布和馆藏情况有简要介绍，为研究海外华人收藏保护华人文物提供了重要线索。②

第四，华侨华人保护文物的社会效应。关于华侨华人参与文物保护的社会效应的论述，散见于前文"第二"、"第三"所述文献。正如《国家文物保护科学和技术发展"十二五"规划》所论，文物是"提高国家文化软实力的不可再生的重要物质资源"，文物保护与国家文化软实力提升息息相关。关于"软实力"的研究，如《软力量：世界政坛成功之道》③、《文化软实力：基于中国实践的话语创新》④、《改革开放以来海外华侨华人在助推中国软实力中的作用》⑤、《国家软实力及华侨华人的作用国际学术会议论文集》⑥ 等，值得参看。

二、华侨华人在保护文物中的作用

海外华侨华人为中国的革命和建设事业做出过方方面面的重大贡献，参与文物保护是其贡献之一。但长期以来，或因文物保护工作本身比较专业、保密，或因相关事迹的记录和报道比较零散，社会上对华侨华人在文物保护方面的贡献，认识还比较模糊。鉴于此，本节准备例述华侨华人保护文物的义举，以告慰往者，激励来者。

（一）抢救流失海外中华文物

自晚清鸦片战争至新中国成立的一百多年里，由于战争劫掠、盗掘盗卖等原因，大量中国珍贵文物流失海外。据中国文物学会统计，超过千万件中国文物流失到欧美、日本和东南亚等国家及地区，其中国家一、二级文物有百余万件。⑦ 仅河南殷墟流失海外的文物，据估计就有五万件，包括青铜器、玉器、甲骨、骨器、陶器、石器、铸造青铜器的陶范等种类。⑧ 历史上，很多爱国人士为防止中华珍贵文物外流做过大量工作；对已经流失海外的文物，则积极调查、寻访，助益流失文物追讨。总之，在这条特殊的爱国战线上，经常可以看到华侨华人的身影，兹举数例以明之。

杨铨（1898—1967），祖籍广东鹤山，幼年随父在香港谋生，曾任太古船坞（英商）高级职员。20 世纪上半叶，中国战火连年，时局动荡，海关无力维护祖国的主权，大批珍贵文物经由香港古玩市场流散到世界各地。目睹这种惨状，杨先生痛心疾首，决心倾尽

① 吴行赐：《弘扬华侨精神为己任——广东各地华侨博物馆述评》，《华侨与华人》2011 年第 1 期。

② 李丽：《海外华人博物馆的文化动因和文化力量》，载刘泽彭、张应龙等编：《互动与创新——多维视野下的华侨华人研究》，桂林：广西师范大学出版社 2011 年版，第 559 ~ 568 页。

③ ［美］约瑟夫·奈著，吴晓辉、钱程译：《软力量：世界政坛成功之道》，北京：东方出版社 2005 年版。

④ 骆郁廷：《文化软实力：基于中国实践的话语创新》，《中国社会科学》2013 年第 1 期。

⑤ 郑源川：《改革开放以来海外华侨华人在助推中国软实力中的作用》，新疆大学硕士学位论文，2012 年。

⑥ 陈奕平主编：《国家软实力及华侨华人的作用国际学术会议论文集》，广州：暨南大学出版社 2013 年版。

⑦ 闻哲：《1 000 万？中国文物流失海外知多少》，新华网，http://news3.xinhuanet.com/collection/2007 – 01/29/content_ 5668671. html，2007 年 1 月 29 日。

⑧ 唐际根：《有多少殷墟文物流失海外》，《中国文化遗产》2006 年第 3 期。

所有来拯救祖国文物。新中国成立后，杨先生将其用毕生心血收藏的文物悉数捐献给祖国，接收单位包括国家文物部门、广州市人民政府、广西壮族自治区博物馆、桂林市人民政府，其中捐献给广州市的文物就达 5 542 件（套）。杨先生捐献文物数量之大、品类之多，在 20 世纪 60 年代的广州属于首例；在捐献文物的海外私人藏家中，至今也是名列前茅的。杨先生收藏捐赠回流祖国的文物中，有一部分就是典型的流失海外中华文物。有一幅南宋刘松年的《蜀道图》，是从一座明墓中出土，经古董商之手辗转外流，最后被杨先生购回的。1941 年 12 月，日本侵占香港后，物价飞涨，民不聊生，许多藏家因无力维持生计而在街头贱卖藏品。杨先生曾在街头遇到一名老人摆卖一幅唐代古画，是大画家阎立德的《文成公主降蕃图》。交涉期间，遇到日本人前来询价。为防止国宝落入日本人之手，杨先生向亲友求助，东拼西凑，将这幅珍罕异常的古画购回。此外，晚唐滕昌祐的《雪岸鹅图》，戴嵩的《柳阴归牧》和《渡水中图》，北宋崔白的《雪鹰》等名画，都是杨先生从外国人或古董商人那里抢购回来的。[1]

陈哲敬（1927—　　），生于福建莆田，1969 年移居美国，知名雕塑家、石佛收藏家。陈先生收藏有一件龙门石窟古阳洞释尊佛头[2]，此佛头于 1907 年至 1921 年间被盗运出中国，曾流转到法国、比利时、美国。1991 年，陈先生在美国购得此佛头。2004 年，陈哲敬先生捐赠佛头雕像，中国文物信息咨询中心以奖金的形式给予他一定补偿，并利用"国家重点珍贵文物征集专项经费"回购另两件龙门石窟文物。[3]

陈俊，英国扬州同乡会会长。2001 年 6 月，陈先生将一樽被八国联军掠夺的明代绿色琉璃瓦麒麟转交给祖国。据介绍，这樽瓦麒麟是英国萨福克兵团于 1901 年随八国联军侵略北京时掠走的，曾作为战利品存放在英国萨福克兵团博物馆，后来经拍卖而流入民间，为陈先生购得并转交祖国。[4]

以上是凭个人之力抢救并促使流失海外中华文物回归祖（籍）国的华侨华人的典型例子，足以说明华侨华人在保护流失海外中华文物方面曾发挥过重大作用。

华侨华人还通过文物研究、协助调查文物、声援反对不义拍卖等途径，为保护流失海外中华文物发挥过积极作用。例如，周秀琴，旅美华人，宾夕法尼亚大学考古学与人类学博物馆（下文简称"宾博"）的高级典藏员，其博士论文《昭陵：唐太宗的陵墓》对流失国外的昭陵文物"飒露紫"和"拳毛䯄"有深入研究。历史上，唐太宗为了夸耀武功，下令将自己征战所骑的六匹战马拳毛䯄、什伐赤、白蹄乌、特勒骠、飒露紫、青骓的形象雕刻于青石，陈列在其陵墓昭陵北阙，这就是闻名中外的浮雕艺术杰作——昭陵六骏。1913 年，北京古玩商赵鹤舫将六骏中的"飒露紫"、"拳毛䯄"浮雕盗卖给卢芹斋。宾博先以借展的方式将二骏浮雕运到博物馆展出，后以 12.5 万美元向卢芹斋买下二骏。[5] 通过查阅大量原始档案、相关的信件、私人日记等珍贵资料，耗时七载有余，周秀琴完成昭陵

---

① 罗雨林：《博采瑰宝献神州——著名文物鉴藏家杨铨对祖国文博事业的贡献》，《广州研究》1986 年第 1 期。

② 刘琼：《文物回归还需侨胞相助》，人民网，http：//opinion. people. com. cn/BIG5/40604/3820761. htm，2005 年 11 月 2 日。

③ 《"海外军团"频频发力　盛世中国助推流失文物回归》，中国经济网，http：//art. ce. cn/scpm/zixun/200710/ 02/t20071002_13116639. shtml，2007 年 10 月 2 日。

④ 李志高：《旅英华侨购回被掠文物——琉璃瓦麒麟离乡百年后回归故土》，《人民日报》（海外版），2001 年 6 月 7 日。

⑤ 戴叶君：《影响中国·上海百年收藏大家——卢芹斋与中国文物的流散海外（下）》，《艺术市场》2008 年第 4 期。

两骏流失经过的梳理。① 这是促成两骏回归的重要准备工作。2012 年，周秀琴还为到宾博调查文物的中国学者提供了帮助。②

再如，美中收藏家协会与东方文化事业基金会。2009 年，法国佳士得拍卖行执意拍卖圆明园被劫兽首。对此，美国"美中收藏家协会"与美国"东方文化事业基金会"发表公开信指出，圆明园鼠首、兔首在第二次鸦片战争中被英法联军劫掠至海外，中国对这些被劫掠的文物具有无可争辩的所有权和继承权；呼吁所有中国及海外华人收藏家及文物从业人员抵制佳士得拍卖行，不与其进行任何业务往来。③

此外，海外中华文物保护促进会（2010 年，美国费城）④、法国华人收藏家协会暨法国南京同乡会（2012 年，法国巴黎）⑤、德国中国传统文化及养生协会等海外华侨社团⑥，皆对外宣称致力于流失海外中华文物保护。

抢救自鸦片战争开始 100 多年来流失海外的中华文物，是一项长期而艰巨的任务。抢救工作的第一步，就是要调查清楚流失文物的收藏情况并提供充分的证据以证实其为流失海外中华文物。显然，若有熟悉情况的华侨华人支持，将有利于抢救工作的开展。全球华人团结起来，抵制对流失海外中华文物的不义拍卖，使觊觎中华文物的藏家、财团有所顾忌，这不仅有利于抢救已流失的文物，而且有利于抑制现存国内的文物非法外流。

综上可知，无论是亲自收藏保护，还是协助调查，抑或舆论声援，在抢救流失海外中华文物方面，华侨华人曾经而且必将继续发挥重大作用。

（二）保护遗存海外中华文物

上文曾指出，除"流失海外中华文物"的，留存海外的中华文物就是遗存海外中华文物。相对于"流失海外中华文物"概念具有明确的外流时段的限制（鸦片战争至新中国成立）和外流途径非法性（掠夺、盗窃等）的限制而言，"遗存海外中华文物"是一个比较中性而且更加宽泛的概念。在不能证实某件海外中华文物是"流失海外中华文物"的情况下，不妨用"遗存海外中华文物"这个概念，其范畴更加宽泛。华侨华人保护遗存海外中华文物的事例非常丰富，其中有下面四个子类特别引人注目：

其一，促成走私境外中华文物回归。前面我们谈到，"流失海外中华文物"的形成是历史原因，须大力抢救并保护，但这并不意味着新中国成立之后就没有文物被非法转移到

---

① 张演钦：《"昭陵两骏"流失海外最新解密》，金羊网，http：//www. ycwb. com/gb/content/2003 – 10/03/content_ 586618. htm，2003 年 10 月 3 日。

② 霍宏伟：《美国宾夕法尼亚大学考古学与人类学博物馆藏中国文物调查》，《中国国家博物馆馆刊》2013 年第 2 期。据巩峥《文保专家发现盗卖昭陵二骏书信电报》（《北京日报》，2013 年 11 月 21 日），上海大学陈平平教授最近在上海博物馆的图书馆内找到记载"飒露紫"、"拳毛䯄"被盗、交易细节的档案，证实了百年前二骏是被非法盗卖至海外，不应受法律保护。

③ 张炜：《美国华人收藏家谴责佳士得拍卖圆明园流失文物》，中国新闻网，http：//www. chinanews. com/cul/news/2009/02 –25/1578814. shtml，2009 年 2 月 25 日。

④ 《盼助流失文物"回家" 华人保护文物组织费城成立》，中华网，http：//news. china. com/zh_ cn/news100/11038989/20100504/15921679. html，2010 年 5 月 4 日。

⑤ 顾玉清：《法国华人收藏家协会在巴黎成立》，新华网，http：//news. xinhuanet. com/overseas/2012 –03/18/c_122848147. html，2012 年 3 月 18 日。

⑥ 《散落国外的中华国宝（历史回眸）（组图）》，新浪网，http：//news. sina. com. cn/o/2005 – 08 –18/05046718199s. shtml，2005 年 8 月 18 日。

海外。事实上，由于受巨额利益驱使，有许多不法之徒通过各种途径继续盗掘、盗卖祖国文物并走私到境外。据海关统计指出，"每年我国都有成百上千起文物走私案件发生，每年都有成千上万的文物被走私出境，几乎每一个对外开放城市和口岸都发生过文物走私案件"。① 虽然凡是《中华人民共和国文物保护法》及相关法规、规章明确禁止出境的文物，一旦查明被走私出境，政府往往可依据我国法律、国际公约（如联合国教科文组织《保护世界文化和自然遗产公约》、《关于禁止和防止非法进口文化财产和非法转让其所有权的方法和公约》）、国家间合作协议的相关规定，明确要求对方返还文物；② 但及时侦知走私文物的去向并提供充分的证据证明对方持有的文物是源于我国的走私文物，却依然还是一个难题。不过，若遇华侨帮助，则形势往往会有所改变。兹举以下两例以明之：

邓芳团队。2006 年初，美籍华人范世兴、邓芳夫妇发现有几家美国古董店出售中国汉代文物，初步判断这是汉代高级陵墓所出文物，被走私到境外。确定文物为真品之后，邓芳夫妇积极联系国内友人和旅居国外的爱国侨胞共 15 人，协商共同出资购买这批文物中的陶俑、陶编钟等 31 件典型文物，并将其无偿捐回中国。③

范季融伉俪。范季融先生（祖籍宁波，1936—　）、胡盈莹女士是美国著名的华裔收藏家，曾多次向国家捐赠青铜器、书画等珍贵文物。2009 年，范季融伉俪将其收藏的九件秦公晋侯青铜器捐赠给国家，11 月 23 日，"范季融、胡盈莹捐赠文物交接仪式"在北京国子监博物馆彝伦堂举行，文化部授予范季融先生"文化交流贡献奖"。据研究，这批铜器分别出自 20 世纪 90 年代被盗掘的甘肃秦公墓和山西晋侯墓，后被走私出境。幸得范季融先生收藏，国宝终于回家。④

虽然国家文物局及有关专家曾多次表态，无论从道义上还是从法律上讲，走私出境的中华文物都应该依法追讨回国，而购买走私文物并将其捐赠回国，因其可能助长文物走私而不予提倡；但是，应该承认，在我国不能提供走私文物确切出处和文物本身情况记录等信息（按国际公约规定依法追讨走私文物必备的条件）的情况下，依法追讨的难度非常大。此时，若华侨华人急于公义将其购买并捐赠回国，则就走私文物的追讨和保护本身而言，也算是不幸中的万幸。

其二，收藏保护出境情况待考的遗存海外古代中华文物。所谓"出境情况待考的遗存海外古代中华文物"，是指笔者甚或整个学界根据目前掌握的资料无法考实其出境情况的中华文物，它们可能是早年流失海外的，抑或后来走私出境的，也可能是古代合法贸易出境的。前述的杨铨先生则收藏保护过大宗该类文物。在这方面做出重大贡献的华侨华人还有很多，兹择要介绍如下：

---

① 陆建松：《"文物大国"的危机》，《收藏》2009 年第 5 期。另参《百年文物流失记——1997，海关查获的 9 大文物走私案》，《法律与生活》1998 年第 10 期；谢辰生、彭卿云：《文物大国的危机》，《中国文物学会通讯》（2001、2002 年合订本）。

② 据《中国式的文物回归：善意持有》，新浪网，2010 年 1 月 1 日，被盗掘的五代王处直墓彩绘浮雕武士石刻就是中国凭借取证而成功追索的首个案例。又据《中国文物流失日本调查——有计划掠夺中国文物》（《记者观察》2013 年第 3 期）、《年终盘点：回家的"海外游子"》（涂师平，《宁波通讯》2011 年第 24 期），北魏菩萨立像 1994 年被盗后流往境外，被日本美秀博物馆购得。后来国家文物局与美秀博物馆磋商，2008 年，日方将立像归还中国。

③ 李库：《一批西汉珍贵文物回归》，《收藏》2007 年第 7 期；徐梅：《邓芳：带汉俑回家》，《南方人物周刊》，新浪网，2007 年 4 月 2 日。

④ 方维甫：《范季融及其捐赠的九件青铜器》，《收藏家》2010 年第 2 期。

（1）庄万里（1899—1965），祖籍福建晋江，菲律宾实业家，著名爱国华侨。2000年，庄万里后人庄长江、庄良有以"庄万里基金会"名义，将其收藏的 233 件珍贵文物捐赠给上海博物馆，获赠上海市政府所颁"白玉兰荣誉奖"。①

（2）周锐（1906—2006），祖籍广东开平，旅美，著名爱国华侨。1963 年，周先生在美国创立"旧金山中华文化中心"，目睹中国文物流失异国，决心搜集中国文物，曾将部分珍品捐赠给上海博物馆、北京中国人民银行等单位。1984 年 12 月，周先生将两柄精美的战国青铜剑捐赠给上海博物馆，使流落国外的珍贵文物回归祖国。②

（3）李炳源（1914—1989），美籍华人，祖籍广东台山。1993 年，遗孀程秀琴女士按照李炳源先生遗愿，将其收藏的文物捐赠给广东华侨博物馆。这批文物有清朝中晚期和民国时期的陶瓷及宫廷画，部分为国家级文物，共 71 件（套）。③

（4）朱福元（1919—2009），生于江苏昆山，长期旅居日本，致力于收藏我国散失海外的名贵字画。1998 年，朱先生决定将其珍藏的三百余幅古代书画精品捐赠给故乡昆山④，藏品中的唐代《迦理迦尊者像》、五代《春燕戏花图等》，堪称古代中国书画的稀世珍品。⑤

（5）杨永德（1921— ），著名香港实业家、文物鉴藏家，祖籍广东鹤山。1991 年，杨永德伉俪将珍藏的 200 余件古代陶瓷枕捐赠给西汉南越王博物馆。⑥ 杨先生还向故宫、广州六榕寺等文博单位捐赠过文物。⑦

（6）王崇仁，洪都拉斯籍华人，祖籍山西。2007 年，王先生将购自香港的"佛舍利五重宝塔"捐赠给西安。有学者认为，这是辽代前期的佛塔，是一件国家级文物。⑧

（7）单声（1929— ），祖籍江苏泰州，全英华人中国统一促进会会长。2010 年，单先生将毕生收藏的珍贵文物捐赠给故乡泰州。这批文物包括青铜器、瓷器、古代书画等，年代跨越西周至现代。⑨

此外，祖籍广东省惠阳旅世居香港的叶义（1919—1984）⑩、祖籍广东新会的加拿大华侨霍宗杰⑪，亦有重大贡献。上述爱国华侨，其收藏不但珍贵而且品类繁多，其捐赠充

---

① 应妮：《菲华侨庄万里"两塗轩"藏书捐赠中国国家图书馆》，中国新闻网，2011 年 7 月 25 日。庄氏后人将庄万里"两塗轩"藏书共计 25 部 4 148 册（主要为民国时期出版物），捐赠给中国国家图书馆。

② 李俊杰：《海外收藏家周锐》，《上海文博论丛》2005 年第 2 期。

③ 广东华侨博物馆：《李炳源捐赠藏品展》，广东华侨博物馆网，http：//www.gdhqbwg.com/cn/exhibition/special - exhibitions/c301. html。

④ 吴春鸣：《朱福元老人捐赠给故乡昆山 300 余幅散失海外珍贵书画》，《人民日报·华东新闻》，2001 年 11 月 13 日第 2 版。

⑤ 陆昱华：《海外归珍——昆仑堂藏古代书画赏读》，《中国书画》2005 年第 3 期。

⑥ 麦英豪：《国宝无价报国有心——杨永德伉俪捐赠藏枕纪事》，《文物世界》2000 年第 4 期。

⑦ 沈承先：《杨永德夫妇捐赠文物》，《紫禁城》1989 年第 2 期；西汉南越王博物馆《杨永德先生事迹汇报》（PPT）。

⑧ 温玉成：《谈王崇仁藏佛舍利五重宝塔》，《世界宗教研究》2008 年第 3 期。

⑨ 王如君：《英国侨领单声提出"反分裂法"第一人》，《环球人物》2007 年第 14 期；《爱国侨领单声无偿捐赠 300 多件文物》，新华网，http：//news. xinhuanet. com/shuhua/2011 - 10/19/c_122173329. htm，2011 年 10 月 19 日。

⑩ 故宫博物院网，http：//www. dpm. org. cn/shtml/402/@/26787. html。

⑪ 《新会博物馆晋级国家三级博物馆》，新会新闻网，http：news. xhcatv. com. cn/onews. asp？ id = 22616，2013 年 11 月 6 日。此外，像香港徐展堂先生、澳门何鸿燊先生等，对中华文物保护的贡献甚巨，因其文保活动持续到两地回归之后，与"华侨华人"这一身份不完全契合，所以正文中没有述及，特此说明。

实了国内文物馆藏，为保护中华文物做出了重大贡献。

其三，收藏保护外销瓷。中国外销瓷历经岁月洗礼而升华成文物，其中部分品类在作为产地的中国却罕有标本，华侨华人的外销瓷收藏、研究，对中国外销瓷的研究与保护有重大促进作用。这方面，韩槐准先生堪称典范。

韩槐准（1892—1970），生于海南文昌，侨居新加坡，著名爱国华侨、学者。韩先生是用纯科学的客观方法来鉴别瓷器的华人首创者，提出根据陶瓷彩料加热后所起的化学变化、外国釉料传入中国的时间顺序等客观因素判定古董陶瓷的制造年代。1956 年至 1962 年间，韩先生将搜集的文物装箱寄送北京，向故宫博物院捐赠 300 多件文物，其中最具特色的就是我国古代销往东南亚的外销瓷。①

此外，香港罗桂祥博士、英国赵泰来先生、菲律宾陈水来先生等人，对收藏保护中国外销瓷都有过重大贡献。

其四，保护原生自有文物。本文所谓"原生自有文物"是指产生于本家族或社会组织内部、传承有序、历经时代变迁而积淀留存的文物。保有原生自有文物的华侨华人大都出自名门望族，其所保护文物或为重大历史事件的见证，或为精美绝伦的艺术品，甚或于前两种属性兼而有之，往往具有较高的收藏价值。因此，这类华侨华人的文物保护之功，也很值得称道。兹举数例如下：

（1）邓又同（1915—2003），祖籍广东顺德龙江，出身名门望族。20 世纪 80 年代以来，一直担任香港学海书楼行政秘书。邓先生喜欢收集文物。在过去近 40 年间，先后向中国社会科学院历史研究所、香港中文大学、香港市政图书馆、广州博物馆、广州荔湾区博物馆及图书馆、顺德区博物馆等机构捐赠珍贵文物 1 000 多件。② 1956 年，邓又同先生将其祖邓华熙任贵州巡抚时光绪帝御赐的甲胄（全套）捐赠给广州博物馆。③ 邓先生捐赠的这套甲胄，就是典型的原生于家族内部、自存自有的珍贵文物。

（2）唐宝珊（1930—2013），民国第一任总理唐绍仪之女，早年居香港，晚年移居澳大利亚。1993 年，唐女士将一批有关其父的文物捐赠给珠海市博物馆。其中有一件正面压印"钦差议约全权大臣"和双龙纹环抱"赏"字的银牌。或以为此枚银牌是 1904 年唐绍仪被朝廷任命为钦差大臣而远赴印度同英国就西藏问题进行谈判时的赏牌，是中国外交史上的一件重要文物。④

（3）高励节，祖籍广州番禺，岭南画派开创者之一高剑父先生之子，居香港。1989 年，高先生将珍藏 30 多年的父亲手稿、画作捐献给广州市文化局。⑤

（4）司徒倩，美籍华人，孙中山次女孙婉的义女。2006 年，司徒倩女士将其保存的孙中山家族三代人——孙中山原配夫人卢慕敏、二女儿孙婉及二女婿戴恩赛、外孙女戴成

---

① 陈耿：《韩槐准：中国古外销陶瓷研究第一人》，海南省人民政府网站，http：//www. hainan. gov. cn/data/news/2008/06/53147/，2008 年 9 月 11 日。

② 广东省政协文化和文史资料委员会编：《香海传薪录——香港学海书楼纪实》，北京：中国文史出版社 2008 年版，第 315 页。

③ 叶伟华：《珍宝背后的传奇——纪念广州博物馆建馆 80 周年捐献文物特展》，《中国文物报》，2009 年 8 月 12 日第 8 版。

④ 萧一亭：《唐绍仪与中英西藏问题谈判——介绍"钦差议约全权大臣"银牌》，《中国西藏（中文版）》2001 年第 2 期。

⑤ 《高励节》，广州侨网，2012 年 9 月 28 日。

功等人的各类生活用品及收藏品，包括照片、信札、证章、书籍、文具、瓷器、珠宝、丝织品等，成套捐献给深圳博物馆。①

（5）梁政均伉俪。梁政均先生祖籍广东顺德，现旅居美国，其父梁又铭先生（1906—1984）是近代著名画家，被称为"史画画师"。2009 年，梁政均夫妇将其父梁又铭先生的作品及文献史料捐赠给广东省博物馆。② 2013 年 5 月，梁政均先生将其父有关抗日战争题材的画作《巷战》、《雪后》捐赠给中国人民抗日战争纪念馆。③

以上是保护原生自有文物的华侨华人典型。此外，像美籍华人臧建心和臧武云伉俪、祖籍广东番禺的周千秋伉俪、曾祖祖籍广东南海的冯佳琳女士等，都有过重大贡献。

（三）保护华侨文物

近年来，伴随一批华侨博物馆的建成和开馆，有关华侨华人捐赠华侨文物的义举时常见诸报道，循此深究可发现一大宗相关事例。若从华侨华人专题史研究的角度看，华侨文物中有四个子类比较引人瞩目：其一，见证华侨华人爱国爱乡的文物；其二，见证华侨华人成就或贡献的文物；其三，见证华侨华人生活的文物；其四，有关华侨华人中外交流的文物。据此，下面分类撮要介绍华侨华人保护华侨文物的义举。

其一，收藏保护见证华侨华人爱国爱乡的文物。华侨华人热爱祖（籍）国、热爱故乡的精神值得大力宣扬，因此，见证华侨华人爱国爱乡的文物，往往是国内涉侨博物馆收藏保护的重要对象，而很多华侨华人社团和个人在保护这类文物方面也是不遗余力，贡献良多。其例如下：

（1）美国纽约华侨衣馆联合会（简称"衣联会"）。2009 年，衣联会将其在 1949 年缝制的"美洲升起的第一面五星红旗"捐赠给中国华侨历史博物馆。据介绍，衣联会曾突破重重压力，在 1949 年 10 月 1 日升起了美洲的第一面五星红旗。后来，三位成员为此付出了生命的代价。这是一面"有血、有泪、有汗"的旗帜，是爱国华侨华人为中国革命、为新中国做出巨大牺牲和突出贡献的见证。④ 2012 年，美国华人陈美嫦女士向广东华侨博物馆捐赠衣联会珍贵资料 565 件（套），主要包括衣联会 20 世纪 40 年代欢迎冯玉祥将军、捐款捐物支持抗战、纽约侨界欢迎中国政府访问团等照片，是纽约华侨华人爱国精神的重要见证。⑤

（2）蚁锦中。2010 年，蚁锦中先生将蚁光炎先生的遗物捐赠给中国华侨历史博物馆，其中有一件 1939 年蚁光炎先生被日伪势力暗杀时的血衣。⑥ 蚁光炎先生是 20 世纪东南亚著名的爱国侨领，因鼓动、组织抗日而遭暗杀。血衣是蚁光炎先生抗日殉国的见证。

（3）郑社心。2004 年，新加坡华侨郑社心先生捐赠其父郑潮炯先生的两件遗物给广

---

① 王宇：《客从远方来赠我无价宝》，《深圳商报》，2010 年 6 月 11 日第 C01 版。
② 《省博物馆举行"梁又铭先生遗作及文献史料捐赠仪式"》，广东文化网，http：//www. gdwh. com. cn，2009 年 12 月 11 日。
③ 陈艺：《梁政均捐"抗战画"》，http：//www. ldwb. com. cn/article/1/132648，2013 年 5 月 15 日。
④ 张海燕：《贺新中国六十华诞美洲升起的第一面五星红旗回归》，人民网，http：//chinese. people. com. cn/GB/10060185. html，2009 年 9 月 15 日。
⑤ 亓延坤：《美国华人陈美嫦向广东华侨博物馆捐赠纽约华侨衣馆联合会资料》，广东省华侨博物馆网，2012 年 8 月 10 日。
⑥ 《华侨华人向华侨历史博物馆捐赠文物》。

东江门五邑华侨华人博物馆（筹）。这两件遗物，一件是装瓜子的布袋，上面有侨胞的题词、诗句"侨居山打根埠爱国郑潮炯君模范华侨，义卖瓜子，远走天涯，为国效劳。同人感郑君义举可风，赠俚句诗：郑君爱国实堂皇，义卖瓜子千百场。远走天涯不怕苦，长奔海角无嫌忙。筹来义粟与仁浆，竭尽心灵与肚肠。愿我同胞协尽力，完成抗战永传扬。沙捞越岑南丹客里旺全体华侨敬赠。廿九、十一、十四"；另一件是卖瓜子时穿的中山装，表袋上方印有"郑潮炯柔佛新山市筹赈会职员敬赠"。① 郑潮炯先生义卖筹款支持中国抗日的感人事迹传遍东南亚，其家人珍藏保留的这两件文物，是郑潮炯先生爱国精神的重要物证。

其二，收藏保护见证华侨华人成就或贡献的文物。过去，大批华侨华人只身漂流海外，从基层做起，通过多年的摸爬滚打最终成为某一领域的杰出人物，为当地社会、华人社会乃至全世界做出了重大贡献，而见证其成就或贡献的文物蕴藏着强大的精神力量，值得收藏保护。华侨华人在收藏保护这类文物方面颇有贡献，其例如下：

（1）曹棣华，祖籍广州，旅美华人，"二战"美军著名华人军医官。2011年12月，曹先生捐赠其参加"二战"海军军服、"二战"美国海军"服务中国"勋章、"二战""保卫美国"勋章等实物给广东华侨博物馆。②

（2）欧阳金海，祖籍中山的旅美华人、参加过诺曼底登陆战的老兵，2006年10月，将其"二战"时期盟军在诺曼底登陆时所穿的陆军军服交给了正在筹建的中山华侨历史博物馆。③

（3）郑浩华，中山籍旅美侨胞，向访美的广东省中山县政府代表团捐出一批其父郑豪的晚清华侨文物，包括宣统元年两广总督张之洞签发给内阁中书广东军医总教习郑豪的护照、光绪三十年旧金山《中西日报》报道郑豪为考取西医牌照第一名华人报道的报纸等。④

（4）刘嘉宁，祖籍广东南海，澳大利亚华侨。2011年，刘先生将一批包括其参加澳大利亚各项乒乓球赛获奖奖牌和奖杯、比赛服的体育藏品共计50余件（套）捐赠给广东华侨博物馆。⑤

其三，收藏保护见证华侨华人生活的文物。与前面两种文物彰显华侨华人的杰出相比，这类文物可能显得"平凡"、"零散"，但它们往往是今人借以感受海外华人异域生活，进而理解其行为决策的重要媒介，因而值得收藏保护。保护这类文物的华侨华人较多，其例如下：

（1）吴德芳，祖籍梅州，马来西亚爱国华侨。2001年前后，吴先生到当年客家人落脚的乡村、小镇等收集资料、文物，协助中国客家博物馆华侨馆筹办马来西亚展厅。2004

---

① 新会外事侨务局：《新会旅新加坡乡亲郑社心先生回家乡捐赠华侨文物》，新会侨网，http://www.xinhui.gov.cn/export/xhqw/synr/qwdt/nw20040322101555.html，2004年3月。

② 广东省华侨博物馆：《二战华裔老兵曹棣华向广东华侨博物馆捐赠军服勋章》，广东侨网，http://www.gdoverseaschn.com.cn/hqwb/201112/t20111223_223331.html，2011年12月23日。

③ 《祖籍中山诺曼底老兵献二战军服》，《中山日报》，2006年10月8日第4287期A1版。

④ 《晚清考取加州西医牌照首位华侨文物将归中山故里（图）》，中国新闻网，http://www.chinanews.com/hr/mzhrxw/news/2008/05-04/1238123.shtml，2008年5月4日。

⑤ 《澳洲华侨刘嘉宁向广东华侨博物馆捐赠华侨体育用品》，广东侨网，http://www.gdoverseaschn.com.cn/zt-zl2010/qwzl2010/gdhqbwg/xwzx/201108/t20110817_185543.htm，2011年8月17日。

年8月，在槟城发起成立"马来西亚客家文物馆"。① 2010年，吴先生向广东华侨博物馆捐赠南洋土生华人银器、腰带装饰物品和20世纪30年代的老唱片等文物资料70余件。2011年，"南洋风物——吴德芳捐赠华侨文物展"在广东华侨博物馆开展，展出文物包括南洋华侨使用的木工、割胶、打金等生产工具和华侨家庭使用的铜制锡制果盘、酒具、香水瓶等生活用具。②

（2）杨永曦，侨居新加坡，将其收藏的南洋华侨文物——陶瓷代用币（俗称"猪仔钱"）等华侨文物捐赠给广东华侨博物馆。③

（3）黄兴，侨居新加坡，分别在2006年10月和2007年8月，向中国华侨历史博物馆共捐赠了1 000多件藏品，其中华侨华人历史文物资料约1 000件，时间跨度从乾隆年间到20世纪70年代，反映不同历史时期华侨华人的各种生产生活侧面。④

（4）陈灿培，美籍华人。2010年，陈博士向广东华侨博物馆捐赠一批华侨实物，包括有关中国移民及美国排华的资料、飞虎队本人或后人再捐实物（如飞虎队军装）等。⑤

（5）万晓燕，旅居美国。2010年将其历经多年在海外民间收集到的一批藏品捐赠给南通华侨博物馆，其中有20世纪40年代到60年代海外华侨学校使用的华文教材等。⑥

其四，保护见证华侨华人中外交流的文物。华侨华人与祖（籍）国交流，维系亲情和乡情，也带来域外新知，是国人了解世界的重要途径。保护和研究有关华侨华人中外交流的文物，往往具有多方面的价值。这类文物中，侨批的保护和研究尤其令人瞩目，而这方面卓有贡献的华侨华人也不乏其例，例如：

（1）许茂春，祖籍广东澄海，泰国集邮家、收藏家，曾捐赠一批侨批原件给潮汕侨批文物馆。30多年来，许茂春先生收集侨批近3万封。许茂春先生曾为了十几封侨批，不惜花20余万美元买下整部《荷属东印度群岛实寄封》邮集，也曾花费33万元拍下中国解放时的一个侨批回批总包封。2008年，许茂春先生分类整理自己的藏品，出版《东南亚华人与侨批》，对侨批的总结和推介做出了重要贡献。⑦

（2）成汉通，侨居新加坡，2004年，将60多封家藏侨批捐赠给潮汕侨批文物馆。

顺带说明一点，最近广东华侨博物馆聘请来自美国、加拿大、英国、法国、马来西亚、新加坡、中国香港等国家和地区的13名侨领、收藏家、文博专业人士为首批海外顾

---

① 曾秋玲、阙斌：《殷殷中华心切切客家情——马来西亚吴德芳拿督访谈录》，广东侨网，http：//www. gdoverseaschn. com. cn/qw2index/2006rwft/200606280063. htm，2005年8月26日。

② 王明惠：《广东华侨博物馆举办〈吴德芳捐赠华侨文物展〉》，广东华侨博物馆网，http：//www. gdhqbwg. com/cn/news/201111/1175. html，2011年11月10日。

③ 王明惠、叶欣：《新加坡杨永曦先生向广东华侨博物馆捐赠"猪仔钱"》，广东侨网，http：//www. gdoverseaschn. com. cn/qw2index/2006xwzx/2006xwzxgl/200905070010. htm，2009年5月7日。

④ 《新加坡收藏家向中国华侨历史博物馆捐赠文物》，《海内与海外》2007年第9期。

⑤ 郭军：《美籍华人陈灿培向广东华侨博物馆捐赠珍贵实物》，中国新闻网，2010年5月22日。另据课题组与陈灿培博士的访谈录，陈博士还向中国国家图书馆、重庆市政府、广州市侨办、湖南省芷江县委、昆明飞虎队纪念馆等机构捐赠过大量文物。

⑥ 《旅美华侨摄影家万晓燕向南通华侨博物馆捐赠藏品》，中国新闻网，http：//www. chinanews. com/zgqj/2010/10-26/2613964. shtml，2010年10月26日。

⑦ 林旭娜、詹雨鑫：《跨国两地书镌刻侨史记忆》，《南方日报》，2013年6月21日第A16版。

问。① 这一举措势将推动海外华侨华人积极合作，有利于华侨文物保护工作的进一步开展。②

（四）资助修葺文物建筑

文物建筑属于不可移动文物，如古楼、古塔、古桥、古村落等，往往因日晒雨淋、兵燹火噬，历时既久而易朽坏倾败，且往往又由于产权纠葛、耗资巨大等原因，其修缮保护一直是文博界的难题。华侨华人仗义疏财，资助修葺文物建筑，值得称道。兹举数例如下：

（1）广州琶洲塔。琶洲塔在1963年被广州市政府公布为市级文物保护单位。当时琶洲塔的塔梯、外廊护栏多已败坏，周围的小孩及外地的游客冒险攀塔，常有不慎失足跌死的事故发生。1989年，琶洲塔被广东省人民政府定为省级重点文物保护单位，准备对其进行修缮。当时资金紧张，只是给琶洲塔安装了避雷针。1991年，香港汤宝森先生获悉情况后，向广州市文管会表示希望出资维修琶洲塔。琶洲塔维修复原第一、二期工程共投资港币折合人民币将近50万元，全部由汤宝森先生捐款。③

（2）广东潮州广济桥。潮州广济桥是中国四大古桥之一。泰国潮州会馆、泰国潮安同乡会等华侨社团，以及陈汉士、郭丰源等海外华侨，曾捐巨资帮助修葺广济桥。④

（3）广东潮州金山中学宋代一览亭。此亭据载建于宋代绍兴年间，原亭盖倾毁，六支亭柱独存，上刻集句楹联"送夕阳，迎素月；衔远山，吞长江"和"沐雨排风，带天有匝；含霞饮露，横地无穷"。1979年，回国省亲的泰国华侨王木松先生目睹其状，与当时的潮安县第一中学协商重修。据王木松先生哲嗣王侨生先生说，这是"文革"结束后最早由华侨资助修缮的潮州古建筑。⑤

另据重庆市外侨办消息，南非华侨刘吉祥先生，在海外华侨华人捐资购买国宝捐献祖国的义举带动下，表示要捐赠首批资金用于重庆江津四面山朝源观的抢救性保护恢复工作，并将争取身边广大海外侨胞捐资，力促祖国文物重放光芒。⑥

（五）其他

上述华侨华人保护文物的四种类型有一个共同的特征，即他们所保护的文物几乎都可以笼统地称为中华文化遗产。但华侨华人中除收藏保护中华文化遗产之外，也有人收藏保护他种文化的文物，这可以说是华侨华人对世界文化遗产保护的一种贡献。如以收藏研究

---

① 郭军：《广东华侨博物馆首聘13名海外顾问》，广东新闻网，http：//www. gd. chinanews. com/2013/2013 - 11 -07/2/281873. shtml，2013年11月7日。

② 本文所论大多为抢救、收藏并捐赠文物回大陆的华侨华人，但这并不意味着没有捐赠文物回大陆就对文物保护没有贡献，因为资料所限而我们对域外尚未回流的文物的华人收藏保护情况不太清楚，所以域外这方面的情况还很值得研究。

③ 陈宇云：《琶洲古塔今夕》，《广州文史》第26辑，http：//www. gzzxws. gov. cn/gzws/gzws/fl/wjwt/200809/t20080917_8813. html。

④ 广东省第二届粤东侨博会暨潮州市第三届文化旅游节组委会编：《广东省第二届粤东侨博会暨潮州市第三届文化旅游节侨资侨捐展图片集》，第28页（汇编资料，无出版信息）。

⑤ 据2013年4月19日晚对王侨生先生的电话采访，唐洪志采访并记录。

⑥ 《南非侨领赴重庆江津区考察拟捐资保护文物古迹》，中国新闻网，http：//www. chinanews. com/zgqj/news/2010/03 -11/2164087. shtml，2010年3月11日。

古钱币闻名的旅加华侨杜维善先生，于 2013 年向上海博物馆捐献了 400 多枚西域古代国家钱币文物，其中包括古代贵霜王朝（Kushan Empire）、阿拉伯—萨珊王朝（Arab – Sasanian Dynasty）、白衣大食（The Umayyad Dynasty）和黑衣大食（The Abbasids Dynasty）的金、银、铜币。① 杜先生的捐赠充实了上博馆藏，贡献甚巨。

还要特别说明一点，很多华侨华人，如泰国华侨谢慧如、陈汉士，美国华侨陈香梅，以及华侨社团如日本广东同乡会等，曾大力资助博物馆建设，这显然有利于文物保护事业的发展，善莫大焉，同样值得称道。

三、华侨华人保护文物的动因和社会影响

上文按文物类型，分别举例论述了华侨华人在文物保护方面所起的重大作用，关注的重点在"物"。本节着重谈"人"，讨论华侨华人保护文物的动因及其义举所带来的社会影响。

首先，爱国爱乡的高尚情怀，是促成海外华侨华人保护中华文物的主要动因。本文篇首提到的杨铨先生，常以"我就是第二海关"自警，积极保护外流的珍贵文物，这种精神在当今大力打击文物走私的形势下依然有着重大的现实意义。据介绍，英国有一家著名的博物馆，曾表示愿出资 3 000 万英镑请杨铨先生转让部分陶瓷藏品，被杨先生谢绝。杨先生说："怎么能够把它们交给外国人，出卖自己的祖宗?!"北京一位老人，参观杨先生无私捐献的国宝后，曾感慨地说："杨铨先生生活在'金钱万能'的香港，却能如此无私地、大规模地捐献自己一生收藏的珍品，这是多么难能可贵的爱国精神啊!"② 上文邓芳团队中的范世兴先生，曾在写给陕西省文物局和汉阳陵考古陈列馆负责人的信中说："目睹那些象征着曾经抗击匈奴，保家卫国的汉军形象的文物，两千年后却惨遭贩卖，远离故土，心中甚感悲凉和耻辱。"③ 可见，爱国之心是促使邓芳团队决定保护这批汉代文物的主要动因。再如单声先生，他说："我的祖父和父亲都出生在泰州，向家乡捐献我毕生收藏的文物，供 500 万家乡父老欣赏，化'小我'为'大我'，何乐而不为？"这样做还可以将其子女和泰州牵连起来，让他们永远记住，他们的根在泰州、家在中国。④ 类似的华侨爱国言论还有很多，足以说明无论是过去、现在还是将来，爱国爱乡的恒久情怀都是促使华侨华人保护文物的主要动因。

其次，精益求精的人生追求，是促成大批华侨华人收藏保护文物的重要动因。很多文物鉴藏家，其收藏经历都是从喜欢某种文物开始的，而伴随着藏品和鉴赏经验的日益积累，他们对藏品的品格要求往往也会提高。鉴藏家组织"敏求精舍"的事迹就是很好的例证。1960 年，胡惠春先生在香港发起组织"敏求精舍"，撰联"求美更求精，就凭我仔仔细细清清楚楚穷研物理；自娱无自苦，莫管他是是非非真真假假徒乱人心"，以明收藏之

① 《杜维善向上博捐献 400 枚古钱币》，《东方早报》，中国金币总公司网，http：//www.chngc.net/Main/D_LSHB/ShowDetail_ 15159. shtml，2013 年 1 月 28 日。
② 罗雨林：《广集国宝献神州——记香港已故文物鉴藏家杨铨先生》，载罗雨林著《罗雨林文博研究论集》，广州：广东省地图出版社 2001 年版，第 393 ~ 401 页。
③ 李库：《一批西汉珍贵文物回归》，《收藏》2007 年第 7 期。
④ 顾介铸：《老华侨捐献毕生收藏的文物》，《新华日报》，2013 年 10 月 5 日。

旨——求美求精。胡惠春先生本人曾为抢救流落香港的文物做出过重大贡献。[1] 上文所述叶义先生也是"敏求精舍"的成员，而范季融先生则是胡惠春先生之婿，其收藏意趣深受胡先生影响。同时，这种对"物"的高品格追求，反过来也常常激发藏家对更高人生境界的追求，即逐渐由古董爱好的"自发"升华为文物保护的"自觉"；而大凡在文物保护方面做出过重大贡献的华侨华人，多经岁月磨砺养成令人尊敬的高尚品德。

再次，先行者对华侨文博界的激励作用。譬如著名飞虎队文物收藏家陈灿培博士曾说，参观霍宗杰、赵泰来等人捐赠给中国的大批珍贵文物后，他深受感动，并表示将继续致力于海外文物的搜寻、保护与交流工作。[2]

总之，华侨华人躬身保护各类文物的义举，其社会影响持久而广泛，有利于保护中华文化遗产，有利于宣扬中华文化，有利于弘扬华侨精神。从时间来看，新中国成立至今，华侨华人保护文物的善举大有其例，颂声绵延，因此其影响历时久远。从地域来看，保护文物的华侨华人在欧洲、美洲、东南亚乃至非洲皆有其例，分布广阔，因此其影响范围宽广。从职业来看，海外华侨华人文物鉴藏家，或为杰出实业家，或为著名社会活动家，或为其他领域的高级专才，甚或多种身份兼而有之，因此他们的行为影响往往超越文博界，辐射到企业界、政界及其他社会领域。

前述海外华侨华人抢救流失海外中华文物的过程，是捍卫祖（籍）国文物主权的过程，是保护中华文化遗产的过程，也是宣扬中华文化的过程。近年来，不少流失海外的中华文物，如子龙鼎、米芾《研山铭》、龙门石窟石佛造像、圆明园生肖铜兽首等，几度成为世界舆论关注的焦点，相关事迹甚至被著名影星拍成电影在全球播放。显然，这对吸引全球的目光来关注了解中华文化，有着非常积极的意义；而其间参与抢救文物者的拳拳爱国之心，自然也彰显无遗。华侨华人以保护海外中华文物相号召，组织社团，互通声气，如海外中华文物保护促进会、法国华人收藏家协会等，有利于海外华侨华人的团结协作。[3] 又如保护华侨文物，特别是保护有关华侨华人爱国壮举（如前述美国衣联会在美洲升起的第一面五星红旗、蚁光炎先生抗日殉国血衣等）、华侨华人卓越成就之类的文物，则有利于宣扬华侨华人的爱国精神、拼搏精神，对今后的联侨、聚侨工作都有着积极的现实意义。再者，华侨华人主动收藏保护华侨文物，推动华侨华人历史研究和宣传，有利于激发、维持华裔的族群意识[4]，并在捍卫族群利益的行动中团结协作。

四、政策建议

通过上文的探讨，我们非常清楚地看到，为数众多的华侨华人已通过"文物"这个媒介，在全球范围内为保护中华文化遗产、宣扬中华文化做出了重大的贡献。当前，文博界已将"文物"与"文化软实力"联系起来。《国家文物保护科学和技术发展"十二五"规划》指出："在我国全面建设小康社会和实现中国特色社会主义现代化的伟大历史进程中，

---

[1] 　郑重：《暂得于己快然自足——从胡惠春到范季融翁婿间收藏精神的传承》，《上海文博论丛》2002 年第 1 期。

[2] 　2013 年 5 月 19 日，陈灿培博士在接受本课题组采访时语。

[3] 　再如欧洲华人收藏家发起成立维权中心，旨在帮助华人收藏家解决在欧洲购买艺术品时遇到的各种纠纷，保护他们的合法权益（《欧洲华人收藏家维权中心成立》，《国际在线》，2013 年 6 月 7 日）。

[4] 　最近报道显示，美籍华人赵美心是在了解华裔历史之后才决定走上从政之路，为捍卫华裔权利而工作。

文物是推动文化大发展、大繁荣，提高国家文化软实力的不可再生的重要物质资源；同时，也是调结构促发展、培育战略性新兴产业，实现经济社会全面、协调、可持续发展的重要战略性资源。"① 骆郁廷教授曾指出，"文化软实力"既指文化的国际吸引力，又指文化的内部凝聚力，是文化的内部凝聚力和外部吸引力的统一。就文化的吸引力而言，"只有采取各种方式传播本国的文化，使本国文化走向世界，为世界各国人民所接触、了解、欣赏、认同和接受，才能真正产生文化吸引力"。"提高推动中华文化走向世界的能力，就是要构建全方位、多层次、宽领域对外宣传和文化交流工作的新格局，形成与我国国际地位相适应的对外宣传舆论力量，不断增强中华文化在世界上的吸引力、竞争力和影响力。"② 由此可见，保护中华文物，宣扬中华文化，促进中外文化交流，是关系到中国文化软实力提升的战略问题。结合上文的讨论、当前我国大力提升文化软实力的发展形势和中国"走出去"的海外发展战略，相关部门有必要在以下三个方面加大工作力度：

第一，应当重视有关海外华侨华人保护文物义举的后续研究和宣传工作。文化的吸引力离不开传承和宣扬，以"文物"为媒介，大力宣传海外华侨华人保护中华文物的义举，不但可以增强海外华人的文化向心力，还可以增强中华文化的世界影响力。就具体的工作而言，可以考虑编纂华侨华人捐赠祖（籍）国文物撷英之类的专著、组织华侨文物分类专题研究、举办全球典型华侨文物巡展、创作有关华侨华人文物保护义举的文学报告或故事片等等。

第二，应当加强同兼具企业家、社会活动家等身份的华侨华人文物鉴藏家的联系，通过多维交流互动，为侨务领域的其他工作创造契机。

第三，应当重视华侨华人文物鉴藏家权益保护的现状，深度促进华侨华人权益保护研究。

课题负责人：唐洪志，华南师范大学讲师；周敬阳，广东省华侨华人港澳同胞服务中心干部

---

① 中国国家文物局：《国家文物保护科学和技术发展"十二五"规划》，《中国文物科学研究》2011 年第 3 期。
② 中共中央文献研究室编：《十六大以来重要文献选编》，北京：中央文献出版社 2006 年版，第 499 页。

后 记

  成立于 2011 年 8 月的国务院侨办侨务理论研究广东基地、广东侨务理论研究中心，由广东省人民政府侨务办公室与中山大学、暨南大学联合组建，是国务院侨务办公室和广东省侨务办公室开展侨务理论研究的基地。

  国务院侨办侨务理论研究广东基地、广东侨务理论研究中心为国家和广东侨务工作的科学决策服务。对涉及侨务工作全局性、战略性、趋势性和前瞻性的主要问题进行系统研究；对侨务理论和工作实践中的新领域和新问题进行深入研究；对基础侨情从普遍性和特殊性方面进行详实研究。基地（中心）还与各学术机构联合举办有关学术交流活动，包括"和谐与共赢：国家软实力及华侨华人的作用"国际学术研讨会、"华侨华人研究协同创新中心"建设研讨会、"东亚跨国人口流动"国际学术研讨会、"华侨华人与中国梦"学术研讨会等。在 2012—2013 年度完成的 18 项课题，内容包括粤籍新华侨华人现状及工作对策研究、粤籍华侨华人社团现状研究、广东侨资企业转型升级研究、华侨华人在广东实施"走出去"战略中作用的研究、侨务公共外交研究、广东华侨文化生态保护区建设研究、引进华侨华人人才智力研究等。专家学者的研究视野开阔，涉及的领域、范围贴近侨务工作实际：有的报告系统研究了侨务引智促进广东经济转型升级；有的则对新移民视域下的侨务公共外交进行深刻剖析。课题研究成果对侨务部门扩展视野、科学决策提供了参照，有些研究成果甚至可以成为广东省侨务工作、规划发展的智力支撑。

  广东省人民政府侨务办公室调研宣传处、中山大学华侨华人研究中心和暨南大学华侨华人研究院联合组建广东侨务理论研究中心办公室，负责基地（中心）日常工作。经过三年的工作积累和专家学者、侨务工作者的共同努力，形成了这样一本反映广东省侨务理论研究成果的书籍，希望能对从事侨务理论、政策研究的同志和广大侨务工作者有一定的参考作用。本批课题的研究及论文的修改，得到中山大学华侨华人研究中心主任、国务院侨务办公室专家咨询委员、教育部长江学者讲座教授刘宏和中山大学华侨华人研究中心副主任范若兰教授等专家学者的指导。陈奕平同志为本书作了分类，梁辉荣、潮龙起、文峰、温秋华等同志参与了本书的编辑出版工作，他们在审阅稿件和文字修改删节方面，提出了很多宝贵意见。本书出版得到了国务院侨务办公室政法司董传杰司长及有关同志的关心和指导，提出了很好的意见。暨南大学出版社对本书的出版也给予了大力支持。值此本书出版之际，我们在此一并深表感谢。

国务院侨办侨务理论研究广东基地
广东侨务理论研究中心
2014 年 11 月

国务院侨办侨务理论研究广东基地、
广东侨务理论研究中心简介

2011年8月，经国务院侨务办公室批准，广东省人民政府侨务办公室与中山大学、暨南大学联合组建了国务院侨办侨务理论研究广东基地、广东侨务理论研究中心（以下简称"基地"），是国务院侨务办公室和广东省侨务办公室开展侨务理论研究的基地。

一、"基地"的宗旨和定位

"基地"的宗旨是开展华侨华人和侨务理论研究，为全国和广东省侨务工作服务，为广东省经济社会发展提供相关决策咨询服务。

"基地"定位于华侨华人学术研究的前沿性、政策性和实用性：

（1）注重国际学术界的前沿性和高端性课题，将理论与实证研究相结合，从国际移民、国际关系、当代中国研究，以及人文与社会科学的结合点入手，建立"基地"在华侨华人研究、亚太研究和国际关系研究等交叉学科研究中的领先地位。

（2）发挥"基地"主要成员的专长与优势，对北美、欧洲、东亚的当代华侨华人及其同中国的关系，兼及东南亚华人华侨以及华南侨乡进行重点研究。

（3）"基地"的研究努力把学术研究和政策性论题有机地联系在一起，就重大的战略性、政策性课题展开深入的调研和分析，并为中央和省市相关决策部门提供政策咨询。

（4）"基地"围绕广东的产业结构调整、人才战略、东盟合作战略、文化强省建设等实用性和现实性的课题进行调研和分析，并将成果与相关部门和媒体交流沟通，从而使学术研究真正走向社会、服务社会。

二、"基地"的组织架构

"基地"由国务院侨务办公室原副主任许又声和中山大学党委书记郑德涛担任总顾问，由国务院侨务办公室政策法规司原司长王晓萍、广东省侨务办公室主任吴锐成担任名誉主任。

"基地"主任由广东省侨务办公室副主任林琳、中山大学副校长陈春声教授、暨南大学副校长林如鹏教授共同担任。

学术委员会主任由刘宏教授（中山大学华侨华人研究中心主任、国务院侨务办公室专家咨询委员、教育部长江学者讲座教授）担任，副主任由周敏教授（中山大学社会学与人类学学院教授、国务院侨务办公室专家咨询委员、教育部长江学者讲座教授）、曹云华教授（暨南大学国际关系学院/华侨华人研究院院长）担任。

学术委员会由纪宗安教授、滨下武志教授、刘志伟教授、程美宝教授、汪新生教授、邱捷教授、范若兰教授、袁丁教授、张国雄教授、李庆新教授、贾益民教授、高伟浓教授、郭熙教授、曹云华教授、廖小健教授、陈奕平教授、贾海涛教授等十多名在华侨华人及中外关系研究领域卓有成就的专家、学者组成，并聘请高校中有实力、有成果的中青年研究人员作为"基地"的研究员。